KB263389

한국의 설화

김 화 경

지식산업사

한국의 설화

초판 제1쇄 발행 2002. 8. 10.
초판 제4쇄 발행 2013. 9. 10.

지은이   김화경
펴낸이   김경희
펴낸곳   (주)지식산업사
          본사 ◉ 413-832, 경기도 파주시 교하읍 문발리 520-12
                전화 (031) 955-4226~7 팩스 (031)955-4228
          서울사무소 ◉ 110-040, 서울시 종로구 통의동 35-18
                전화 (02)734-1978 팩스 (02)720-7900
          한글문패   지식산업사
          영문문패   www.jisik.co.kr
          전자우편   jsp@jisik.co.kr
          등록번호   1-363
          등록날짜   1969. 5. 8.

책값 15,000원

ⓒ 김화경, 2002
ISBN 89-423-4029-6 93810

이 책을 읽고 저자에게 문의하고자 하는 이는
지식산업사 전자우편으로 연락 바랍니다.

한국의 설화

책머리에

돌이켜보면 필자가 구비문학을 전공하게 된 것은 결코 우연이 아닌 것 같다. "상주(尙州) 함창(咸昌) 공갈못에 연밥 따는 저 처자야, 연밥, 줄밥은 내 따줄게 내 집 명주는 너 짜다구"라는 민요로 널리 알려져 있는 경상북도 상주시 공검면이 필자의 고향이다. 어렸을 때는 공갈못에 얽힌 이야기를 수도 없이 들었다. 그 당시에는 '제방공사를 하면서 사람을 묻는다는 것이 어디 있을 법이나 한 일인가?' 하고 의심을 하는 것으로 그쳤다.

그러다가 대학에 진학하여 고 장덕순 은사님의 〈설화문학론〉이란 강의를 듣게 되면서, 공갈못 이야기와 같은 것도 학문의 대상이 된다는 사실을 알았다. 하지만 이것보다 더 마음을 끈 것은 은사님의 위선이 없으신 솔직함과 스스럼없이 대해 주시던 훈훈한 인정미였다. 그래서 구비문학을 전공하고 싶다는 막연한 생각을 하였다. 이런 생각은 1966년에 국어국문학과에서 실시한 충청북도 영동지방의 학술답사 때 한층 더 구체화되었다. 그때 서대석 선배님과 함께 세시풍속을 조사하면서 서사무가를 체계적인 학문으로 연구해야겠다는 결심을 굳혔다.

그로부터 10여 년의 세월이 흐르고 난 뒤에, 이 결심을 실현하고자 일본으로 유학을 떠났다. 그렇지만 서른 살이 넘어서 배운 일본어 실력으로 시작한 유학생활은 너무도 힘든 고난의 연속이었다. 그러한 가운데에서도 미야타 노보루(宮田登) 은사님의 따뜻한 배려와 오바야시 타료(大林太良) 은사님의 각별한 보살핌은 이 어려움을 극복하는 데 적지 않은 힘이 되었다. 일본의 이들 두 은사님은 필자에게 학문의 폭을 넓혀 주었을 뿐만 아니라 학문하는 엄정한 자세를 가르쳐 주기도 하셨기에 잊을 수 없는 은인들이시지만, 지금은 모두 유명(幽明)을 달리하셨다.

이 책은 그 어려웠던 유학시절에 구상했던 것이다. 그러나 귀국을 하고 나서 집필을 하는 일이 쉽지 않았다. 이 책에서 다루고자 하는 문제는, 이제까지 한국의 설화학계에서는 거의 관심을 가지고 있지 않던 것들이었다. 그러다 보니 자칫 잘못하면 외국에서 돌아온 애송이 같은 존재가 국내학계에 도전을 하는 듯한 인상을 줄 수도 있다는 두려움이 앞섰다. 실제로 어떤 선배는 그런 무모한 짓을 해서는 안 된다는 충고(?)를 하기도 하였다. 그렇다고 해서 마냥 망설일 수도 없었다. 또 반드시 정리를 해야만 하는 문제들이기에 20여 년의 세월이 흐른 다음에 한 권의 책으로 묶는 만용을 부렸다.

먼저 에스닉(ethnic) 장르의 문제는 한국문화에는 맞지 않는 서구의 3분법에 대한 성찰을 시도한 것이다. 우리는 우리 것이 어떤 것인지를 파헤치는 데 대단히 인색하였다. 아니, 우리 것을 찾기보다는 다른 나라의 어떤 것을 추종하는 데 급급하였다. 그리하여 외국의 이론을 도입하여 우리 것을 설명하려는 시도가 끊임없이 이어지고 있다. 외국의 것을 공부하고 배우는 것은 우리 것을 알기 위한 수단일 뿐이다. 지금이라도 우리 것에 관심을 가져야 한다는 생각에서 이 문제를 논의의 대상으로 삼았다.

다음으로는 구조분석을 통해 유형을 설정하여, 한국설화의 분류시안을 제시하고자 하였다. 분류의 문제는 비단 한국의 설화학계만의 고민이 아니다. 외국의 경우에도 많은 학자들이 구조분석에 바탕을 둔 유형론(類型論)의 정립을 시도하였으나, 그 가능성을 타진하는 수준에 머물고 말았다. 이것은 이론상으로는 가능한 것 같으면서도 실제로는 수행하기 어려운 과제였기 때문이 아니었을까 한다. 그래서 그 가능성만이 점쳐지던 일을 실현에 옮기기 위하여 박사논문의 주제로 삼았던 것이 바로 이 문제였다. 이론연구가 앞선 일본에서 부끄럽지 않은 논문을 쓰겠다는 생각도 깔려 있었다. 이 부분은 그렇게 하여 완성된 〈한국설화의 형태론적 연구〉란 필자의 박사논문을 간단하게 요약한 것임을 밝혀둔다.

그리고 설화의 원류를 찾으려고 한 것은 한국문화의 형성과정을 재구하려는 의도에서였다. 설화는 하나의 문화적 산물이다. 그런데도 한국의 설화학계에서는 문학적 각도에서의 연구에만 몰두해 왔다. 물론 국문학을 하는 사람들이 연구를 주도하고 있기 때문에 이런 현상이 나타났을 것이다. 그렇지만 문학도 문화의 한 표현 형태라는 점에서 이 문제를 논의의 대상에 포함시켰다. 그러므로 이 연구가 앞으로 설화에 대한 연구 영역을 확대하는 데 기여하고, 나아가서는 한국민족과 그 문화가 어떤 과정을 거쳐 형성되었는가 하는 문제를 해결하는 데도 이바지할 수 있는 계기가 되기를 바란다.

마지막으로 설화에 반영된 민중의식을 구명하려고 하였다. 어떻게 보면 이름도 없이 이 땅에 살다간 우리의 조상들은 대단히 소박한 생각을 가졌고 비참한 삶을 살았는지도 모른다. 그러나 이들이 없었다면 이 땅의 역사는 그 존재가치를 잃었을 것이다. 이런 점에서 설화를 통해 그들의 생각을 더듬어보고 또 삶의 궤적을 살펴보려고 하였으나 충분한 성과를 거두지 못했다. 그렇다 하더라도 민중을 말하면서도 민중 위에 군림하려고 하는 위선에서 벗어나, 그들의 삶에 한 발자국 더 다가가려고 한 것만은 사실이다.

이상과 같은 네 가지 문제에 대한 고찰은 한국설화의 본질을 밝히고, 또 그 연구영역을 확대하는 데 필요한 연구라는 신념에서 이 책을 집필하였다. 하지만 이 책에서의 논의는 필자의 좁은 소견 때문에 의도한 것을 제대로 이루지는 못하였다. 또 논의과정에 미숙함이 있고, 논리적 증명에 비약이 있다는 것도 솔직하게 인정한다. 이 점은 같은 길을 걷고 있는 선배와 후배들의 기탄없는 비판과 질책이 있었으면 한다.

끝으로 이 연구를 한 권의 책으로 내놓기까지는 많은 사람들의 도움이 있었다. 우선 필자의 학문적인 역정에서 음과 양으로 영향을 받은 은사님들과 선배님들에게 충심으로 감사를 드린다. 그리고 어려운 여건에서도 흔쾌히 출판을 허락해 주면서 격려를 아끼지 않았던 지식산업사의 김경희 사장님께 감사의 뜻을 전한다. 또 원고를 꼼꼼하게 읽고 자세하게 검토해 준 출판사 편집부의 전소영 님과, 대학원에서 구비문학을 전공하고 있는 김미정 군, 전수경 군에게도 고마움의 뜻을 표한다.

2002년 7월 22일
영남대학교 인문관 연구실에서
필자 씀

차 례

책머리에 / 5

제1장 서 설 11

제2장 어떤 것을 설화로 인식하여 왔는가 17

  1. 왜 문제를 제기하는가 / 17

  2. 3분법은 어떤 과정을 거쳐 수용되었는가 / 21

    1) 일본 학자들의 한국설화 연구 / 21

    2) 한국학자들의 3분법 수용과정 / 24

  3. 각 민(종)족들은 설화를 어떻게 나누고 있는가 / 29

    1) 1분법 종족 / 29   2) 2분법 종족 / 30

    3) 3분법 민(종)족 / 33   4) 5분법 종족 / 37

  4. 한국민족은 설화를 어떻게 보아왔는가 / 40

    1) 고려시대의 설화관 / 40   2) 조선시대의 설화관 / 49

    3) 현지 조사자료를 통한 고찰 / 70

  5. 맺음말 / 84

제3장 한국의 설화는 어떤 구조로 되어 있는가 87

  1. 설화의 구조분석은 왜 필요한가 / 87

  2. 기존의 분류는 어떤 문제점이 있는가 / 91

    1) 원자론적 내용적 분류의 문제점 / 91

    2) 전체론적 구조적 처지에서의 분류 / 94

  3. 방법론의 모색 / 97

    1) 분석단위의 설정 / 97   2) 모티핌의 규정 방법 / 99

    3) 분류단위의 설정 / 100

　4. 설화의 구조적 모델 / 103
　　1) 상승류 / 103　　2) 하강류 / 135　　3) 절충류 / 150　　4) 회귀류 / 160
　5. 맺음말 / 170

제4장 한국의 설화는 어디에서 들어왔는가 ·· 179

　1. 왜 설화의 원류를 더듬어야 하는가 / 179

　2. 문화사론적 연구방법 / 182

　3. 출현신화와 밭곡식 재배문화 / 186

　4. 난생신화와 어로문화 / 204

　5. 천강신화와 유목·수렵문화 / 220

　6. 맺음말 / 238

제5장 한국의 설화는 무엇을 말하고 있는가 ································ 241

　1. 왜 이런 연구가 필요한가 / 241

　2. 민중들은 어떤 도덕관을 가졌는가 / 243
　　1) 선행필보(善行必報) / 243　　　2) 악행필벌(惡行必罰) / 250
　　3) 효행지선(孝行至善) / 256　　　4) 열절지고(烈節至高) / 263
　　5) 과람경계(過濫警戒) / 270

　3. 민중들은 어떤 세계관을 가졌는가 / 275
　　1) 조소강우(嘲笑强愚) / 275　　　2) 약승강패(弱勝强敗) / 280

　4. 민중들은 어떤 타계관을 가졌는가 / 285
　　1) 저승신앙 / 285　　　2) 이향동경(異鄕憧憬) / 290

　5. 맺음말 / 295

제6장 결어와 제언 ………………………………………………………… 299

참고문헌   / 303
찾아보기   / 312

▼ 도표 차례

도해 1. 요루바족의 장르 구분의 민속적 원리 / 32
도해 2. 베이스컴의 설화 3분법 / 37
도해 3. 설화의 생성·변형 / 90
도해 4. 설화구조의 변환 / 149
도해 5. '절충협상유형' 설화의 기점상황과 종점상황 / 152
도해 6. '절충모래시계유형'의 구조적 모델 / 159
도해 7. 결핍·충족회귀형 설화의 전개 양상 / 170
도해 8. 한국설화의 유형 분류 시안 / 176

제1장 서 설

이 연구는 한국의 설화가 지니는 본질의 한 단면을 해명하기 위해 마련되었다. 한국설화의 본질을 해명하는 작업은 한국민족이 몇 천 년 동안 창출하고 전승해 온 설화들의 독특한 성질을 파고 들어가 밝히는 것을 말한다.

그 동안 이 방면의 연구가 전혀 없었다는 것은 아니다. 1960년대부터 대학의 국어국문학과에 구비문학(口碑文學) 강좌가 개설되기 시작한 이래, 이 방면에 관심이 높아져 많은 연구인력이 배출되었다. 그 결과, 설화에 관한 연구도 상당한 수준에 이르렀다.

그러나 지금까지의 연구가 만족할 만한 것이었다고 할 수는 없다. 특히 한국문화 속에서 생겨난 설화라는 서사장르가 어떤 특성을 가지고 있고, 그것이 어디에서 전래되었으며, 또 그 속에는 우리 조상들의 어떤 생각이 녹아 있는가 하는 문제는 아직까지 깊이 있게 논의되지 않고 있다. 그래서 이 연구에서는 다음과 같은 네 가지 문제를 집중적으로 고찰하기로 한다.

첫째, 우리 민족은 어떠한 것을 이야기, 곧 설화로 여겨왔는가 하는 문제를 다루기로 하였다. 서구의 3분법이 들어온 다음,[1] 우리는 이에 따라 한국

---

1) 서구에서 사용하는 3분법적인 분석범주를 일본학자들이 도입하였고, 이것을 체계적으로 소개한 사람은 최남선(崔南善)이다. 그는 1938년 7월 《매일신보(每日申報)》에 〈조선의 민담·동화〉라는 글을 실었는데, 이 글에서 신화와 전설, 민담의 개념을

의 설화들을 신화와 전설, 민담으로 구분하는 것에 상당히 익숙해져 있다.[2]
그러나 설화의 3분법이 타당한 것도 아니고, 또 우리 설화의 특성에 맞는 것
도 아니다. 그런데도 우리는 이에 대한 비판이나 검토도 없이 이것을 금과
옥조(金科玉條)마냥 따르고 있다. 그뿐만이 아니다. 이에 대한 이론적 근거
를 제공하기 위한 연구까지 이루어지고 있는 실정이다.[3]

세계 곳곳에서 3분법을 널리 이용하고 있는 것은 사실이다. 그렇지만 설
화를 3분하는 서구의 논리가 반드시 한국의 처지에 맞는 것은 아니다.[4] 우리
는 우리 민족 나름대로 독자적인 문화와 독특한 분류체계를 형성하여 왔다.
이것은 다른 민족들도 마찬가지이다. 각 민족이 지니고 있는, 이와 같은 분
류체계를 에스닉 장르(ethnic genre)[5]라고 부른다. 설화의 에스닉 장르에서
제일 많이 쓰이고 있는 것은 진실담(眞實譚 : true story)과 허구담(虛構譚 :
false story)으로 구분하는 2분법이다. 설화의 3분법도 이러한 분류관들 가운
데 하나이다. 따라서 서구의 3분법이 절대적인 것이라고 단정할 만한 근거
는 어디에도 없다. 그럼에도 3분법을 무조건 적용하는 한국학계의 무사안일
한 태도에 반성을 촉구하는 뜻에서 이 문제를 다루기로 하였다.

둘째, 설화의 유형론(typology)에 대한 성찰을 시도하였다. 설화의 하위
장르를 나누는 데는 아르네-톰슨(Aarne-Thompson)식의 분류안이 널리 이
용되고 있다.[6] 실제로 한국에서도 최인학(崔仁鶴)이 이에 따라 설화를 분류

비교적 자세하게 소개하였다. 육당전집편찬위원회 편 : 1973, pp.40~57.

2) 한국에서 설화의 3분법이 일반화된 것은 장덕순과 그의 제자들이 공동으로 저술한
《구비문학 개설》에서 베이스컴(W. Bascom)류의 분석적인 분류범주의 설정기준을
소개한 다음부터가 아닌가 한다. 장덕순 외 공저 : 1971, pp.17~20.

3) 조동일 : 1977, pp.140~177.

4) 제이슨(H. Jason)과 같은 학자는 서구의 구비문학에 관한 개념들을 비서구권 지역
에 적용한 것은 실수였음을 솔직히 인정하고 있다. H. Jason : 1977, p.276.

5) '에스닉 장르(ethnic genre)'란 어떤 문화집단이 가지고 있는 고유한 분류체계를 가
리키는 용어로, 조동일은 '민속적 장르'라고 번역하였고, 필자는 '토착적 장르'라고
번역한 바 있다. 하지만 이것과 '민속적 장르(folk genre)'는 구분해야 하고, 또 '토착
적 장르'란 서구열강의 제국주의적인 우월의식과 관계가 있는 번역어로 생각되어,
발음 그대로 음사(音寫)한다는 것을 밝혀둔다. 조동일 : 1970, p.27 ; 김화경 : 1987a,
pp.53~58.

6) 아르네(A. Aarne)가 만들고 톰슨(S. Thompson)이 증보한 《설화의 유형(The Types

한 바 있다. 그러나 이것은 내용을 기반으로 한 것이어서, 그 기준이 명확하지 않다는 문제점이 있다. 내용에 바탕을 둔 분류의 문제점은 이미 프로프 (V. Propp)[7]나 던데스(A. Dundes)[8]와 같은 형태론자나 구조론자들이 지적한 바 있다. 한국에서도 조동일(趙東一)이 이런 문제점을 극복하려는 의도에서 그 나름의 독자적인 분류안을 제시하기도 하였다.[9]

이와 같은 분류의 문제점은 한국만이 안고 있는 것이 아니라, 세계 여러 나라의 설화학계가 함께 갖고 있는 것이다. 그래서 이 연구에서는 분석에 의해 분류의 문제점도 아울러 극복할 수 있는 구조분석의 방법론을 원용하여, 한국설화의 분류시안(分類試案)을 마련하기로 하였다.[10] 그렇지만 이 분류시안에 얼마간의 문제점이 있음을 솔직히 인정하기 때문에, 이번 기회에 이것을 공론의 장으로 이끌어내어 학계의 검증을 받고자 한다.

그리고 이 구조분석은 설화가 지니고 있는 고유한 법칙성의 일단도 해명하게 될 것이다. 설화의 법칙성은 벌써 올릭(A. Olrik)에 의해 밝혀졌고,[11] 한국에도 그 내용이 소개되었다.[12] 올릭이 제시한 법칙성은 어느 면에서 상당한 타당성이 있다. 한국의 설화도 구조분석을 통해 살펴보면, 이들이 대단히 체계화되어 있다는 사실을 확인할 수 있다. 또 이 연구에서 구조분석을 거쳐 추출한 구조적 모델들은 그것을 만들어낸 민중들의 심리적 동기(動機)와 밀접한 관련을 가지고 있어, 설화의 구조가 주제와 무관하지 않다는 것을 밝히게 될 것이다.

셋째, 한국의 설화가 어디에서 들어왔는가 하는, 원류(原流)의 문제를 논의의 대상으로 삼았다. 이 문제는 한국민족의 형성 및 그 문화의 성립과 직

---

of Folktale)》에서는 (1) 동물담(Animal Tales), (2) 일반담(Ordinary folk-tales), (3) 소화 및 일화(Jokes and Anecdotes), (4) 형식담(Formula Tales), (5) 미분류담(Unclassified Tales)으로 분류하고 있다. S. Thompson : 1961, pp.19~20.

7) V. Propp : 1968, pp.10~11.

8) A. Dundes : 1975, pp.51~56.

9) 조동일 외 공편 : 1989, pp.1~18.

10) 이 분류시안은 필자가 1988년 츠쿠바대학(筑波大學)의 박사논문으로 제출한 〈한국설화의 형태론적 연구〉의 일부임을 밝혀둔다. 金和經 : 1988, pp.124~426.

11) A. Olrik : 1965, pp.129~141.

12) 조희웅 : 1989, pp.52~54.

결된다. 그런데도 몇 편의 신화 자료들을 제외한다면, 이 문제는 국내학자들의 주목을 끌지 못하고 있다. 그 대신에 일본학자들은 이 문제에 깊은 관심을 나타내 왔다. 그들은 일본민족과 그 문화의 형성과정을 연구하면서 이 문제를 심도 있게 다루었다. 그것들 가운데는 한국에 대한 일본 제국주의자들의 식민지 지배를 정당화하겠다는 저의(底意)에서 이루어진 것들도 있다는 사실을 지나쳐서는 안 된다.

이런 연구의 대표적인 예가 미시나 아키히데(三品彰英)의 문화권역설(文化圈域說)에 입각한 한국 기층문화의 2원적 성격론이다. 그는 한국민족의 근간을 남퉁구스계인 북쪽의 예맥족(濊貊族)과 남쪽의 한족(韓族)으로 양분하였다.[13] 그리고 이를 증명하는 자료로 한국의 북부지방에는 북방 대륙계통의 수조신화(獸祖神話)와 만몽계통(滿蒙系統)의 일광감응신화(日光感應神話)가 분포되어 있고, 남부지방에는 남방 해양계통의 난생신화(卵生神話)가 분포되어 있다는 사실을 지적하였다.[14] 이와 같은 미시나의 연구는 한국민족이 그 형성의 초기 단계부터 분명하게 구분되는 두 개의 이질적인 종족으로 이루어졌음을 강조하기 위한 것이었다고 하겠다.

이 연구에서는 이러한 일본 학자들의 잘못된 연구 결과를 바로잡기 위한 수단의 하나로 (1) 대지에서 인간이 나왔다고 하는 출현신화(出現神話)와 (2) 난생신화들 가운데서 비교적 그 출자(出自)가 명확한 '석탈해신화', (3) 천손강림신화(天孫降臨神話)의 원류를 고찰하기로 한다. 출현신화의 존재 여부에 대해서는 이제까지 한국의 학계에서 관심을 보이지 않고 있어, 문제를 제기하는 데 불과하다. '석탈해신화'의 원류에 대해서는 여러 가지 선행 연구들이 있었으나,[15] 북방의 어로문화와 연결을 시키는 것은 없었음을 밝

---

13) 三品彰英 : 1972, pp.213~214.

14) 三品彰英 : 1971a, pp.310~537.

15) '석탈해신화'의 계통에 관해서는 미시나 아키히데(三品彰英)의 남방기원설만 있는 것은 아니다. 천관우 : 1976, p.26과 김열규 : 1977, p.51 ; 조동일 : 1982, p.77에서는 북방유입설을 제시하였고, 나경수 : 1995, p.134에서는 동도설(東渡說)을 제시하였다. 그러나 나경수의 동도설이란 표현은 적당하지 않은 것 같다. 왜냐하면 그는 서언왕신화(徐偃王神話)가 중국의 동쪽 바다를 건너왔다는 의미에서 동도설이라고 명명한 듯하지만, 연구의 대상이 석탈해신화라면 이 신화를 중심으로 유입 방향을 따져야

허둔다.

넷째, 설화를 창작하고 전승해 온 주체는 기층문화(基層文化)를 보전하는 민중들이었다. 그러므로 그 속에는 민중들이 오랜 세월 동안 생활해 오면서 창출한 사유형태나 논리구조가 그대로 투영되어 있다. 그런데도 지금까지 한국설화에 반영된, 우리 조상들의 그것들이 어떤 것이었는가 하는 문제는 그다지 관심을 끌지 못하고 있는 실정이다. 그러나 이것은 우리 조상들의 삶의 궤적을 더듬는 중요한 문제이다. 그래서 설화를 통해서 문제가 되는 도덕관(道德觀)과 세계관(世界觀), 타계관(他界觀)을 살펴보기로 하였다.

이처럼 세 개의 군집으로 나누어 고찰을 하는 것은 다음과 같은 이유에서이다. 먼저 도덕관에서는 민중들이 어떤 것을 덕목(德目)으로 생각하여 사회를 유지하려고 하였는지를 구명하고자 하였다. 그리고 세계관에서는 민중들이 그들을 둘러싸고 있는 사회에 대하여 어떠한 인식을 가졌는지를 알아보고, 타계관에서는 이 세상과 차원을 달리하는 이상향이나 저승에 대한 그들의 생각이 어떠했는지를 알아보려고 하였다.

따라서 이 연구는 우리 민족이 어떠한 서사 장르를 설화로 인식하고 있었는가 하는 문제에서 시작하여, 이것들을 분류하는 그 시안을 제시하고, 나아가서는 이 설화들이 어디에서 들어왔으며, 그 속에는 민중들의 어떤 생각과 사상이 담겨 있는가 하는 문제들을 해명하려는 것이라고 하겠다.

하므로 서래설(西來說)이라고 해야 마땅하지 않을까 한다. 그리고 강인구는 고고학적인 측면에서 이와 비슷한 견해, 곧 난생신화와 야장설화(冶匠說話)가 다 함께 들어올 수 있는 경유지로 중국의 중부 해안지방을 상정했다. 강인구 : 1984, pp. 307~309.

제2장 어떤 것을 설화로 인식하여 왔는가

1. 왜 문제를 제기하는가

한국에서도 설화라면 으레 신화와 전설, 민담으로 나누어지는 것으로 생각하고 있다. 설화의 이런 3분법은 서구(西歐)에서 유입되었다. 이것은 이야기의 시간적 공간적 배경이라든가 등장인물, 또는 듣는 사람들의 신뢰도 등을 기준으로 하는 분류법의 일종이다. 한국설화에 이와 같은 서구의 분류법을 적용하려면 그 타당성 여부를 검토하는 작업이 선행되었어야 마땅하다. 그런데도 지금까지 이 문제는 거의 논의되지 않고 있다.[1] 단지 분류에 관심을 가진 일부의 학자들이 한국설화의 특수성을 지적하였을 뿐이다. 이처럼 한국설화의 특수성을 지적한 학자들로는 장덕순(張德順)과 조희웅(曹喜雄), 최인학(崔仁鶴) 등이 있다.

장덕순은 그의 저서 《한국설화문학의 연구》에서 설화들을 신화와 전설, 민담으로 구분하였다. 그러면서 '해순이 달순이 별순이 이야기'(日月說話를 가리킴 – 필자)를 거론하며, "호랑이가 집을 지키고 있는 세 딸들을 잡아먹으려다가 실패한 이 이야기는 언뜻 보기에는 호랑이 이야기인 민담으로 보이지만, 그 딸들이 하늘에 올라가서 해, 달, 별이 되어서 오늘도 우리가 볼 수

---

1) 필자가 1985년 3월 인하대학교에서 열린 구비문학 학술발표대회에서 〈한국설화의 토착적 장르에 대한 고찰〉이라는 논제를 발표한 뒤에, 이경우가 이 문제를 깊이 논의한 바 있다. 김화경 : 1987a, pp.53~58 ; 이경우 : 1986, pp.59~66.

있다는 것은 전설의 특성을 갖고 있다. 뿐만 아니라 태양계를 이야기하는 우주창생신화의 성격까지 지니고 있는 이야기가 되어 결국 하나의 민담이 신화·전설의 속성까지 지니고 있다는 것이다"[2]라고 하여, 한국설화의 복합적인 성격을 지적하였다.

또 조희웅은 〈설화 연구의 제 측면〉이라는 논문을 통해 "설화의 이런 3분법은 과연 타당하며 필연성을 가지고 있으며 한국설화의 전 자산을 신화·민담·전설로 분속(分屬)시킬 수 있을까?"라고 하여 강한 의문을 표시한 뒤에, "이들의 제 특성을 한국설화의 분류에 적용하려고 한다면 많은 어려움이 생기게 된다"[3]고 하여 3분법의 원용이 쉽지 않음을 인정하였다. 그러면서 그는 한 걸음 더 나아가 한국의 설화들을 다섯 개의 범주, 곧 동물담(動物譚)과 신이담(神異譚), 일반담(一般譚), 소화(笑話), 그리고 형식담(形式譚)으로 분류할 것을 하나의 시안으로 제시하였다.[4]

한편 최인학은 "한국에는 아직도 신화적인 옛날 이야기[昔話]가 전해지고 있다"[5]면서, 한국의 전설적인 설화들을 일본에 소개할 목적으로 번역한 《조선 전설집(朝鮮傳說集)》에서는 '신화 및 신앙적 전설'[6]이란 범주의 설화군(說話群)을 설정한 바 있다. 그의 이와 같은 지적과 분류도 서구의 3분법을 한국의 설화에 적용하는 경우에 파생되는 문제점을 그대로 적시한 것이라고 보겠다. 그 이유는 3분법의 관점에서 본다면 '신화적인 옛날 이야기'라든가 '신화적 전설'이란 것은 두 개의 범주를 동시에 포괄하는 용어들이기 때문이다.

이상과 같은 선행연구자들의 견해로부터 한국의 설화에는 신화와 전설, 민담이라고 하는 서구의 분석적인 범주들(analytical categories)로 명확하게 구분되지 않는 자료들이 많다는 사실을 확인하였다. 이런 특징은 오랜 역사를 거치면서 그것들을 생성 발전시켜 온, 한국민족의 독자적인 문화와 긴밀한

---

2) 장덕순 : 1970, pp.7~8.
3) 조희웅 : 1976, p.337.
4) 위의 책, pp.338~340.
5) 崔仁鶴 : 1974, p.298.
6) 崔仁鶴 : 1976a, pp.201~379.

관계가 있다.

설화의 분석적인 범주를 설정하는 데는 여러 가지 접근방법이 있다. 이를테면 내용이나 전체적인 형식, 원형(原型), 기능 등에 따른 분류가 그것이다.[7] 하지만 이들 분류는 설화를 전승해 온 집단의 구성원들이 그것에 대해 지니고 있는 전통적인 인식체계, 곧 에스닉 장르(ethnic genre)에 관한 검토 없이 연구자들이 편의에 따라서 마련한 것이다. 곧 연구자들은 문화적 양식의 하나인 에스닉 장르를 무시하고 자료들을 정리하기 위한 분석적인 범주들만을 설정하여 왔다.

이런 의미에서 북아메리카 인디언들의 설화를 분류하려고 했던 보아스(F. Boas)의 지적 — "우리들의 목적을 위해서는 인디언들 자신에 의해서 이루어진 신화의 장르에 따르는 것이 바람직한 것 같다"[8] — 은 좋은 참고가 된다. 실제로 이 지구에 살고 있는 모든 민(종)족들은 그들 나름의 독특한 분류체계를 가지고 있다. 그렇다면 우선 이것부터 충분히 검토해야만 한다.

그런데 각 민(종)족이 가지고 있는, 고유한 분류법은 외적인 객관성이 결여되어 있는 것처럼 보이는 경우가 많다. 왜냐하면 그것은 전승집단에서 서사적인 구비문학의 작품들을 구별하는, 배열의 질적 주관적인 체계이다. 또 구비문학을 떠받치고 있는 논리적 원리는 그 집단의 구성원들에게 중요한 의미를 지닐 뿐만 아니라, 그들 상호간의 관계와 제의적(祭儀的)인 행위에 지배를 받는 경우가 많기 때문이다.[9]

비록 고유한 분류법이 이처럼 그 문화집단에게만 통용되는 제한적인 성격을 지니는 것이라고 하더라도, 그들 자신의 문화를 배경으로 한 독자적인 인식체계라는 점에서 중요한 의의를 부여해야만 한다. 그렇다고 한다면 한국설화의 분석적인 범주를 마련하기에 앞서, 우리 문화양식의 하나인 에스닉 장르를 검토해야 한다는 것은 너무도 당연한 명제이다. 그래서 이 연구에서는 한국설화의 에스닉 장르를 고찰하여 우리 민족이 지니고 있는 설화에 대한 인식체계를 구명함과 동시에, 한국의 설화가 가지고 있는 특성의

---

7) Dan Ben-Amos : 1969, pp.216~224.
8) F. Boas : 1914, p.397.
9) Dan Ben-Amos : 1969, p.224.

일단도 함께 밝히고자 한다.

이러한 연구목적을 달성하기 위하여 이 책에서는 세 단계로 나누어 작업을 진행하기로 한다. 먼저 현재 아무런 비판도 없이 통용되고 있는 3분법의 수용경위를 간단히 훑어보고, 각 민(종)족들이 사용하고 있는 설화의 에스닉 장르에 관한 몇 개의 보고들을 검토한다. 이는 한국설화의 에스닉 장르를 구명하기 위한 준비작업의 하나이다. 좀더 구체적으로 말한다면, 전자를 고찰하여 3분법의 수용과정에서 빚어진 혼란의 한 단면을 밝힌다. 그런 뒤에 후자를 고찰하여 그들이 어떠한 민속적 원리에 바탕을 두고 설화의 에스닉 장르를 설정하고 있는가 하는 문제를 밝혀서, 우리의 그것을 구명하기 위한 지침을 마련하고자 한다.

이와 같은 일련의 과정을 거쳐서 얻을 수 있는 문제점들을 미리 제시한다면 아래와 같다.

(1) 한국민족은 서사적인 구비문학의 어떤 갈래를 설화로 인식해 왔는가?
(2) 한국민족은 설화들을 몇 개의 하위 장르로 구분해 왔는가?
(3) 한국사회 속에서 설화들은 어떤 목적 아래 이야기되어 왔으며, 그것이 이야기될 때에 어떤 제약이 뒤따르지는 않았는가?
(4) 듣는 사람들은 설화를 사실로 받아들이려는 신뢰감을 가지고 있었는가?

위와 같은 문제점들을 해결하기 위해서, 이 연구에서는 먼저 고려시대와 조선시대의 문헌자료들을 검토하여 한국민족의 설화관에 대한 가설을 세운다. 그런 다음에 현지조사 자료들을 이용하여 이 가설을 검증하고 확인하는 절차를 거치기로 한다.

2. 3분법은 어떤 과정을 거쳐 수용되었는가

1) 일본 학자들의 한국설화 연구

오늘날 한국에서 널리 통용되고 있는 설화의 3분법은 일제강점기를 거치면서 일본을 통하여 유입되었다. 식민지 침략과 함께 시작된 일제의 한국학 자료의 수집과 그 연구는 그들의 식민지 지배정책과 밀접하게 연계된 것이었다. 그 당시에 수행된 일제의 한국민속 조사사업도 예외가 아니었다. 그들의 식민지 지배정책은 민속을 조사하기 위해서 설치되었던 기구들의 설립 목적에 그대로 드러난다.

1905년 11월 17일 을사보호조약이 체결되자, 한국은 일본의 반식민지(半植民地)로 전락되었다. 이와 동시에 일제는 대한제국 정부에 '부동산 조사회(不動産調査會)'라는 기구의 설치를 강요하였다. 이 기구를 설치한 명목상의 목적은, 당시 한국은 부동산의 소유관계가 후진성을 면치 못하고 있기 때문에 재산의 안정성을 확보하고 그 권리를 보호한다는 것이있다.[10] 그렇지만 실제적인 이유는 토지수탈을 위한 기초자료를 수집하고, 한국사람들의 의식구조를 파악하는 데 있었다. 따라서 이 기구의 사업은 단순히 토지와 산림의 소유관계를 조사하는 데 그치지 않고, 자연히 부동산에 관한 관습과 제도를 조사하는 데까지 확장될 수밖에 없었다.

이 조사사업은 한국이 그들의 완전 식민지로 바뀌면서 한층 더 조직화되고 체계화되었다. 1910년 8월 22일에 한일합방조약(韓日合邦條約)이 체결되자, 그들은 같은 해 9월 30일에 천황(天皇)의 칙령(勅令)이란 것을 앞세워서 조선총독부 산하에 '취조국(取調局)'을 설치하였다. 취조국을 이처럼 재빨리 만든 까닭은 "모든 풍습과 제도를 조사해서 이것을 근거로 하여 총독부가 제정하는 법령의 입안을 작성하고 그것을 심의해야만 한다"[11]고 규정한 이

---

10) 朝鮮總督府中樞院 編 : 1938, p.5.
11) 위의 책, pp.21~22.

22

기구의 행동방향에 그대로 표현되어 있다. 그리하여 조사대상도 (1) 토지제도, (2) 친족제도, (3) 면(面) 및 동(洞)의 제도, (4) 종교 및 사원의 제도, (5) 서당 및 향교의 제도, (6) 양반에 관한 제도, (7) 사색(四色)의 기인, 연혁 및 정치·사회상에서의 세력 관계, (8) 사예(四禮) 제도, (9) 상민(常民)의 생활상태 등으로 다양화되었다.[12]

그러나 일제는 1912년 12월에 이 취조국을 폐지하고, 대신에 구관제도(舊慣制度) 조사사업을 조선총독부의 '참사관실(參事官室)'로 이관하였다. 참사관실의 조사방향은 "우선 민사(民事)에 관한 풍습과 관습을 조사하지 않으면 안 된다"[13]고 하여, 민중들의 생활과 직접 관련이 있는 민속현상들의 조사로 한층 더 전문화되었다.

일제의 이러한 민속조사사업은 계획적이면서도 체계적이었다는 점에서 그 나름의 의의가 인정된다. 하지만 이것은 대외적으로 한국의 후진성을 부각시켜 그들의 식민지 지배를 정당화하는 데 활용되었다. 또 대내적으로는 한국민족의 관습과 의식구조를 파악하여 그들의 식민지 통치를 효율적으로 수행하려는 정략적인 의도로 이용되었다.[14] 따라서 이 사업에 대해서는 더욱 철저한 연구와 비판이 있어야 한다.

그리고 일제는 정부차원의 조사사업과 병행하여, 개인들의 조사와 연구에도 행정적 재정적인 지원을 아끼지 않았다. 그 때문에 개인적으로 이루어진 일본사람들의 한국민속에 대한 조사와 연구도 이와 같은 당국의 정책에 협력하는 수단이 될 수밖에 없었다. 그러므로 이때에 수행된 일본학자들의 한국민속에 관한 연구성과도 반드시 재검토해야 마땅하다.

이 문제는 차치하고, 현재까지 알려진 바로는 다카하시 도루(高橋亨)가 1910년에 편저한 《조선의 이야기(朝鮮の物語)》[15]란 책이 일본인에 의해 체

---

12) 위의 책, pp.23~24. 토지조사사업에 관해서는 신용하 : 1982, pp.15~108을 참조하였다.
13) 朝鮮總督府中樞院 編 : 1938, p.35.
14) 이렇게 마련된 것이 그들의 '식민지 사관'이었다. 이 식민지 사관의 허구성은 김화경 : 1982a, pp.35~37에서 간단히 지적한 바 있음을 밝혀둔다.
15) 이 책에는 28편의 이야기와 547개의 속담이 실려 있다. 高橋亨 : 1910, pp.1~4 참조.

계적으로 정리된, 최초의 한국설화집이다. 그는 이 책에서 신화적인 자료들은 말할 것도 없이 전설적인 자료와 민담, 심지어는 조선시대의 소설들까지도 '모노가타리(物語)'라는 용어로 정리하였다. 이 말은 '이야기'란 한국어의 번역어임이 분명하다.

그런데 하야시 다이스케(林泰輔)는 이보다 17년 앞선 1893년 《인류학잡지(人類學雜誌)》에 〈조선 고대 제왕의 난생전설〉[16]이라는 글을 발표했다. 또 츠보이 구메조(坪井九馬三)는 1905년 《제국문학(帝國文學)》에 〈조선의 신화〉[17]라는 논문을 실은 바 있다.

일본사람들의 한국설화에 대한 연구는 그 뒤에도 끊임없이 계속되었다. 그러나 그들은 한결같이 서구의 3분법적인 분석범주들을 원용하여, 용어의 혼란을 초래하였다. 이처럼 착종(錯綜)된 용어를 사용한 학자로는 이마니시 류(今西龍)가 있다. 그는 1908년 《인류학잡지》에 발표한 논문에서는 〈신라 시대에 토기에 새겨진 신화〉[18]라고 하여 신화란 용어를 썼다. 그런가 하면 1910년 《역사지리(歷史地理)》(조선편)에 실린 〈단군 설화에 대하여〉[19]라는 글에서는 설화라는 말을 사용하였다. 또 1915년 《예문(藝文)》이라는 잡지에는 〈주몽 전설과 노달치(老獺稚) 전설〉[20]이란 글을 실어 전설이라는 용어를 쓰기도 하였다.

그가 고찰의 대상으로 삼았던 자료들은 전부 신화적인 성격을 지니는 설화들이다. 그런데도 그가 용어의 사용에 혼란을 보인 것은 주몽은 역사상의 인물이고, 단군은 실존 인물이 아니라 설화상의 인물이라는 인식 때문이었을 가능성이 높다. 하지만 궁극적으로는 한국설화의 본질에 대한 검토와 인식이 결여된 탓이라고 하겠다.

---

16) 이 글은 고구려의 고주몽과 신라의 박혁거세, 가락국의 수로왕 등의 탄생담을 간단히 소개하는 정도에 그치고 있다. 林泰輔 : 1893, pp.334~336.
17) 이 논문은 한국의 건국신화 자료들을 소개하는 수준에 머물고 있다. 坪井九馬三 : 1905, pp.81~100.
18) 今西龍 : 1908, pp.135~139.
19) 今西龍 : 1910 참조.
20) 今西龍 : 1915, pp.89~112.

2) 한국학자들의 3분법 수용과정

설화의 3분법은 일본사람들에 의해 처음부터 명확한 개념이 규정되지 않고 쓰이기 시작했다. 그 뒤 이것을 최남선(崔南善)과 손진태(孫晉泰)를 비롯한 일부 한국학자들이 아무 검증도 거치지 않은 채 그대로 수용했다. 특히 최남선은 1922년 11월부터 1923년 1월까지 《동명(東明)》에 실은 〈외국으로부터 귀화한 조선 고담(古談)〉[21]에서 한국의 설화들과 몽고, 인도 등지의 설화들을 전파론적인 관점에서 논의했다. 그는 이 글에서 '옛날 이야기'라는 말의 한자어인 '고담'이라는 용어를 사용했다. 이 고담들 속에는 조선시대에 소설로 정착된 '흥부와 놀부 이야기'를 비롯하여, 《삼국사기(三國史記)》 열전 김춘추조에 전해지는 '토생원 별주부 이야기', 유몽인(柳夢寅)의 《어우야담(於于野談)》에 기록된 '은진 쥐사위 이야기' 등이 포함되어 있다.

또 최남선은 1930년 4월에 〈조선의 신화와 일본의 신화〉를 방송하기도 하였고, 1937년 1월에는 〈신화·전설상의 우(牛)〉를 《매일신보》에 연재하기도 하였다. 그 뒤 1938년 7월에 이 신문에 실은 〈조선의 민담·동화〉라는 글에서, 그는 처음으로 신화와 전설, 민담의 관계를 다음과 같이 설명하였다.

> 원시시대의 문학적 산물 중 가장 먼저 생긴 것은 어느 신령님을 중심으로 하여 천지(天地) 인사(人事)의 온갖 현상을 설명하는 신화란 것입니다. 그러나 사람의 지식 정도가 높아져서, 모든 것이 신의 조화로부터 생겼다고 하는 이야기에 의심을 가지거나 또 흥미를 느낌이 엷어지게 되면, 이야기의 구성수단이 변하여 신령님 대신에 위대한 인간, 곧 인격적 영웅을 세워서 이야기의 주인공을 만들게 됩니다. 이러한 것을 신화에 대하여 전설이라고 부릅니다. 이 신화와 전설은 많은 경우에 어느 한 지방의 풍토 사정과 한 국민의 사상 감정을 담아서 제각기 제 특색을 나타내는 한 국민시(國民詩)를 나타내고 있습니다.
>
> 그런데 원시 인민의 시적 감흥을 도와 주는 것, 더 절실히 말하여 소설적

---

21) 육당전집편찬위원회 편 : 1973, pp.40~57.

충동을 만족시켜 주는 것이 신화와 전설 외에 또 한 가지 있습니다. 그것은 신화와 전설과 같이 특별한 주인공 — 중심인물도 없고 언제 어디서 어떻게 하는 특수한 제한과 구속을 가지지 않고서, 아무데를 가서 누가 듣든지 재미있다고 생각하여 생긴 보편성 — 위주로 서술되는 이야기의 일 종류입니다. 곧 학자의 말로 메르헨(Märchen, folktale)이라고 부르는 유(類)가 그것입니다.

조선어의 이야기라 하는 것은 신화나 전설보다도 이 메르헨에 해당한다 할 것입니다. 이야기란 말이 광의(廣義)에 있어서는 신화·전설·메르헨 등 일체의 설화적인 것을 포괄하는 것이지마는, 협의적으로 절실하게 말하자면 이야기란 메르헨, 그것을 나타내는 말쯤 됩니다. 근래에 혹시 한문으로써 민담이라고 이르는 것이 곧 이것입니다.[22]

이 글에서 최남선은 인지(人智)의 발달과 함께 신화의 형태가 붕괴되어 전설과 민담으로 변화되었다고 주장하는 인류학파(anthropological school) 학자들의 진화론적인 견해를 그대로 받아들이고 있다. 그러나 그들의 견해는 하나의 가설에 지나지 않는 것이다. 그러므로 이것을 한국의 설화에 적용하는 경우에는 구체적으로 예화(例話)를 들어가면서 따져보아야 한다. 그리고 '이야기'란 용어를 민담만을 지칭하는 데 국한시키려고 했던 그의 견해도 쉽게 수긍이 가지 않는다. 또 메르헨(민담)에는 일정한 형식이 없다고 하는 그의 견해는 원자론적인 연구자들의 주장을 수용한 것으로, 오늘날 많은 비판을 받고 있다[23]는 사실도 아울러 지적해 둔다.

이러한 몇 가지 문제점들이 있기는 하나, 최남선의 이 소론(小論)은 한국의 설화 연구사에서 매우 중요한 의의를 가진다. 한국에서는 이것이 설화의 3분법에 관한 최초의 체계적인 설명이었고, 우리말의 '이야기'란 단어가 신화와 전설, 민담을 포괄한다는 맨 처음의 지적이었다.

설화의 3분법에 대해서 이와 같은 견해를 보인 최남선도 실제 연구에서는 이 용어들을 엄격하게 구분하지 않았다. 그는 1939년 2월부터 3월에 걸쳐서 《매일신보》에 발표한 〈조선의 신화〉란 글에서 신화와 설화란 용어를

---

22) 위의 책, p.74.
23) P. Radin : 1915.(A. Dundes : 1980, p.18 재인용)

함께 사용하였다.[24] 이는 한국의 설화들이 서구의 3분법적인 분석범주에 잘 맞지 않는다는 것을 인식하여, 엄밀하게 신화의 범주에 넣기 힘든 이야기들을 설화라고 명명한 것인 듯하다.

한편 손진태는 1927년 8월부터 1929년 4월까지 15회에 걸쳐 《신민(新民)》에 〈조선 민간설화의 연구 — 민간 설화의 문화사적 고찰〉이라는 일련의 논문을 연재하였다. 그는 이 연구를 위해서 중국측 문헌 68종과 한국측 문헌 18종, 일본측 문헌 18종, 서양의 문헌 10종 등 모두 114종에 이르는 동서고금의 문헌을 섭렵하였다. 그 위에 그는 다시 자신이 직접 채록한 40여 개의 설화를 대상으로 하여, 문화사론적인 방법론에 따라 비교연구를 시행하였다.[25]

그는 이 논문들을 모은 저서에서 "민족설화라는 것은 한 민족 사이에서 설화되는 신화·전설·고담·동화·우화·소화·잡설(雜說) 등의 총칭"[26]이라고 하여, 설화라는 용어를 모든 이야기들을 포괄하는 것으로 간주하였다. 그러면서도 실제로는 최남선과 마찬가지로 용어를 혼용하였다. 예를 들어 창세 신화적인 성격을 띠고 있는 '홍수 이야기'를 전설과 설화[27]라고 부르고 있는가 하면, 또 기원신화적 성격을 지니고 있는 '일월(日月)설화'를 전설[28]이라고 지칭하고 있다.

이렇게 수용 초기단계부터 혼란을 가져온 3분법적인 분석범주의 개념 규정 문제를 본격적으로 제기한 학자는 임동권(任東權)이다. 그는 1961년 《현대문학》에 발표한 〈민속 문학론〉에서 "설화의 개념은 우리 학계의 현실로 보아 세밀히 검토되어야 할 것으로 본다. 왜냐하면 설화의 개념이 심각히 검토된 일도 없거니와 두 가지로 해석되고 있기 때문이다. 현재 문헌에 산견(散見)되는 용례를 보면 하나는 총체적인 범칭(凡稱)으로 사용되는 설화이고, 또 하나는 총체적인 범칭이면서도 부분적인 명칭으로 불리는 설화가 있

---

24) 육당전집편찬위원회 편 : 1973, pp.16~35.

25) 성기열 : 1979, pp.39~40.

26) 손진태 : 1947, p.1.

27) 위의 책, pp.7~10. 서구에서도 프레이저(J. Frager)는 〈홍수 이야기〉를 전설이라고 부르고 있는 데 반해, 던데스(A. Dundes)는 신화라고 부르고 있다. J. Frager 저, 星野徹 譯 : 1973, pp.31~179 ; A. Dundes, 1986, pp.167~182.

28) 손진태 : 1947, pp.133~135.

어 모순된 현상을 나타내고 있다"[29]고 하여 설화 용어가 혼란스럽게 사용되고 있음을 지적하였다. 그런 다음에 브루네(C. Brune)의 분류관을 소개하고, 여기에 근거를 둔 3분법적인 분석범주의 개념을 명확하게 하였다.

임동권의 견해에 따르면 신화는 이야기의 대상이 신격(神格)을 중심으로 하여 이루어진 것이다. 이에 비해 전설은 구체적인 물건과 관련을 가지는 것으로 부단히 역사화됨으로써 자신의 위치를 합리화하려는 경향이 있고, 이야기꾼과 듣는 사람이 그 내용을 믿는 이야기이다. 민담은 동화와 우화, 소화 등 흥미중심의 옛날 이야기 전반을 가리킨다.[30]

그가 이와 같이 개념을 규정한 뒤에, 장덕순이 그의 제자들과 더불어 저술한 《구비문학 개설》에서는 이것을 한층 더 천착하였다.[31] 그렇지만 여기에 나타난 분석적인 분류범주의 설정 기준은 베이스컴(W. Bascom)의 그것[32]을 크게 벗어나지 못했다. 이런 의미에서 이것 역시 서구의 그것을 그대로 수용한 것이었다고 하겠다.

한편 조동일(趙東一)은 서구의 3분법에 이론화를 시도하여 주목을 끌고 있다. 그는 자아(自我)와 세계가 동질적이거나 상호 보완적인 관계에서 대결하며 그러한 관계가 강조되던 시대가 신화시대이고, 자아와 세계의 동질적인 관계가 무너지면서 자아와 세계가 대결하는 기본적인 방식의 하나로 자아에 대한 세계의 우위가 설정되는 것이 전설시대이며, 자아의 우위에 입각하여 자아와 세계의 대결이 진행되는 것이 민담이라고 하였다.[33] 그의 이런 주장은 그 나름대로 3분법으로 이론화했다는 점에서 높이 평가받을 만하다. 하지만 조동일의 이론이 보편성과 일반성을 인정받기에는 아무래도 문제가 있는 것 같다. 그의 기준을 따르면 그 자신이 인물 전설로 규정한 박세통[34]이나 방학중[35]에 얽힌 이야기마저도 민담에 귀속되는, 자가당착의 결과를 초

---

29) 임동권 : 1961, p.266.
30) 위의 책, pp.266~271.
31) 장덕순 외 공저 : 1971, pp.17~20.
32) W. Bascom : 1965, p.5.
33) 조동일 : 1977, pp.140~177.
34) 조동일 : 1979, pp.55~65.
35) 위의 책, pp.187~394.

래하게 된다.

사실 서구의 분류 개념을 도입하려고 할 때는 서구사회 속에서 만들어진 그들 나름의 독특한 문화를 먼저 이해해야 한다. 그렇지 않고서는 외양적인 도입, 즉 껍데기만을 받아들이는 데 머물게 된다. 이런 예를 일본에서 찾을 수 있다. 오자와 도시오(小澤俊夫)는 일본설화들 가운데서 '일반담(ordinary tale)'에 들어가는 자료들을 독일어로 번역하여 《일본 민담집(*Japanese Märchen*)》이라는 책으로 출판한 적이 있다. 이것을 검토한 라이리히(R. Leirich)는 "오자와는 일반담에 한정하지 않은 것 같다. 이 편자는 애초 마법 담(혹은 모험담)은 그다지 채택하지 않고 있으며, 소설적인 이야기는 전연 채택하지 않고 있다. 그 대신 동물담과 전설, 거기에 소화도 몇 편 채택하고 있다. …… 오자와의 《일본 민담집》 속의 몇 편은 — 유럽의 용어로 말한다 면 — 전설에 해당된다. 그리고 그것이 또 유럽의 전설과 대단히 친연성이 강한 것이다"[36]라고 지적하였다.

이 사실은 일본사람들이 서구의 3분법적인 개념을 받아들여 그들 나름대 로 '일반담'의 범주를 설정하였다. 그리고 여기에 들어가는 자료들을 독일어 로 번역했을 때, 이것이 독일사람들의 인식체계와는 맞지 않았다는 것을 말 해준다. 다시 말해 일본에서는 일반담으로 보는 자료들을 서구사람들은 전 설이나 소화로 생각했다는 것이다. 이와 같은 인식의 차이는 결국 문화의 차이에서 기인한 것이라고 하겠다.

이런 의미에서 제이슨(H. Jason)의 다음과 같은 지적은 비유럽권의 학자 들에게 시사하는 바가 크다. 그녀는 〈구비문학의 내용 분석〉이란 글에서 "모든 문학과 마찬가지로 구비문학도 그 자체가 문학 장르이다. 개개의 구 비문학 텍스트는 하나의 구비문학 장르에 속한다. 이 장르는 지금까지 거의 연구하지 않았다. 장르가 문화적 속박을 받는 현상이고, 개개의 문화 또는 광범위한 문화 영역이 그 자체의 장르를 가질 것이라는 사실은 아주 명백해 보인다. 지금까지는 대부분 유럽의 구비문학을 연구해 왔는데 — 비록 이 지 역에서조차도 명확한 것보다는 모호한 것이 더 많지만 —, 이 개념들(마법

---

36) 小澤俊夫 : 1979, p.11.

담, 전설, 일화, 서사시, 민요와 같은 것들)을 비유럽 구비문학에 적용시키는 것은 실수일 것이다"[37]라고 하였다.

서구사람들도 이처럼 문제를 제기하고 있는 그들의 분석범주들을 그대로 한국의 자료에 원용할 때에는 더욱 철저하게 타당성을 검토해야 한다. 물론 오늘날 학계에서 서구의 이론이 보편화되고 일반화되고 있는 것은 사실이다. 그렇다고 하더라도 문화가 다르고 역사가 다른 서구의 것을 무리하게 수용하여 분류의 전범(典範)으로 삼는다든지, 이론화를 시도한다든지 하는 것은 당연히 재고되어야 한다. 이제 우리도 서구의 것을 무조건 따를 것이 아니라, 우리의 것이 무엇인지를 알 때가 되었다. 이러한 태도를 지나친 국수주의라고 비난할지도 모른다. 그러나 우리 것이라는 바탕이 있어야 서구 것도 받아들일 수 있다. 따라서 우리 조상들이 가지고 있던, 설화에 대한 인식체계를 더듬어보는 것은 앞으로의 분류나 연구를 위해 매우 중요한 의의가 있는 작업이라고 하겠다.

3. 각 민(종)족들은 설화를 어떻게 나누고 있는가

1) 1분법 종족

이 지구에 살고 있는 어떤 민(종)족이든지, 그들 나름의 독자적인 분류체계를 가지고 있다. 이것은 오랜 역사의 과정을 거치면서 그 사람들 사이에서 자연스럽게 형성된 문화적 산물의 하나이다. 그래서 각 민(종)족들이 가지고 있는 설화의 에스닉 장르에 관한 보고서들 가운데서 중요한 몇 개를 고찰함으로써, 그들이 어떤 민속적 원리로 설화들을 분류하고 있으며, 그 분류체계를 어떻게 인식하고 있는가 하는 것을 알아보기로 한다.

먼저 자기들이 갖고 있는 설화들을 몇 개의 범주로 구분하지 않고 하나의 범주로 포괄하여 지칭하고 있는 종족들이 있다. 이처럼 1분법[38]을 사용하고

---

37) H. Jason : 1977, p.276.

있는 종족에 관한 보고는 그렇게 많지 않다.

카이저(Ch. Keysser)의 보고에 따르면, 뉴기니의 동북부에 사는 가이족은 서사적인 이야기들을 하나의 범주로 포괄하고 있다. 그가 이 이야기들을 'Sage'(전설)란 용어로 표현하고 있는 것으로 보아, 이것은 민담이나 우화라고 하기보다는 신화와 전설을 포함하는 더 넓은 범주를 가리키는 것 같다.[39]

그리고 북아메리카에 살고 있는 인디언의 하나인 윈드 리버 쇼쇼니족(Wind River Shoshoni)도 모든 이야기들을 '나레구얍(nareguyap)'이라고 하는 하나의 용어로 나타내고 있다. 그들은 이야기들을 언어학적으로 구분하지 않을 뿐만 아니라, 그것이 진실한 것인지 허구적인 것인지도 구별하지 않으며, 또 신화적인 고대의 것인지 역사적인 현대의 것인지조차도 변별하지 않는다. 그렇다고 해서 그들이 신화라든가 전설, 민담과 같은 설화들을 가지고 있지 않기 때문에 이런 인식 태도가 형성된 것은 아니다. 그들도 역시 이와 같은 종류의 이야기들을 가지고 있다. 실제로 홀트크랑츠(A. Hultkrantz)는 그들의 설화를 3분법적인 분석범주로 분류한 바 있다. 따라서 윈드 리버 쇼쇼니족이 자신들의 이야기를 몇 개의 범주로 구분하지 않고 하나의 범주로 표현하고 있다는 사실은, 1분법을 쓰고 있기 때문이라고 보아도 무방할 것이다.[40]

2) 2분법 종족

지금까지 보고된 보고서들 가운데 2분법을 사용하는 종족들에 관한 것이 가장 많은 양을 차지하고 있다. 포나핀족(Ponapeans)을 비롯하여 태평양의 하와이안족(Hawaians), 북아메리카의 도코다족(Dokoda)과 키오와족(Kiowa), 서아프리카의 풀라쿠다족(Fulakuda)과 에픽족(Efik), 요루바족(Yoruba), 도호

---

38) 1분법이란 용어는 엄밀한 의미에서 맞지 않는 말이다. 왜냐하면 설화를 몇 개의 범주들로 구분하지 않고 하나의 범주로 인식한다는 것은 무분법이라고 하는 것이 타당하기 때문이다. 그러나 몇 개의 범주로 나누는 것을 분법이라고 명명하는 경우, 이것들과 형평을 유지하기 위해 편의상 붙인 명칭이라는 것을 밝혀둔다.

39) 大林太良 : 1966, p.47.

40) A. Hultkrantz : 1960, pp.552~569.

민족(Dohomeans) 등은 모두 설화들을 두 개의 범주로 구분하고 있다. 이들 가운데서 요루바족의 설화 분류관에 대한 베이스컴(W. Bascom)의 보고는 그들의 분류논리를 이해하는 데 많은 도움이 된다.

　　요루바족은 설화를 두 개의 범주, 즉 민담인 '알로(alo)'와 신화 및 전설, 역사적인 이야기를(포함하는) '이탄(itan)'으로 인식하고 있다. 민담은 보통 한여름 동안 달 밝은 저녁에 모닥불가에서 오락을 위해서 이야기된다. 반면에 신화는 역사적인 진실로서 간주되거나, 정치적이고 의례적인 일들에 대한 진지한 토론에서 어려운 문제를 해결하기 위해 노인들이 인용한다. 그렇지만 이 두 유형은 이파(Ifa) 운문의 일부로서 동일한 조건에서 암송되는 것이다.

　　대체로 신화나 역사적인 이야기는 동물보다 성스러운 존재나 전설적인 인물이 등장한다는 점에서 구별된다. 또 이것들은 현재의 의례적인 행위를 설명하고 정당화한다는 점도 구별된다. 그러나 보아스(F. Boas)가 지적한 것처럼, 등장인물들과 설명적인 요소들의 손쉬운 교체 때문에 신화와 민담은 발생론적인 의미에서는 그 줄거리를 구별하는 것이 불가능하다. 어떤 운문 속에서는 이파(Ifa)신과 에슈(Eshu)신이 거북이 대신 트릭스터(trickster : 원시민족의 신화에 나와 주술·장난 등으로 질서를 문란하게 하는 신화적 존재—필자)의 역할을 수행하기도 하지만, 그렇지 않은 경우도 많다. 곧 등장인물이 동물인 경우도 있고, 또 거북이 자신이 트릭스터인 경우도 있다. 그리고 이파 운문(韻文)에서는 신화와 민담의 목적이 이미 만들어진 예언을 정당화하고 듣는 사람들에게 왜 희생이 필요한지를 설명하는 데 있다.

　　예언자들이 단지 듣는 사람들을 즐겁게 만들기 위해서 운문을 암송하지 않는다는 것은 명백하다. 또 운문의 목적이 쾌락을 제공한다든지 심미적인 만족을 제공하는 데 있지 않다는 것도 확실하다. 그들은 공리주의자는 아니지만, 종교적인 의례에서 정성을 들인 복장이나 잘 다듬어진 가면, 혹은 훌륭하게 장식된 소도구 등을 사용하는 것에 비견될 수 있는 유형의 이야기를 실제로 구연하고 있다. 원시 예술에서 도형 예술과 조형 예술이 거의 대부분인 경우 순수한 예술이 아니라는 것은 일반화되어 있다. 이러한 주장은 문학 분야도 적용할 수 있다. 구연되는 주문(呪文)과 신화 그리고 마법(魔法)과 종교 의례의 일부로 사용되는 노래들은 '응용된' 문화 예술의 예들로 볼 수 있다.

그런데 이러한 중요성이 이제까지는 인식되지 않고, 의례의 일부분으로서 사용되었는지 아닌지로 신화와 민담을 구분하려고 했다는 것도 암시적이다. 하지만 요루바족의 범주를 따를 경우에 신화와 민담은 예언의 의례와 관계가 있기 때문에, 이들의 구별은 이야기에 나오는 등장인물의 유형에 따라 행하는 것이 더 좋을 것이다. 그렇지만 요루바족이 (구분하는) 범주는 실제로, 이야기가 진실한 것으로 간주되는지, 아니면 허구적인 것으로 간주되는지에 따라 결정되고 있는 듯하다.[41]

이상과 같은 베이스컴(W. Bascom)의 기술로부터, 요루바족은 그들의 이야기를 두 개의 범주, 즉 '이탄'과 '알로'로 구분하는 독특한 민속적 원리를 가지고 있다는 사실을 확인할 수 있다.

단 벤-아모스(Dan Ban-Amos)는 하나의 장르 안에 함께 있는 자질들과, 그것들의 대조적인 속성에 바탕을 두고 요루바족의 '이탄'과 '알로'의 관계를 다음과 같이 도식화하였다.[42]

도해 1. 요루바족의 장르 구분의 민속적 원리

차원 ＼ 장르	이탄(itan)	알로(alo)
상 황	의례 / 정치	흥미
구연자의 신분	노인 / 예언가	남녀 / 노소
주인공	신 / 인간영웅	동물
태 도	진실 : 종교적 또는 역사적	허구

이 표에 따르면, '이탄'은 의례나 정치와 관련이 있는 언어예술로서, 이것을 이야기하는 사람은 노인들이나 예언가들이다. 그리고 이것은 신이나 인간 영웅들이 등장하는 종교적 역사적인 진실로 받아들여지고 있다. 이에 반해 '알로'는 흥미를 불러일으키며 그 사회의 누구라도 이야기한다. 또 주인공이 동물인 경우가 많고, 요루바족은 이것을 허구적인 이야기로 간주하고

---

41) W. Bascom : 1965, pp.129~130.
42) Dan Ben-Amos : 1969, p.233.

있다.

요루바족과 같이, 듣는 사람들이 이야기의 내용을 진실한 것으로 받아들이느냐, 아니면 허구적인 것으로 생각하느냐에 따라 설화를 변별하는 종족은 이 밖에도 몇이 더 있다. 예를 든다면 아프리카의 로치족(Lozi)과 슈비아족(Subiya)이 이에 해당된다. 쟈코테(E. Jacottet)는 이 종족들의 설화를 '민담(contes)'과 '전설(legends)'로 나누어 보고하였다. 그의 보고에 따르면 후자는 신이라든가 인간의 기원에 관한 이야기로서 이야기꾼들도 이것은 먼 옛날에 실제로 일어났던 일에 대한 설화라고 인식하고 있는 데 반해, 전자는 순전히 허구적인 이야기로 간주하고 있다는 것이다.[43]

또 라딘(P. Radin)은 북아메리카에 거주하는 인디언의 한 종족인 윈네바고족(Winnebago)들도 설화를 두 개의 범주로 구별하고 있다고 보고하였다. 그의 조사에 따르면, 윈네바고족은 자기들의 설화를 '와이카(Waika)'와 '워락(Worak)'으로 구분하고 있다. 전자는 그 주인공이 기원의 신들이고, 그들의 행위는 아득한 옛날에 행해졌던 것이며, 결말은 언제나 행복하게 끝난다. 반면에 후자는 등장인물이 인간들이고, 행위도 인간들이 기억할 수 있는 시대에 일어난 것이며, 결말은 비극적인 것으로 끝나고 있다.[44]

이와 같은 예들을 볼 때, 설화를 두 개의 범주로 구분하는 종족은 그들 나름의 민속원리, 곧 설화에 대한 신뢰도라든가, 그것의 시간적 공간적인 배경, 주인공, 결말의 형식 등에 의해 자신들의 설화를 변별하고 있음을 알 수 있다. 그리고 2분하는 경우에는 신화와 전설에 해당되는 설화들을 하나의 범주로 통합하여 진실담(true story)으로 받아들이고 있다는 것도 하나의 특징이다.

3) 3분법 민(종)족

설화분류에 3분법을 사용하고 있는 민족들의 대표적인 예로는, 먼저 유럽

---

43) E. Jacottet : 1901, p. iv.
44) P. Radin : 1926, pp.18~52.

의 제 민족들이 있다. 그들은 설화를 3분하는 각각의 용어를 가지고 있다. 다시 말해 영국에서는 'myth'와 'legend', 'folktale' 등의 용어를 쓰고 있으며, 독일에서는 'Mythos'와 'Sage',[45] 'Märchen' 등의 단어를 사용하고 있다. 또 이 용어들에 상응하는 프랑스어는 'mythes'와 'traditions populaire', 'contes populaire' 등이다.

이들 세 개의 범주에 대한 베이컨(J. Bacon)의 설명은 다음과 같다.

> 신화는 설명적인 기능을 가지고 있다. 이것은 원인이 확실하지 않은 자연 현상을 설명한다든지, 기원이 잊혀져 버린 연행(演行)의 의례를 설명해 준다. …… 한편 전설은 실존 인물의 행운이나 실제적인 장소에서 있었던 모험에 대한 진실담(眞實譚)으로서 이야기되고 있다. …… 그러나 민담은 완전히 상상의 산물로서 신뢰를 요구하지 않는다.[46]

1925년에 한 베이컨의 이 설명은 그보다 앞서 제시된 프레이저(J. Frazer) 의 견해에서 상당한 영향을 받은 것 같다. 참고로 이것을 소개한다.

> ㉠ 신화와 전설, 민담의 구별을 언제나 명확하게 이해하거나 일률적으로 진술할 수 없기 때문에, 내가 쓰는 용어의 의미를 미리 정의하는 것이 좋을 지도 모른다.

나는, 신화가 인간의 생활이나 외부의 자연에 대한 잘못된 설명이라고 생각한다. 이러한 설명은 좀더 진보된 지식단계에서 철학과 과학으로부터 만족을 추구하는, 사물의 기원에 관한 본능적인 호기심에서 비롯된 것이다. 그러나 이것은 항상 무지와 이해부족에 근거를 두고 있는 것이므로, 그것 이 진실로 밝혀진다면 신화로 나아가지 못하게 된다. 신화의 주제도 인간 의 마음에 떠오르는 사물만큼이나 많다고 할 수 있다. 왜냐하면 모든 것이 인간의 호기심을 자극하며, 인간은 모든 것의 원인을 알려고 노력하기 때문이다. 많은 인간들이 신화를 통해 해답을 얻으려고 했던 의문들 가운데 는, 세계와 인류의 기원과 천체의 명백한 움직임, 사계절의 규칙적인 순환,

---

45) 독일의 경우에는 '성자담(聖者譚)'으로 번역되는 'Legende'가 있는데, 이것 역시 전설의 범주에 넣고 있다. M. Lüthi 저, 野村泫 역 : 1974, pp.33~34.
46) J. Bacon : 1925, p.35.

생물의 생성과 소멸, 강우(降雨), 천둥과 번개, 일식과 월식, 지진 등의 현상, 불의 발견, 유용한 예술의 발명, 사회의 기원, 죽음의 신비 등등이 있다. 간단하게 말하면 신화의 범위는 인간의 호기심과 무지가 공존하기 때문에 무척 많다고 하겠다.

나는 전설을 전승물(traditions)로서 이해하고 있다. 기록된 것이든 구전되는 것이든, 전설은 과거 실존 인물의 행운에 관한 것이거나, 반드시 인간은 아니더라도 과거의 실제적인 사실에 대한 설명이라고 생각한다. 이러한 전설은 진실과 허구가 함께 뒤섞여 있다. 만약 그것이 진실만으로 되어 있다면, 그것은 전설이 아니라 역사가 되는 것이다. 진실과 허구의 구성비율은 자연히 전설에 따라 다르지만, 일반적으로는 아마도 허구의 비중이 높을 것이다. 적어도 세부적으로는 그렇다. 바꾸어 말하면 언제나 그런 것은 아니지만, 불가사의한 요소나 기적적인 요소가 대부분 전설 속에 포함된다.

또 나는 민담(narratives)을 인간이 만든 가공적인 이야기라고 생각한다. 즉 그것은 세대에서 세대로 구전되는 이야기이다. 비록 그것이 실제로 일어났던 것에 대한 이야기라고 하더라도, 사실 민담은 완전히 상상적인 것이라고 할 수 있다. 그것은 듣는 사람들의 흥미를 불러일으키기 위해 이야기하는 것으로 신뢰성을 주장하지는 않는다. 요약한다면 민담은 듣는 사람들을 가르치거나 교화할 목적으로 고안된 것이 아니라, 아주 허구적이고 단순한 이야기이다. 단지 그들을 즐겁게 만들기만 하면 된다. 따라서 그것은 단순한 로망스의 영역에 속하는 것이다.

ⓛ 만약 이와 같은 정의를 받아들인다면, 다음과 같이 말할 수 있다. 곧 신화는 원인에 근거를 두고, 전설은 기억, 민담은 상상에 근거를 두고 있는 것이다. 그래서 이 셋이 좀더 성숙된 인간 심성의 산물이 과학과 역사, 로망스이다.[47] (밑줄은 필자)[48]

프레이저는 테일러(E. Tylor)의 《원시문화(*Primitive Culture*)》를 읽고 감동을 받아 사회인류학을 지향했던 학자이다. 그는 당시의 영국 학계를 풍미하던 인류학파의 진화론적인 입장을 취하여 ⓛ과 같은 주장을 하였다. 그런

---

47) J. Frazer : 1921, pp. xxvii~xxxi.
48) 앞으로 이 책의 인용문에서 사용한 밑줄은 특별한 설명이 없는 한 필자가 친 것임을 미리 밝혀둔다.

데 ㉠을 보면 서구에서도 1920년대까지는 설화의 3분법에 대해 명확한 개념 규정이 없었음을 알 수 있다. 그 때문에 그는 이들의 분석적인 범주를 설정하기 위해서 이야기들의 신뢰성뿐만 아니라, 제재와 발생의 배경까지 구분의 기준으로 삼으려고 했었던 것 같다.

한편 말리노프스키(B. Malinowski)는 뉴기니의 동남쪽에 위치한 트로브리안드섬(Trobriand island)에 거주하는 원주민들의 설화를 조사하여, 1926년에 다음과 같이 보고하였다.

> 만약 첫 번째 종류인 쿠크와네부(Kukwanebu)가 오락을 위해서 이야기되고, 두 번째 종류인 리봐귀(Libwagwo)가 있는 그대로를 서술하면서 사회적 공명심을 충족시키기 위해 이야기된다고 한다면, 세 번째 종류인 릴리우(Liliu)는 단순히 진실한 것으로서가 아니라 공경하고 두려워해야만 하는 것으로, 또 신성한 것으로 간주된다. 그리고 그것들은 대단히 중요한 사회적 기능을 수행한다. 우리가 알 수 있는 것처럼, 민담(folktale)은 계절에 따라 구연되는, 사회성의 한 표현이다. 전설은 이상한 현실과의 접촉으로 야기된 것으로, 과거의 역사적 경험을 나타낸다. 신화는 제의와 식전(式典), 사회적이거나 도덕적인 규칙이 그 정당한 권능과 신성성을 요구할 때에 비로소 작동된다.[49]

말리노프스키의 이 기술은 이야기들이 그 사회에서 어떠한 역할을 수행하고 있는가 하는 기능적인 측면에 주안점을 둔 것이다. 그런데 트로브리안드 섬에 사는 원주민들의 3분법은 유럽 제 민족들의 그것과 많은 공통점이 있어 관심을 불러일으킨다. 이런 공통점은 그가 유럽인의 처지에서 조사했기 때문일 수도 있다. 그렇다고 하더라도 이 보고서를 통해서, 설화들을 구분하는 일정한 범주들이 설정되어 있고 또 주민들 역시 그것들을 변별하고 있다는 사실을 확인할 수 있다.

설화의 3분법적인 분석범주에 관해, 베이스컴(W. Bascom)은 여러 가지를 기준으로 하여 다음과 같은 표를 만들어 제시하였다.[50]

---

49) B. Malinowki : 1954, p.107.
50) W. Bascom : 1965, p.5.

도해 2. 베이스컴의 설화 3분법

형 태	신뢰성	시간적 배경	공간적 배경	태 도	등장인물
신 화	사 실	태고(太古)	다른 세계	신성	비인간
전 설	사 실	근고(近古)	현세	신성·세속	인간
민 담	허 구	언제라도(가능)	어디라도(가능)	세속	인간 또는 비인간

위의 표를 본다면, 설화의 3분법이 에믹(emic)적인 분류, 곧 그 설화들 자체가 가지고 있는 속성에 따른 분류는 못 된다고 하더라도, 그 나름의 일정한 원리가 있다는 것을 알 수 있다. 바꾸어 말하면 신화는 태고시대에 비인간들이 행한, 신성성이 인정되는 이야기이다. 이에 비해 전설은 역사시대에 인간들이 행한 것에 대한 이야기이고, 민담은 인간이나 비인간이 주인공이 될 수 있는 허구적 세속적인 이야기라고 할 수 있다.

4) 5분법 종족

이 지구상의 많은 민(종)족들이 2분법이나 3분법을 사용하고 있다. 그러나 그 가운데는 5분법을 쓰는 종족도 있어 연구자들의 주목을 끌고 있다. 다벤포트(W. Davenport)의 보고에 따르면, 미크로네시아(Micronesia)의 마셜 군도(Marshall Is.)에 거주하는 주민들은 자신들의 이야기를 다섯 개의 범주로 구분하고 있다.

그가 '신화(myth)'라고 표현한 그들의 '브웨브웨네토(bwebweneto)'는 분명히 신화-전설(myth-legend)적인 이야기로서, 그 주제는 전통적인 역사와 가계(家系)의 이야기 및 어느 정도는 설명적인 이야기들을 포함하고 있다. 이 신화는, 특히 옛날의 신들이나 반신반인(半神半人 : domigod)의 이야기가 주류를 이루는데, 현재에는 부분적으로는 진실한 것으로 간주되지 않고 있으나, 일반적으로는 진실담으로 받아들여지고 있다고 한다.

또 다벤포트가 '에다오담'이라 이름 붙인 '브웨브웨네토 에다오(bweb-weneto Edao)'는 에다오에 얽힌 익살스러운 신화-전설군이다. 이 부류의 이야기에 등장하는 에다오는 지역에 따라서는 마우이(Maui)와 트릭스터와도 통하는 인물이다. 그래서 사람들은 비록 에다오의 행동이 불가능한 것이었다고 하더라도 실제로 이 섬에 생존했었다고 믿고 있다.

이처럼 이야기의 진실성을 믿는 것은 '현대신화(modern myth)'의 경우에도 마찬가지이다. 다벤포트가 현대신화라고 이름 붙인 '브웨브웨네토 이 몰(bwebweneto i mol)'은 잘 알려진 사람들에게 얽힌 익살스러운 기담(奇談)이다. 이 부류의 이야기는 현재 진실담으로 여겨지고 있기 때문에, 그 진실성은 의심의 여지가 없다. 그렇지만 그들은 이 종류의 이야기를 다른 형태의 이야기들과 구별하지 않을 때도 있으므로, 이들을 찾아내기는 쉽지 않다.

그리고 '반민담·반신화(half fairytale, half myth)'인 '현대신화'는 지난날에는 '신화-전설'의 범주에 속했던 민담의 한 종류이다. 이들은 문화의 변동과 더불어 민담의 형태로 변하여, 지금은 진실성을 잃어버린 것이다. 이 범주의 이야기는 잘 정의되어 있고 또 일부의 민담을 포함하기도 한다. 하지만 이것은 사람에 따라서 부분적으로 진실성을 인정하는 것도 있고, 그 외경심을 유보하는 것도 있으므로, 이 범주의 이야기는 다른 민담들과 같지 않다. 그렇지만 마을이나 섬에 따라서는 상당한 변화를 보이는 경우도 있다.

또 민담(folktale)에 해당되는 '이논(inon)'은 허구적인 것으로 간주되는 일군의 이야기들이다. 이것은 언제나 '키니와타네(kiniwatatne)'라는 말로 시작된다. 특별한 의미가 없는 이 말은 "이것은 민담이다. 그것은 옛날에 일어날 수 있는 것이기도 하고, 일어날 수 없는 것이기도 하다. 그것은 심각하게 생각하지 않아도 되고 논리적이라고 할 수도 없다"는 뜻을 가진다고 한다. 그런데 이 범주의 설화는 낮 동안에 이야기해서는 안 된다는 속신(俗信)이 있다. 만약 이것을 낮에 이야기한다면 이야기꾼과 듣는 사람들의 머리가 짚더미만큼이나 커진다고 믿고 있다.[51]

지금까지 살펴본 바에 따르면, 마셜 군도에 살고 있는 사람들의 5분법에서 그들의 독특한 민속적 원리에 의해서 설화가 구분되고 있다는 사실이 드러난다.

---

51) W. Davenport : 1959, pp.221~230.

  이제까지 각 민(종)족들이 소유하고 있는 설화의 에스닉 장르에 관한 고찰을 통해서, 그들은 그들 나름대로 독자적인 분류체계를 가지고 있다는 것을 알아냈다. 그러나 이 분류체계들 가운데는 객관성이 결여되어 있는 것처럼 보이는 것들도 있었다. 특히 북아메리카에 거주하고 있는 윈드 리버 쇼쇼니족(Wind River Shoshoni)의 경우가 그런 예에 속한다. 그들은 여러 종류의 이야기들을 갖고 있음에도, 이것들을 변별하지 않고 '나레구얍(nareguyap)'이라고 하는 하나의 범주로 포괄하고 있다. 논리적인 측면에서 본다면, 분석적인 범주를 설정하여 그 설화들을 구분하는 것이 당연하다. 그렇지만 각 민(종)족들이 자신들의 설화를 구분하는 민속적인 원리는 논란의 대상이 될 성질의 문제가 아니다. 왜냐하면 에스닉 장르는 그 분류체계를 가지고 있는 사람들의 장구한 역사적 사회적인 경험을 거쳐서 형성된 독자적인 인식영역에 속하는 것이기 때문이다.

  그리고 이것이 영원히 변하지 않는 것도 아니다. 문화의 변동에 따라서 이 분류체계도 얼마든지 바뀔 수 있다. 우리는 이러한 사실을 마셜 군도에 사는 사람들의 5분법적인 에스닉 장르의 고찰을 통해서 확인하였다. 즉 그들이 '반민담·반신화'라고 부르는 범주는, 지난날에는 '신화–민담'에 속했던 것이 민담의 형태로 변하면서 진실성을 상실해 버린 설화들을 지칭하게 된 것이다. 이것은 시대의 변천에 따른, 새로운 장르의 형성을 말해주는 것이다.

  또 설화들을 구분하는 민속적 원리가 상당히 다양하다는 것도 아울러 지적해야 할 것이다. 바꾸어 말하면 설화를 이야기하는 시간대의 금기라든가 계절적인 제한, 또는 그 설화의 공간적 시간적 배경, 등장인물, 결말의 내용, 그것에 대한 신뢰도 등에 따라서 설화를 변별하고 있다. 따라서 한국설화의 에스닉 장르를 고찰할 때에도 당연히 이러한 점들을 고려해야 한다.

  그런데 여기에서 짚고 넘어가야 할 것이 있다. 그것은 각 민(종)족들이 지니는 에스닉 장르의 분류체계의 합리성이나 다양성을 문화 발달의 정도를 측정하는 기준으로 삼아서는 안 된다는 것이다. 예를 들면 3분법을 사용하는 민(종)족이 2분법을 쓰는 종족보다 문화가 더 발달되었다든지, 5분법을 소유한 집단이 3분법을 가진 집단보다 더 뛰어난 문화를 가졌다고 할 수는 없다. 몇 분법을 사용하는가 하는 것은 그들의 독자적인 문화에 근거를 두고 있는 독특한 인식체계이기 때문이다.

그리고 서구의 3분법이 가장 합리적인 분류체계일 수 없음도 아울러 지적해야 한다. 이것은 그들의 분류체계일 따름이다. 또 오늘날 서구 학문이 세계적으로 널리 통용되고 있으므로, 다만 이용하고 있는 데 불과하다는 것을 명백하게 밝혀둔다. 이런 의미에서 한국설화의 에스닉 장르를 되짚어보는 작업은 매우 의미 있는 일이다.

4. 한국민족은 설화를 어떻게 보아왔는가

1) 고려시대의 설화관

거듭 말하지만, 한국설화의 에스닉 장르라고 하는 것은 한민족이 한반도를 생활공간으로 하여, 주변 제 민족들과 문화적인 접촉을 거치면서 살아오는 동안에 독자적으로 형성해 온 설화에 대한 인식체계이다. 그러므로 이것을 고찰하기 앞서 한국사람들이 어떠한 민속적인 원리에 입각하여 설화라는 장르를 인식해 왔는가 하는 문제를 규명하지 않으면 안 된다.

이 민속적 원리를 찾아내기 위해서는, 현전하는 문헌자료들을 통해서 과거에 우리의 조상들이 설화를 어떻게 받아들였는가 하는 문제부터 살펴보는 것이 일의 순서이다. 그래서 우선 고려시대의 문헌들을 중심으로 그 당시 사람들의 설화관(說話觀)을 더듬어보기로 한다.

주지하다시피 설화란 민중들의 물질적 정신적인 문화의 산물로, 입에서 입으로 전승되는 서사적인 이야기이다. 그것이 언제, 왜, 누구에 의해서 어떻게 만들어졌는가 하는 기원의 문제는 그동안 수많은 논의가 있었음에도 아직까지 풀리지 않은 채 수수께끼로 남아 있다. 한국의 경우도 이 문제는 예외가 아니다. 문학사의 관점에서 이루어진 연구는, 원시인들이 초자연적인 존재의 의지에 순응함으로써 그들의 위협으로부터 벗어나기 위해 신화와 전설을 만들어냈을 것[52]이라고 하는 일반론적인 설명에 머물고 있다.

어쨌든 지금까지 알려진 바로는 한국의 설화로 가장 오래된 것은 1세기 무렵에 중국의 왕충(王充)이 지은 《논형(論衡)》의 길험편(吉驗篇)에 실려 있는 부여국의 동명(東明)에 얽힌 이야기이다.[53] 이 자료는 건국시조인 동명의 탄생과 그가 나라를 세울 때까지의 과정이 주된 내용으로 되어 있어, 이것을 가지고 그 당시 사람들이 이 이야기를 어떻게 인식하고 있었던가 하는 문제를 파악하기는 어렵다.

현전하는 한국측 기록으로는 12세기에 완성된 김부식(金富軾)의 《삼국사기(三國史記)》가 제일 오래된 것이다. 여기에는 많은 설화들이 기록되어 있으나, 이 책이 편년체(編年體)로 기록된 역사서인 까닭에 거의 모든 자료들이 왕력(王曆)들 속에 편입되었다는 특징이 있다. 또 김부식이 유교적인 합리주의자였기 때문에 가능한 한 신빙성이 없는 설화들을 간략하게 기록하여, 그 전모가 많이 마모되었다.

그런데 조선시대에 소설로 정착된 《토끼전》의 근원설화로 알려진 이야기가 《삼국사기》 권 41, 열전 제1 김유신(金庾信)조에 실려 있어, 김부식이 가졌던 설화관의 한 단면을 엿볼 수 있다.

[자료 1]
(1) 왕이 노하여 그를 가두어 죽이려고 하였으나 아직 수행하지 않았는데, 춘추가 왕이 총애하는 선도해에게 청포(靑布) 3백 필을 몰래 주었다. (그런즉) 도해가 음식을 가지고 와서 함께 술을 마셨다. 한참 술이 무르익을 즈음 <u>(도해가) 우스개 말(戲語)로 "그대는 일찍이 거북과 토끼의 이야기를 들었는가?"</u>(라고 하였다. 그리고 다음과 같은 이야기를 했다.)

(2) "옛날에 동해 용왕의 딸이 심장병을 앓았는데, 의원의 말이 토끼의 간을 얻어 약을 지으면 병을 고칠 수 있다고 하였다. 그러나 바다에는 토끼가 없으니 어찌할 수 없는 일이었다. 이때 한 거북이 용왕에게 아뢰어 자기가 그것을 얻을 수 있다고 하고, 육지로 나와서 토끼에게 하는 말이, 바다 속에 한 섬이 있는데 맑은 샘물과 흰 돌에 무성한 숲, 아름다운 과일이 있으며, 추위와 더위도 없고 매와 새매가 침입하지 못하니, 네가 가기만 하면

---

52) 조윤제 : 1981, p.15.
53) 王充 저, 이주행 역 : 1996, pp.121~122.

편히 지내고 아무 근심이 없을 것이라고 하였다. 이어 토끼를 등에 업고 헤엄쳐 2~3리쯤 가다가, 거북이 토끼를 돌아보며 말하기를 지금 용왕의 딸이 병이 들었는데 토끼의 간이 있어야 약을 짓기 때문에 이렇게 수고롭게 너를 업고 오는 것이라고 하였다. 토끼가 (이 말을 듣고) 아아, 나는 신명(神明)의 후예라, 능히 오장을 꺼내어 씻어 넣을 수 있다. (공교롭게도) 일전에 속이 좀 불편한 듯하여 간을 꺼내 씻어서 잠시 바위 밑에 두었다. 그런데 너의 달콤한 말을 듣고 바로 왔기 때문에 간이 아직도 그 곳에 있으니, 어찌 돌아가서 간을 가져오지 않을 것인가? 그렇다면 너는 구하는 것을 얻게 되고 나는 간이 없어도 살 수가 있으니, 어찌 이쪽 저쪽이 다 좋은 일이 아니냐 하였다. 거북이 그 말을 믿고 도로 나가 언덕에 오르자마자 토끼는 (거북이 등에서 내려) 수풀 속으로 도망치며 거북에게 말하기를, 너는 어리석기도 하다. 어찌 간이 없이 사는 자가 있을 것인가 하니, 거북이 멍청하여 아무 말도 없이 물러갔다고 한다"라고 하였다.

(3) 춘추가 그 말을 듣고 그 뜻을 알게 되었다. (고구려) 왕에게 글월을 보내어 말하기를 "두 고갯마루는 원래 대국의 땅입니다. 신이 귀국하면 우리 왕께 청하여 돌려드리겠습니다. 제 말을 믿지 못하신다면 저 해를 두고 맹세하겠습니다"라고 하니, 왕이 그제야 기뻐하였다.[54]

이 자료의 단락 (1)에는 김춘추가 영토 문제를 해결하려고 고구려에 교섭을 하러 들어갔으나 고구려왕의 노여움을 사 감금되었을 때, 선도해라고 하는 왕의 총신으로부터 '거북과 토끼의 이야기'를 듣게 된 경위가 서술되어 있다.

밑줄을 친 부분에서 '우스개 말'로 번역한 '희어(戲語)'라고 하는 단어는

---

54) "王怒囚之 欲戮未果 春秋以青布三百匹 密贈王之寵臣先道解 道解以饌具來相飮 酒酣 戲語曰 子亦嘗聞龜兔之語乎. 首東海龍女病心 醫言 得兔肝合藥則可療也 然海中無兔 不奈之何 有一龜首龍王曰 吾能得之 遂登陸見兔言 海中有一島 淸泉白石 茂林佳景 寒暑不能到 鷹隼不能到 應隼不能侵 爾-若得至 可以安居無患 因負兔背上 遊行二三里許 龜顧謂兔曰 今龍女被病 須兔肝爲藥 故不憚勞 負爾來耳 兔曰 噫吾神明之後 能出五藏 洸而納之 日者少覺心煩 遂出肝心洗之 暫置岩石之底 聞爾甘言徑來 肝尙在彼 何不檜歸取肝 則汝得所求 吾雖無肝尙活 豈不兩相宜哉 龜信之而還 纔上岸 兔脫入草中 謂龜曰 愚哉汝也 豈有無肝而生者乎 龜憫默退 春秋聞其言 喩其意 移書於王曰 二嶺本大國地分 臣歸國 請吾王還之 謂予不信 有如曒曰 王迺悅焉". 김부식 : 1982, pp.427~428.

'익살로 하는 말'이나 '웃음거리로 실없이 하는 말'의 뜻을 지녔다. 그러므로 '거북과 토끼의 이야기'가 오락적인 기능을 가졌음을 드러낸다. 또 선도해라는 왕의 총신이 이 이야기를 들려준 목적은 김춘추에게 감금에서 벗어나는 방법을 가르치는 데 있었다는 것도 명백하다. 실제로 단락 (3)의 내용을 보면 김춘추는 이 이야기에서 암시를 받아 고구려 왕에게 처신을 잘하여 무사히 귀국할 수 있었다. 따라서 '거북과 토끼의 이야기'는 오락적 교훈적인 기능을 가진 설화였음이 확실하다고 하겠다.

그리고 한자어 '구토지설(龜兎之說)'이라고 하는 말의 '설(說)'자가 이야기, 곧 설화를 의미하는 것이었을 가능성도 높다. 이렇게 볼 수 있는 이유는 단락 (2)의 전개 형식이 오늘날의 그것과 대동소이(大同小異)하기 때문이다. 그렇다면 이 이야기는 "옛날 옛적에……"라고 하는 정해진 어투로 시작되는, 동물들을 주인공으로 하는 설화였다고 보아도 좋을 것이다.

이런 '거북과 토끼의 이야기'는 한국 고유의 설화가 아닌 것으로 보인다. 최남선의 연구에 따르면, 이것은 《불본행경(佛本行經)》 법원수림(法苑殊林) 권 54, 사위편(詐僞篇) 사축부(詐畜部)에 실려 있는 불교설화에서 유래되었다.[55] 그럼에도 이 설화가 《삼국사기》에 실린 것은 이것이 일찍이 한국에 들어와서 그 당시에 꽤 널리 이야기되고 있었음을 말해 준다.

한편 《삼국사기》 권 28, 백제본기 제5 의자왕(義慈王)조의 말미에는 다음과 같은 기록이 실려 있다.

[자료 2]
논하여 가로되 신라의 고사(古事)에 이르기를 "<u>하늘이 금궤를 내렸으므로 성을 김씨라고 하였다</u>"고 했는데, 그 말이 괴이하여 믿을 수가 없다. 신(臣)이 사기를 찬술함에 있어 그것이 오랜 전승이므로 그 말을 삭제할 수가 없었다.[56]

---

55) 육당전집편찬위원회 편 : 1973, pp.94~97.
56) "論曰 新羅古事云 天降金櫃 故姓金氏 其言可怪而不可信 王修史 以其傳之旧不得刪落其辭". 김부식 : 1982, p.280.

이 자료는 "논하여 가로되"라든가 "신이 사기를 찬술함에 있어"라고 하는 표현이 있는 것으로 보아, 김부식의 견해가 분명한 듯하다. 그는 밑줄 친 부분의 전승 내용이 괴이하여 믿지 못하겠다고 해서, 일단 이야기의 신뢰성을 배제하고 있다. 그러면서도 그것이 오래된 전승이어서 임의로 삭제할 수 없었다는 것을 밝혔다. 과연 그는 이 전승의 내용을 《삼국사기》 권 1, 신라본기 탈해 이사금 9년 3월조에서 '김알지(金閼智)의 탄생담'으로 자세하게 기록하고 있다.[57]

위의 자료에서 김부식은 "하늘이 금궤를 내렸으므로 성씨를 김씨라고 하였다"는 전승의 신뢰성을 전적으로 부정하고 있다. 이것은 성씨 시조의 탄생담으로 전해지는 이 설화를 사실이 아니라 가공적인 이야기로 받아들이고 있었음을 드러내는 증거이다. 물론 이와 같은 그의 인식 태도는 합리적인 사고에서 우러나온 것일 가능성도 있다. 하지만 김부식을 비롯한 당시의 문자 향유층(文字享有層)은 설화를 오락적 교훈적인 목적으로 서술하는 믿을 수 없는 이야기로 생각했다고 보아도 무방할 것이다.

그런데 13세기 무렵에 일연 선사(一然禪師)가 저술한 《삼국유사(三國遺事)》는 앞에서 살펴본 김부식의 《삼국사기》와는 여러 가지 측면에서 대조를 보여 주는 책이다. 후자는 정사(正史)로서 국가적인 지원을 받아 편찬되었다. 이에 비해 전자는 민중들 사이에 전승되던 구전자료들과 그 당시까지 남아 있던 기록자료들을 중심으로 하여 편자 나름의 분류관에 입각해서 정리한 개인적인 저작이라는 차이점이 있다. 그래서 이것은 역사적으로는 말할 것도 없이 민속적 문학적으로도 대단히 귀중한 자료로 평가된다.[58]

이러한 《삼국유사》에는 설화들이 기이(紀異)와 홍법(興法), 탑상(塔像), 의해(義解), 신주(神呪), 감통(感通), 피은(避隱) 그리고 효선(孝善) 등 주제 및 내용을 중심으로 분류 정리되어 있는데, 기이편의 모두(冒頭)에는 아래와 같은 일연의 견해가 드러나 있다.

---

57) 위의 책, pp.7~8.
58) 《삼국유사》의 종합적인 평가를 시도한 것으로는 민족문화연구소 편 : 1983이 있다.

[자료 3]

(1) 차례를 좇아서 말한다.

대체로 옛날의 성인은 예절과 음악을 가지고 나라를 세웠고, 어짐과 의로움을 가지고 가르치는 일을 베풀었다. 그러면서도 괴력난신(亂神)에 대해서는 말하지 않았다. 하지만 제왕이 일어날 때에는 반드시 부명(符命)을 얻고 도록(圖錄)을 받게 된다. 그 때문에 보통사람과는 다른 점이 있기 마련이다. 그런 다음에야 대변(大変)의 기회를 타서 대기(大器)를 잡아 대업을 이룩할 수가 있는 것이다.

(2) 그런 까닭으로 하수에서 그림이 나왔고 낙수에서 글이 나와서 이로써 성인이 일어났던 것이다. 산모의 몸에 무지개가 둘러지더니 복희를 낳았고, 용이 여등에게 교접을 하여 여등이 염제를 낳았다. 황아가 궁상이라는 들판에서 노는데, 스스로 백제의 아들이라고 칭하는 신동이 있어 사귀더니 소호를 낳았다. 간적은 알 하나를 삼키더니 설을 낳았고, 강원은 한 거인의 발자국을 밟고서 기를 낳았다. 요(堯)의 어머니는 잉태한 지 14개월 만에 요를 낳았고, 패공의 어머니는 큰못에서 용과 교접하여 패공을 낳았다. 이 뒤로도 이런 일이 많지만, 다 기록하지 않는다.

(3) 이렇게 볼 때에, 삼국의 시조가 모두 신비스러운 데서 나왔다고 하는 것이 어찌 괴이하겠는가? 이 기이편을 이 책의 첫 머리에 싣는 뜻은 실로 여기에 있다.[59]

이 자료의 단락 (1)에서는 건국시조들의 신이한 면모를 서술하고 있다. 곧 나라를 세우는 사람들은 하늘로부터 상스러운 징조나 미리 예언이 있어, 보통사람들과는 구별된다는 것이다. 그리고 단락 (2)에서는 (1)에서 제시한 기이한 면모들을 증명해 주는 중국 제왕들의 비정상적인 탄생담들을 예로 들고 있다. 그리하여 이것을 단락 (3)에서 삼국 시조들의 신이한 탄생담이 결코 괴이하지 않다는 전거(典據)로 이용하였다.

---

59) "叙曰 大抵古之聖人 方其禮樂興耶 仁義設教 則怪力亂神 在所不語 然而帝王之蔣興也 膺符命 愛圖錄 必有以異於人者也 然後能來大變 惡大器 成大業也 故河出圖 洛出書 而聖人作 以至虹繞神母而誕義 龍成女登而生矣 星俄逐窮桑之野 有神童自稱白帝子 交通而生小昊 筒狄吞卯而生契 姜嫄履跡而生交胎字十四月生堯 龍交大澤而生沛公 自此而降 豈何殫記 然則三國之始祖 皆發乎神異 何足怪哉 比神異之所以漸諸篇也 意在斯焉". 최남선 편 : 1946, p.33.

이 기술에서, 삼국 시조들의 탄생에 얽힌 이야기가 신기하면서도 이상한 면이 있기는 하나, 중국의 그것들에 비추어 볼 때 괴이한 것이 아니라는 일연의 인식 태도를 읽을 수 있다. 그렇지만 일연이 신성성이나 진실성을 인정했다고 보기는 어렵다. 오히려 비정상적인 중국 제왕들의 탄생담을 예로 든 것으로 보아, 삼국 시조들의 탄생담이 신이한 것은 당연하다는 태도를 취하고 있었다고 보는 편이 합리적일 것이다. 그렇다면 일연은 이것들을 진실담(眞實譚)으로 받아들이지 않고 신이한 성격을 가진 허구적인 이야기로 받아들였을 가능성이 높다.

건국시조에 얽힌 이야기에 대한 저자의 인식 태도가 비교적 명확하게 드러나는 저술로는, 고려 인종 때에 이규보(李奎報)가 쓴 《동국이상국집(東國李相國集)》의 〈동명왕편(東明王篇)〉이 있다. 이것은 《구삼국사(舊三國史)》를 저본(底本)으로 하여 고구려의 시조인 고주몽의 일대기를 운문체로 기록한 것이다. 그 체제는 그가 탄생하기까지의 계보를 밝힌 서장(序章)과, 그의 탄생으로부터 고구려를 세울 때까지의 과정을 기술한 본장(本章), 그의 후계자인 유리왕의 경력과 작가의 소감을 덧보태 적은 종장(終章) 등으로 구성되어 있다.

이와 같은 〈동명왕편〉의 서문에는 다음과 같은 기록이 있어 이규보의 역사관과 설화관, 나아가서는 '고구려 건국신화'에 대한 당시 민중들의 인식 태도까지 엿볼 수 있다.

[자료 4]

(1) 세상에서는 동명왕의 신이한 일을 많이 이야기하고 있다. 비록 배운 것이 없는 비천한 남녀들[愚夫騃婦]까지도 제법 그에 관한 일을 이야기할 수 있을 정도이다.

(2) 내가 일찍이 이 이야기를 듣고 웃으면서, ㉠ "선사(先師) 공자님은 괴력난신(怪力亂神)을 말씀하지 않으셨는데, 이(동명왕 이야기)는 참으로 황당하고 기괴하니 우리들이 논할 바가 아니다"라고 말한 적이 있다.

(3) 그 후에 《위서(魏書)》와 《통전(通典)》을 읽어보니, 그 사실이 기록되어 있었다. 그러나 (그것이) 간략하고 상세하지 않으니, 이는 자기 나라의 일은 소상하게 (기록)하고, 남의 나라 일은 줄인 뜻이 아니겠는가?

(4) ㉡ 다음 계축년 4월에 《구삼국사》를 얻어서 동명왕 본기를 읽어본즉, 그 신이한 사적이 세상에서 이야기되고 있는 것보다 더 자세하게 (기록되어) 있었다. 그러나 역시 처음에는 믿지 않았으니, 귀환(鬼幻)스럽다고 생각하였기 때문이다. ㉢ (하지만) 여러 번 탐독(耽讀)·미독(味讀)하면서 차차로 그 근원을 찾아가니, 이는 환(幻)이 아니요 성(聖)이며, 귀(鬼)가 아니고 신(神)이었다.

(5) 하물며 국사는 직필하는 책이니 어찌 그 사실을 망령되게 전하겠는가? (그럼에도 불구하고) 김공부식(金公富軾)이 국사를 다시 편찬할 때에 동명왕의 사적을 매우 간략하게 다루었다. 공은 국사란 세상을 바로잡는 책이므로, 크게 신이한 일을 후세에 보여줌은 옳지 않다고 생각하여 그것을 간략하게 (기록)했을 것이다.

(6) 당나라 '현종 본기(玄宗本紀)'와 '양귀비전(楊貴妃傳)'을 살펴보면, 한 곳에도 방사(方士)가 하늘에 오르고, 땅에 들어간 사적이 없었는데, 오직 시인 백낙천(白樂天)이 그들의 사적이 윤몰(淪沒)될까 걱정하여 노래를 지어 그 일들을 기록하였다. 그것은 실로 황음하고 기탄스러운 일인데도 오히려 노래로 읊어서 후세에 전했다.

(7) 하물며 ㉣ 동명왕의 사적은 변화신이하여 여러 사람들의 눈을 현혹시킬 일이 아니요, 실로 나라를 세우신 신의 자취인 것이다. 이러하니 ㉤ 이 일을 기술하지 않으면 앞으로 후세에 어찌 볼 수 있겠는가? 이런 까닭에 시를 지어 이를 기념하고 천하 사람들로 하여금 우리나라의 근본이 성인의 나라임을 알게 하고자 할 따름인 것이다.[60]

이 서문에서 이규보의 역사관이 엿보이는 곳은 단락 (3)과 (5), (7) 등이다. 우선 그는 (3)에서 중국사가(史家)들의 잘못된 역사기술 태도, 곧 자기 나라

---

60) "世多說 東明王神異之事 雖愚夫騃婦亦頗能說其事 僕嘗聞之 笑曰 先師仲尼 不語怪力亂神 比實黃唐奇詭之事 非吾曹所說 及讀魏書通典 亦載其事 然略而未詳 豈詳內略外之意耶 越癸且四月 得旧三國史 見東明王本紀 其神異之迹 蹟也之所說者 然亦初不能信之 意以爲鬼幻 及三得耽味 漸涉其源 非幻也及聖也 非鬼也及神也 況聞史直筆之書 豈妄傳之哉 金公富軾重撰國史 頗略其事 意者公以爲國史 嬌也之書 不可以大異之事爲亦於後也 而略之耶 按唐玄宗本紀楊貴妃傳 竝無方士昇天入地之事 唯詩人白樂天 恐其事淪沒作家而志之 彼實荒淫奇誕之事 猶且詠之 以示于後 矧東明之事 非以變化異眩感衆目乃實創國之神迹 則此而不流 後將何觀 是用作是以記之 欲使夫天知我國本聖人之都耳". 이규보 저, 장덕순 편 : 1981, pp.87~88.

의 일은 자세하게 기술하면서 남의 나라 일은 간략하게 기술한 것을 비판하고 있다. 또 (5)에서는 김부식이 《삼국사기》를 찬술할 때 동명왕의 사적을 간단하게 처리한 것도 아울러 지적하였다. 그리고 (7)의 ⑩에서는 자기가 사명감을 갖고 이것을 기록하는 이유를 명확하게 밝혔다. 여기서 말하는 〈동명왕편〉의 저술동기는 이규보의 철저한 민족의식을 보여 주고 있다.

그런데 (1)을 보면 당시에 '동명왕 이야기'가 일반 민중들 사이에서 널리 이야기되고 있었다는 사실이 확인된다. 하지만 이 기록만 가지고는 그 당시 사람들이 동명왕에 얽힌 이야기를 다른 설화들과 변별하고 있었는지 아닌지 하는 문제, 즉 이 설화의 신성성을 인정하고 있었는지를 파악하기는 힘들다.

그러나 (4)의 ⓒ에 이 문제를 해결할 수 있는 실마리가 들어 있다. 학문에 조예가 깊었던 이규보가 ⓒ과 같이 신성성을 인식하기까지는 몇 번인가의 음미가 있었다는 것이다. 따라서 이것은 당시 민중들이 이 설화의 신성성을 깨닫지 못하고 이야기하고 있었다는 것을 의미한다고 하겠다.

실제로 ⊙과 ⓛ에서는 이규보 자신도 '동명왕 이야기'를 기괴하고 황당한 이야기로 받아들였다는 것을 분명히 하였다. 그러다가 ⓒ과 ⓔ에서처럼 신성성을 인정하게 되었다고 하여 인식의 전환이 있었음을 밝혔다. 특히 ⓔ에서는 동명왕의 사적이 나라를 세우신 신의 자취라고 하여 이 설화의 진실성을 인정하려는 적극적인 자세를 보이고 있다.

이런 인식 태도는 그의 민족주의적인 역사의식과 밀접한 관계가 있는 듯하다. 단락 (6)의 중국측 사례를 볼 때 동명왕의 이야기는 일반 민중들의 눈을 현혹시키는 것이 아니기 때문에 이렇게 신성성을 인정하고 나아가서는 진실성까지도 인정하려고 했던 것이 아닌가 한다.

[자료 4]를 통해서 살펴본 '동명왕 이야기'에 대한 이규보의 인식 태도는 그 당시 사회에서 일반화되었던 그것과는 어느 정도 거리가 있는 것 같다. 왜냐하면 그의 이런 생각은 민족주의적인 역사인식에 근거를 둔 것이기 때문이다. 그렇다면 당시의 일반 민중들은 설화란 오락적 교훈적인 목적 아래서 서술되지만 신뢰성이 결여된 허구적인 이야기로 생각했을 가능성이 높다. 그리고 그들은 신성성이 인정되는 '동명왕 이야기'를 다른 이야기들과

구분하지 않았을 뿐만 아니라, 그 진실성도 믿지 않았다고 보아도 좋을 것이다.

지극히 한정된 자료들을 중심으로 고려시대 사람들의 설화관을 살펴보았다. 특히 이 시대에는 남아 있는 자료들이 그렇게 많지 않고, 또 그것마저도 문자를 향유하였던 지배계층이 남긴 기록이라는 문제점이 있음을 인정하지 않을 수 없다. 그러나 이처럼 제한된 자료들의 검토를 거쳐서 몇 가지 중요한 사실을 알아냈다.

고려시대 사람들은 설화가 오락적 교훈적인 목적으로 이야기되는 것으로 생각하였고, 설화란 사실을 서술하는 것이 아니라 허구적인 이야기라고 믿었다. 그리고 설화들 가운데는 신성성을 가진 것도 있으나, 일반 사람들은 그것의 신성성을 인식하지 않고 있었다. 또 '거북과 토끼의 이야기'가 비록 불교설화에서 유래된 것이기는 하지만, 그 전개 형식이 오늘날의 설화들과 큰 차이가 없었다는 사실도 확인하였다.

2) 조선시대의 설화관

조선시대의 자료 사정은 고려와는 상당히 다르다. 먼저 건국 초기부터 국가의 정책적인 지원을 받아 편찬되기 시작한 지리지(地理誌)에 많은 설화가 실렸다. 또 개인적인 수준에서 저술한 야담집(野談集) 속에도 많은 양의 설화들을 기록하기에 이르렀다. 이 책에서는 지리지의 집대성이라고 볼 수 있는 《신증동국여지승람(新增東國輿地勝覽)》과 야담집류로 2대별하여 조선시대 사람들의 설화관을 간단히 고찰하기로 하겠다.

조선이 건국되면서 위정자들은 지리지 편찬에 특별한 관심을 기울였다. 그리하여 세종 14년(1432)에는 《신찬 팔도지리지(新撰八道地理誌)》가 만들어졌다. 그 뒤에 성종은 노사신(盧思愼)과 양성지(梁誠之), 강희맹(姜希孟) 등에게 명해서 이 책을 저본(底本)으로 여러 가지 자료들을 수집 보충하여 성종 12년(1481)에 《동국여지승람(東國輿地勝覽)》 50권을 완성하게 한다. 성종 17년에 이것을 개찬하고, 연산군 5년(1499)에 다시 이 책의 증보 작업이 이루어진다. 그리고 중종 25년(1530)에 이행(李荇) 등이 주축이 되어 대규모 보완작업을 수행하여 《신증동국여지승람》 55권을 간행하기에 이른다.

이 책의 편제는 각 지방의 연혁과 풍속, 산천, 토산물, 봉수(烽燧), 관원, 군명(郡名), 성씨, 형승(形勝), 누정(樓亭), 서원, 역원, 능, 궁궐, 고적, 불정(佛亭), 인물, 효자, 열녀, 제영(題咏), 변오(辨誤) 등으로 나누어져 시대순으로 기술되어 있다. 또 어떤 사물에 대해서는 유문일사(遺文逸事)까지 자세하게 기록하였다.

장덕순의 연구에 따르면, 이 책에 실려 있는 설화의 수는 거의 600여 화에 이르는데, 그 가운데서 전설적인 이야기가 가장 많은 양을 차지하고 있다.[61] 이는 이 책의 성격에서 기인한 것이다. 즉 《신증동국여지승람》은 지리지에 들어가는 것이므로, 그 지방의 지명이라든가 인물, 사물 등에 연루된 소재들이 기록되었다. 이 책에 실린 이야기들 가운데서 그 진실성에 의문을 표시한 설화들이 있기에 그것을 살펴보기로 한다.

[자료 5]

(1) 관창은 품일의 아들인데, 어려서 화랑이 되어 사람들과 잘 사귀었다. 태종왕 때에 군사를 일으켜 당나라 군사와 더불어 백제를 공격할 제, 관창이 부장이 되었다. 황산벌에 이르러 품일이 아들에게 말하기를 "네가 비록 어리지만 뜻과 기개가 있으니, 오늘이야말로 공명을 세울 때이니라"라고 하였다. 창이 "그렇게 하겠습니다" 하고는 즉시 말에 올라 창을 비껴들고 바로 적진에 돌입하였는데, 백제 사람들에게 포로가 되어 산 채로 백제의 원수 계백에게 보내니, 계백이 투구를 벗기게 하였다. (계백은) 관창이 어리고 또 용감한 것을 사랑하여 차마 죽이지 않고 "신라에는 기특한 무사가 많다고 하더니 과연 그렇구나" 하고 놓아주었다. 창이 말하기를 "아까 내가 적진에 들어가서 장수를 베이고 기(旗)를 꺾지 못한 것이 한스럽다" 하고, 우물물을 움켜 마신 다음 다시 진중으로 돌입하니 계백이 사로잡아 베여 죽이어, 그의 머리를 말안장에 달아매어서 보내니 품일이 소매로 피를 닦으며, "우리 아이의 면목이 산 것 같구나. 능히 국사를 위해서 죽었도다"라고 하였다. 삼군(三軍)이 이를 보고 강개하여 북을 치고 고함을 지르면서 나아가 백제의 군사를 공격하여 크게 패배시키었다.

---

61) 장덕순 : 1970, pp.451~493.

임금이 관창을 급찬으로 추증하고 예를 갖추어 장사지냈다.

(2) 이첨이 고증하기를 을축년 겨울에 내가 계림에 손이 되었더니 부윤 배공(裵公)이 향악(鄕樂)을 베풀어 나를 위로하는데, 탈을 쓴 동자가 뜰에서 칼춤을 추고 있었다. (내가) 물어보았더니 말하기를 "신라 때에 황창(黃昌)이라는 이가 있었다. 나이 15·16세쯤 되어서 칼춤을 잘 추었는데, 왕을 뵙고 이르기를, '신이 원하건대 임금님을 위하여 백제의 왕을 쳐서 임금님의 원수를 갚고자 합니다'라고 하였다. (이에) 임금이 허락하였다. (그는) 곧 백제로 가서 거리에서 춤을 추니 백제의 사람들이 담처럼 둘러서서 구경을 했다. 백제의 임금이 듣고 궁중에 불러들여 춤추게 하고 구경하였다. 창(昌)이 임금을 좌석에서 쳐죽였다. 그러자 황창은 드디어 좌우 신하들에게 살해되었다. 그의 어머니가 듣고 울부짖다가 마침내 눈이 멀었다. 사람들이 그녀를 위하여 눈이 도로 밝아지게 하려고 꾀를 내어 사람을 시켜서 뜰에서 춤을 추게 하고 속여서 말하기를 '창이 와서 춤춘다. 창이 죽었다는 전일의 말은 거짓이다'라고 하니, 어머니가 기뻐 울며 즉시 눈이 밝아졌다고 한다. 창이 어려서 능히 나라의 일로 죽었으므로 향약에 실어서 전해 내려온다"고 하였다.

(3) 내가 일찍이 삼국사(三國史)를 보니 모든 관직을 임명하거나, 이웃나라를 침벌(侵伐)한 것은 거의 다 씌어 있으며, 해와 별, 우레와 비의 변이와 초목·금수의 요괴에 이르기까지 기록하지 않은 것이 없다. 나라의 임금이 적국의 아이에게 살해된 것과 어린아이로서 적국의 임금에게 원수를 갚았다는 것은 다 작은 일이 아니다. 그런데 두 나라의 역사에 실려 있지 않으니 진실로 의심할 만하다. ㉠ 다만 열전에 관창에 관한 일의 전말이 기록되어 있어서 그의 충의가 장하니 읽는 사람으로 하여금 비통하게 한다. 이 춤추는 것은 반드시 관창일 것이다. 전하는 것이 잘못된 것이다. 무릇 적국에 대하여 변을 내려고 음모하는 자는 혹은 행상을 가장하고 혹은 본국에서 죄를 지었다고 거짓말을 하는 등 감언(甘言)과 아첨하는 말로써 속여도 혹은 정상이 드러나고 일이 탄로되어 성취하지 못하는 자가 많다. ㉡ 백제가 이미 신라와 더불어 적국이 되어 있었으니, 창이 응당 공공연하게 칼을 갖고 백제의 번잡한 시가지의 큰길 가운데에 가지 못했을 것이다. 만약 과연 그렇게 하였다면 백제의 사람들이 창을 붙잡다가 장차 형(刑)을 갖추어서 고문하였을 것이다. 어찌 내버려두어서 임금의 뜰에서 행악(行惡)을 하게 하였겠는가? 이것은 인정과 사리에 맞

지 않는 것이다. …… 의로움에 죽어서 어짊을 이루는 것은 진실로 어려운 일이거늘, 동자로서 감히 이러한 일을 한 자는 홀로 왕기(汪錡)와 창(昌)에게서 볼 수 있다. 이야기가 잘못되어 있기에 변백(辨白)하지 않을 수 없다. 창의 춤을 보는 사람들을 위하여 고증하고 또 따로 역사를 읽는 사람들을 위하여 고증한다고 하였다.[62]

이것은 《신증동국여지승람》 권 21, 경주 인물조에 실려 있는데, 그 내용에 따라 (1) 관창의 충의담(忠義譚), (2) 황창에 연루된 검무(劍舞)의 유래담, (3) 이첨(李詹)의 변오와 편자의 고증 등으로 구분된다.

여기에서 단락 (1) 관창의 충의담은 《삼국사기》 권 47, 열전 7 관창조에 기록되어 있는 내용과 별다른 차이가 없다. 이에 비해 단락 (2) 황창과 연계된 검무의 유래담은 그것의 기원을 말해주는 이야기로서 역사기록으로 남아 있는 것이 아니다. 이것은 이첨(李詹, 1345~1405)이 살던 여말선초(麗末鮮初)까지 경주지방에 전승되던 이야기이다. 이 때문에 편자는 ㉠에서 황창이란 인물이 관창이 잘못 전해진 것으로 단정하였다.

그러나 관창이 역사적인 인물이고 황창은 설화의 주인공이라는 점을 잊어서는 안 된다. 실제로 관창과 황창은 백제와 싸움을 하다가 희생되었다는

---

62) "官昌 將軍品日之子 少爲花郎 善與人交 太宗王時 出師與唐兵 攻百濟 昌爲副將 至黃山之野 品日謂曰 爾雖幼有志氣 今日是立功名之秋 昌曰 唯卽上馬 橫槍直擣敵陳 殺數人 爲濟人所虜生 致之元帥階伯 階伯俾脫冑 愛其少且勇 不忍殺之 嘆曰 向吾入賊陣 不能斬將搴旗 深所恨也 掬井水飮訖繫 再突進 階伯擒斬之 繫首於馬鞍送之 昌曰 以袖拭曰 吾兒面目如生 能死於王事矣 三軍見之 據慨鼓譟進擊 濟兵大敗之王贈級殮以禮葬之 李詹辨曰 客于雞林府 尹裴公設鄉樂以勞之 有假面童子 舞劍於庭 問之云羅代有黃昌者 年可十五六歲 善舞比謁於王曰 願爲王 擊百清王 以報王之仇 王許之 則往舞於通衢 國人觀者如堵 王聞召至官中 使舞而觀之 昌擊 王於座殺之 遂爲左右害 母聞號哭遂傷明 人有爲其母 謀還明者 今人劍舞於庭 給之曰 昌來舞矣 前言誣耳 母喜泣之 郎還明 以昌幼而能死事 故載之鄉樂流傳云 余嘗觀三國史矣 凡官職除拜 隣境侵伐 率皆書之 以至日星雷雨之變 草木禽獸之妖 無下紀焉 國君而見害於敵國之竪童子 而報仇於敵國之君 皆非細事也 兩國之史不載 固可疑也 惟列傳載官昌事首末 其忠義藹然讀之 令人悲惋此必官昌也 傳者誤耳 凡謀變於敵國者或假行商 或爲得罪誣以甘佞辭 或情見事洩 其不濟者多矣 濟旣與羅爲敵國昌不應公然持兵 往於通衢大道之中 若果如是 濟人得昌 將具刑以訊之矣 豈使縱之 逞奸於王庭乎 此人情事理不通者也 吾求古人之可擬官昌者 竝論者 …… 夫死義成仁者 固難矣 童子而敢爲者 獨見汪錡與官昌耳 議論誤謬不可下辨 爲見舞昌者辨也 且別爲讀史者 爲考異云". 조선사학회 편 : 1930a, 권 21, pp.38~39.

것이 같을 뿐, 싸운 장소와 희생된 이유는 전혀 다르다. 따라서 황창은 관창이 잘못 전해진 것이라고 하기보다는 관창까지도 포함하여 신라의 애국적인 소년들의 용감하고 헌신적인 투쟁 사실을 예술적으로 일반화하는 과정에서 창조된 설화의 주인공이며, 탈춤 무대의 주인공이라고 보는 것이 사리에 맞을 것이다.[63]

그러므로 편자가 ⓛ에서 지적하고 있는 것과 같이 인정과 사리에 맞지 않는 것은 지극히 당연한 귀결일 것이다. 물론 이러한 이첨의 견해는 대단히 합리적이고 논리적으로 따져본 결과이기는 하다. 이러한 과정을 거쳐서 나온 견해라고 하더라도, 그가 이 이야기의 진실성을 믿지 않고 있었다는 것은 분명한 것 같다.

[자료 6]

(1) 기린굴은 구제궁 안 부벽루 아래에 있다. 동명왕이 이곳에서 말을 길렀다고 하여, 후세 사람들이 비석을 세워 (이를) 기념하였다. <u>세전(世傳)하기를, 왕이 기린말을 타고 이 굴로 들어가 땅속을 거쳐서 조천석으로 나와 하늘로 올라갔다고 하며, 그 말발굽 자국이 지금도 돌 위에 남아 있다.</u>
(2) 이첨의 시에 "멀고 먼 지난 일이 괴상하고 신비하여 성동(城東)에 있는 굴을 기린굴이라 이르네. 동명왕이 여기에서 하늘로 올라갔다고, 큰돌이 지금도 물가에 남아 있네. 원수(沅水)는 근원이 깊으니 세상을 피할 만하고, 구지(九池)는 구멍이 좁아 겨우 몸을 용납할 만하며, 전해지는 이야기는 족히 담소의 재료가 될 만하니, 지나는 손이 구태여 사실과 거짓을 따져 무엇하리"라고 하였다.[64]

이것은 《신증동국여지승람》 권 51, 평양부(平壤府) 고적조에 실려 있는 기린굴에 얽힌 설화와 그것을 제재로 하여 지은 이첨의 시를 기록한 것이다. 그런데 단락 (1)에서 '세전(世傳)'이란 말을 쓰고 있다. 이로 미루어 보아, 밑

---

63) 권택무 : 1984, pp.19~20.
64) "麒麟窟 在九悌宮內浮碧樓下 東明王養麒麟馬于此 後人立石誌之 世傳 王乘馬入此窟 從地中出朝天石升天 其馬跡至今在石上 李詹詩 往事悠悠怪且神 城東有窟號麒麟 明王從此朝天上 巨石依然在水濱浣水源深堪避世 仇池穴窄僅容身 流傳足可供談笑 通客何煩辨眞僞". 조선사학회 편 : 1930b, 권 51, p.33.

줄 친 부분의 이야기가 증거물인 말발굽 자국과 함께 전설적인 설화로 당시까지 평양지방에 전승되고 있었음이 확인된다.

그러나 그것을 소재로 시를 지은 이첨은 단락 (2)에서 "멀고 먼 지난 일(동명왕에 얽힌 전승 : 인용자 주)이 괴상하고 신비해서 담소의 자료가 될 만하니, 그것의 진위를 따져서 무엇하겠는가?"라고 하였다. 이런 그의 견해는 시(詩)라고 하는 특수한 문학 장르를 통해서 표현한 것이므로, 여러 가지 의미가 함축되어 있을 것이다. 하지만 표면적으로는 '동명왕 이야기'의 신비성은 인정할지라도 그러한 일이 실제로 있었다고 믿기는 어렵다는 것을 나타내고 있다.

특히 이 이야기는 증거물을 갖고 있는 전설적인 설화에 해당한다. 그럼에도 이 설화의 진실성과 신뢰성이 의문시되었다는 사실은 여말선초(麗末鮮初)의 사람들이 전설적인 설화들까지도 하나의 가공적인 이야기로 받아들인 증거로 보아도 무방할 것이다.

이와 같은 인식 태도는 이미 앞에서 고찰한 《삼국사기》라든가 《삼국유사》, 《동국이상국집》의 〈동명왕편〉에 기록되어 있는 그것들과 서로 통하는 것이어서 주목을 끈다. 다시 말하면 한국의 전통사회에서는 신화나 전설적인 성격을 지닌 이야기들도 그것의 진실성을 끊임없이 의심해 왔음을 드러내고 있다고 하겠다.

한편 조선시대에 찬술된 야담집들은 그 체제와 내용에 따라서 크게 세 부류로 나누어진다. 즉 소화(笑話)를 중심으로 하는 것과 일화(逸話)를 위주로 하는 것, 그리고 본격적인 설화집 등이 그것이다.[65]

이들 가운데서 소화들을 실은 야담집은 조선시대의 초기부터 편찬되기 시작하여 19세기까지 계속되었다. 여기에 기록된 이야기들은 대개 무명의 인물이 주인공으로 되어 있고, 흥미를 끄는 오락 위주의 자료들이 주류를 형성하고 있다. 하지만 그 가운데는 교훈적인 목적의 이야기들도 상당수 포함되어 있다는 것을 놓쳐서는 안 된다.

그런데 조선 중기에 접어들면서 나오기 시작한 일화 위주의 야담집들은

---

65) 조희웅 : 1980, p.13.

처음에는 실존 인물에 얽힌 단편적인 이야기들이 중심이 된다. 그러다가 세월이 흘러가면서 점차로 본격적인 설화집에 접근하는 양상을 보여준다. 이런 현상은 《기문총화(記聞叢話)》에서 찾을 수 있는데, 전대의 일화적인 자료들에 윤색이 가해져 장편화되고 있다. 그리하여 19세기 후반에는 이희준(李羲準)의 《계서야담(溪西野談)》과 편자 미상의 《청구야담(靑邱野談)》, 이원명(李源命)의 《동야휘집(東野彙輯)》 등과 같은 본격적인 야담집들이 출현하게 된다.

이렇게 볼 때 조선시대의 야담문학은 초기에는 소화적인 자료들이 중시되었고, 중기에는 일화적인 자료들로 관심이 확대되었다. 그리고 그 뒤에는 단편적인 이야기에 윤색이 더해져 분량이 길어지는 형태로 진전되어 왔다고 할 수 있다.

한국의 전통사회가 지니고 있던 설화관을 구명하기 위해서는, 이처럼 야담문학을 진전시킨 조선시대의 사람들이 설화를 어떻게 인식하고 있었는가 하는 문제를 살펴볼 필요가 있다. 그래서 《고금소총(古今笑叢)》에 실려 있는 설화집들의 서문과 발문(跋文)을 살펴보기로 한다.

[자료 7]

(선생은) 강호에 물러나 생활하면서 한가로움을 메우면서도 난잡하지 않을 방법을 생각한 까닭에 ㉠ 시골 사람들의 이야기[村話]에서 가히 잠이 달아나게 할 만한 것들을 주워 모아 맹랑한 말이라고 칭탁하면서 대략 천 백여 구(言)를 저술하니 이름하여 《어면순》이다. 그 안에 있는 사신의 논평은 공자의 춘추가 쇠퇴해진 세상의 인심을 경계하는 것과 같으니, ㉡ 선생이 이 책에서 드러내고자 하는 뜻은 익살에 있는 것이 아니라 도덕적 가르침의 일단을 부축하고자 하는 데 있으니 그 뜻이 은미하도다.

(《어면순》, 송세형의 서문)[66]

---

66) "退養江湖 思所以閑而亡害亂 採摭村語之可以破閑者, 託爲孟浪之辭而著略千百言名
之日禦眠楯 其間史臣之論陽華秋凜戒衰世人心 先生之寓意於斯者, 不在滑稽而實欲扶
名敎一端 其志微矣"(《禦眠楯》 宋世珩 序文). 민속학자료간행회 편 : 1958, p.87.

[자료 8]

장차 (물러나서) 쉬는 여가에 ㉠시골의 우스운 이야기들[村野戲談]을 수습하여 한 권의 책을 저술하니 총 82항목이었다. (이야기에 따라서는) 혹 비판도 하였지만, (어떤 것은) 단지 그 일을 서술하기만 하였다. ㉡근본은 비록 유희에 있으나, 권장하고 경계하는 뜻이 그 안에 담겨져 있다. (이 책은) 처음에 호남으로부터 서울로 흘러 들어왔는데, 읽은 사람들이 눈을 비비고 깔깔 웃으며 알지 못하는 사이에 권태로움을 잊어 버렸으니, 어찌 잠 귀신을 막는 데만 그치겠는가?

(《어면순》, 정사룡의 발문)[67]

[자료 9]

풍속을 경계할 만한 일이라면 아름다운 것이든 더러운 것이든 기록해 둘 만하며, 이치에 합당한 말이라면 다듬어진 것이거나 거친 것이거나 가릴 것이 없다. 포정은 천한 기술을 가진 사람이었지만 양생하는 법을 취하여 행하였고, 무당과 의원은 하찮은 직업이지만 (그들에게) 항심이 있음을 관찰할 수 있으니, 어찌 상스러운 말과 길거리의 담론[鄙言巷論]이라고 하여 느끼게 하고 경계하는 뜻을 궁구히 하지 않겠는가? ……

요즈음에 쌍천 성여학군은 취은(송세림)이 미처 수록하지 못한 것들을 모아서 한 권의 책을 만들고 이름하여 《속어면순》이라 하였다. 이는 또한 대개 ㉠시골 사람들의 속된 이야기[俚談鄙語]를 잡다하게 모은 것으로 손뼉을 치며 껄껄 웃게 하고 모르는 가운데 견딜 수 없는 졸음을 물러가게 하니, 취은의 책과 더불어 서로 짝이 될 만하다.

혹자는 이르기를 "기록한 바의 대부분이 더럽고 방자한 것과 관계가 있으니 어찌 덕을 해치고 문장을 허비하는 것이 아니겠는가?"라고 하지만, 나는 "그렇지 않다"고 말한다. 《예기》에 이르기를 "긴장하기만 하고 이완되지 않는 것은 문과 무에서 하지 않는다"라고 하였다. ㉡성군의 이 책은 사람으로 하여금 감발케 하고 징계함이 있으니, 어찌 유희하고 해학하는 거리에 그칠 뿐이겠는가?

(《속어면순》, 홍서봉의 발문)[68]

---

67) "將息之餘 收拾村野戲談 著爲一錄 總八十有八款 或附其議斷 或只叙其事 雖本於遊戲 勸戒之意 實寓乎其中 始自湖南 流傳京師 讀之者 刮目解頤 不覺擊節忘倦 則豈止禦眠魔而已哉"(《禦眠楯》, 鄭士龍 跋文). 위의 책, pp.157~158.

68) "事可以警俗則美惡 皆可記也 言足以諧則精組 無所擇也 庖丁貝我技也 取爲養生之

[자료 10]

㉠ 《촌담해이(村談解頤)》는 무위자가 스스로 지은 것이다. 한가로이 지내면서 시골노인들과 쾌활한 이야기[戲談]를 하다가, 그 말을 채집하여 가히 입을 벌려 크게 웃을 만한 것들을 책으로 기록하였다.

책이 만들어지자, 지나가던 객이 있어 말하기를 “옛날의 성현들이 책을 저술하여 의견을 편 것은 모두 세상에 교훈을 주고자 한 것이지, 구차하게 한 것은 아니었다. (그런데) 거사는 익살스러운 말들을 주워 모아 책으로 저술하였으니, 상고할 만한 것이 없고 뜻이 천박하기 때문에 군자들에게는 믿음을 얻지 못할 것이다”라고 하였다.

거사는 말하기를 “그렇지가 않다. 일에는 깨끗한 것과 추한 것이 있으니 이치에 맞으면 곧 남을 것이고, 말에는 고운 것과 잡된 것이 없으니 귀에 들어오면 곧 알아들을 것이다. 이 때문에 창랑의 노래를 공자님께서는 즐겨 취하셨고, 양화의 말을 맹자님께서는 취하여 어짊을 논하셨다. 일이 비록 거칠어 촌스럽지만 잘 다듬어 도리에 닿도록 한다면 어찌 옳지 않음이 있겠는가? …… ㉡ 몸을 닦으면 몸이 닦이지 아니할 수 없고, 집안을 다스리면 가정이 다스려지지 않을 수 없으니, 미루어 천하에 이르려면 어찌 가서 그 공을 이루지 않겠는가? 옛날에 성현들이 세상을 가르치기 위해 한 말도 또한 이와 같은 것에 지나지 않았을 것이다”라고 하였다. (그러자) 객이 이르기를 “예. 예 (그렇습니다)”라고 했다. 이에 책의 첫머리에 써서 무위자 강희맹이 서하노라.

(《촌담해이》, 강희맹의 서문)[69]

法 巫醫未業也 觀其有恒之心 庸可以鄙言巷論而 不究其感懲之意耶 …… 近有雙泉成汝學 人衰醉隱之未錄 撰成一券 目支曰續禦眠楯 蓋亦雜取俚談鄙語令人 撫掌而發粲 自不覺眠魔之退去 其與醉隱之書 可相魯衛也 或謂所記 多涉讀慢 無乃傷于德而費於辭乎 余曰不然 記張而不牠 文式不爲也 詩曰善爲諧兮 不爲諧兮 成君此書足令人 有感有懲則奚止於戲諧謔之資而已哉”(《續禦眠楯》, 洪瑞鳳의 跋文). 위의 책, pp.197~198.

69) “村談解頤者 無爲者自著也 居士居閑 與村翁劇談 採其言而可解頤者 筆之於書 書旣成客有過者曰 古昔聖賢 著書立言 皆垂世立敎之大者 非笱爲也 居士乃撫滑稽之言 著之爲書 無可考而意淺故 不見信於君子歟 居士曰 不然 事無精粗 至理事存 言無純尨 耳順則解是以 滄浪之歌 孔子歡其自取 陽貨之言 孟子取以論仁 事雖鄙俚 燕書而郢說之 何有於不可 …… 以之修身則身不得不修 以之齊家則家不得不齊 推而達之天下 安住而不致其功哉古者聖賢 垂世立殺之言 亦不過如斯而已 客曰唯唯 於是 書于冠諸篇端而無爲子姜希孟序”(《村談解頤》, 姜希孟의 序文). 위의 책, pp.201~202.

58

[자료 11]

세상의 (때를) 만나지 못하게 되자, 마침내는 매미처럼 허물을 벗고 속세의 때를 씻어버릴 생각으로 외부와 단절한 채 마음을 수양하며 시 읊조리는 것으로 스스로를 즐기면서 ㉠ 마을의 자질구레한 이야기들[閭里瑣語]과 시골의 쾌활한 이야기들[村野戲談]을 모아서 한 권의 책으로 기록하여 《명엽지해》라 이름하였다. 혹은 논단을 붙이기도 하고 혹은 비유를 달기도 하였으니, 비록 ㉡ 희롱에 근본이 있지만 또한 권계를 칭탁함이 있으니, 이는 대개 문재의 나머지를 가지고 기양의 거리로 삼은 것이지만, 비유컨대 서시는 찡그려도 더욱 아름다웠고 곤륜산에서는 까마귀를 쫓아도 옥돌로 쫓는다는 것과 같으니, 웅덩이를 넘치는 여파요, 빼어남에 끼일 수 있는 방기가 아니겠는가?

(《명엽지해》, 허격의 발문)[70]

[자료 12]

한가로운 여가를 얻어 배가 부르면 반드시 잠이 오고 취해도 잠이 온다. 그렇다면 언제 잠이 오지 않겠는가? 나는 잠이 오지 않는 술책을 생각하였으나 얻지 못하였다. 임신년 정월에 재종숙 이원보가 찾아왔다. 내가 물어 말하기를 "제가 ㉠ 속된 말로 된 옛날 이야기들[俚語古談]을 뽑아서 ㉡ 권선징악을 하여 장차 잠을 막는 방책을 마련하려고 하는데, 숙부님은 제가 부르는 것을 기록하실 수 있으시겠습니까?" 하니, 이원보께서 이르시기를 "내가 비록 글재주는 없지마는, 어찌 자네가 부르는 것을 두려워하겠는가?"라고 하였다.

내가 응해서 "저의 낮잠을 막고 아울러 숙부님의 잠도 막을 수가 있겠습니다만, 구태여 이와 같은 것으로 끝내겠습니까? 장차 후일에 늙은이와 병든이들이 그것을 완상해서 반드시 그 잠을 쫓게 해야 됩니다. 이는 가히 자기를 미루어서 다른 사람에게까지 미치게 하는 일인즉 어찌 동정하는 하나의 도라고 하지 않겠습니까?"라고 하였다. (그랬더니) 숙부님이 웃으시면서 "자네가 염려하는 것은 눈앞의 잠을 막는 것뿐이어서 오히려 일가 사람

170) "迨夫不遇於世 遂有蟬蛻濯穢之想而杜門怡養 諷詠自娛 取其閭里瑣語 村野劇談 錄爲一編目之曰莫葉志諧 或附之以議斷 或足之以譬喩 雖本於戲玩而亦有以寓勸戒 槪推其詞藻之緒餘 以爲技癢之薈叢 北猶西施之一嚬亦工 崑山之抵鵲皆玉 豈非餘波之溢科傍技之側秀者耶"(《莫葉志諧》, 許格의 跋文). 위의 책, pp.290~291.

들에게도 미치지 못하니 어찌 하물며 먼 데까지 염려해서 뒷날의 늙은이와
병든이까지 생각하는가?"라고 하였다. 내가 웃으면서 미안해했다.

마침내 날마다 한가로운 틈을 타서 ㉠ 시골말로 된 옛날 이야기들[野語
古談]을 초안하고 나아가서는 자신이 겪은 일까지 기록하여 《열청재 어수
신화》라고 이름하였으니, 후일에 (이것을) 완상하는 사람들은 내 글이 어
설픈 것을 비웃지 말고, 내 벼슬이 한가한 것을 부러워할지니라.

(《어수록》, 장한종의 서문)[71]

이 자료들의 서문과 발문은 아래와 같은 사실을 일러준다. 첫째는 위에서
인용한 책의 편자들이 그 당시 민간에 전승되던 이야기에 상당한 관심을 가
지고 있었고, 둘째는 각 자료들의 ㉡에 드러나는 것처럼, 그들이 이 이야기
들을 오락적 교훈적인 목적으로 수집하여 기록했다는 점이다.

그런데 그들은 각 자료들의 ㉠에서 보는 바와 같이 이들 이야기를 여러
가지의 용어로 지칭하였다. [자료 7]과 [자료 10]에서는 '촌화(村話)'라든가
'촌담(村談)'이란 말이 사용되었는데, 이들은 '촌사람들의 이야기'나 '시골의
이야기'란 의미로 쓰인 것 같다. 또 [자료 8]에서 사용된 '촌야희담(村野戲
談)'이란 말은, '야(野)'라는 글자가 '여(與)'나 '조(朝)'에 대립되는 '민간'을 뜻
하는 것이므로, "시골 사람들 사이에서 전해지고 있는 우스운 이야기"를 의
미했던 것으로 보인다. 그리고 이 말은 [자료 9]의 '이담비어(俚談鄙語)'와
[자료 11]의 '촌야극담(村野劇談)'과 대동소이한 뜻으로 사용되었을 것이다.

이에 비해서 장한종(張漢宗)이 편찬한 [자료 12]《어수록》(일명 〈어수신
화〉로 불리기도 한다)의 서문에는 '이어고담(俚語古談)'이라든가 '야어고담
(野語古談)'이라고 하여, '고담'이라는 용어가 쓰이고 있다. 이들 말은 '시골

---

71) "乘其閑隙 節而必睡 醉而必睡 然則何時而不睡也哉 余欲圖不睡之術而無得焉 壬申
之元月再從叔理元甫 來訪焉 余問曰吾當作俚語古誤之可爲勸懲者 將欲禦睡之方 叔能
隨我呼而記之耶 理元甫曰吾雖筆鈍 豈農君之所呼也 余應曰然則可禦宗之千睡而并禦
叔之睡焉 何必如是而已哉 將使後之老者病者 玩之而必禦其睡也 比可謂推已及人之一
事則 豈不爲怒字之一道也 叔笑曰君之可慮者 目前禦睡之而已 猶不可當及於宗人 何
況遠慮乎 後之老者病者哉 余笑而謝焉 遂曰日乘閒 草其野語古談 及已所終歷之事而
記之 名曰閱淸齊禦睡新語後之玩者 莫笑吾文之荒而可羨乎 吾官之閒矣夫"(《禦睡
錄》, 張漢宗의 序文). 위의 책, p.359.

이나 민간에서 이야기되는 고담'의 의미를 지닌 것인데, 이 '고담'은 오늘날에도 설화를 가리키는 말로 통용되고 있는 '옛날 이야기'를 한자어로 바꾼 것이 확실하다. 그렇다고 해서 그가 '고담'이라고 한 것이 현재의 설화를 그대로 지칭한 것은 아닌 듯하다. 하지만 이로 미루어 보아 '옛날 이야기'라는 개념이 일찍부터 형성되어 당대의 민중들 사이에 깊이 뿌리를 박고 있었음을 알 수 있다.

여기에서 이 '고담'을 다른 이야기들과 구별한 것 같은 표현이 있다는 데 각별히 주목할 필요가 있다. 이런 예는 《동야휘집》의 편자인 이원명(李源命)이 붙인 이 책의 서문에서 찾을 수 있다.

[자료 13]

(1) 패관야승은 옛 성현들의 책[墳典子集]에 이롭지 못하기 때문에 문장가들이 즐겨 보려고 하지 아니한다. 그렇지만 이문(異聞)을 찾고 기람(奇覽)을 넓혀서 사승(史乘)의 모자라는 바를 보충하고 담소를 보충하는 밑천으로 삼는다면 문장가들 역시 쓰지 아니할 수 없을 것이다.

(2) 우리나라 패설의 작자들은 끊임없이 각자가 보고들은 바를 수집하여 책을 만들었는데, 여러 사람들이 지은 책의 이름이 비슷비슷하다. (그리고) 짧고 자질구레한 기록들이 시대의 조류에 부합하는 것이어서 엇비슷하게 되어 있다. 그리하여 전기(傳記)가 사적들을 많이 빠뜨려서, (그것을) 증명하지 못하니 어찌 애석하지 아니한가?

(3) 내가 긴긴 여름날에 병을 조리하면서 ㉠ <u>우연히 《어우야담》과 《기문총화》를 보았더니, 자못 볼 만한 곳이 많았다. 단지 기억력이 없어져서 만에 하나라도 대강조차 간직하지 못할 것 같아, 마침내 두 책에서 그 편이 긴 이야기와 오래도록 옛날의 사실들을 증명하는 것들을 취하고, 다른 책들에서 가히 해박한 자료들을 두루 모아 고치고 윤색하여 수록하였다.</u> ㉡ <u>또 민간에 유전되는 '고담'도 채집하여 글로 옮겨서 사이에 끼어 넣었다.</u> 매편 머리의 제구(題句) 표시는 '소설'의 방법을 따랐으며, 번번이 논단을 붙인 것은 사전(史傳)의 예를 모방한 것이다.

(4) 나는 호사가가 아닌데도, 애오라지 만흥(漫興)에 붙이어 여러 선학들의 저술들과 나란히 하여 놓았는데, (이것은) 생황과 피리의 상스러운 노래도 못 될 뿐만 아니라, 진실로 식자들의 웃음거리가 되리라는 것을 잘 알

고 있다. ⓒ (하지만) 다만 책 속에 실은 인정과 물태(物態)의 명료함이 손바닥을 가리키는 것과 같아서, 가히 옛것을 찾고 사실을 밝히며 세간의 풍속을 징험하여 세상을 가르치는 데에 도움이 될 것이다. 비록 신괴(神怪)와 관계되는 일은 공자님의 문하에서는 이야기하지 않는 바이지만, 앞사람들이 이미 적어 놓았고, 또 한낱 괴담(怪談)을 적은 것이기 때문에 역시 주워들은 것들을 붙이어 묶었으니, 선악과 응보가 지니는 이치의 빠름이 그림자와 울림과 같아서 이로 인해 본받고 감계(鑑戒)하면, 곧 이 책이 어찌 조금이나마 도움이 되지 않겠는가? 단지 글을 짓고 쓸 때에 미처 다듬지를 못하여서 서로 뒤섞인 것이 많으니, 후세에 자운(子雲)과 같은 사람이 있어 그 과오를 보고 어짊과 어질지 못함을 알 수 있을지도 모르겠도다.

(《동야휘집》, 이원명의 서문)[72]

이 자료는 (1) 패관야승이 필요한 이유, (2) 우리나라 패설집의 문제점, (3) 수록하는 이야기들과 그 체제, (4) 편찬의 목적 등 네 개의 단락으로 구분된다. 특히 ⓒ처럼, 그는 전대 설화집의 편자들과는 달리 이야기의 오락적 기능을 말하지 않고, 그 대신에 교훈적 교화적인 기능을 강조하고 있다.

그러면서 이원명은 《동야휘집》에 실린 이야기들을 '패관야승(稗官野乘)' 또는 '패설(稗說)'이라고 불렀다. 이들은 당대에 널리 통용되던 용어로 '패관들이 민간에서 들은 이야기', 곧 '항간에 떠도는 화재(話材)가 될 수 있는 이야기'라는 의미로 사용되었다. 이러한 패설에 들어가는 이야기들의 종류가 서술된 곳이 단락 (3)이다. ㉠에서는 《어우야담(於于野談)》과 《기문총화》

---

72) "稗官野乘 不利於墳典子集 固文章家不耽看 而其探異聞博奇覽 備史乘之闕遺 資誤笑之瀾旭 亦文章家之不宜東閣者也 我東稗設作者 捷武名隨聞見 蒐輯成書諸家之名 帙帙鱗鱗 片辭瑣錄 滔滔一轍 而傳記多闕事蹟 莫徵豈不惜哉 余於長夏調疴 偶閱於于野談記聞叢話 頗多聞眼處 惟是記性衰耗 無以領略萬一 逐就兩書 撮其篇鉅話 長堪故實者 旁及他書之可資該洽者 幷修潤載錄 又采閭卷古談之流傳者 綴文以間之 每篇之首 題句標識 概依小說之規 各段之下 輒附論斷 略倣史傳之例 余非好事者 聊寓漫興 較諸前修著述 不翅如茌鏞下俚 固知見笑於大方 而第書中所載人情物態 瞭如指掌 可以遡古摭實驗謠俗而裨世敎 雖或事涉神怪 聖門之所不語者 前人旣備述 不且一齊諸記 故亦歸掇拾聞 有善惡報應之理 捷如影響 因比而柯則鑑成 則書豈無少補云乎 但點筆搆辭之際 未克礱淬 率多舛駁 未知後子雲 尙或觀過知仁否也 屠維大荒落悟節"(《東野彙輯》, 李源命의 序文). 동국대학교 부설 한국문학연구소 편 : 1981b, pp.1~2.

62

및 그 밖의 책에 실린 이야기들이란 것이고, ㉡에서는 민간에 유전되고 있는 '고담'들이란 것이다.

물론 이 구분은 책에 이미 기록된 것과 그렇지 않은 것, 곧 민중들 사이에 전승되던 것이라고 볼 수도 있다. 그렇지만 이것은 이원명 자신이 그때의 이야기들을 두 부류로 나누어서 인식하고 있었음을 나타내는 것이 아닐까 한다. 바꾸어 말하면 그는 야담의 부류에 속하는 자료들과 고담의 부류에 속하거나 거기에 가까운 자료들을 구분하고 있었다는 것이다.

그런데 연세대학교 도서관에 1책본으로 소장되어 있는 《동야휘집》의 범례에는 "이 편서는 오로지 야담만을 취하여서 .책을 만들었다. 그래서 패사소설에 소재한 것은 대부분 채록하지 않았는데, 그 가운데에서 진실로 고담에 가까운 것이 있으면 또한 수록하였다"[73]는 기록이 있다. 이것은 편자가 직접 적은 것인지, 아니면 후대의 전사자(轉寫者)가 덧보태어 적은 것인지 명확하지 않다. 하지만 이 책은 원본이 아닐 가능성이 짙기 때문에, 후자로 보는 것이 더 타당하지 않을까 한다.

여하간 이 기록은 위에서의 추정과 상치되는 것 같은 인상을 주는 것도 사실이다. 그러나 이 기록의 전반부에서는 '야담'이란 장르를 분명하게 인식하고 있었고, 또 후반부에서는 고담에 가까운 야담이라고 해서 '야담'과 '고담'을 다르게 인식하고 있었다는 것을 드러내고 있다. 따라서 [자료 13]에서 이원명이 '고담'이라고 한 것은 '고담'과 '야담'을 구별하고 있었다고 보아도 무방할 것이다.

만약에 이렇게 보는 경우에는 이들의 차이는 무엇이었을까 하는 의문이 생긴다. 이 문제의 해결을 위해서는 《어우야담》이나 《기문총화》 같은 책에 수록된 '야담'의 성격을 좀더 명확하게 규명하지 않으면 안 된다.

'야담(野談, 野譚)'이란 용어는 한국에서 만들어진 한자어로 "보고 들은 대로 적는다"[74]는 뜻을 가진 말로, 이것이 처음 쓰인 설화집은 유몽인(柳夢寅)

---

73) "此編 專取野談而成書 故稗史小說之所載者 多不採錄 就其中 苟有近於古談者 亦皆
　　入錄"(《東野彙輯》, 연세대 1책본 범례). 두정님, 〈동야휘집연구〉, 서울대 석사논문,
　　1990, p.17에서 재인용.
74) "野談者 隨其見聞而記錄也". 동국대학교 민족문학연구소 편 : 1981a, p.3.

의 《어우야담》이다. 이 책에 수록된 자료들은 (1) 문인 취향의 시화(詩話), (2) 여러 분야에 대한 관심과 지식을 보여 주는 잡록(雜錄) 성격의 이야기, (3) 인물과 사건 중심의 이야기들로 3대별된다.[75]

이렇게 3대별되는 자료들을 수록한 《어우야담》에 '옛날 이야기', 곧 '고담'의 범주에 들어가는 자료들이 실려 있다는 것[76]을 부정하지는 않는다. 그렇지만 대부분의 자료들은 편자인 유몽인이 직접 보고들은 것들로 되어 있다. 그래서 그가 '야담'이란 말을 사용한 것은 당대 내지는 가까운 시대의 이야기를 나타내기 위한 것이 아니었을까 한다. 바꾸어 말하면 유몽인이 쓴 '야담'이란 용어는 반드시 서사적인 줄거리를 갖춘 이야기들만을 가리키는 것이 아니라, 그가 얻어서 들은 당대의 단편적인 지식이나 관심사[77]까지도 포괄하는 것이었을 가능성이 높다. 그러던 것이 후대로 내려오면서 세 번째 범주의 인물과 사건 중심의 이야기들을 지칭하는 말로 의미가 축소되었을 것이다.

만일 이러한 추단(推斷)이 허용된다면, 이원명이 이 자료의 단락 (3)에서 '야담'과 '고담'을 구분한 것은 지극히 당연한 귀결이라고 하겠다. 그리고 그가 야담집들에 수록된 자료들 가운데서 길이가 긴 이야기[鉅話]와 옛날의 사실을 증명하는 이야기들을 취하였다고 하는 표현으로 보아서, '야담'과 '고담'을 변별하는 척도는 사실성 여부에 의존하였을 것으로 추정된다.[78] 다시 말해 전자가 실제로 있었던 이야기들이라고 한다면, 후자는 꾸며낸 허구적인 이야기들이라는 인식이 작용하지 않았을까 한다.

이런 구분은 이들 용어가 지니고 있는 의미상의 차이에서도 그대로 드러

---

75) 유몽인 저, 이월영 공역 : 1996, pp.4~5.

76) '여우고개' 이야기(위의 책, pp.319~321)와 같은 것은 현재 옛날 이야기로 전승되고 있다. 崔仁鶴 : 1976b, p.300.

77) 이와 같은 예로 (4) 풍속의 차이에 따른 식성의 상대성, (28) 농가후월, (36) 당제(唐制)를 모방한 의제(衣制), (89) 속담들의 유래, (109) 살해를 좋아하는 일본 습속 등이 있다. 유몽인 저, 이월령 외 공역 : 1996 참조.

78) 이런 표현은 도처에 보인다. 이를테면 (62) 신막정집 귀신의 논단에서 "이야기는 나의 백형(伯兄)이 일찍이 그 집에서 붙어살다가 그 집 노비한테서 전해들은 이야기이니 허탄한 말은 아닐 것이다"와 같은 것이 이러한 예에 속한다. 위의 책, pp.126~127.

난다. 즉 '야담'이란 말은 "민간에 떠도는 당대 또는 가까운 시대의 이야기"를 뜻하는 공시성(共時性)이 강한 용어이므로, 그 일이 정말로 있었다고 믿었을 수 있다. 이에 비해 '고담'이란 말은 "옛날부터 전해오는 이야기"를 뜻하는 통시성(通時性)이 강한 용어이기 때문에,[79] 그 일이 허구적이고 가공적인 것이라고 생각했을 수도 있다는 것이다.

이와 같은 추정을 하면서, 조선시대에 '고담'이라고 불리던 것들이 어떠한 이야기인지를 알아보기 위해《파수록(破睡錄)》의 여승동침(與僧同寢)조에 전해지는 이야기를 검토해 보기로 하겠다.

[자료 14]

(1) 어떤 사람이 호남에서 (오랫동안) 체류하였다. 시절이 바뀌어 옷을 갈아 입게 되자, 근심이 번거로워 전전반측(輾轉反側)하여 밤에 잠을 이루지 못하였다. (그러자) 주인 할머니가 그것을 보고 위로하여 말하기를"내가 옛날 이야기[古談]가 있는데, 나그네는 듣지 않겠습니까?"라고 하였다. 나그네가 이르기를 "원컨대 한 자루 하시어서 제 걱정을 덜어주십시오" 라고 했다.

(2) 할머니가 말하였다."나는 본시 서울 사대부 집의 종이었지요. 부모를 이별하고 형제를 멀리하여, 서울에 떨어져서 일을 하였습니다. (그러다가) 나이가 열일곱 살 되던 해에 고향 생각이 일어나 한을 능히 풀 수 없어, 남복(男服)으로 변장을 하고 몸을 빼어 도망을 하여 동작 나루에 이르렀지요. (그때에) 한 스님이 좇아와 물어 가로되 '수재는 어디에 살며 장차 어디로 가는가?' 하기에, '바야흐로 호남의 고향으로 돌아가는 길입니다.' 하니, 스님이 가로되 '우연히 서로 만난 것이 마침 나의 원한 바이어든, 나도 또한 그리로 돌아가는 길이니 더불어 동행하면 어떻겠소?'라고 하였습니다. 내가 그 스님을 보니, 모양이 아름답고 나이도 또한 청춘이며 사랑스러웠지요. 또 먼 여로에 무덥기도 하고 여자 홀로 가는 것이 마음이 쓰여, 더불어 함께 가다가 갈산점이란 주막에 들어갔습니다. 마침 다른 손님들도 없고 다만 우리 둘뿐이어서 함께 한방에 자면서 지나간 일

---

79) 이것은 당시 대구 조일공고(朝日工高)에서 근무하던 이순희로부터 시사받은 것임을 밝혀둔다.

들을 이야기했지요. (그런데) 밤중에 스님이 나를 끌어당겨 말기끈을 풀고자 하였고, (나도) 또한 정욕의 움직임이 없지 아니하여 …… 그날밤의 스님이 곧 오늘의 저 늙은 주인 영감입니다"라고 하였다.

(3) 옛말에 이르기를 "하늘에는 측량하기 어려운 풍우가 있고, 사람에게는 조석에 화복이 있다"고 하였으니, 이런 유의 일을 두고 말한 것이다.[80]

이것은 외설담(猥藝潭)에 속하는 자료로 액자설화(額字說話), 곧 이야기 속에 이야기가 들어 있는 형태로 되어 있다. 그래서 전체 이야기는 편자가 서술하는 방식을 취했으나, 그 속의 이야기인 단락 (2)는 숙소의 안주인이 자신이 직접 겪었던 일을 말하는 1인칭 서술자의 관점을 취하고 있다. 그러면서 그녀는 자기가 체험한 지난날의 이야기를 '고담'이라고 지칭하였다.

이곳에서 말하는 '고담'은 이원명이 '야담'과 구별한 이야기, 곧 막연한 시대를 배경으로 하는 허구적인 이야기로서의 '옛날 이야기'는 아니다. 이것은 화자(話者)가 실제로 지난날에 체험했던 것을 가리키는 경험담을 뜻한다. 그러므로 조선시대에 사용된 '고담'이란 용어에는 이야기꾼 자신이 과거에 직접 겪었던 일을 서술하는 것의 의미도 포함되어 있었음을 알 수 있다.

그러나 '고담'이 이처럼 포괄적인 의미로 사용되었다고 해서, 허구적인 이야기와 실제적인 이야기를 하나의 범주로 인식하였는지 어떤지는 확실하지가 않다. 다음에 드는 자료에서는 허구적인 이야기를 지칭하는 말로 '고담'이 쓰였음이 분명하다.

---

80) "一客 有滯留湖南者 節屆授衣 覇愁膠擾而輾輾旅榻 夜不能寐 主媼見而慰之曰 吾有古談 客愁聽之否 客曰願一道之 破我愁城 媼曰 我本京城士大夫家靑衣也 別父母遠兄弟 仰役洛下 年十七時 懷想故土 恨不能奮飛 而逎變着男服 脫身逃還 行到銅雀津 有一僧 追到問我曰 秀才 居在可地而將何何處乎 客曰 方歸湖南之故鄕 僧曰 邂逅相遇 滴我願兮 我亦歸彼矣 與之同行如何 我觀其僧 貌其美麗 年又靑春 匪道愛憐 長程炎徼 女子獨行 亦云關心 因與作伴 暮入葛山店 適無他客 只我二人 共宿一室 話經事 夜半 僧逎挽我而欲穿褻帶 亦不無情欲之動 …… 適有隔房店傭 睡波朦朧之餘 錯認以尋店之過客 豈不絶到乎 其夜之僧 卽今日之主翁爾 諺曰 天有不測之風雨 人有朝夕之禍福 此類之謂也". 민속학자료간행회 편 : 1958, pp.346~347.

[자료 15]

(1) 서울에 오(吳)가 성을 가진 사람이 있었다. 그는 고담을 잘하기로 유명
하여 두루 재상가의 집에 드나들었다. 그는 식성이 오이와 나물을 즐겨
했기 때문에, 사람들이 그를 오물음이라고 불렀다. 대개 물음이란 익힌
나물을 이름이요, 오(吳)씨와 오이(瓜)가 음이 비슷하기 때문이다.

그때 한 종실(宗室)이 연로하고 네 아들이 있었는데, 물건을 사고 팔
아서 큰 부자가 되었지만, 천성이 인색하여 추호도 남 주기를 싫어할 뿐
더러, 여러 아들에게조차 분재를 않고 있었다. 더러 친한 벗이 권하면,
"내게도 생각이 있노라"고 대답하고 밍기적 밍기적 천연세월하여 차마
나누어주지 못하였다.

(2) 하루는 그가 오물음을 불러 이야기를 시켰다. ㉠ <u>오물음이 마음속에 한
꾀를 내어 고담을 지어서 했다.</u>

장안 갑부에 이동지(李同知)란 이가 있지요. 이 분이 부귀장수하고 아
들을 많이 낳아서 사람들이 늘 그를 가리켜 상팔자라고 칭했지요. 그런
데 이동지가 가난해서 많은 고생을 하다가 자수성가하여 부가옹(富家翁)
이란 말을 듣게 된 고로 성질이 인색하고 괴팍해서 비록 자식 형제에게
도 닳아진 부채 한 개를 주는 법이 없더랍니다. 죽음이 임박해서 곰곰이
돌이켜 보니 세상만사가 모두 허사로되, 자기는 오직 재물 재(財)자 한
자에 일평생 종이 되어서 얽매인 셈이었습니다. 병석에서 생각해 보고
또 생각해 볼수록 이제는 어쩔 도리가 없는 일이었습니다. 그래 여러 자
제들을 불러 유언하기를, "내 일평생 고생 고생하여 재물을 모아 이제 부
자가 되었구나. 그런데 지금 황천길을 떠나는 마당에 백 가지로 생각해
본들 한 개 물건도 가져갈 도리가 없구나. 지난 날 재산에 인색했던 일이
후회막급이다. 명정(銘旌)이 앞을 서니 상여소리가 구슬프고, 공산에 낙
엽 지고 밤비 내리는 쓸쓸한 무덤 속에서 비록 한 푼 돈인들 쓸 수 있으
랴! 내 죽어 염하여 입관할 제 두 손에 악수(握手)를 끼우지 말고, 관 양
편에 구멍을 뚫어 내 좌우 손을 그 구멍 밖으로 내어놓아 길거리 행인들
로 하여금 내가 재물을 산같이 두고 빈손으로 돌아감을 보도록 하여라"
하고 이내 운명하였다지요. 이동지 사후에 자제들이 감히 유언을 어기지
못하고 그대로 시행했답니다.

㉡ <u>소인이 아까 노상에서 우연히 상행(喪行)을 만나 두 손이 관 밖으로
나왔음을 괴이하게 여겨 물어보았더니, 곧 이동지의 유언이었습니다. 사람</u>

이 장차 죽으려고 할 때는 그 말이 착하다고 하더니, 과연 옳은 말이지요.
(3) 그 종실 노인이 듣고 보니 은연중 자기를 두고 한 이야기가 아닌가. 조
롱하는 뜻이 들었지만 말인즉 이치에 타당하였다. 즉석에서 깨닫게 된
바가 있어, 오물음에게 상을 후하게 주었다. 그 이튿날 아침에 드디어 여
러 자식들 앞으로 분재하고 일가 친구들에게도 보화를 주었다. 그리고는
산정(山亭)에 들어앉아 거문고와 술을 즐기며 종신토록 금전상의 말은
입에 올리지 않았다.[81]

이것은 《청구야담》 권 4, 풍린객 오물음 선해(諷吝客吳物音善諧)조에 실
려 있는, 액자설화의 형태로 된 자료이다. 그 내용은 (1) 오물음과 종실노인
에 관한 설명, (2) 오물음이 이야기한 '고담'의 내용, (3) 이야기를 들은 다음
에 일어난 종실노인의 변화, (4) 편자의 논단(論斷) 등 네 개의 단락으로 나
누어지는데, 이들은 설화를 연구하는 데 두 가지 단서를 제공해 준다.

첫째는 단락 (1)을 보면 조선시대에 직업적인 이야기꾼들이 존재했었다는
사실이 확인된다. 그들은 세도가나 부잣집에 드나들면서 '야담'이나 '고담'을
들려주고, 그 대신에 보수를 받아서 생활을 했던 것으로 생각된다. 이 문제
에 대해서는 임형택(林熒澤)이 자세하게 논한 적이 있는데, 그는 이들을 '강
담사(講談師)'라고 하여 '강창사(講唱師)'나 '강독사(講讀師)'와 구별하였다.[82]

---

81) "京中有吳姓人 善古談名於世 遍謁卿相家 其食性嗜瓜熟菜 故人以吳物音呼之 蓋物
音者 熟物之方言也 吳者瓜之俗名 音相似之 時有宗室年老有四子 積若致富而性吝 秋
毫不以與人 亦不分此貨於諸子 親友勸之則答曰 吾有商量 遷延歲月 忍不能與之 一日
招吳物音 使之古談 做出一古談 談曰 長安甲富有李同知者 壽富多男子 人稱壯八字 但
少也傷於貧 治産爲富家翁而癖根於心性 雖子侄兄弟 無一箇物賜與 乃其臨死也 世間
萬萬事 都是悠悠 只在一財字 眷戀不能捨去 病中思之又思 無可奈何 乃呼諸子遺言曰
吾積若聚材 雖至甲富 今將死黃泉之行 而百戒思之 無一箇物持去之道 前日吝財之事
悔之莫及 丹旐一發 輀家凄凉 空山落水 夜兩荒阡 雖欲用一葉錢 得乎 吾死後棺殮也
不施握手於兩手 棺之兩傍 各穿一穴 出其左右手 以示路上人 使知吾有財如山 空手而
歸 乃奄然而逝 死後 諸子不敢違教 如其戒 小人俄遇其靷行於路上 見其兩手之出棺外
怪而問之 乃李同知遺言也 信乎人之將死其言也善 宗室老人聽之 隱然逼於己 而有嘲
弄之意 然其言則達理也 卽席頓悟 厚實吳 翌朝 遂分財於諸子 盡散其寶貨於宗族故舊
入處山亭 琴酒自娛 終身不言財利蓋老人之一言頓悟也 自不易易吳乃淸稽之類 使出於
于髡 優孟之世則何遽不若耶". 동국대학교 부설 한국문학연구소 편 : 1981d, pp.575～
576. 번역은 이우성 외 공편역 : 1973, pp.189～191 참조.
82) 임형택 : 1976, pp.312～319.

68

　다음으로 ㉠에서는 단락 (2)의 이야기가 오물음이 종실노인의 인색함을 빗대어 지은 '허구적인 이야기'라는 것을 명백하게 밝히고 있다. 그렇지만 그 내용은 있을 수 있는 일같이 생각되게끔 서술되어 있다. 특히 ㉡에서는 오물음 자신이 직접 보고들은 것처럼 표현하여 그 사실성을 강조하고 있어, 듣는 사람이 신뢰할 수 있게 한다.

　위의 자료에서는 이러한 이야기를 '고담'이라고 부르고 있다. 이것은 조선 시대에 널리 쓰였던 '고담'이란 용어에는 실제로 일어났던 일이 아니라 있었던 일같이 여겨지게끔 꾸며서 말하는, 있을 수 있는 허구적 가공적인 이야기를 가리키는 의미도 포함되어 있었음을 나타낸다.

　이와 같은 예는 《동야휘집》에 수록되어 있는 이야기들 속에서도 찾을 수 있다. 이 책의 권 5 조좌객 빙변득관(嘲座客騁辨得官)조에는 어떤 향변(鄕弁)이 병조판서로부터 벼슬자리를 얻으려고 병판의 옆에 있는 세 사람의 이름을 희화화하여 이야기한 것이 실려 있는데, 이들을 '고담'이라고 칭하였다.[83] 이 이야기들 역시 허구적인 것을 있을 법하게 서술한 것이다.

　그리고 같은 권의 엄구 권술 접투부(嚴舅權術摺妬婦)조에는 '고담'의 형식성을 인식하고 있는 것 같은 이야기도 실려 있다. 이 전승에서는 주인공이 엄격한 아버지와 투기가 심한 아내 때문에 과거를 보고 돌아오는 길에 만난 청상(靑孀)과의 사연을 발설하지 못하고 지낸다. 그러자 그의 친구가 이 사실을 '고담'으로 만들어[作古談] 이야기함으로써, 그녀를 첩으로 맞아들였다는 내용의 이야기가 기록되어 있다.[84] 이것은 그 당시 사람들이 당대 내지는 가까운 시대의 이야기인 '야담'과는 구별되는 '고담'의 어떤 틀을 인식하고 있었음을 나타내는 자료로 보아도 좋을 것이다.

　그러나 이원명이 《동야휘집》을 찬술할 때는 그 전의 야담체 기술방법을 그대로 답습한 것 같다. 그리하여 거의 대부분의 이야기들을 그 공간적 시간적 배경이나 등장인물들을 구체화시켜 사실성을 더하려고 하였다. 이러한 예로는 '야래자 설화(夜來者說話)'에 들어가는 권 8의 소양정 실주이회(昭陽

---

83) 동국대학교 한국문학연구소 편 : 1981c, pp.134∼140.
84) 위의 책, pp.91∼100.

亭失珠貽悔)조의 이야기와 '곰나루(熊津) 유래담'의 후대적 변형으로 생각되는 촌민우현웅치요(村珉遇玄熊致饒)조의 이야기가 있다. 전자는 "팽모(彭某)는 횡성읍내 사람인데, 한 조카딸이 있어 출가한 지 얼마 되지 않아서……"[85]라는 서두로 시작하고 있고, 후자는 "진모(秦某)는 인제현의 촌민으로 가정연간(嘉靖年間)에 산에 들어가서 나무를 하다가……"[86]라는 발단으로 시작한다. 이 전승들은 다같이 현실적으로 있을 수 없는 가공적인 이야기들이다. 그런데도 그가 이렇게 구체화하여 서술한 것은 사실성을 중시하는 야담체의 영향을 받았기 때문이 아닌가 한다.

지금까지 조선시대의 사람들이 설화를 어떻게 인식하고 있었는가 하는 문제를 밝히기 위해 지리지류와 야담집류로 2대별하여 고찰하였다. 이처럼 2분화하여 살펴본 까닭은 자료집들이 그 성격을 달리하고 있기 때문이었다. 즉 전자는 어떤 지역에 관련된 이야기들이 주류를 이루고 있는 데 비해, 후자는 공간적인 제한이 없이 민간에 전해지던 이야기들 위주로 되어 있다는 데 착안한 것이었다.

먼저 지리지류의 집대성이라고 할 수 있는 《신증동국여지승람》에서는 증거물이 남아 있는 전설적인 실화들이라 하더라도 그런 일이 실제로 있었는지에 대해서는 의심을 나타내고 있었다. 그리고 왕권의 기원을 서술하는 신화적인 설화에 대해서도 마찬가지로 그 진실성을 의심한다는 것을 알아냈다. 이와 같은 인식 태도는 고려시대의 그것을 그대로 이어받은 것이어서, 한국의 전통사회에서는 설화란 허구적인 이야기라고 생각해 왔음을 말해 주는 것으로 볼 수 있다.

다음으로 야담집들의 고찰에서는 몇 가지 새로운 사실들을 알아냈다. 그것을 요약하여 정리하면 아래와 같다.

첫째, 초기의 소화류를 수록한 야담집들에서는 이야기를 지칭하는 용어로 '촌화(村話)'라든가 '촌담(村談)', '촌야희담(村野戲談)', '이담비어(俚談鄙語)', '여리쇄어(閭里瑣語)', '야어고담(野語古談)' 등의 다양한 말이 사용되었다.

---

85) "彭某 橫城邑內人也 一侄女出嫁未畿 ……". 위의 책, p.525.
86) "秦某 麟蹄縣村民也 嘉靖年間 入山採樵 遇玄熊 ……". 위의 책, p.537.

둘째, 그러다가 유몽인의 《어우야담》에 이르러서 '야담'이라는 용어가 등장하는데, 이것은 한국에서 만들어진 한자어로서 보고들은 대로 적는다는 의미를 가진 말이었다. 그런데 이 책에는 서사성이 없는, 세시(歲時)나 풍속에 얽힌 이야기들까지 수록되어 있다. 이로 미루어 보아 이 말은 당대 내지는 가까운 시대의 이야기들을 가리키는 용어였을 것이라는 추정을 하였다.

셋째, 이렇게 포괄적인 의미로 쓰이기 시작한 '야담'이라는 말은 그 뒤에 세월이 흐름에 따라서 그 범위가 축소되어 사건이나 인물 중심의 이야기들만을 지칭하는 것으로 바뀌었다.

넷째, 이원명의 《동야휘집》서문을 바탕으로 하여, 당시 사람들이 '야담'과 '고담'을 구별하였을 것이라는 추정을 하였다. 전자는 공시성이 중시되고, 후자는 통시성이 중시되는 용어이다. 그래서 '야담'은 사실성을 강조하는 비교적 가까운 시대의 이야기인 데 반해, '고담'은 허구성을 강조하는 옛날부터 전해져 내려오는 이야기로 인식하였을 것으로 보았다.

다섯째, '고담'이 허구적 가공적인 이야기들이란 것을 증명하기 위해서 야담집에 들어 있는 몇 개의 액자설화 자료들을 검토하였다. 그리하여 이것들이 지어낸, 허구적인 이야기들이란 사실을 밝히기에 이르렀다.

3) 현지 조사자료를 통한 고찰

(1) '옛날 이야기'의 범주

조선시대에 허구적 가공적인 이야기를 일컫던 '고담(古談)'이란 한자어에 해당하는 우리말은 '옛날 이야기'이다. 이 말의 사전적인 해석은 아래와 같다.

> ㉮ 옛날에 있었다고 전하거나 옛날을 무대로 꾸며서 하는 재미있는 이야기
> ㉯ 지나간 일을 회상하는 이야기

여기에서 ㉯는 [자료 15]를 고찰하면서 본 것처럼, 이야기꾼이나 그 밖의 사람이 과거에 직접 경험한 사실을 서술하는 것을 가리킨다. 한편 ㉮에는 두 가지 의미가 담겨 있다. 즉 전반부에서는 옛날에 있었다고 전해지는 이

야기라고 하여 사실성을 중시하면서 전승성(傳承性)을 내세우고 있다. 이에
비해 후반부에서는 꾸며서 하는, 가공적이면서도 허구적인 이야기를 지칭하
고 있다.

이곳에서 문제가 되는 것은 전반부에 관한 해석이다. 언뜻 보기에는 사실
성을 인정한다고 해서 ㉯에 가까운 것이라고 생각하기 쉽다. 하지만 전승성
을 강조하고 있다는 데 주의할 필요가 있다. 이야기가 전해지는 데는 전승
을 지속하게 하는 어떤 요소, 곧 듣는 사람들의 관심이나 흥미를 유발하는
요소가 있어야 한다. 이 요소는 사실을 그대로 전하는 데서도 찾을 수 있으
나, 거의 대부분의 경우 재미있게 꾸미지 않으면 안 된다. 그러므로 이야기
의 전승성에는 허구적 가공적인 윤색이 필요하다고 하겠다.

이런 의미를 지닌 '옛날 이야기'는

'옛날' + '이야기'

로 갈라진다. 이렇게 나누어지는 데서 중요한 역할을 하는 것은 '이야기'란
단어이다. 이 말은 지방에 따라서 '이바구'라고도 하는데, 이것의 사전적 의
미는 다음과 같다.[87]

① 어떤 사물 또는 현상에 관하여 일정한 줄거리를 잡아 하는 말이나 글.
② 지난 일이나 마음속에 있는 것을 다른 사람에게 알려 주는 말.
③ 어떤 사실이나 또는 있지 않은 일을 사실처럼 꾸며서 재미있게 늘어놓
   는 말.
④ 소문(所聞), 소문(所聞).
⑤ 사정하는 말.
⑥ 소설(小說).

이들 가운데서 설화와 관련이 있는 것은 ①항과 ③항의 의미이다. ①항
의 뜻은 이 말이 서사적인 속성을 가진다는 것이고, ③항의 뜻은 '옛날 이야
기'의 ㉮항의 뜻과 완전히 일치하는 것이다.

---

87) 한국어사전편찬회 편 : 1976, p.1316.

이와 같은 해석들을 종합한다면, 설화와 관계가 있는 '옛날 이야기' 또는 '이야기'라는 용어의 의미는

> 옛날에 있었던 일이나 또는 실제로 있지는 않았으나 사실처럼 생각되는 일을 제재로 하여 재미있게 꾸며서 지어낸 서사적인 말.

이라고 보아도 좋을 것이다.

이상과 같은 사전적인 의미는 앞에서 고찰한 조선시대의 '고담(古談)'이란 한자어의 뜻과 일치한다는 것을 확인할 수 있다. 이러한 의미의 일치는 '옛날 이야기'라는 용어가 설화를 가리키던 말이었음을 나타낸다.

그렇다면 오늘날의 민중들은 이 말을 어떻게 받아들이고 있는지를 알아보아야 한다. 그래서 현지조사 자료들을 중심으로 이 문제를 검토하기로 하겠다.

[자료 16]

애기봉 아래 마을에서 한 아이가 태어났다. 그런데 그는 태어나면서 펄쩍펄쩍 뛰어 천장에 닿았다. 옛날에는 장수가 나면, 나라에서 역적이 될까 봐 그를 죽였다. 그래서 그를 태(胎)와 함께 애기봉의 바위 위로 가지고 가서 돌로 눌러 죽여 버렸다.

그러자 그 바위 아래 있는 굴에서 용마가 나왔다. 용마가 나와서 보니까, 장군 될 아이가 죽었기 때문에 한 번 길게 울고는 어디론가 사라져 버렸다. 그래서 지금도 그 바위 위에 용마의 발자국이 남아 있다.

이 자료는 영남대학교 국어국문학과 구비문학 조사반(조사자 : 최동삼, 김태열, 김만겸)이 1984년 9월 30일 경주시 외답면 입실 마을 경로당에서 정진출 씨(당시 72세)로부터 조사한 것이다. 그런데 이 이야기를 서술한 제보자는 '전설'이란 말과 '이바구'라는 말을 섞어 사용하였다. 이는 전설과 이바구를 같은 범주로 생각하고 있거나, 아니면 이바구 안에 전설이 포함되는 것으로 인식하고 있었음을 말해 준다.

실제로 현지조사를 해 본 사람이라면, 한국사람들이 전설에 대해서는 그 나름의 인식체계를 가지고 있는 경우가 있다는 것을 쉽게 발견하였을 것이

다. 그렇지만 이와 같은 인식이 한국 재래의 고유한 것이라고 단정할 아무런 근거가 없다는 것을 유의하지 않으면 안 된다.

전설에 대해 명확하지는 않지만 이런 인식을 갖게 된 것은 라디오나 텔레비전 방송의 영향이 적지 않은 것 같다. MBC 라디오에서는 1966년 5월 1일부터 1969년 3월 17일까지, 그리고 1970년 10월 5일부터 1978년 4월 3일까지 두 차례에 걸쳐 장기적으로 '전설 따라 삼천리'라는 프로그램을 방송하였고, KBS 텔레비전에서도 '전설의 고향'이라는 프로그램을 방영한 적이 있다. 특히 후자는 지금도 여름이면 납량 특집극 형태로 방영하고 있어, 민중들에게 전설에 대한 인식을 각인시키는 데 상당한 역할을 하고 있다. 또 제보자들도 자기 지방의 전설이 전파매체를 탄 것을 상당히 자랑스럽게 여기고 있다는 것을 발견할 수 있으므로, 이 같은 추단은 타당성이 있다고 하겠다. 이로 미루어 보아 전설에 대한 장르 인식을 갖게 된 것은 극히 최근의 일이 아닌가 한다.

다음에 드는 예화도 민중들은 이야기를 신화와 전설, 민담과 같은 하위 장르로 구분하지 않고 있었음을 드러내고 있다.

[자료 17]

이곳은 벽골제(碧骨堤)를 만들기 전에는 전부 개펄이었다. 그 때문에 비만 오면 물이 넘쳐 농사를 제대로 지을 수가 없었다. 이런 사실을 안 나라에서는 이곳에 둑을 쌓아 저수지를 만들기로 하였다.

책임을 맡을 태수(太守)가 임명되고, 공사도 곧 시작되었다. <u>둑을 쌓는 공사에는 전국 각처의 사람들이 동원되었다. 심지어는 멀리 제주도에서까지 많은 인부들이 부역을 왔다.</u> 그러나 어찌된 일인지 둑을 쌓으면 터지고 쌓으면 터지고 하여, 번번이 공사는 실패를 거듭할 뿐이었다. 태수는 초조한 나머지, 김제에 살고 있는 이름난 무당을 찾아가서 점을 쳐보았다. 무당은 지금 수문(水門)이 있는 자리에 처녀를 묻고 둑을 쌓으면 무너지지 않을 것이라고 하였다.

이때부터 그는 여기에 들어갈 처녀를 사방으로 수소문하였다. 그렇지만 자신의 목숨을 바치겠다고 나서는 처녀는 좀처럼 나타나지 않았다. 태수는 공사기간에 쫓기어 더욱 초조해졌다. 아버지의 이런 딱한 사정을 알고 있

던 그의 딸이 마침내 자원을 하고 나섰다. 태수도 어쩔 수가 없어, 딸의 자
원을 받아들일 수밖에 없었다.
　이렇게 하여 태수는 귀여운 딸을 거기에 묻고 둑을 쌓았다. 그러자 무당
의 말대로 제방은 더 이상 무너지지 않았다고 한다.

　이 자료는 필자가 전주우석대학 국어국문학과 민속반 학생들과 함께
1982년 10월 10일 김제군 부량면 용성리의 송근조 씨(당시 70세)로부터 조사
한 것으로, 전국적으로 널리 분포되어 있는 '인주설화(人柱說話)'의 한 이본
(異本)이다. 벽골제에 얽힌 설화들 가운데는 밑줄 친 부분의 사실을 서술하
는 '신털미산(草鞋山, 拂履山)'이나 '되배미논(升畓)' 이야기가 있다. 전자는
그 당시에 모였던 인부들이 신에 묻었던 흙을 털어서 산이 만들어졌다고 하
는 것이고, 후자는 곡식을 되[升]로 될 때에 인부들이 많아서 논으로 되었다
고 하는 것이다.
　필자도 그 당시에는 설화의 에스닉 장르에 대한 명확한 인식이 없었기 때
문에, 이 자료들을 학계에 보고할 때 '전설'이라는 용어를 사용하였다.[88] 그
러나 제보자는 위의 자료를 몇 번인가 '옛날 이야기'라고 하면서, 믿을 것은
못 되지만 그런 이야기가 전해 온다고 하였다. 이것은 한국의 민초(民草)들
이 일반적으로 설화들을 구분하지 않고 '옛날 이야기'라는 하나의 범주로 인
식해 왔으며, 전설적인 이야기마저도 그 신뢰성을 인정하지 않고 있었음을
말해 주는 것이라고 볼 수 있다.
　이와 비슷한 예는 인권환(印權煥)이 1980년 5월 20일부터 22일까지 충청
남도 당진군(唐津郡) 당진읍 원당리에서 행한 현지조사의 보고서에서도 찾
을 수 있다. 조사자 일행은 이 마을에 사는 신현덕 씨(당시 62세)로부터 이야
기를 들은 상황을 다음과 같이 보고하였다. "(제보자가) 처음엔 교훈적인 얘
기 몇 개를 하여, ㉠ 다른 곳에서 채록한 민담이나 전설 등을 들려주었더니
그런 것은 알고 있던 것까지도 다 잊어 버렸다고 사양하였으나, ㉡ 그 아들
의 옛이야기를 환기시켜 주어 몇 개의 얘기를 채록할 수 있었다"[89]고 보고하

---

88) 김화경 : 1982c, pp.67～81. 이 자료는 3분법으로 보면, 분명히 '전설'의 범주에 들어
　　가는 이야기이다.

였다.

이 보고서에서 문제가 되는 것은 조사자의 태도이다. ㉠에서 보는 것처럼 조사자들이 제보자로부터 이야기를 이끌어낼 때에 미리 민담이나 전설이란 용어를 사용하면, 제보자도 그런 인식을 갖게 될 가능성이 있다. 하지만 ㉡에서는 제보자의 아들이 옛이야기를 환기시켰고, 이 때문에 제보자로부터 아홉 편의 얘기를 채록하였다. 이 아홉 편의 이야기들 가운데 '호랑이도 감동한 효부'[90]라는 것이 있는데, 이것은 분명히 효부담(孝婦譚)의 범주에 속하는 전설적인 이야기이다.

이런 설화를 옛이야기로 인식했다는 사실은 한국인들의 전통적인 설화관의 한 단면을 드러내는 것으로 봐도 좋을 것이다. 그래서 설화의 구연 상황을 비교적 자세하게 보고한 자료를 소개하기로 한다.

[자료 18]

(1) 이야기는 이제 전설 위주로 궤도에 올랐다. 이 이야기는 현재 노인회관이 서 있는 남산리 일대가 예전엔 갯고랑이었다는 것이고, 그 갯고랑이 동쪽으로는 갑곶이에서 서쪽으로는 외포리에 이르렀다는 것인데, 그 양쪽을 믹고 그 읍성(邑城)을 쌓을 때, 초능력의 청년이 하루아침에 성을 쌓는 데 성공하였다는 것이다. 지금도 이 근처 우물을 파려면 몇 길 안 파서 흙 밑이 물렁물렁한 갯바닥 같다면서 이 전설을 뒷받침하고 있다.[91]

(2) 조산 뜰 이야기가 끝날 무렵에 청중의 한 사람이 계속하여 '선두포 둑 이야기'를 청하자, 자연스럽게 이야기를 시작하였다. 선두포 둑이란, 길상면에서 선두리로 나가다가 화도면 사거리로 갈라지는 지점이 있어, 사거리로 가려면 둑 위를 타고 서쪽으로 가야 하는데 이 둑을 선두포 둑이라고들 한다. 이 둑을 막기 전에는 해수(海水)가 마니산 기슭까지 들어왔으나, 막은 후에 상당히 넓은 옥토가 마련되었다고 한다. 그 둑을 막을 때 이야기인 것 같다.[92]

---

89) 인권환 : 1980, p.23.
90) 위의 책, pp.130~133.
91) 성기열 : 1982, p.47.
92) 위의 책, p.49.

　이 자료는 성기열 일행이 1981년 3월 28일 인천광역시 강화군(江華郡) 강화읍 남산리의 노인회관에서 이두현 씨(당시 77세)로부터 설화를 조사할 때의 상황을 적은 것이다. 그런데 (1)에는 조사자의 설화에 대한 인식 태도가 드러나 있고, (2)에는 제보자와 청중들의 인식 태도가 반영되어 있다.

　(1)에서 '조산 뜰 이야기'와 같은 유화를 전설로 본 것은 조사자 일행이 그렇게 받아들였다는 것을 의미한다. 이에 반해 (2)에서 청중들 가운데 한 사람이 요청한 '선두리 둑 이야기'는 [자료 17]에서 고찰한 '인주설화'의 범주에 들어가는 자료로 전설적인 성격을 갖는 설화인데도 이것을 이야기로 지칭한 것은, 제보자들이 전설을 명확하게 인식하지 않았을 뿐만 아니라, 이야기의 범주를 구분하지 않고 있었음을 나타내는 것이 아닐까 한다. 이러한 예들을 더 소개하기로 한다.

[자료 19]

(1) 제보자의 사랑방에서 마을꾼 한 사람이 동석한 가운데 이야기판을 벌였다. 자신이 이야기를 잘 한다는 사실을 은연중 자인하고 있는 터인 데다 구연 욕구 또한 아주 적극적이어서 조사자의 유도가 별로 필요치 않았다. 기억나는 데로 쉬엄쉬엄 이야기를 들려줬다. 맨 처음 들려준 것이 '원 태조(元太祖) 흘필열 이야기'였는데, 아마 평소 가장 재미있는 이야기로 기억하고 있는 듯했다. 이어서 조사자가 다른 데서 들었던 암행어사 이야기를 들려주었더니, 그게 본디 ㉠ <u>박문수 이야기</u>인데 그렇게까지 와전돼 버렸다면서 개탄스러워했다. 바로 그에 대한 확실한 내막을 일러 주겠다는 태도로 구연해 낸 게 이 이야기다.[93]

(2) 잠시 사이를 두고, 다시 이 이야기를 꺼냈다. ㉡ <u>율곡 선생이 구봉 선생과 만나 교유하던 이야기</u>라며 시작한 것이지만, 구연의 초점은 송구봉이야말로 이율곡보다도 뛰어난 인물임을 강조하자는 데에 있었다.[94]

　위의 자료는 박계홍이 1983년 11월 11일 충청남도 공주시 사곡면 대중리 한시랭이란 곳에서 제보자 이호승 씨(당시 77세)로부터 설화를 조사할 때의

---

93) 박계홍 : 1984, pp.250~251.
94) 위의 책, p.297.

상황을 기록한 것이다. 여기에서 제보자가 제공한 ㉠과 ㉡의 이야기는 인물 전설의 범주에 들어가는 설화이다. 그럼에도 제보자가 이것을 이야기라고 지칭한 것은 인물전설도 '옛날 이야기'나 '이야기', 곧 설화로 생각해 왔음을 말해 준다.

이렇게 설화를 구분하지 않은 것은 전설에만 국한된 것이 아니다. 신화적인 설화들도 '옛날 이야기'로 통칭해 왔다. 그러한 자료를 살펴보기로 하겠다.

[자료 20]

(1) 안성읍 조사에서 제일 처음으로 얻은 자료이다. 오후 2시 30분에 시작하여 약 15분에 걸쳐 구연하였다. 제보자는 ㉠이 이야기를 어렸을 때 동리 어른들께 들었다고 한다.[95]

(2) 할머니들이 민요를 돌아가며 한마디씩 부르다 제보자가 이야기를 해주었는데 술에 취해 약간 횡설수설하셨다. ㉡의 이야기는 16세 이전에 화순에서 부친께 들었다고 하였다.[96]

(3) 옛날 이야기를 해도 된다고 하니, 제보자가 ㉢이바구 하나 하겠다고 했다. 아주 오래된 이야기라는 것을 강조했다. 이야기가 도중에 끊어져서 다시 하기도 했다.[97]

위의 자료에서 (1)은 조희웅 일행이 경기도 안성군(安城郡) 안성읍 낙원동에서 이복진 씨(당시 80세)에게 '인류의 시조 설화'를 들을 때의 상황을 적은 것이고, (2)는 최래옥 일행이 전라남도 화순군(和順郡) 화순읍 교리에서 허수덕 씨(당시 84세)에게 '인간의 씨가 퍼진 유래' 설화를 조사할 때의 상황을 보고한 것이며, (3)은 조동일 일행이 경상북도 경주시(慶州市) 외동면 석계리에서 장분이 씨(당시 74세)에게 '옥황님이 정해준 부부의 법'이란 설화를 들을 때의 상황을 기록한 것이다.

그런데 (1)에서 구연된 설화는 '인류기원신화'의 범주에 들어가는 것이고,

---

95) 조희웅 : 1982, p.28.
96) 최래옥 : 1987, p.160.
97) 조동일 외 공편 : 1980a, p.420.

(2)에서 들은 설화는 '곡식재배기원신화'의 범주에 속하는 것이며, (3)에서 조사된 설화는 '문화기원신화'의 성격을 띠는 것이다. 그런데도 ㉠과 ㉡은 조사자가 설화자료를 보고할 때 이렇게 표현했을 가능성을 배제할 수는 없으나, 전후 문맥으로 보아 제보자가 자신이 구술한 설화를 이와 같이 표현한 것 같고, ㉢은 제보자가 자신이 구술한 설화를 '이바구'로 표현한 것이 분명한 듯하다.

이러한 사실은 한국사람들은 일반적으로 설화를 구분하지 않고 하나의 범주, 곧 '이야기'나 '옛날 이야기'로 인식해 왔음을 말해 준다. 그렇다고 한다면, 이러한 설화의 분류관은 한국민족 재래의 인식 태도였다고 할 수 있다. 다시 말해 한국인들은 설화를 몇 개의 하위 장르로 구분하지 않고, '옛날 이야기'나 '이야기'라는 범주 속에 포괄해 왔다는 것이다.

(2) 신뢰성 검토

각 민(종)족들의 에스닉 장르에서 살펴본 것처럼, 이야기에 대한 진실성의 인정 여부가 설화를 구분하는 중요한 척도의 하나였다. 이 연구에서도 이 문제를 해결하기 위해 앞에서 이미 문헌설화들을 고찰하였다. 그리하여 인물이나 사물에 얽혀 전해지는 이야기들이 끊임없이 그 진실성을 의심받아 왔다는 것을 확인하였다.

설화에 대해서 이처럼 그 진실성을 의심하는 태도, 곧 이야기를 사실이라고 믿지 않으려는 태도는 오늘날에도 별로 바뀌지 않은 것 같다. 현지조사를 통해서 얻은 자료들이 이런 추정을 뒷받침한다.

우선 그런 예화를 들어가면서 이 문제를 좀더 구체적으로 검토해 보기로 하겠다.

[자료 21]

저곳의 경(敬)자 바위에 대해서는 이런 이야기가 전해지고 있다. 이곳(소수서원이 있는 곳 : 인용자 주)에는 원래 숙수사(宿水寺)라는 절이 있었는데, 조선시대에 주세붕이라고 하는 사람이 그 절을 부수고 서원을 세웠다.

그러자 승려들이 이 일에 극렬하게 반항을 했기 때문에, 그들을 저 소

(沼)에 집어넣어 죽여 버렸다. 그 후에 비가 오는 밤이면 승려들의 원령(怨靈)이 나타나서 공부를 하고 있는 유생들이나 길을 가는 행인들을 놀라게 하였으나, 그 대책을 강구할 수가 없었다.

그 때에 이퇴계(李退溪)가 풍기군수로 부임을 하여, 그 원령들을 위무하기 위하여 저 바위에 경(敬)자를 음각시켰다. 그런 다음에는 승려들의 원령이 나타나지 않았다고 전해지고 있다.

이 자료는 1985년 6월 26일부터 28일까지 영남대학교 사범대학 국어교육과 학생들과 함께 경상북도 북부지방에 민속조사를 갔을 때, 영주시(榮州市) 순흥면 사현동에 거주하는 박충식 씨(당시 48세)로부터 들은 것이다. 이 설화는 서원 옆에 흐르는 개천 건너편의 절벽에 새겨진 '경(敬)' 자에 얽혀 전해지는 전설적인 이야기에 속한다.

그런데 구전되고 있는 이 이야기는 주세붕(周世鵬)이 편찬한 《죽계지(竹溪誌)》의 다음과 같은 기록과는 다른 데가 있다.

[자료 22]

문성공의 묘 앞에 깎아 세운 듯한 절벽이 있어 경(敬)자를 새기고자 하였다. 서원의 제우들이 괴이하게 생각하여 세속에 경계를 삼고 또 날마다 스스로 마음에 공경함을 가짐에 하필 돌에다 (경 자를) 새길 것인가라고 하였다. (그러자) 주세붕도 감히 강권하지 못하다가, 미쳐 회옹(朱子)의 이 학설을 얻은 연후에 제우들에게 열어 보이며 말하기를 "선천도의 여러 그림에도 오히려 가히 새긴 것들이 있거늘, 유독 경 자 (한 자)를 가히 새기지 못할 것인가? 일찍이 이르기를 경이라는 것은 구차한 것에 반대되는 것이어서 구차해지자마자 바로 곧 불경해진다고 하였다. 이는 진실로 우리 회헌 선생(안향, 安向)의 (뜻과) 회옹의 (뜻이) 부합되는 것이다. 묘원은 비록 오래도록 보존되지 못하지만, 이 (경 자)를 새기는 것으로 하여금 벗겨져 떨어지지 않게 한다면 천 년이 지나가더라도 일컬어 경석이라고 하기에 족할 것이다"라고 하였다. (그리하여) 모두가 수락하고 드디어 (경 자를) 새겼다.[98]

---

98) "文成公廟前　有石壁如削　欲刻敬字　書院諸友　皆以取怪　世俗爲戒　且曰當自敬於心　何必刻之於石　世鵬亦不敢强　及得晦翁此說然後　乃開示諸友曰　先天諸圖　尙可刻　獨不

80

이 기록을 보면, '경(敬)' 자 바위와 관계있은 인물은 이퇴계가 아니라 주세붕이다. 그리고 글자를 새긴 경위도 구전 [자료 21]과는 많은 차이가 난다. 특히 이것은 풍기군수로 부임하여 서원을 세웠던 주세붕이 직접 기록한 것이다. 이 점을 감안하면 구전설화와 사실이 얼마나 다른지가 여실히 확인된다.

그런데 이들 자료를 통해 실제로 있었던 사실이 설화화되는 자취를 더듬을 수 있다. 다시 말하면 어떤 사실에 신비성과 괴기성(怪奇性)이 더해짐으로써 설화가 되고, 또 그 이야기가 전승의 힘을 가지게 된다는 것이다. 따라서 이처럼 신비성과 괴기성이 가미되어 설화화된 이야기는 신뢰성을 가지기 어려웠을 것으로 생각된다. [자료 21]을 들려준 제보자는 자기가 한 이야기는 있을 수 없는 일이란 것을 몇 번이고 강조하였다. 이는 우리 조상들이 어떤 사물에 연루되어 전해지는 설화에 대해서도 그 진실성을 인정하지 않았음을 나타낸다.

설화에 대한 진실성의 부정은 곧 허구성의 인정으로 이어진다. 아래 자료는 이야기꾼 자신이 설화를 어떻게 인식하고 있는가 하는 문제를 단적으로 표현하는 하나의 예라고 할 수 있다.

[자료 23]

(1) 제보자가 13년 전 친구 환갑잔치에서 했다는 축사를 낭송했다. ㉠청중한 사람이 "잘하던 거짓말 이야기 좀 하소."라고 권하자, ㉡ "거짓말 이야기했다가 남들이 너무 거짓말이라고 욕할까 봐 겁이 난다."고 웃는 제보자에게, 조사자 및 청중들이 ㉢ "이야기는 거짓말이 들어가야 제격"이라고 부추겨 주면서 하라고 권유했다. 그래서 구연한 이야기다.[99]

(2) 설화 8('바위 암자 이야기' : 인용자 주)의 구연 도중에 충분히 생각했다가 꺼낸 이야기 같았다. ㉣ "거짓말도 잘 한다."는 앞서의 자기에 대한 구연평을 의식했음인지 실제담임을 강조하려 했는데, 구연을 끝내고 전홍

<hr>

可以刻敬字乎 嘗謂敬者苟之反纔苟便不敬 此固吾晦軒之所契於晦翁者 愈不可以無刻也 廟院雖不得久保 使此刻 不至於剝落則 千載之下 稱之曰 敬石足矣 皆曰諾 遂刻之".
　주세붕 :《죽계지(竹溪誌)》권 5, 잡록 5, p.26.
99) 최정여 외 공편 : 1985, p.75.

업(설화 8을 구연한 사람 : 인용자 주)을 향해 ⓜ "이것도 거짓말이란 말이냐?"고 반문하고, 소란한 좌중을 향해 "가만있어. 또 이제 허게……."라고 해서 다시 좌중을 웃겼다.[100]

(1)은 최정여 일행이 1983년 8월 9일 대구광역시 동구 불로1동에서 배동벽 씨(당시 75세)로부터 '신립 장군과 원혼녀(冤魂女)' 설화를 들을 때의 상황을 적은 것이고, (2)는 박계홍 일행이 1981년 2월 19일 충청남도 보령군(保寧郡) 대천읍 대천리 3구의 박성돈 씨(당시 72세)로부터 '수양산의 백세 청풍비(百世淸風碑)' 설화를 조사할 때의 상황을 기록한 것이다.

여기에서 ㉠은 이야기를 듣고 있는 사람들의 설화관을 드러내는 것이고, ㉡은 제보자의 설화관을 나타내는 것이며, ㉢은 조사자와 청중들의 설화관을 말하는 것이다. 이들의 공통된 견해는 설화란 거짓말, 다시 말해 허구적이고 가공적인 이야기라는 것이다. 그리고 (1)에서 이야기된 '신립 장군과 원혼녀' 설화가 신립이라는 역사적 인물과 관련 있는 전설적인 성격의 이야기임에도 이것을 허구적인 것으로 인식하고 있다는 것은 이 이야기의 진실성을 믿지 않고 있음을 말해 준다.

또 청중들의 구연평(口演評)인 ㉣은 제보자가 '숙종 대왕과 시골선비'라는 이야기를 하는 과정에서 잔치를 벌이는 장면에 "가닝개애, 벌써 소를, 올주 알구서. 올 주(줄) 알구서는 몇 마리 작구 잔치를 허는디. 수 수 천명이 부잣집이서 하닝개 사람이 참 만당 빈객이 참……"이라는 말끝에 나온 반응으로, 원문은 "한 마리만 하면 되지 뭐 시 마리 몇 마리. 하여튼 그짓말 그짓말 잘 하시는 분여"[101]이다. 문맥으로 봐서 소를 몇 마리 잡았다는 말을 거짓말이라고 한 것이지만, 결국 청중들은 전설적인 설화에도 허구성이 있다고 생각했음을 나타낸다고 하겠다.

이러한 청중들의 반응에 대한 제보자의 태도는 ⓜ과 같은 형태로 나타났다. 이곳에서 그는 자신의 이야기에 신뢰성을 부여하고 싶었음을 여실히 표현하고 있다. 제보자가 이야기를 구술하면서 한문 문자를 많이 사용한 것으

---

100) 박계홍 : 1983, p.80.
101) 위의 책, p.67.

82

로 보아, 그는 한학(漢學)을 공부한 꽤 유식한 사람으로 보인다. 그런데도 자신의 말이 거짓말로 받아들여져 자존심에 상당한 상처를 입었기 때문에 이렇게 대응한 것이 아닌가 한다.

이렇게 볼 때, 한국에서는 전설적인 이야기에도 진실성을 인정하지 않았음이 분명한 듯하다. 이런 인식 태도는 '옛날 이야기' 내지는 '이야기'의 사실성을 믿지 않았던 재래의 의식구조를 그대로 계승한 것이다. '이야기'에 대한 일반적인 인식을 알아볼 수 있는 예를 몇 개 더 제시하기로 하겠다.

[자료 24]

(1) 판흥이 익어가면서 이야기도 계속 저절로 풀려 나갔다. 청중들 모두가 구연을 맞받으려하기보다는 시종 즐기기만 하는 쪽이었다. ㉠ 그러한 집중된 관심 속에서 제보자는 거짓말이야기를 거짓말답게 이야기해 볼 수 있는 기회를 한껏 가져 보자는 심산인 듯했다. ㉡ "거짓말 또 한 마디 해야겠다."며 구연을 시작했다. 이야기 속에 나오는 것과 같은 명당이 아직도 어딘가에 한 군데 남아 있다고 했다.[102]

(2) 앞 이야기를 더러 마을의 부녀자들에게 들려줄 때면 언제나 큰 인기를 끌곤 했던 모양이었다. 바로 그런 모습을 자랑스레 이야기하면서 다시 이것을 꺼냈다. 옆에 있는 제보자의 바깥 어른은 조용하면서도 매우 진지한 구연 감상자로서 시종 아내의 구연 모습을 지켜보았다. 아내의 옛날 이야기를 들어보기는 지금이 처음이라며, 아내의 그러한 얘기꾼으로서의 면모가 감탄스럽기까지 한 모양이었다. ㉢ 아주 허황된 얘기임을 강조하면서 구연을 시작했다.[103]

(3) ㉣ 궁촌(窮村)에 묻혀 사는 제보자를 찾아오는 사람 가운데는 더러 이런 데서 이인(異人)을 만날 수 있는 가능성을 은근히 기대하는 경우가 있는 것 같다고 말하면서, 준비라도 해둔 듯 그것을 비겨 들려줄 얘기가 있다며 이것을 꺼냈다.[104]

(1)은 박계홍 일행이 1983년 12월 3일 충청남도 공주시(公州市) 의당면 월

---

102) 박계홍 : 1984, p.143.
103) 위의 책, p.172.
104) 위의 책, p.279.

곡리 경로당에서 제보자 전세권 씨(당시 71세)에게 '사자 유손지혈(死者遺孫之穴)' 설화를 들을 때의 상황을 기록한 것이고, (2)는 1983년 12월 2일 같은 동리의 비계실이란 곳에서 유조숙 씨(당시 75세)에게 '사냥꾼 형제' 설화를, 그리고 (3)은 1983년 11월 11일 공주시 사곡면 대중리 한시랭이에서 이호승 씨(당시 77세)에게 '자기 집 종이 바로 이인'이란 설화를 들을 때의 상황을 적은 것이다.

이 가운데서 (1)과 (2)에서 이야기한 것은 민담적인 것들이고, (3)에서 이야기한 것은 전설적인 성격이 가미된 것이다. 그런데 ㉠에서는 조사자가 그렇게 느낀 것이고, ㉡과 ㉢에서는 제보자들 자신이 설화를 허구적으로 받아들였다는 것이다. 그리고 ㉣에서 이인(異人)의 출현을 기대하고 찾아오는 심방자(尋訪者)들의 욕구를 충족시키기 위해서 준비해 둔 듯하다고 한 것은, 제보자가 자신이 구술한 이야기의 허구성을 스스로 인정한 것이다.

이런 사실은 문헌설화들을 고찰하면서 지적한 것처럼, 한국의 전통사회에서는 전설적인 성격의 설화들 역시 끊임없이 그 진실성을 의심받아 왔으며, 민담적인 성격의 설화들과 같이 허구적 가공적인 이야기로 여겨졌다는 것을 말해 준다.

지금까지 전통사회를 살아온 한국인들이 설화를 어떻게 인식하고 있는가 하는 문제를 해명하기 위하여, 먼저 현대어 사전에서 이 용어에 해당되는 '옛날 이야기'와 '이야기'란 말의 의미를 찾아보았다. 그리하여 이 용어들은 "옛날에 있었던 일이나 또는 실제로 있지는 않았지만 사실처럼 생각되는 일을 제재로 하여 재미있게 꾸며서 지어낸 서사적인 말"이란 뜻으로 사용되고 있음을 알아냈다. 그런 다음에 오늘날 이야기의 전승주체인 민중들이 설화를 어떻게 생각하고 있는지를 알아보기 위해 필자가 조사한 자료들과 조사시의 상황을 비교적 자세하게 보고한 자료들을 살펴보았다. 이를 간단하게 요약하면 아래와 같다.

첫째, 한국에도 신화나 전설적인 성격을 지니는 이야기들이 전해지고 있지만, 이것들을 엄밀하게 구분하는 어떤 민속적인 원리도 존재하지 않는다.

둘째, 화자들 가운데는 전설에 관해서 막연하나마 어떤 인식의 체계를 가지고 있는 사람들이 있었다. 그러나 이와 같은 인식을 갖게 된 데는 대중매체,

특히 라디오나 텔레비전이 상당한 영향을 미친 것으로 보인다. 따라서 일부 사람들의 이런 인식이 결코 한국 재래의 것이라고 볼 수는 없을 것이다.

셋째, 설화를 구분하는 중요한 척도의 하나인 신뢰성의 검토를 통해서, 한국의 민초(民草)들은 인물이나 사물에 얽힌 이야기들도 그 내용이 사실이라고 믿지 않고 있음을 확인하였다. 이러한 사실은 설화란 허구적인 이야기, 곧 재미있게 꾸며서 지어낸 거짓말로 생각해 왔다는 것을 드러내는 것이라고 하겠다.

5. 맺음말

이 연구는 서구에서 유입된 설화의 3분법이 한국설화의 경우에는 수용하기 어려운 측면이 있다는 전제 아래서 수행되었다. 특히 서구에서도 명확하게 그 개념을 규정하지 못하고 있는, 설화의 분석적 범주에 대해 자가당착(自家撞着)의 이론을 제시하고, 또 그것을 금과옥조(金科玉條)마냥 추종하는 연구 현실에 반성을 촉구하려는 의도에서 마련하였다.

그래서 먼저 세계 각지의 민(종)족들이 지니고 있는 설화의 에스닉 장르를 살펴보고, 이로부터 한국설화의 그것이 어떠한 것이었는지를 밝히려고 하였다. 이제까지 논의해 온 것들을 간단히 요약하면 다음과 같다.

첫째, 한국에는 설화라는 장르가 매우 이른 시기부터 존재했다. 이런 추단은 현전하는 《삼국사기》에 실려 있는 '거북과 토끼의 이야기'로 미루어 보아, 이것이 비록 불교설화에서 비롯된 것이기는 하지만 그 전개형식이 오늘날의 설화들과 크게 다르지 않다는 데 근거를 둔 것이다. 그리고 그 당시에도 설화를 교훈적 오락적인 목적에서 이야기되었다.

둘째, 조선시대에는 이야기를 지칭하는 용어로 '촌화(村話)'라든가 '촌담(村談)', '촌야희담(村野戲談)', '이담비어(俚談鄙語)', '여리쇄어(閭里瑣語)', '야어고담(野語古談)' 등 다양한 말이 사용하였다. 특히 유몽인 이후에는 '야담'이라는 용어를 썼는데, 처음에는 세시(歲時)나 풍속에 연루된, 서사성을 지니지 않는 것들까지 포괄하였다. 그러면서도 사실성이 인정되는 당대 내지는 가까운 시대의 이야기들을 지칭하는 말로 사용하였다. 하지만 세월이 흐름에 따라서 그 의미가 축소되어 사건이나 인물중심의 이야기들만을 가리키는 것으로 바뀌었다.

셋째, '야담'이 이처럼 공시성과 사실성이 강조되는 비교적 가까운 시대의 이야기를 가리키던 용어인 데 반해, 이와 구별되는 '고담(古談)', 곧 '옛날 이야기'는 통시성과 허구성이 중시되었다. 좀더 자세히 말한다면 시간적으로 상당히 먼 시대의 것으로 사실성이 인정되지 않는, 또 다른 한 부류의 이야기가 '옛날 이야기'라는 명칭으로 전승되고 있었다. 이로 미루어 보아, 한국 사람들은 분명히 '옛날 이야기' 또는 '이야기'라는 설화에 대한 장르 인식을 가지고 있었는데, 이 장르는 "옛날에 있었던 일이나 또는 실제로 있지는 않았지만 사실처럼 생각되는 일을 제재로 하여 재미있게 꾸며서 지어낸 서사적인 말"로 생각하였던 것으로 추정된다.

넷째, 이런 장르 인식은 설화를 허구적이고 가공적인 것으로 받아들였다는 사실을 반영한다. 이와 같은 사실은 한국의 전통사회에서 설화를 사실로 인정하지 않았으며, 다른 민족들처럼 설화에 대한 신뢰성 여부를 기준으로 설화를 구분하는 민속적인 원리를 가지고 있지 않았음을 말해 준다.

고려시대와 조선시대의 문헌자료를 검토해서 얻은 결과를 요즈음에 이루어진 현지조사 자료들을 통해서 다시 한번 확인하였다. 그리하여 한국에도 신화나 전설의 성격을 지니는 이야기가 전승되고 있으나, 이것들을 구분하는 어떤 민속적인 원리도 존재하지 않는다는 사실을 해명하였다.

그리고 이야기꾼들 가운데는 전설을 다른 이야기들과 구분하는 사람들이 있었다. 이와 같은 인식체계는 한국 재래의 것이기보다는 라디오나 텔레비전과 같은 대중매체의 영향에 의해 형성되었을 것이라는 추정을 하였다. 또 한국의 민중들이 인물이나 사물에 얽힌 이야기에 대해서도 그 내용이 사실이라고 생각하지 않고 있다는 것을 알아냈다.

이로써 한국민족이 설화를 몇 개의 하위 장르로 나누지 않고 '옛날 이야기' 내지는 '이야기'라는 하나의 범주 속에 포괄하여 왔다는 것을 알 수 있다. 여기에서 우리 민족이 설화를 하나의 범주로 인식하여 왔다고 해서 그것이 한국문화의 후진성이나 원시성, 저급성을 드러내는 것이 아니라, 한국인들만의 독특한 인식체계라는 것을 분명히 밝혀둔다.

그러므로 이 설화자료들의 분석범주를 설정하기 위해서는 서구의 그것들을 무비판적으로 수용하지 말고, 한국문화의 속성을 충분히 고려한 바탕 위에서 한국의 자료들을 전부 아우를 수 있는 체계를 우리 스스로 마련해야 할 것이다. 이러한 작업은 어느 한 개인의 역량만으로 가능한 일이 아니기 때문에, 많은 학자들이 의견을 모아서 일반성과 유용성을 만족시키는 방안을 강구해야 하지 않을까 한다.

이렇게 한국설화의 에스닉 장르를 고찰하면서, 서구의 3분법적인 분석범주를 한국설화에 원용하는 데 문제가 있다는 점을 지적하였다고 하여, 당장 신화니 전설이니 하는 용어를 사용하지 말자는 것은 아니다. 기존의 틀을 획기적으로 바꿀 수 있는 방안이 마련되지 않는 한, 또 완벽한 분류안을 제시할 수 없다는 것이 분명한 이상, 우리의 고유한 것이 무엇이고 그것을 살리는 방책이 무엇인지를 찾아보자는 의미에서 문제를 제기하였다는 것도 아울러 분명히 해 둔다.

제3장 한국의 설화는 어떤 구조로 되어 있는가

1. 설화의 구조분석은 왜 필요한가

설화는 이따금 문자로 정착되기도 한다. 그렇지만 문자로 정착되는 경우는 그렇게 흔하지 않다. 대개의 경우 설화는 민중들의 입을 통해서 전승된다. 따라서 설화의 전승수단은 구어(口語)이고, 그 담당 주체는 민중들이라고 하겠다.

이러한 설화가 연구자들의 관심을 끌기 시작한 것은 근대 시민사회가 성립된 다음부터였다. 그림 형제(J. Grimm & W. Grimm)는 《그림 동화집》[1]으로 널리 알려져 있다. 이들의 활약에서 알 수 있는 것처럼, 민간에 전해 내려오는 문화적인 유산들 가운데서 자기 민족의 고유한 전통을 찾아내려는 경향이 이때 비로소 싹트기 시작했다.[2]

이와 같은 현상은 한국에서도 예외가 아니었다. 조선 초기에는 사변적(思辨的)인 성리학과 그 이데올로기가 당대 사회를 풍미하였다. 그러다가 조선 후기에 접어들면서, 이것들이 지배해 온 봉건제도에 대한 반동으로 실학(實學)이 대두되었다. 실사구시(實事求是)를 주창하면서 등장한 실학자들은 자

---

1) 원래의 책이름은 《아이들과 가정의 동화(*Kinder und Hausmärchen*)》이다. 지금까지 한국에서는 독일어의 'Märchen'을 동화로 번역해 오고 있으나, 이 단어는 민담이라는 말로 번역하는 것이 더 적절하다.
2) 小澤俊夫 : 1985, pp. vii ~ viii.

연히 한국의 역사와 민간전승에 특별한 관심을 갖게 되었다. 그리하여 그들이 이 방면에 관하여 적지 않은 저작들을 남긴 것도 이러한 역사적인 흐름과 그 맥락을 같이하는 것이다.[3]

그러나 한국에서 이루어진 설화 연구는 아직까지 만족할 만한 수준에 이르지 못하고 있다. 던데스(A. Dundes)가 지적한 바와 같이, 민간전승에 관한 연구는 (1) 자료의 수집, (2) 분류, (3) 분석 등 세 개의 단계로 구분된다.[4] 하지만 한국에서는 그동안 자료의 수집에만 노력을 집중해 왔다. 그리고 얼마 되지 않는 분류 시도를 제외한다면, 이론화의 시도는 거의 없었다고 해도 지나친 말이 아니다. 게다가 얼마간 존재하는 이론화의 시도마저도 역사적인 기원이라든가 기록문학과의 상관관계를 규명하려는 것과 같은, 지극히 제한적인 성격을 띠는 것들뿐이었다.

그래서 이 연구에서는 분석에 따라 분류의 문제까지도 함께 해결할 수 있는 형태론적인 연구방법론을 원용하여[5] 한국의 설화를 고찰하기로 한다.[6] 두루 알다시피 형태론적인 연구에서는 구조를 분석하는 방법이 주로 사용되고 있다.[7] 이것은 특정한 자료에서 전체성과 변형, 자율 통제적인 성격을 포함하고 있는 구조를 찾아내어 그 의미를 구명하는, 객관적인 분석방법의 하나이다.[8] 그러므로 이 방법론을 이용하여 한국설화의 유형(類型)을 설정

---

3) 인권환 : 1978, pp.21~39.
4) A. Dundes : 1980, p.16.
5) 프로프(V. Propp)는 설화를 형태적 구조적 특성으로 분류해야 한다고 주장한 바 있다. V. Propp : 1968, p.6.
6) 이 연구에서는 한국에서 최초로 아르네-톰슨(Aarne-Thompson)식 분류를 시도한 崔仁鶴 : 1976b에 실려 있는 〈한국 옛날 이야기의 타이프 인덱스〉를 주된 분석의 대상으로 삼는다. 만약에 최인학의 이런 연구가 없었다면, 이 연구가 역시 힘들었으리라는 것을 밝혀둔다.
7) 한국에도 설화의 순차적인 구조(syntagmatic structure)를 분석한 논문으로 조동일 : 1980, pp.126~144와 김화경 : 1981, pp.7~20이 있고, 병립적인 구조(paragmatic structure)를 분석한 논문으로 김열규 : 1975, pp.43~52와 김화경 : 1993, pp.75~94 등이 있다.
8) J. Piaget 저, 김태수 역 : 1990, pp.22~30. 그러나 랜씨만(W. G. Ranciman)은 "실제로 구조가 체계(system) 이상의 어떤 것을 의미하고 있는가?"의 여부부터 문제가 되지 않을 수 없으며, 또 "구조주의적 방법론이란 연구 대상을 인위적으로 분해하고, 나아가서 본질적으로 관계를 나타내는 제반 특질로 바꾸어 쓰는 것에 의해 그것을

한다면, 분류의 요건인 유용성과 타당성을 동시에 충족시킬 수 있는 가능성이 그만큼 더 커진다.[9] 그리고 이렇게 되면 훨씬 더 객관성이 있는 의미를 추출하게 될 것이다.

형태론적인 연구에 바탕을 둔 유형론(typology)이 필요하다는 것은 이미 19세기 말에 메이슨(O. Mason)이 제기한 바 있다.[10] 그렇지만 이것의 가능성을 본격적으로 검토하기 시작한 사람은 프로프(V. Propp)와 던데스였다. 프로프는 1928년에 설화 연구에서 일대 전환점을 마련한 《민담의 형태학(*Morphology of the folktale*)》[11]이라는 저서를 내놓았다. 그는 이 저서에서 러시아의 마법담(fairy tale)들을 분석한 다음, "이렇게 구조적 특징을 사용한다면 (민담의) 임의 장르를 다른 장르와 아주 정확하면서도 객관적으로 분별할 수 있다"[12]고 하였다.

또 프로프의 방법론을 한층 더 천착한 던데스는 1964년에 《북아메리카 인디언 민담의 형태학(*The morphology of the North American Indian folktale*)》이라는 저서를 출판하였다. 그는 이 저서에서 설화의 순차적인 구조를 분석하여 몇 개의 구조적인 모델들을 추출한 다음에, "이 저서의 결과는 적어도 아메리카 인디언의 민담에서는 특정의 내용과는 별도로 구조적인 패턴이란 것을 말할 수 있다는 것을 나타낸다"[13]고 하여, 구조에 기반을 둔 유형 설정이 가능하다는 것을 지적하였다.

이와 같은 선행연구자들의 언급은 그동안 내용에 집착해 왔던 기존 분류

재구성하여, 고의적으로 추상적인 모델을 만드는 것에 있는 것 같이 보인다"라고 하여, 이 방법론의 작위적인 태도를 비판을 한 바 있다. G. S. Kirk : 1971, pp.77~78에서 재인용.

9) 조동일 : 1985, p.158.

10) O. Mason : 1891, p.98.

11) 프로프가 집필 시에 붙인 책이름은 《마법담의 형태학》이었으나, 출판사측에서 책에 대한 관심을 높이기 위하여 《설화의 형태학》이라는 이름으로 바꾸었다고 한다. V. Propp 저, 齋藤君子 譯 : 1978, p.209. 그리고 그는 '형태학'이란 용어를 "설화를 구성 요소들과 이들 구성 요소 상호간의 관계 및 이들과 설화 전체의 관계에 따라서 기술하는 것"이라고 정의하고 있다. V. Propp : 1968, p.19.

12) V. Propp : 1968, p.101.

13) A. Dundes : 1980, p.98.

의 문제점을 극복할 수 있는 방안을 제시했다는 점에서, 설화의 분류체계 확립에 새로운 이정표를 수립했다고 할 수 있다. 이 연구에서는 이러한 선행연구들로부터 시사를 받아 한국설화의 구조를 분석함으로써 구조적 특성을 밝히고, 분류를 위한 시안(試案)도 아울러 마련하기로 한다.

그런데 설화의 구조를 분석하여 얻어지는 모델에는 그것을 창출한 민중들의 어떤 욕구 내지는 동기가 작용되었다고 볼 수 있다. 다시 말해 민중들의 예술적인 동기에 의해 설화의 구조적 모델이 만들어졌다는 것이다. 이것을 알기 쉽게 설명하기 위해 표로 나타내면 다음과 같다.

도해 3. 설화의 생성·변형

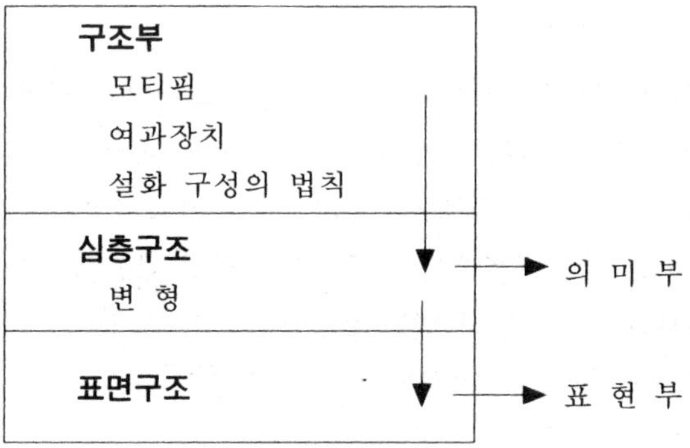

구조부 　모티핌 　여과장치 　설화 구성의 법칙	
심층구조 　변 형	→ 의 미 부
표면구조	→ 표 현 부

표면구조로서 이야기되는 각각의 설화들은 심층구조의 변형이다. 그런데 그 심층구조는 이미 존재하고 있는 모티핌(motifeme)들이 민중들의 여과장치에 의해 선택되어 설화 구성의 법칙에 따라 만들어진 것이다. 따라서 그 심층구조를 찾아낸다면 설화 구성의 법칙은 말할 것도 없고, 모티핌들을 선택하는 이야기꾼들의 의식구조와 논리구조도 함께 해명할 수 있다. 특히 이 연구는 한국의 설화를 분석의 대상으로 삼고 있기 때문에, 일련의 고찰을 거쳐서 얻어지는 결론은 한국민족의 그것들과 밀접한 관계가 있다고 하겠다.

그러므로 이 연구는 한국설화의 구조를 분석하여 분류의 시안을 마련하고, 또 그러한 구조적 모델을 생성시킨 한국민족의 의식구조와 논리구조를 파악하며, 설화 구성의 법칙을 밝히는 것을 목적으로 한다.

2. 기존의 분류는 어떤 문제점이 있는가

1) 원자론적 내용적 분류의 문제점

설화가 학문 연구의 대상이 된 이후, 그것의 체계적 과학적인 연구를 시도한 최초의 그룹은 핀란드의 크론(J. Krohn)을 시조(始祖)로 하는 역사 지리학파(historical-geographical school)이다. 그들은 전파론적인 처지에서 설화의 원형을 재구하려고 변체(variable)들의 변화 양상을 추적하는 데 심혈을 기울였다.[14] 그리고 이 작업을 좀더 쉽게 수행하기 위해 설화의 유형 색인집을 만들었다.

이리하여 만들어진 아르네-톰슨(Aarne-Thompson)의 《민간 문학의 모티프 색인(*Motif-index of folk literature*)》은 그 뒤의 설화 연구에 적지 않은 영향을 미쳤다. 그러나 이것은 완벽한 것도 아니었고, 또 타당성을 지닌 것도 아니었다. 이들이 창안하여 사용한 '모티프(motif)'란 분석단위와 '유형(type)'이란 분류단위들의 개념은 정확성이 결여된 것이었으므로, 그 분류안 역시 자의적인 것이었다고 할 수밖에 없다.

그 문제점을 좀더 자세히 살펴보기 위해, 톰슨(S. Thompson)의 모티프에 대한 정의부터 들어보기로 한다.

모티프는 전승(傳承)을 지속시키게 하는 힘을 가진, 설화 속의 최소(最小)의 요소이다. 이 힘을 가지기 위해서는 무엇인가 진귀(珍貴)하면서도 사람들의 주목을 끌 수 있는 어떤 것을 가지지 않으면 안 된다. 대부분의 모티프들은 세 종류로 분류된다. 첫째 이야기 속의 행위자들, 즉 신이나 이상한 동물들, 혹은 마녀(魔女)나 도깨비, 요정(妖精)과 같은 이상한 존재들, 그리고 막내아들이나 계모와 같이 전형화된 인물들을 들 수 있고, 둘째로는 행위의 원인(遠因)이 되는 아이템들, 이를테면 주술적 물건이나 이상한 관습, 기묘한 신앙 등을 들 수 있다. 그리고 셋째로는 단일한 사건들을 들

---

14) K. Krohn : 1971, pp.58~59.

수 있는데 대부분의 모티프들은 이것으로 이루어진다. 그런데 <u>이 세 번째</u> <u>의 모티프는 독립적으로 존재하기도 한다. 따라서 실제로 설화의 유형이</u> <u>될 수 있는 것은 이 세 번째 종류의 모티프라고 할 수 있다.</u>[15]

톰슨의 위와 같은 정의는 모티프를 행위자와 아이템, 사건 등으로 3분하고 있다는 점에서 개념 규정이 명확하지 않다고 하겠다. 이해를 쉽게 하기 위해 예를 하나 들어보기로 한다. 효행담에 나오는 "호랑이가 효자에게 개를 물어다 주었다"는 행위는 네 가지 요소들로 이루어져 있다. 즉 '호랑이'는 구원자 내지는 기여자(寄與者)에 해당되고, '물어다 주었다'는 행위는 효자가 부모의 병에 유용한 동물을 얻는 순간을 나타내며, '효자'는 개를 받는 등장인물, 곧 주인공이 된다. 그리고 '개' 그 자체는 약으로 사용될 수 있는 동물이 되는 것이다.

그의 정의에 따를 경우, 이 네 가지 요소들은 제각기 별개의 모티프를 이루게 된다. 이를테면 호랑이와 효자는 행위자 모티프가 되고,[16] 개는 아이템 모티프가 되며, 개를 물어다 주는 행위는 하나의 사건 모티프가 된다. 이렇게 하나의 행위를 유발하는 몇 가지 요소들이 제각기 별개의 모티프로 나누어질 수 있다는 것은, 그가 설정한 모티프가 분석단위로 적합하지 않다는 것을 반증한다.[17]

톰슨 자신도 "나는 이 색인과 연계된 질문들 가운데서 아마도 가장 어려운 것이 모티프란. 무엇인가 하는 유도심문임을 알았다. 이 질문에 간단명료한 해답은 없다. 이야기에서 어떤 아이템들은 이야기꾼들에 의해 몇 번이고 사용되어 이야기를 구성하는 요소가 된다. 그것들이 정확하게 어떠한 것인지는 중요하지 않다. 그것들이 이야기의 구성에서 실제로 유용한 것이라면 모티프로 생각해도 좋을 것이다"[18]라고 해서, 자신이 모티프로 규정한 개념의 범위가 애매하다는 것을 간접적으로 시인하고, 설화에서의 유용성이라는

---

15) S. Thompson : 1946, pp.415~416.
16) 전자는 기여자가 되고 후자는 주인공이 되기 때문에, 이것들도 별개의 모티프로 볼
　　수 있다.
17) 김화경 : 1987b, p.68.
18) S. Thompson : 1946, p.416.

주관적 판단에 의존할 수밖에 없었음을 인정하였다.

또 하나의 사건 모티프가 설화의 유형이 될 수는 없다. 그런데도 밑줄 친 곳에서와 같이 그는 이것들을 동일시하고 있다. 이러한 그의 오류는 유형에 대한 정확하지 못한 개념 규정 때문이다. 그가 내린 유형에 대한 개념 규정은 다음과 같다.

> (1) 유형(type)이란 독립적으로 존재하는 하나의 전승적인 이야기이다. 그것은 한 편의 완전한 설화로서 이야기될 수도 있기 때문에, 그것의 의미 내용은 다른 어떤 설화에 종속되지 않는다.
>
> (2) 그것이 가끔 다른 설화들과 함께 이야기되는 경우도 있기는 하지만, 독립적으로 이야기될 수도 있다는 사실은 그것의 독립성을 증명해 주는 것이다.[19]

이것은 톰슨(S. Thompson)이 규정한 유형의 정의를 필자가 편의상 두 개 단락으로 나눈 것이다. 단락 (1)에 따른다면 독립적으로 존재하는 하나의 설화는 한 개의 유형으로 간주할 수 있다. 그렇지만 아르네(A. Aarne)가 쓴 것을, 그가 증보한 《설화의 유형(*The types of the folktales*)》에서는 비슷한 사건으로 된 일군(一群)의 설화들을 추상화하여 하나의 유형을 설정하고, 이 유형에 들어가는 여러 개의 이본들을 제시하고 있다. 이것은 개념 규정과 실제 분류의 괴리현상을 보여 주는 증거이다.

그리고 단락 (2)에서는 예외적인 유형의 복합을 인정하면서도 각 유형의 독립성에 강한 집착을 보이고 있다. 하지만 그가 지적한 유형의 복합은 구조의 확장을 의미하는 것이다. 구조가 확장될 때 복합되는 사건은 필연적인 인과관계로 연결되기 때문에, 그것은 이미 독립성을 잃어버리게 된다. 또 설화에 등장하는 사건들이 모두 독립된 유형으로 존재하지 않는다는 사실을 감안한다면, 단락 (2)의 정의도 타당성이 있다고 보기는 어렵다.

분류에서 가장 중요한 것은, 우선 객관적인 분석단위와 분류단위를 마련하는 일이다. 그런데도 톰슨은 주관적인 판단에 의존하는 모티프라는 분석

---

19) 위의 책, p.415.

단위와 앞뒤가 맞지 않는 유형이란 분류단위로 설화를 분류하여, 많은 잘못을 범하였다. 이런 오류는 설화의 형식이나 구조에 따르지 않고 내용을 중심으로 이것들을 설정한 데서 파생된 것이다. 실제로 그는 같은 구조적 모델로 되어 있는데도 등장인물이 동물이냐 사람이냐에 따라, 또는 다른 피상적인 내용상의 특징에 따라 별개의 분류번호를 부여했다. 예를 들어 유형번호 4와 72, 43과 1097, 123과 333, 250과 275, 38이나 151과 1159의 설화들을 비교해 보면 이러한 지적의 타당성을 인정할 수 있을 것이다.[20]

2) 전체론적 구조적 처지에서의 분류

원자론적 내용적인 분류들과는 달리, 형태론적 연구자들이 구조를 분석하여 설화의 유형론을 정립하려는 시도를 해 왔다는 것은 벌써 앞에서 지적한 바 있다. 이와 같은 연구의 선도적인 역할을 한 사람은 프로프(V. Propp)이다. 그는 설화의 순차적인 구조를 구성하고 있는 공통적인 '기능(function)'[21]을 바탕으로 하여 '마법담(魔法譚)'이란 하나의 하위 장르를 설정하였다.

그의 연구는 아파나시에프(Afanasiev)의 설화집에 수록된 이야기들 가운데서 괴기성(怪奇性)을 내용상의 특징으로 하는 50번에서 151번까지의 마법담들을 대상으로 하여, 그것들의 구조적인 특성을 규명했다는 점에서 내용적인 분류를 구조적인 분류로 치환했다고 하겠다. 이렇게 할 경우, 내용적인 분류와 구조적인 분류의 통합을 시도할 수도 있다는 점을 시사하기도 하지만, 이러한 방법론을 다른 장르의 설화들에도 적용시킬 수 있을까 하는 일반성의 문제가 제기된다.

필자가 한국의 설화들을 검토해 본 결과에 따르면, '동물담'과 '일반담'은 등장인물의 차이는 있을지언정, 구조적인 면에서는 아무런 차이가 없었다. 그러므로 그의 방법론을 가지고 어떤 문화영역에 전승되는 많은 설화들을 분류하는 틀을 만드는 데는 문제가 있다.

---

20) A. Dundes : 1980, p.53.
21) 프로프는 이야기의 진행에서 의미의 관점에서 본, 등장인물들의 행위를 '기능'이라고 부르고 있다. V. Propp : 1968, p.221.

한편 아메리카의 민속학자 던데스(A. Dundes)는 파이크(K. L. Pike)가 인간 행동의 좀더 넓은 영역을 분석하기 위해서 창안한 '모티핌(motifeme)'이라고 하는 에믹(emic)적인 분석단위[22]를 사용하여 북아메리카 인디언들의 설화 속에 들어 있는, 다음과 같은 구조적인 모델들을 추출하였다.

(1) 결핍 — 결핍의 제거
(2) 금지 — 위반
(3) 결핍 — 과제 — 과제의 성취 — 결핍의 제거
(4) 결핍 — 기만 — 기만의 성공 — 결핍의 제거
(5) 금지 — 위반 — 결핍 — 결핍의 제거
(6) 금지 — 위반 — 결과 — 결과에서 탈출 시도
(7) 결핍 — 결핍의 제거 — 금지 — 위반 — 결과
(8) 결핍 — 과제 — 과제의 성취 — 결핍의 제거 — 금지 — 위반 — 결과 — 결과에서 탈출 시도

이와 같은 8개의 기본적인 구조적 모델과 복합 확장된 구조적 모델은 던데스가 경험적인 관찰에 따라서 확인 추출한 것들이다. 그의 연구는 멜레친스키(E. Meletinsky)가 지적한 것처럼,[23] 프로프와 똑같은 방법론을 사용하였음에도 더 간편한 도식을 이끌어냈고, 또 북아메리카 인디언들의 설화가 지니고 있는 구조적 특징을 밝히는 데 기여하였으며, 구조분석에 입각한 유형화의 가능성을 제시했다는 점에서 높은 평가를 받아 마땅하다. 그렇지만 그의 연구는 본격적인 유형화는 아니었다는 것을 밝혀둔다.

이에 비해 프랑스의 기호학자 포무(D. Pàume)는 1972년에 발표한 〈아프리카 민담의 형태학(Morphologie du conte africain)〉이란 논문에서 "하나의 분류를, 설화를 이루고 있는 하나의 모티프에 근거를 두고 행하는 것은 아니다"[24]라는 인식에서 시작하여, 순차적인 구조분석을 통해 7개의 화형(tale

---

22) 이들 분석 단위에 대한 자세한 설명은 김화경 : 1987b, pp.30~31을 참조하면 도움이 될 것이다.
23) E. Meletinsky : 1974, pp.44~45.
24) D. Pàume : 1972, p.132.

type)을 도출하였다. 이들 가운데서 '상승형(上昇型)'의 범주에 속하는 설화는 불균형의 결핍상태에서 출발하여, 그 결핍이 충족되는 호전의 과정을 거쳐 균형의 상태 곧 정상적인 상태로 끝을 맺는 설화로서, 그의 연구에 따르면 아프리카의 설화에서 가장 많은 양을 차지하고 있다. 또 이와는 대조적으로 정상적인 상태에서 발단하여 균형이 깨지는 퇴보의 과정을 거쳐 불균형의 결핍상태로 결말을 맺는 일군의 설화들을 그는 '하강형(下降型)'이라고 명명하였다.

그리고 그는 상승형과 하강형이 결합된 유형이라고 할 수 있는 설화군들, 바꾸어 말해 정상적인 상태에서 이야기가 시작하지만, 그 균형이 깨지는 퇴보의 과정을 거쳐서 마지막에는 균형의 상태(이것은 기점상황의 균형보다 더 안정된 상태이다 : 인용자 주)로 되돌아오는 설화를 '순환형(循環型)'이라고 하였다. 또 이것과는 대칭적인 일군의 설화들, 곧 결핍상태에서 출발하여 이것이 충족된 다음에 다시 퇴보의 과정을 지나서 새로운 호전이 이루어져 만족스러운 상태로 결말을 맺는 설화를 '나선형(螺旋型)'으로 구분하였다.

이 밖에 설화들 가운데는 두 사람의 주된 인물이 등장하여 같은 시련을 당하지만, 대립되는 행동으로 대응함으로써 대조적인 결과로 끝나는 설화군도 존재한다. 이러한 설화들은 대개 처음 등장인물(주인공)은 온순하고 선량한 행동으로 시련을 극복한다. 이에 반해, 두 번째 등장인물(반주인공 : anti-hero)은 시기심이 많아서 시련에 바람직하지 못한 대응을 하여 처벌을 받는 교훈적인 내용의 이야기들이 많다. 포무는 이것에 '거울형'이란 이름을 붙였다. 또 거울형의 설화들처럼 상반되는 행동을 하는 두 사람의 인물이 등장하면서도 기점상황에서는 두 사람의 운명이 대조적인 상태, 곧 한 사람은 가난한 데 반해 다른 한 사람은 부자인 상태에서 이야기가 시작되어, 결국에 가서는 이들의 운명이 뒤바뀌어 버리는 설화들을 '모래시계형'이라고 하여 거울형과 구분하였다. 그는 위와 같은 6개 유형의 설화들이 서로 복합된 '복합형(複合型)'도 분류의 범주에 넣어, 아프리카의 설화들을 7개의 화형(話型)으로 나누었다.[25]

---

25) D. Pàume : 1972, pp.136～157.

지금까지 설화의 형태론적인 연구가 유형 설정에 이바지할 수 있는 방법론이라고 지적하면서도 그것을 구체적으로 연구하지는 않고 있었다. 그런 가운데서 포무의 연구에 따라 그 가능성이 한층 더 확실해졌다. 이런 점에서 그의 연구는 매우 중요한 의의를 가진다. 그러나 수많은 설화들을 하나의 레벨에서 7개의 유형으로 전부 분류할 수 없을 뿐만 아니라, 교훈적인 내용을 중시한 듯한 인상을 주는 '거울형'과 '모래시계형'이 분명히 구별되지 않는다는 문제점이 있다.

3. 방법론의 모색

1) 분석단위의 설정

설화의 형태론적인 연구방법론을 확립한 프로프(V. Propp)는 등장인물의 외모(外貌)와 성별, 직업과 같은 것은 변하지만, 그 행위는 줄거리가 전개되어 가는 과정에서 동일한 기능을 수행하고 있다는 사실을 발견하고, 이들을 '변체(變體, variable)'와 '항체(恒體, constant element)'로 구분하였다. 그리고 그는 변하지 않는, 구체적인 등장인물의 행위를 한두 어절로 추상화하여 '기능(function)'이라 이름지으면서, 이것을 설화 분석의 단위로 삼았다. 즉 그가 사용한 '기능'이란 분석단위는 구체적이면서도 특정한 어떤 행위에 의해서만 표현되는 것이다.

그러므로 러시아의 마법담에 대한 프로프의 연구에서는 이 기능들을 누가 어떻게 수행하는가 하는 문제보다 이것들이 서로 어떻게 연결되는가 하는 문제에 더 많은 비중을 두고 있다. 그리하여 그는 이야기의 핵심적인 구성요소들을 형성하고 있는 기능들의 수는 제한되어 있다는 것과, 이 기능들 상호간의 관련 및 시간적인 배열순서는 일정한 법칙의 지배를 받고 있다는 사실을 밝혀낸 다음, 모든 마법담들은 동일한 구성으로 되어 있다는 결론을 내렸다.[26]

사실 프로프의 연구에서 형식과 내용에 대한 구분은 기존의 다른 연구자들과 마찬가지였다. 그런데도 그의 연구가 성공을 거둘 수 있었던 주요한 요인의 하나는 형식의 단위, 곧 '기능'을 더욱 적절하게 규정했기 때문이다. 실제로 프로프는 어떤 설화에서도 이 '기능'이 연속되는 순서가 고정되어 있다는 것을 논증하면서 내용면에서는 분명하게 다른 설화들로 분류할 수 있는 자료들이 사실상 같은 구조에 들어갈 수 있으며, 또 정식화(定式化)가 가능한 형태론적 기준에 따라 규정될 수도 있다는 것을 실증하였다.

그런데 던데스(A. Dundes)는 프로프가 창안하여 사용한 '기능'이란 분석단위가 민속학자들 사이에 널리 통용되지 않고 있으므로, 이 용어 대신에 파이크(K. L. Pike)가 창안한 '모티핌(motifeme)'이라는 분석단위를 사용할 것을 제안하였다. 그러면서 이것을 프로프의 '기능'과 완전히 일치하는 것으로 간주하였다. 그러나 던데스의 '모티핌'이라는 분석단위는 프로프가 사용한 '기능'보다 더 포괄적인 것이라고 할 수 있다. 그 까닭은 후자가 기능으로 보지 않고 기점상황(initial situation)으로 파악하였던 것을 전자는 '모티핌'에 포함시키고 있기 때문이다.

던데스는 프로프가 추출해 낸 31개의 기능들 가운데서 1번부터 7번까지는 설화의 도입 부분으로서 8번(8-a번 포함)의 기능, 곧 가해행위나 결핍상황을 유발하기 위한 준비과정에 해당되고, 기능 8번부터 본격적인 사건이 전개되는 것으로 보고 있다. 여기에서 결핍과 관계있은 기능 8-a번은 "가족의 한 사람에게 무엇이 모자라거나, 또는 그가 무엇을 갖고 싶어한다"는 것이다. 프로프 자신도 이 기능의 그룹화에 어려움이 있다는 것을 인정하면서, "이 기능은 결핍이 실현되는 형태로 분석될 수도 있지만, 결핍의 대상에 따라 그 분류가 한정될 수도 있다"[27]고 하였다.

이에 반해, 던데스가 중핵적인 두 모티핌의 연속구조로 파악한 '결핍' - '결핍의 제거' 모델에서 말하는 결핍의 모티핌은 기능이 아닌, 기점상황에

---

26) V. Propp : 1968, p.64. 그는 "아주 똑같은 구성이 많은 줄거리의 기반(基盤)이 될 수 있고, 그 반대로 많은 줄거리가 그 기반에 동일한 구성을 가지고 있다"고 하여, 구성이 항체인 데 반해 줄거리는 변체라고 주장하였다. V. Propp 저, 齋藤君子 譯 : 1978, p.220.

27) V. Propp : 1968, pp.35.

해당되는 것이다. 이것을 더욱 분명하게 하기 위해서 그가 결핍의 모티핌으로 파악한 예들을 검토하기로 한다.

① 옛날에는 육지가 없었다. 지금의 육지인 곳은 전부 물로 뒤덮여 있었다.
② 옛날 옛적에는 태양이 없었다.[28]

이러한 설화의 첫 부분은 등장인물의 행위가 아니라 이야기가 시작되는 기점상황이다. 이것을 모티핌으로 보았다는 것은, 모티핌이 기점상황까지도 포괄하는 분석단위임을 말해 준다고 하겠다.

그래서 이 연구에서는 던데스가 사용한 이 '모티핌'을 분석단위로 원용하여 한국설화의 순차적 구조를 분석하기로 한다.

2) 모티핌의 규정 방법

'모티핌'이란 설화의 기점상황이라든가 등장인물의 행위를 한두 어절로 간단하게 추상화한 것이다. 그런데 실제로 설화를 분석할 때에는 이 모티핌을 어떻게 규정할 것인가 하는 문제가 제기된다.

이 문제에 대해 프로프는 이야기의 진행과정에서 의미로 기능을 규정하려고 하였다. 하지만 이것은 그렇게 간단하게 처리하기 어려운 데가 있다. 만약에 그가 주장한 것처럼 모티핌을 규정한다면, 여기에 연구자의 자의가 개입될 여지가 있다. 다시 말해 어떤 행위가 경우에 따라서는 전혀 다른 모티핌으로 규정될 수 있는 위험이 있다는 것이다. 예를 들어 앞에서 제시한 "호랑이가 효자를 위해 개를 물어다 주었다"는 행위는 주인공에게 부여된, 약을 구하는 과제를 수행하였다는 점에서는 '과제의 성취'로 볼 수도 있으나, 지금까지 갖지 못했던 약을 얻었다는 측면에서는 '결핍의 제거'로 파악할 수도 있다.[29]

---

28) A. Dundes : 1980, p.52.
29) 실제로 브레몽(C. Bremond)은 이와 같은 행위가 계기적인 사건이 아니라 동시에 일어나는 것이라고 하여, '이중 형태적 기능(double morphological function)'이라고 하였다. C. Bremond : 1977, p.52.

이 연구에서는 이와 같은 문제점을 극복하기 위하여 이야기의 전개과정보다는 그 행위의 목적 내지는 본질로부터 모티펌을 규정하기로 한다. 이를테면 '영리한 행운의 젊은이' 설화에서,[30] 서당(書堂)의 선생은 목화씨를 바르고 있는 모녀를 보고, 주인공에게 "저 처녀와 입을 맞추고 오라"고 한다. 그러자 그는 지혜를 발휘하여, 그 처녀와 입을 맞추는 것처럼 보이도록 행동한다. 이 이야기에서 주인공이 취한 행위는 분명히 일종의 기만이다. 그러나 속이는 것 그 자체가 목적이 아니라, 주어진 과제를 수행하기 위해서 행한 것이기 때문에 '과제의 성취'로 규정하는 것이 옳다는 것이다. 이렇게 하면 모티펌을 규정할 때에 야기될 수 있는 혼란, 특히 연구자의 자의적인 규정을 피해 좀더 객관적으로 규정할 수 있지 않을까 한다.

3) 분류단위의 설정

이야기에 내재된 모티펌을 추출하여, 이것이 배열되어 있는 구성의 양식에 따라 설화의 분류체계를 만들 때 제기되는 가장 커다란 문제는 어떠한 분류단위를 사용할 것인가 하는 것이다. 현재의 학계에서는 원자론적 내용적인 분류를 시도했던 역사지리학파의 한 사람인 톰슨(S. Thompson)이 설정한 '유형(type)'이란 분류단위를 그대로 사용하고 있다. 그렇지만 앞에서 살펴본 것처럼 이것은 개념이 명확하지 않은 것이다. 이렇게 분명하지 못한 '유형'이란 단위를 가지고 복잡한 정신문화와 물질문화의 융합으로 생성된 다양한 형태의 설화들을 객관적으로 분류한다는 것은 거의 불가능에 가깝다.

그 때문인지 아르네-톰슨(Aarne-Thompson)의 《설화의 유형》에서도 모티프들로 구성된 유형 위에 두세 개의 상위범주를 더 설정하였다. 그들은 1차적으로 다섯 개의 범주, 즉 설화들을 '동물담'과 '일반담', '소화 및 일화(jokes and anecdotes)', '형식담(formula tales)', '미분류담(unclassified tales)' 등으로 구분하였다. 그런 다음에 이것들을 다시 등장인물이나 다른 어떤 특

---

30) 이 책 p.108 참조.

성에 따라 2차적인 분류를 시도하였다. 그러나 그는 2차적인 범주의 설정에 그치지 않고, 일반담에 넣은 '마법담(magic tales)'이나 소화 및 일화 속에 넣은 '남자(소년)에 대한 이야기[stories about a man(boy)ki]'와 같은 것은 다시 3차적인 분류를 시도하여, 일관성이 결여된 복잡한 분류체계를 완성시켰다.

한편 조동일은 한국정신문화연구원이 주관하여 조사 완성한 《한국구비문학대계》 전 92권의 유형 색인을 만들기 위하여, "주체가 특이한 설화와 상황이 특이한 설화"[31]로 구분한 분류체계를 만들었다.[32] 그러면서 그는 아르네-톰슨의 분류단위를 다소 변용하여 사용하였다. 조동일은 "설화 분류의 기본 단위인 유형은 그 자체로 독립되어 있지 않다는 것을 명확하게 하는 데서 새로운 논의가 시작된다"[33]고 전제한 뒤에, "여러 각편(versions)을 서로 견주어 보면 공통적인 구성요소를 발견할 수 있다. 공통적인 구성요소를 추상화해서 그 외연을 넓히되 실제로 하는 이야기로서의 최소 요건을 남긴 것이 유형이다"[34]고 하여 그 나름대로 유형을 정의하였다. 그리고 "그보다 더 추상화되어 있는 것이 상위유형이고, 그보다 더 구체화되어 있는 것이 하위유형이다. 상위유형과 하위유형은 여러 등급에 걸쳐서 존재하며, 단일한 개념이 아니다. 유형은 여러 등급의 상위 및 하위유형과의 상대적인 관계에서 인정되고, 다른 유형들과도 구조적인 관계를 가진다"[35]고 해서, '유형'을 상위유형과 하위유형의 중간 레벨의 분류단위로 사용하고 있다는 것을 밝히고 있다.

---

31) 조동일 외 공편 : 1989, p.12.

32) 조동일은 이렇게 분류의 기준을 주인공과 상황으로 2원화함으로써, 설화를 분류할 때 상당한 자의성이 개입할 여지를 남겼다. 실제로 이처럼 자의성이 개입한 예로 '51. 움직일 만해서 움직이기'의 하위 유형으로 설정한 '511. 천신, 천체의 움직임이 인간 사회와 관련되기'가 있다. 여기에 귀속시킨 설화들의 주인공은 신화적인 인물들이 많다. 그렇다면 그들은 보통 사람보다 뛰어난 존재일 수밖에 없다. 그런데도 그는 이런 주인공이 등장하는 설화들을 상황이 특이한 범주에 넣었다. 이렇게 되면, 이것은 그의 분류가 객관성이 모자란다는 것을 나타낸다. 사실 등장인물 그 자체는 분류의 기준이 될 수 없는 것이다. 왜냐하면 등장인물은 그 속성이 얼마든지 변화할 수 있는 변체(variable)에 해당하기 때문이다.

33) 조동일 공편 : 1989, p.10.

34) 위의 책, p.10.

35) 위의 책, pp.10~11.

　조동일이 사용한 이러한 '유형'은 톰슨이 내린 정의와는 다소 다른 것 같이 보인다. 하지만 이것은 아르네-톰슨의 《설화의 유형》에서 실제로 설화들의 유형을 추출한 방법을 말로 풀어쓴 것이다. 그리고 '유형'이란 분류단위가 일반적으로 널리 통용되고 있기 때문에 이것을 그대로 원용하면서, 그 대신에 좀더 체계적인 방법으로 상위유형과 하위유형을 설정한 것이 아닌가 한다.

　이렇게 볼 때 지금 쓰이고 있는 '유형'이란 단위가 분류의 요건인 일관성과 효용성을 충족시킬 수 없음은 분명하다. 그래서 필자는 많은 한국의 설화들을 형태론적인 처지에서 분석하여 세 개의 레벨, 곧 '유(類)'와 '형(型)', '꼴(形)'로 3분하여 분류에 임하기로 한다. 이처럼 세 개의 층위로 3분하는 이유는, 우선 연구자들이 이제까지 일정한 기준을 마련하지 않고 '유형'이란 단위를 절대화시켜 그들의 편의에 따라 시도해 온 분류의 문제점을 극복하기 위해서이다. 그리고 구조적인 특성에 따라 위에서부터 단계적으로 층위에 따른 분류의 기준을 마련함으로써 일관성 있는 체계를 완성시킬 수 있다고 생각하기 때문이다.

　여기에서 분류의 가장 상위단위인 '유(類)'는 설화의 총체적인 구조, 즉 기점상황에서 시작된 이야기가 어떠한 종점상황(final situation)으로 끝나는가 하는 관점에서 설화들을 구분하는 것이다. 이 경우에는 개선되는 것과 악화되는 것, 이들 두 가지가 절충된 것, 그리고 일단 개선이나 악화가 되었다가 다시 원래의 상태로 되돌아오는 것 등 크게 4개의 범주로 나뉜다.

　그런데 이 '유(類)'는 모티핌들의 배열양식에 따라 다시 몇 개의 하위범주로 구분된다. 이 글에서 설정하는 중간층위의 단위인 '형(型)'은 모티핌들의 연결형태를 추상화한 것으로 단순한 인과관계에 따른 것인지, 또는 서로 대응관계를 이루면서 반전(反轉)하는 것인지, 아니면 2회 이상 같은 연결의 형태가 반복하는 것인지 등에 따라 몇 개의 범주로 나눈 것이다. 따라서 이것과 상위범주의 '유(類)'를 합하여 '유형'을 설정하면, "동일하거나 유사한 형태를 가지는 설화들의 군집"[36]을 유형으로 정의하는 데 무리가 없을 것이다.

---

36) 필자는 이미 유형을 이렇게 정의한 바 있다. 김화경 : 1987b, p.69.

그리고 이 '형(型)'의 아래에 실제적으로 모티핌들이 배열되어 있는 형태를 가리키는 최하위단위로 '꼴'을 설정한다. 그러므로 '꼴'이라는 분류단위는 이야기를 이루는 모티핌들의 구체적인 구성체를 가리킨다고 하겠다.

4. 설화의 구조적 모델

1) 상승류

프로프(V. Propp)가 저술한 《민담의 형태학》이 1920년대 후반기에 발표된 이래, 이 방면에 관심을 가진 학자들이 수많은 논문을 발표하였다. 이 연구들의 분석 결과가 나타내고 있는 공통점의 하나는, 설화들은 무엇인가가 결핍되어 있는 기점상황에서 시작하여 그것이 제거되는 충족의 상태로 끝나는 이야기가 가장 많은 양을 차지하고 있다는 사실의 발견이었다.

이러한 분석 결과는 한국설화의 경우에도 마찬가지의 양상을 보여 주고 있다. 다시 말해 절대 다수의 한국설화들도 불균형의 결핍상태에서 시작하여 그것이 충족되는 결핍의 제거 상태로 끝을 맺고 있다.

이 연구에서는 이와 같은 이야기군(群)을 포무(D. Pàume)가 사용한 용어를 그대로 원용하여 '상승류(上昇類)'라고 부르기로 한다. 그렇지만 이곳에서 사용하는 상승류라는 용어가 포무의 그것과 완전히 일치하는 것은 아니다. 그는 이것을 화형의 레벨을 표현하는 용어로 사용하였으나, 이 글에서는 화형의 상위범주로 '유(類)'를 설정하고, 이것을 가리키는 용어로 이 말을 사용한다는 차이점이 있다.

그런데 상승류의 범주에 속하는 설화들은 모티핌의 배열형태에 따라 몇 개의 화형들로 나누어진다. 이들 가운데서 우선 '중핵형(中核型)'의 구조적 모델로 이루어진 설화들부터 고찰하기로 하겠다.

(1) 중핵형

던데스(A. Dundes)는 《북아메리카 인디언 민담의 형태학》이라는 연구를

104

통해서 몇 개의 구조적 모델을 추출하였다. 그 속에는 '결핍'과 '결핍의 제거'의 모티핌들로 이루어진 한 무리의 이야기들이 존재한다. 그는 이들 두 개를 특정한 화형을 결정하는 최소한의 중핵적(中核的)인 모티핌으로 보았다.[37]

한국의 설화들 가운데서 이 중핵적인 모티핌들로 이루어진 것으로는 다음과 같은 이야기들이 있다.

[자료 1]

1. '결핍' : 개벽할 때에 하늘과 땅은 서로 붙어 있었다.
2. '결핍의 제거' : 그 후에 하늘이 위로 올라갔다. 땅은 하늘의 압력으로 평평하게 되었다. 그로부터 지상에 인간들이 생겨나고, 그 다음으로 그 밖의 생물들이 생겨났다.

(727. 인간과 생물의 창조)[38]

이 설화의 기점상황에서는 하늘과 땅이 아직 분리되지 않고 서로 붙어 있는 상태가 서술되고 있다. 이것은 혼돈의 상태, 곧 질서가 제대로 확립되지 않은 불균형의 상태를 나타낸다.

이러한 '결핍'의 상태는 하늘이 저절로 위로 올라가고, 그 하늘의 압력으로 땅이 평평해진 다음에 인간과 생물들이 생겨남으로써 극복된다. 이와 같은 상태는 결핍이 제거되고 오늘날과 같은 조화와 균형이 잡힌 세계가 되었음을 의미한다.

이 '결핍' - '결핍의 제거' 꼴에 들어가는 설화들은 앞의 설화에서처럼 혼돈의 상태에서 시작되지 않고, 아무 것도 존재하지 않는 상태에서 비롯되는 이야기도 존재한다.

[자료 2]

1. '결핍' : 옛날에 한국에는 아직 여러 가지의 초목이 없었다.

---

37) A. Dundes : 1980, pp.61~64.
38) 崔仁鶴 : 1976b, p.408.

2. '결핍의 제거' : 그 때 백두산에 한 줄기의 이상한 덩굴이 돋아났다. 그것
이 성장하면서 한 줄기는 만주 쪽으로, 다른 한 줄기는 한국 쪽으로 뻗었
다. 만주로 간 것은 등나무가 되고, 한국 쪽으로 온 것은 칡이 되었다.
(55. 칡과 등나무)[39]

이 자료는 한국에는 그 유화(類話)가 별로 없는, 식물의 기원을 이야기하
는 설화이다. 이 설화의 발단에서는 원래 한국에는 초목들이 없었다고 하는
'결핍' 상태의 전형적인 예를 보여 주고 있다.

이런 설화의 경우에는 없었던 것이 생겨서 충족의 상태로 바뀌는 것이 정
해진 이야기의 전개법칙이다. 이 이야기에서도 백두산에서 돋아난 한 줄기
의 덩굴이 한국으로 뻗어 칡이 되고 만주로 뻗어 등나무가 됨으로써, 그 결
핍의 상태가 해소된다.

한국의 설화에서 이 '상승중핵유형(上昇中核類型)'의 범주에 속하는 자료
들은 무엇인가의 기원을 설명하는 신화적인 성격의 이야기들이 의외로 많
은 양을 차지한다. 이것은 북아메리카 인디언들의 설화를 분석한 던데스의
연구결과[40]와도 상통하는 것이다. 이 문제는 앞으로 좀더 자세히 검토할 필
요가 있다. 하지만 인류역사의 시작과 함께 끊임없이 의문의 대상이 되어
온 것이 천지와 자연, 인류, 동식물 등의 기원 문제이다. 이 유형의 이야기는
가장 간단한 꼴을 취하면서 분명한 줄거리를 가지고 이 문제를 서술할 수
있었기 때문에 만들어진 형태가 아닐까 한다.

그리고 심리학 측면에서 본다면 이 '상승류'의 설화는 인간들이 지니고
있는 충족의 욕구, 곧 무엇인가 모자라는 것이 있다면 그것을 채우려고 하
는 욕구가 작용되어 만들어졌고, 이런 욕구를 단적으로 나타내는 것이 '상승
중핵유형'의 구조적 모델이라고 하겠다.

(2) 순행형

그러나 설화에는 '중핵형'과 같이 간단한 꼴의 이야기들만 존재하는 것은

---

39) 위의 책, p.194.
40) A. Dundes : 1980, pp.61~64.

아니다. '결핍'과 '결핍의 제거' 사이에 몇 개의 다른 모티핌들의 연속체가 삽입되어, 더 복잡해진 것이 설화의 일반적인 형태이다.

그런데 이때 삽입되는 모티핌들의 수는 지극히 제한되어 있다. 이 연구에서는 '과제'와 '과제의 성취', '선업(善業)'과 '선과(善果)', '시련'과 '시련의 제거', '기만(欺瞞)'과 '기만의 성공' 등과 같이 순차적인 순서에 따라 서술되는 설화들을 '순행형(順行型)'이라고 명명하기로 한다. 이런 이름을 붙인 이유는, '결핍'과 '결핍의 제거' 사이에 있는 모티핌들의 양식에 따라 화형(話型)을 구별할 필요가 있기 때문이다.

먼저 '순행형'의 범주에 들어가는 설화들 가운데서 주인공이 주어진 과제를 성취함으로써 처음의 '결핍' 상태가 제거되는 꼴의 이야기들부터 살펴보기로 하겠다.

[자료 3]

1. '결핍' : 옛날에 밀양 군수의 외동딸이 유모와 함께 외출하였다가 행방불명이 되었다. 유모와 아전(衙前)이 짜고 그녀를 유혹하려고 하였지만, 뜻을 이루지 못하자 죽여 버렸기 때문이었다.
2. '설명적 모티프' : 그로부터 이 지방에 부임하는 군수는 도착하는 날 밤에 반드시 죽고 말았다. 그 때문에 어떤 사람도 군수로 부임하려고 하지 않았다. 그래서 마을은 점점 황폐해져 갔다.
3. '과제' : 그러자 조정에서는 문무백관들을 불러서 회의를 하여 지원자를 모집하기로 하였다. 이 때에 한 가난한 장수가 지원을 해서 군수로 부임하였다. 밤이 되어 그 장수의 아내가 남장(男裝)을 하고 관아(官衙)에서 기다리고 있었더니, 혼령이 붉은 기(旗)를 들고 나타나서 "저의 원수를 갚아 주십시오"라고 하였다.
4. '과제의 성취' : 이튿날 아침에 군수는 주기(朱旗)라는 이름을 가진 사람을 찾았다. 그랬더니 과연 한 사람의 아전이 나타났다. 군수는 엄하게 심문하여 그가 그녀를 죽였다는 자백을 받아내고 그 아전을 처벌하였다.
5. '결핍의 제거' : 그리고 그의 자백에 따라 그녀의 유골을 찾아내어 묻어주자, 군수의 명성은 서울에까지 알려지게 되었다.

(334.1 寃鬼의 소원)⁴¹⁾

이 설화는 '설명적 모티프(explanatory motif)'를 지니고 있다. 설화에서 설명적 모티프의 존재를 처음 말한 사람은 아메리카의 워터먼(T. Waterman)이었으나, 그 성질과 기능을 더욱 확실하게 해명한 사람은 던데스(A. Dundes)이다. 그는 "설명적 모티프는 설화의 비구조적·임의적인 요소이다. 그것의 통상적인 기능은 설화의 결말이나 보다 긴 설화의 분절(分節)을 표시하는 것이며, 설화의 전체적인 구조가 설명적 모티프의 존재 여부에 따라 영향을 받지는 않는다"[42]는 지적을 하였다.

그러나 던데스의 지적이 설명적 모티프의 기능을 명확하게 설명한 것은 아니다. [자료 3]에 들어 있는 설명적 모티프는 이것과는 다소 다른 역할을 하고 있다. 바꾸어 말하면 이 설화의 설명적 모티프는 기점상황에서 제시된 결핍의 상태, 곧 군수의 외동딸이 행방불명된 다음에 그 지방에서 벌어지고 있던 불가사의한 사건을 그 내용으로 한다.

이것은 설화에서 하나의 미학이라고도 할 수 있는 호기심 내지는 긴장감을 만드는 기능을 한다. 그러므로 설화의 모티픔들 사이에 들어간 설명적 모티프는 그것들을 유기적으로 연결시킬 뿐만 아니라, 이야기에서 긴장관계를 조성하여 듣는 사람들로 하여금 마음을 졸이게 하는 데도 유용한 역할을 한다고 하겠다.

어쨌든 이 설화에서 제시된 과제는 발단에서 일어난 살인사건의 범인을 찾아내어 원령(怨靈)의 한을 풀어 주는 일이다. 이 과제의 수행에서는, 살해된 원령이 붉은 기를 들고 나타나 그 범인의 이름이 주기(朱旗)라는 사실을 일러 준다. 이본에 따라서는 원령이 나비가 되어 범인에게 앉음으로써 그를 찾아내게 한다는 자료[43]도 있으나, 이것은 형태론적인 연구에서 큰 문제가 되지 않는다.

다음 단계에서는 군수가 그 원령의 암시에 따라, 범인을 체포 처벌함으로써 주어진 과제를 성취한다. 이처럼 과제를 훌륭하게 수행한 군수는 그의 명성이 서울에까지 알려질 정도로 유능한 관리가 된다. 이와 같은 결말은

---

41) 崔仁鶴 : 1976b, p.280.
42) A. Dundes : 1980, p.67.
43) Duksoon. Chang : 1970, pp.152~155

‘결핍의 제거’를 의미한다.

이렇게 본다면, 이 설화는 기점상황에서 제시된 결핍과 종점상황에서 해소되는 결핍의 내용이 전혀 다른 것으로 되어 있다. 따라서 형태론적인 연구를 거쳐서 얻어진 성과의 하나는, 결말에서 이루어지는 결핍의 제거가 반드시 발단에서 제시된 결핍의 상태를 해소하는 것을 의미하지는 않는다는 사실이다.

그런데 이 ‘결핍’ - ‘과제’ - ‘과제의 성취’ - ‘결핍의 제거’ 꼴에 들어가는 설화에는 ‘과제’와 ‘과제의 성취’ 모티핌의 연속체가 몇 번인가 반복되는 것도 있다.

[자료 4]

1. ‘결핍’ : 편견이 강한 서당의 선생이, 가난하지만 머리가 영리한 학동(學童)에게는 과거 시험에 응시할 기회를 주려고 하지 않았다.
2. ‘과제 1’ : (가만히 따라) 나서 상경하던 도중에, 선생은 모녀가 목화씨를 바르는 것을 보고, 그에게 “저 처녀와 입을 맞추고 오라”고 했다.
3. ‘과제의 성취 1’ : 그는 지혜를 발휘하여 선생에게 그 처녀와 입을 맞추는 것처럼 보이게끔 하였다.
4. ‘과제 2’ : (서울에 도착하자) 선생은 그에게 어떤 집에 들어가 배를 따오라고 하였다.
5. ‘과제의 성취 2’ : 그가 배를 따왔을 때, 선생은 다른 학동들과 함께 도망쳐 버렸다.
6. ‘과제 3’ : 그는 배나무의 임자에게 붙잡혔다. 임자는 그를 여러 가지로 시험해 보았다. 그가 아주 똑똑했기 때문에, 임자는 그에게 옷을 갈아 입히고 작문을 짓게 하였다.
7. ‘과제의 성취 3’ : 그는 대단히 훌륭한 작문을 하였다.
8. ‘결핍의 제거’ : 바로 그 문제가 과거 시험에 출제되었으므로, 그는 무사히 합격할 수 있었다. 실은 그 배나무의 임자가 과거 시험의 문제를 출제하는 대신(大臣)이었다. 그는 그 대신의 딸과 결혼하여 고향으로 돌아오면서, 목화씨를 바르던 처녀도 첩으로 삼았다.

(254. 영리한 행운의 젊은이)[44]

이 이야기에는 '과제'와 '과제의 성취' 모티픔의 연속체가 3회에 걸쳐 반복되고, 또 주어진 과제의 수행에 기만의 방법이 사용된다. 하지만 이 자료의 모티픔 3에서 이용된 기만은 그 자체가 목적이 아니라, 과제를 해결하기 위한 수단에 지나지 않는다. 이처럼 이중적인 성격을 띠고 있는 모티픔을 규정할 때에는 그 행위의 수단보다는 목적이라든가 본질이 어디에 있는지를 고려할 필요가 있다.

그리고 이 자료처럼 어떤 모티픔이 몇 번에 걸쳐 반복되는 현상에도 주의를 기울여야 한다. 모티픔들의 반복현상에 관해서는 일찍부터 많은 학자들이 관심을 가져왔다. 특히 레비-스트로스(C. Lévi-Strauss)는 반복의 기능이 신화의 구조를 명확하게 하는 데 있다는 것을 지적하였다.[45] 던데스는 레비-스트로스의 이런 견해를 조금 수정하여 "설화에서 어떤 것이 연속적으로 반복되는 것은 모티픔의 구조를 좀더 명확하게 해 주는 기능을 수행한다고 하는 것이 좋을지도 모른다"[46]는 견해를 피력하였다. 또 리치(E. Leach)는 《성서(聖書)》의 창세기편에 보이는 반복현상에 대해 "반복의 결과, 그 신자들도 세부에는 다른 점이 있다고 하더라도 한 신화의 여러 변형들이 제각기 그들의 이해를 심화시켜, 다른 모든 의미를 보강하여 줄 것이다"[47]고 하여 수용자측에 비중을 둔 견해를 제시한 바 있다.

물론 이러한 견해들이 설화구조의 특징을 명백하게 해 준 것은 사실이다. 그렇지만 필자 생각으로는, 모티픔의 반복현상은 설화들이 가지는 미학적인 특징의 하나인 것 같다. 바꾸어 말하면 줄거리를 더욱 효과적으로 전개하기 위해서는, 모티픔의 반복이 유용한 장치가 된다. 이와 같은 주장은 이 설화에서 이루어진 모티픔의 반복이 줄거리의 전개를 단계적 점층적으로 만드는 기능을 하고 있다는 데 근거를 둔 것이다. 즉 단계적으로 과제를 수행하여 감에 따라, 기점상황에서 제기된 결핍의 상태가 무리 없이 해결을 향하여 진전되어, 종점상황에 이르러 결핍이 제거된다. 그러므로 설화에서 모티

---

44) 崔仁鶴 : 1976b, p.247.

45) C. Lévi-Strauss : 1958, p.105.

46) A. Dundes : 1980, p.86.

47) E. Leach 저, 江河徹 譯 : 1980, pp.12~13.

핌들의 반복현상은, 그 구조를 명확하게 하는 것은 말할 것도 없이, 줄거리의 전개를 더 효과적으로 만들어 듣는 사람들의 흥미를 유발하는 역할도 수행한다고 하겠다.

이제까지 살펴본 것처럼 이 꼴의 설화는 '결핍'과 '결핍의 제거' 사이에 '과제'와 '과제의 성취' 모티픔 연속체가 삽입되어 이루어졌다. 여기에서 주어진 과제를 수행하려고 하는 것은 충족의 욕구를 만족시키기 위한, 인간의 성취동기(achievement motive)와 밀접한 관련이 있다. 인간은 누구나 자기에게 부과된 과제나 업무를 이룩하려고 하는 욕망, 곧 성취동기[48]를 가지고 있기 때문에, 이 형의 설화는 이것을 바탕으로 창출된 것이라고 할 수 있다.

한편 순행형의 범주에 속하는 설화들 가운데는 주인공이 착한 일을 하면, 그 보답으로 결핍의 상태가 제거되는 일련의 이야기도 있다. 이 연구에서는 주인공이 착한 일을 하는 것을 '선업(善業)'으로, 그 보답을 '선과(善果)'로 규정하기로 한다.

[자료 5]
1. '결핍' : 그날 그날 일을 하여 간신히 입에 풀칠을 하는 한 사람의 나무꾼이 있었다.
2. '선업' : 어느 날 나무를 하러 갔다가, 목에 사람의 뼈가 걸려서 고생을 하고 있는 호랑이를 보고 그것을 꺼내주었다.
3. '선과' : 호랑이는 나무꾼을 데리고 가서 명당(明堂)을 가르쳐 주었다.
4. '결핍의 제거' : 나무꾼은 거기에다 부모의 묘를 이장하였다. 그랬더니 곧 집안이 번창하고, 그 가문에서 많은 훌륭한 인재들이 배출되었다.

(122.2. 호랑이의 보은)[49]

이 자료는 풍수지리사상과 결부된 '동물 보은담(動物報恩譚)'의 하나로, 주인공이 간신히 입에 풀칠을 하는 가난의 '결핍' 상태에서 이야기가 시작된다. 그러나 주인공은 생활이 어려운데도 마음씨만은 아주 착한 사람이다. 이

---

48) D. McCelland : 1985, p.224.
49) 崔仁鶴 : 1976b, pp.208~209.

런 인물은 민중들이 설화를 통해 즐겨 그리고 있는 인간상(人間像)으로, 인정 많은 마음씨를 발휘하여 어려운 상황에 처한 사람이나 동물들을 구해 주는 것이 그들의 일반적인 행동의 한 패턴이다. 그리고 이와 같은 행동에는 반드시 보답이 뒤따르게 마련이다. 이것은 선행필보(善行必報)를 굳게 믿어온 민중들의 의식구조가 반영된 것이다.

이 설화에서도 주인공이 목에 사람의 뼈가 걸려 고생을 하는 호랑이를 도와 주어 '선업'을 행하고, 그 보답으로 호랑이에게서 명당에 대한 정보를 얻는다. 이는 '선과'에 해당되는 것으로, 부와 명예를 얻어 '결핍의 제거'를 하게 되는 기틀이 된다.

[자료 5]의 구조를 이렇게 분석하면서 짚고 넘어갈 것이 있다. 그것은 서구 설화의 형태론적인 연구를 통해서 얻어진 모티픔들에서는, 한국의 설화에서 추출되는 '선업'과 '선과'에 완전히 부합되는 것은 없다는 사실이다. 단지 브레몽(C. Bremond)이 설정한 '선행(merit)'과 '보답(reward)'이 이것들에 가장 가까운 성격을 띠고 있을 따름이다.

그러나 이들은 한국의 그것들과는 어느 정도 거리가 있다. 그가 마련한 '선행'과 '보답'의 기능은 악화된 상태를 개선하는 데 이용되는 보족적(補足的)인 것에 지나지 않는다.[50] 이에 반해 한국의 설화에 등장하는 '선업'과 '선과'의 모티픔은 보족적인 역할을 하는 데 그치지 않고, 등장인물이 적극적으로 착한 일을 행함으로써 그 보답으로 모자라던 그 무엇을 채우는 충족의 상태가 초래된다.

그런데 이 '결핍' - '선업' - '선과' - '결핍의 제거' 꼴을 취하고 있는 설화들 가운데서도 [자료 4]에서 고찰한 것과 마찬가지로 '선업' 모티픔이 2회에 걸쳐 반복되는 다음과 같은 이야기도 있다.

[자료 6]
1. '결핍' : 아주 가난한 청년이, 어머니가 빌려다 준 돈 백 냥을 가지고 행상을 떠났다.

---

50) C. Bremond : 1977, pp.52～54.

2. '선업 1' : 얼마간의 이익을 남겨서 집으로 돌아오던 도중에 빌린 돈 때문에 자살을 하려고 하는 젊은 부부를 만나, 갖고 있던 돈을 전부 주었다.
3. '선업 2' : 어머니가 죽자, 그는 마지막 남은 일전(一錢)으로 팥죽을 사왔는데, 승려가 와서 그것을 보시(布施)로 바치라고 하였다. 그는 그 팥죽마저 승려에게 주었다.
4. '선과' : 그 뒤에 승려가 와서 어머니의 묘터를 잡아 주었다.
5. '결핍의 제거' : 그 곳에 어머니의 시신을 묻은 다음부터 그는 돈을 많이 벌어 마침내 큰 부자가 되었다.

(240. 마음씨 착한 젊은이)[51]

이 이야기도 가난한 생활을 하는 청년이 주인공이다. 이처럼 '결핍'의 상태에 처해 있는 주인공은 그것을 면하기 위해 행상을 떠난다. 하지만 행상을 하여 얻은 이익금을 가지고 빚 때문에 자살을 하려고 하는 젊은 부부를 도와 주는 '선업 1'을 행한다. 게다가 착한 일은 여기에서 그치지 않는다. 그의 행위는 어머니가 죽었을 때 마지막 남은 돈으로 사온 팥죽마저 승려에게 보시(布施)를 하는 '선업 2'로 이어진다.

이 자료에 나타나는 '선업' 모티핌의 반복은, 주인공이 착한 인물임을 강조하는 것이다. 이것은 이미 [자료 4]에서 살펴본 것처럼 설화에서 나타나는 하나의 미학적인 특징이다. 이처럼 반복된 '선업'은 승려가 어머니의 묘터를 잡아 주는 '선과'로 연결되고, 이로 말미암아 많은 돈을 벌어 큰 부자가 되는 '결핍의 제거'가 이룩된다.

'선업'과 '선과' 연속체가 '결핍'과 '결핍의 제거' 모티핌 사이에 삽입되어 만들어진 이 꼴의 설화는 착한 일을 하면 그 보답으로 반드시 행복한 생활을 하게 된다는 민중들의 소박한 믿음을 반영하고 있다. 특히 선행은 마땅히 수행해야 할 덕목(德目)들 가운데 하나였으므로, 이것은 준거(準據)에 따라 생활하려고 하는 동기(motive to live up to standards)[52]와 깊은 관계가 있다고 하겠다. 다시 말해 인간은 성장하면서 자기 나름의 행동규범을 정하게

---

51) 崔仁鶴 : 1976b, pp.242∼243.
52) Kagan & Havemann 저, 김유진 외 공역 : 1983, pp.321∼322.

된다. 사회적인 가치의 행동이라든지, 부모 또는 어른들의 행동을 통해, 여러 종류의 내적인 준거를 얻는다. 이러한 준거들 가운데 하나가 착한 일을 해야 한다는 것이다. 따라서 이와 같은 동기가 작용하여 이런 구조적 모델의 설화가 생성된 것이 아닌가 한다.

또 순행형의 설화에서 좀더 일반적인 패턴의 하나는 '결핍'의 상태에 처한 주인공이 어떤 고난에 부딪히지만, 이것을 훌륭하게 극복하여 '결핍의 제거'를 이룩한다는 구조적 모델이다. 이런 설화에서 주인공이 만나는 고난을 '시련'으로, 또 이것을 극복하는 것을 '시련의 제거'로 규정하기로 한다.

[자료 7]

1. '결핍' : 어떤 게으른 사람이 일하기가 싫어서 집에서 나왔다.
2. '시련' : 길을 가다가 가면(假面)을 만드는 노인을 만났다. 그는 소의 가면을 하나 얻어 썼더니, 그만 소로 변하고 말았다. 그 노인은 소를 몰고 시장으로 가서 팔았다. 소를 산 사람은 매일 그 소에게 중노동을 시켰다.
3. '시련의 제거' : 소는 더 이상 참을 수 없게 되었다. 그래서 차라리 죽는 편이 낫다고 생각하여 무밭으로 들어가 무를 뽑아 먹었다. 그랬더니 다시 인간의 몸으로 되돌아왔다.
4. '결핍의 제거' : 돌아오는 도중에 노인을 만났던 곳에 가 보았더니, 집도 사람도 없었다. 집에 돌아온 그는 열심히 일을 하는 사람이 되었다.

(384. 소로 바뀐 게으름뱅이)[53]

이 설화는 유몽인(柳夢寅)의 《어우야담(於于野談)》에 실려 있는, 경기도 과천(果川) 지방의 여우고개에 얽힌 이야기와 비슷한 것으로,[54] 주인공이 일을 하기가 싫어 가출을 하는 데서 이야기가 비롯되고 있다. 이런 기점상황은 평범한 사람으로서는 그다지 바람직하지 못한 생활 태도이므로, '결핍'으로 간주하는 데 별다른 이의가 없을 것이다.

그런데 가출을 한 주인공이 도중에 가면을 만드는 노인을 만나는 데서 이야기는 전연 다른 방향으로 급진전된다. 특히 그 노인이 만든 가면을 얻어

---

53) 崔仁鶴 : 1976b, p.300.
54) 유몽인 저, 이월영 외 공역 : 1996, pp.319~321.

쓴 주인공은 소로 변신을 한다. 원래 가면의 기능은 용모와 인격을 바꾸는 데 있다. 이 점을 고려한다면 이 변신 모티프가 [자료 7]에 원용된 것은 조금도 이상하지 않다.

설화에 등장하는 변신 모티프의 역할에 대해서는 여러 가지 측면에서 논의가 진행되어 왔다. 하지만 설화 자체가 지닌 미학의 관점에서 본다면, 줄거리의 전개를 더욱 신비화시키는 기능을 수행한다. 다시 말해 변신 모티프는 이야기를 일상적인 세계에서 비일상적인 세계로 유도하여 듣는 사람들을 신비의 세계로 이끄는 데 상당한 기여를 하고 있다.

이 설화에서 주인공이 소로 변신을 하여 온갖 어려움을 겪게 되었다는 것은 '시련'을 의미한다. 그래서 소로 변신한 주인공은 시련의 과정을 거치면서 더는 참을 수 없는 극한상황에 이른다. 그러자 그는 무밭에 들어가 무를 캐 먹고, 다시 인간의 모습으로 되돌아온다. 이것은 일상적인 세계로의 귀환을 뜻하므로, 일단 '시련의 제거'가 이루어졌다고 볼 수 있고, 또 주인공이 과거의 잘못을 깨닫는 계기가 되었다고 할 수도 있다. 그리하여 집에 돌아온 그가 열심히 일하는 사람이 되어 바람직한 인간으로 바뀌었다는 결말은 '결핍의 제거'가 이루어졌음을 나타낸다.

여기에서 이 자료에 등장하는 노인을 기여자(寄與者)로 볼 것인지, 아니면 적대자(敵對者)로 볼 것인지 하는 문제가 제기된다. 이 문제는 보는 시각에 따라서 얼마든지 견해를 달리할 수 있다. 그렇지만 이야기 속에서 수행하는 기능의 측면에서 볼 때, 그는 주인공을 소로 변신시키는 가면을 제공하여 많은 어려움을 겪게 한다. 그렇게 함으로써 과거의 잘못을 깨닫게 하는 계기를 만듦으로써, 평소의 안정된 상태로 되돌아오게 하는 데 이바지하였기 때문에 기여자로 보아야 할 것이다.

이렇게 주인공의 잘못을 일깨우는 내용의 이야기에는 아래와 같은 것도 있다.

[자료 8]

1. '결핍' : 자만심이 많은 어떤 왕이 자기의 힘으로 왕위에 올랐다고 생각하고 있었다.

2. '시련' : 어느 날 왕은 사냥을 나갔다가 (하도 더워서 냇가에서) 미역을 감았다. 그 때에 알지도 못하는 사람이 와서 왕의 옷을 입고 가버렸다. 어쩔 수 없이 왕은 그가 버리고 간 거지의 옷을 입고 궁궐로 돌아왔다. 그러나 누구도 그를 왕으로 인정해 주지 않았다. (뿐만 아니라) 마침내 그는 궁궐에서 추방을 당하고 말았다.

3. '시련의 제거' : 왕은 방랑의 여행을 계속하는 동안에 깊이 반성을 하게 되었다. 그는 평민의 한 사람으로 성(城)에 되돌아갔다. 그랬더니 백성들이 그를 왕으로 맞이해 주었다.

4. '결핍의 제거' : (다시 왕위에 오른 왕은 겸손한 태도로 검소한 생활을 하면서 백성들을 잘 다스렸다.)[55]

5. '설명적 모티프' : 이제까지 왕위에 있던 사람은 하늘이 보낸 사자였다.

(429. 교만하기 그지없는 임금)[56]

이 설화의 단락 2에 등장하는 정체를 알 수 없는 사람은 언제나 자기의 힘으로 왕위에 올랐다고 자만하는 왕 — 이것은 올바른 왕도(王道)를 벗어난 태도이므로, '결핍'의 상태를 나타내는 것으로 간주할 수 있다 — 의 옷을 훔쳐가, [자료 7]에서 나온 노인과 마찬가지로 주인공의 운명을 바꾸어 놓는 역할을 한다. 특히 이 자료는 마지막에 첨가된 설명적 모티프에서 그가 하늘이 보낸 사자(使者)였다는 사실을 분명히 밝히고 있어, 왕권의 기원이 하늘에서 연유했음을 드러내고 있다. 이것은 이 설화가 원래는 왕권의 기원을 이야기하던 신화적 성격을 지니고 있었는데, 역사시대에 접어들면서 인지(人智)의 발달과 더불어 민담의 형태로 변화되었다는 것을 나타내는 것이 아닐까 한다.

여하간 하늘에서 내려온 사자에 의해, 왕은 일시적이나마 왕위에서 추방을 당하여 방랑생활을 하지 않으면 안 되는 '시련'을 맛보게 된다. 왕은 이 시련의 과정을 거치면서 과거의 자기 잘못을 깊이 반성한다. 그리고 그 반성을 계기로 백성들은 그를 다시 왕으로 맞아들이는 '시련의 제거'가 이루어진다. 그러자 왕은 겸손한 태도로 검소한 생활을 하면서 백성들을 잘 다스

---

55) 박영만 : 1940, p.133에서 보충.

56) 崔仁鶴 : 1976b, pp.317~318.

116

리는 왕도를 걷게 된다. 이러한 종점상황은 '결핍의 제거'가 이루어졌음을 말해 준다.

이 꼴의 설화처럼 시련을 만났을 때 그것을 극복하려고 하는 것은, 인간의 자기실현동기(motive for self actualization)와 관계가 있다. 동기이론은 인본주의적인 심리학자들이 정립하였다. 그들은 인간이란 원래 진·선·미를 추구하면서 완전성과 창조성을 위해 자기의 독특한 능력을 최대한 발휘하는 경향이 있다고 주장하였다.[57] 그렇지만 인간은 이뿐만 아니라 자기가 만난 어떤 시련을 극복하여 자기실현을 꾀하려는 욕구도 함께 갖고 있다. 이와 같은 동기가 이런 구조적 모델의 설화들을 만들어내는 원천이 되었을 것이다.

그런데 순행형의 설화에 속하는 것들 가운데는 '결핍'의 기점상황을 제거하는 방법으로서 '기만(欺瞞)'의 행위가 행해지는 일련의 이야기들도 존재한다. 이 화형의 설화에서 이루어지는 기만의 행위는 악의적인 것이 아니라는 사실을 지적하면서, 이 '결핍' - '기만' - '기만의 성공' - '결핍의 제거' 꼴로 되어 있는 설화들을 살펴보기로 하겠다.

[자료 9]

1. '결핍' : (옛날에) 어떤 정승의 아들이 (장가를 들어) 아내를 맞이하였는데, 그 아내가 첫날밤에 아기를 낳았다.
2. '기만' : 정승의 아들은 지혜를 짜내어, 마치 버려진 아기를 주워온 것처럼 보이게 하였다.
3. '기만의 성공' : 그 사내 아기는 어머니의 손에서 자라게 되었다.
4. '설명적 모티프' : 어느 날 그는 아내에게 그 이유를 물어보았다. 아내는 "제가 시집을 오기 전에 항상 뒤뜰에서 오줌을 누었는데, 그 곳에는 언제나 햇빛이 비치었습니다. 그리하여 임신을 하게 되었던 것입니다"라고 하였다.
5. '결핍의 제거' : 이윽고 그 아이는 뒷날 훌륭한 사람이 되었다.

(218. 햇빛에 임신을 하다)[58]

---

57) D. McCelland : 1985, pp.40~41.

이 설화는 건국신화의 전통을 그대로 이어받고 있다. 한국의 고대국가 성립을 이야기하는 건국신화에서는, 건국시조가 나라를 세우는 과정보다 그의 비정상적인 탄생을 더 강조하고 있다. 이런 특징은 건국시조의 탄생에 신비성을 부여하여, 왕권의 정통성과 왕권을 장악한 집단의 우월성을 강조하려는 것이다.[59]

특히 이 자료에서 일광(日光)의 감응(感應)으로 위대한 인물이 태어난다고 하는 모티프는, 고구려의 건국시조인 고주몽(高朱蒙)의 탄생담[60]과 긴밀한 연계를 맺고 있다. 이 일광감응의 모티프에 대해서는 여러 가지 해석들이 제시되었으나, 햇빛이 하늘의 원리를 나타내는 것이므로 주몽이 하늘로부터 왕권을 물려받았음을 나타낸다는 견해가 가장 합리적인 것으로 인정되고 있다.[61] 그리고 고주몽의 비정상적인 탄생 모티프가 이 설화에 차용되었다는 것은, 이것이 후대의 영웅담 형성에도 상당한 영향을 미쳤다는 사실을 반영한다.[62]

이렇게 건국신화의 전통을 계승한 [자료 9]는 시집온 아내가 첫날밤에 아기를 낳았다고 하는, 지극히 비정상적인 상태에서 이야기가 시작된다. 이는 현실적으로 있을 수 없는 일이기 때문에 '결핍'의 상태로 받아들여도 무방하다. 또 다음 단계에서 정승의 아들이 지혜를 발휘하여 마치 버려진 아기를 주워온 것처럼 보이게 한 행위는, 정상적이지 못한 기점상황의 결핍상태를 정상적인 것처럼 보이도록 사람들을 속인 것이어서 '기만'으로 규정해도 좋을 것이다.

그리고 기만의 방법을 사용하여 그 아기를 잘 양육한 것은 주변 사람들이 첫날밤에 낳은 아이에 대해 갖기 쉬운 의문을 없앴다는 것을 나타낸다. 그러므로 이것은 일단 '기만의 성공'이 이루어졌음을 의미한다. 이러한 일련의

---

58) 崔仁鶴 : 1976b, p.232. 최인학이 이 자료를 요약하면서 이야기의 순서를 바꾼 곳이 있어, 孫晉泰 : 1930, p.107에 있는 줄거리를 참조하여 순서를 바로잡았음을 밝혀둔다.
59) 김화경 : 1983, p.126.
60) 김부식 : 1982, pp.145~146.
61) 김화경 : 1998a, p.42.
62) 김열규 : 1971, pp.53~74와 조동일 : 1977, pp.241~261에서 고대의 영웅담과 그 뒤의 설화 및 조선 소설의 관계를 논한 바 있다.

118

과정을 거쳐, 첫날밤에 태어난 아이가 그 뒤에 위대한 인물이 되었다는 이
설화의 결말은, 물론 '결핍의 제거'가 행해졌음을 말해 준다.

그런데 한국설화에 나타나는 이런 '기만'과 '기만의 성공' 연속체는 러시
아의 마법담에 들어 있는 그것과는 다소 다른 면모를 보여 주고 있다. 전자
의 '기만'은 후자에서 프로프(V. Propp)가 추출한 여섯 번째 기능인 "적대자
가 희생자나 그의 소유물을 가지기 위해서 기만을 시도한다"[63]는 것에 대응
된다. 그리고 '기만의 성공'은 일곱 번째의 기능인 "희생자는 기만을 당하여
자신도 모르는 사이에 그를 돕게 된다"[64]는 것에 해당된다. 여기에서 보면
한국의 설화에 등장하는 '기만'은 주인공이 선의(善意)로 행하는 데 반해, 러
시아의 마법담에서는 적대자가 악의(惡意)로 행한다는 차이점이 있다. 이런
차이점은 한국과 러시아의 문화적인 차이에서 비롯되었을 가능성이 높다는
점에서 설화의 비교연구가 문화의 이질성을 구명하는 데 기여할 수 있음을
시사해 주고 있다. 기만행위가 이 자료에서처럼 선의에 의한 것이라는 사실
은 다음에 드는 예화에서도 확인된다.

[자료 10]

1. '결핍' : 중국의 대군이 공격해 왔다. (그들은) 청천강에 (이르러) 그 깊이
   를 알지 못해서 망설이고 있었다.
2. '기만' : 그 때에 일곱 사람의 승려가 나타나서 바지도 벗지 않고 태연스
   럽게 강을 건너갔다.
3. '기만의 성공' : 수나라 병사들은 강이 얕다고 생각하고 건너갔으나, (강
   은 의외로 깊었기) 때문에 모두 빠져 죽고 말았다.
4. '결핍의 제거' : 탈락
5. '설명적 모티프' : 일곱 사람의 승려들은 어디로 갔는지 알 수가 없었다.
   그래서 사람들은 그들을 신승(神僧)이라고 생각하여 강의 언덕에 칠불
   사를 세웠다.

(376. 7인의 신승)[65]

---

63) V. Propp : 1968, p.29.
64) 위의 책, p.30.
65) 崔仁鶴 : 1976b, p.297.

이 이야기는 평안북도 안주에 있는 칠불사(七佛寺)의 연기담으로 전해지는 것으로, 조선시대에 편찬된 《조선읍지(朝鮮邑誌)》에도 기록되어 있다. 이렇게 문헌설화로 자리잡은 것을 보면, 이것은 상당히 오랜 역사가 있는 설화임이 분명하다.

이 자료가 이렇게 오랫동안 없어지지 않은 이유는 절의 창건에 얽혀서 전해지는 탓도 있을 것이다. 그러나 그것보다는 이 설화에 반영된 애국정신이 민중들의 정서에 부합하는 것이었기 때문일 가능성이 높다. 바꾸어 말하면 나라가 위태로운 상황에 처해 있을 때는 이인(異人)[66]이 출현하여 나라를 구해 준다는 이인 출현에 대한 민중들의 기대를 충족시켜 주는 설화이므로, 끈질긴 생명력을 가지고 오늘날까지 전승되어 왔다는 것이다.

이처럼 민중들의 바람을 충족시켜 주는 이 설화는 중국의 침략이라고 하는, 균형이 깨지고 질서가 파괴되는 '결핍'의 기점상황에서 비롯된다. 외국의 침략으로 야기된 상태를 위기로 간주하지 않고 '결핍'으로 본 것은, 전쟁이란 평소에 유지되던 평온한 상태를 깨뜨리는 사건이기 때문이다.

그런데 중국의 침략을 받아 나라가 위험한 상태에 놓여 있을 때, 신원을 알 수 없는 일곱 명의 승려가 나타나 바지도 벗지 않고 태연스럽게 청천강을 건너간다. 이인들의 이와 같은 행동은 강의 깊이를 알지 못해서 망설이는 중국군들을 꾀어내는 하나의 '기만' 행위이다. 그리고 이 기만행위에 속아넘어간 중국의 병사들은 마침내 강을 건너게 된다. 하지만 강이 의외로 깊었기 때문에, 그들은 전부 빠져죽고 만다. 이것은 이인들의 기만행위가 성공을 거두었음을 나타내는 것이므로 '기만의 성공'이 이루어졌다고 하겠다.

그러나 이 설화에서는 기만에 의해 중국 병사들이 전부 익사함으로써 전쟁이 마무리되고 평소의 질서와 균형이 잡힌 상태로 복귀하는 '결핍의 제거'에 대해서는 아무런 말도 하지 않고 있다. 이런 모티핌의 탈락은 이야기하

---

66) 최남선은 이인을 "어디서 와서 어디로 갔는지 그 자취가 바람과 같고, 어느덧 나왔던가 하면 어느덧 가버려서 그 행동이 번개와 같아서, 그 출처 진퇴는 어디까지고 비사회적이면서 그 만들어 놓고 가는 사실은 가장 심각하고 절실한 사회의 대망을 만족케 하며, 시대의 난국을 펴놓는" 인물로 보았다. 육당전집편찬위원회 편 : 1973, pp.190~191.

지 않아도 듣는 사람들이 충분히 그 내용을 짐작할 수 있을 때에 일어나는 현상이다.

이렇게 '결핍의 제거' 모티핌이 탈락된 이 자료에는 전쟁에서 나라를 구출한 일곱 사람의 신승(神僧)들을 기리기 위하여 칠불사를 세우는 이야기가 나온다. 이 설화는 이것을 '설명적인 모티프'로 첨가하여, 이야기가 그 절의 연기담(緣起譚)으로 자리잡을 수 있었던 필연성을 듣는 사람들에게 강조하고 있다.

이 '결핍' - '기만' - '기만의 성공' - '결핍의 제거' 꼴의 설화들에서 보는 것처럼 기만의 방법을 사용하여 결핍의 상태를 극복하려고 하는 욕구는, 고난 탈출의 동기와 관계가 있다. 인간은 어떤 어려운 상황에 처하면, 거기에서 탈출하려는 본능적인 동기가 작용한다. 즉 그 어려운 상황을 극복하는 방법을 강구하여 상대방을 속이고서라도 그런 상황에서 벗어나려고 한다. 이런 동기가 작용하여 이 유형의 설화가 창출된 것이 아닌가 한다.

(3) 반전형

상승류(上昇類)의 범주에 들어가는 설화들 가운데는 삽입되는 '탈출의 시도' 모티핌을 축으로 하여 다른 모티핌들이 서로 변용·대응의 관계를 보여주는 일련의 이야기들이 있다. 이 연구에서는 이런 구조적 모델을 '반전형(反轉型)'이라 부르기로 한다. 이것들에 반전형이라는 이름을 붙인 까닭은, 이야기에 등장하는 사건들이 축을 이루는 '탈출의 시도' 모티핌을 중심으로 역전되는 형태를 취하기 때문이다.[67]

이 반전형과 앞에서 고찰한 순행형의 차이는, 후자에서는 삽입된 모티핌들의 인과관계가 중시된다. 이에 비해 전자에서는 인과관계도 무시할 수는 없으나, 그것보다는 축이 되는 모티핌을 중심으로 한 대응 관계가 더 중시

---

67) '반전형'은 헝가리의 미하이 포프(Mihai Popp)가 '병사로서의 소녀'라는 설화를 분석·제시한 구조적 모델이다. 그의 연구는 프로프가 마법담의 분석을 통해, 그 기능들이 서로 짝을 이루고 있다는 사실을 밝힌 데 대한 보완의 형태로 이루어진 것으로, 기능들이 단순히 짝을 이루고 있는 데 그치지 않고 질서정연하게 상호 변용 대응하고 있음을 해명한 것으로 평가되고 있다. 大林太良 : 1979a, pp.24~27.

된다는 데 있다.

반전형을 이루는 가장 간단한 형태는 '탈출의 시도'가 '결핍'과 '결핍의 제거' 사이에 들어가서 성립된 이야기이다. 이때 축의 역할을 하는 '탈출의 시도(attemped escape)' 모티픔은 던데스(A. Dundes)가 설정한 것이다. 그러나 이곳에서 규정하는 '탈출의 시도'는 이것과 다소 다른 점이 있다. 즉 던데스가 설정한 것은 어떤 금지가 주어지고 그것을 위반하여 초래된 결과에서 벗어나려고 시도하는 행위를 가리킨다. 그는 "설화는 결과(consequence)에 이르러서 끝날 수도 있어, '탈출의 시도' 모티픔은 임의적인 것이라고 할 수 있다. 이 모티픔에 관해서 말한다면, 시도가 성공하는 경우도 있고 성공하지 못하는 경우도 있다. 네 번째의 모티픔,[68] 곧 '탈출의 시도' 모티픔이 존재하는가 어떤가는 문화적인 편향에 따라서 결정될지도 모른다. 더욱이 시도가 성공할까 실패할까 하는 문제도 이 요인에 의존하는 수가 있다"[69]고 하였다.

이 연구에서 설정한 이 모티픔도 임의적인 것이다. 그렇지만 여기에서는 결핍이라든가 과제, 시련 등의 상태를 극복하기 위해서 시도되는 수단과 방법의 강구를 포함하는 일체의 행동을 가리키는 것으로, 줄거리의 전개에서 그 형세가 역전되는 초점이 된다. 예화를 들어가면서 '결핍' - '탈출의 시도' - '결핍의 제거' 꼴로 이루어진 설화들의 구조적인 특성을 검토하기로 하겠다.

[자료 11]

1. '결핍' : (옛날에) 대홍수로 세계는 전부 바다가 되었고, 인간은 모두 절멸(絶滅)하여 버렸다. 그 때에 높은 산봉우리에 올라가 있던 남매만이 살아남았다.

2. '탈출의 시도' : 드디어 홍수가 물러갔다. 두 남매는 세상에 내려와 보았다. 사람은 그림자조차 찾을 수가 없었다. 결혼의 상대가 발견되지 않았

---

68) 던데스는, 탈출의 시도 모티픔이 나타나는 설화는 '금지' - '위반' - '결과' - '탈출의 시도'의 연쇄로 되어 있다고 보았으므로, 탈출의 시도 모티픔이 등장하는 순서는 네 번째가 된다. A. Dundes : 1980, p.64.

69) 위의 책, pp.64~65.

다. 그리하여 두 남매는 결혼의 문제를 신의 뜻에 물어보기로 하고, 두 개의 봉우리에 올라가서 제각기 맷돌을 굴렸다.

3. '결핍의 제거' : 그랬더니 이상하게도 이것들이 포개졌다. 이것이 신의 뜻이라고 생각하고 두 사람은 결혼을 하여 아이를 낳았다. 이렇게 하여 오늘날의 인류의 조상이 되었다.

(725.1. 남매의 결혼)[70]

이 설화는 적도를 중심으로 널리 분포되어 있는 '홍수설화(洪水說話)'의 일종으로, 인간이 살던 세계가 이미 존재했다는 것을 전제로 한다. 그러다가 그 세계가 홍수 때문에 멸망하고 새로운 세계로 뒤바뀌는 것을 주된 내용으로 하고 있다.

이와 같은 내용의 이 자료에서는 홍수라고 하는 불균형의 상태가 사건 발단의 단서를 제공한다. 던데스에 따르면 불균형의 상태란 어떤 것이 지나치게 적다든지 또는 다른 어떤 것이 지나치게 많은 상태다. 그래서 이것은 과잉이나 결핍인 경우가 있는데, 이를테면 홍수는 물이 많다고 하는 점에서는 과잉을 나타내지만, 그와 동시에 육지나 토지의 상실은 결핍을 의미한다는 것이다.[71] 따라서 이 설화의 기점상황도 과잉상태인 홍수에 의해 인간들과 그들이 살던 육지가 모두 없어지고, 단지 높은 산봉우리에 올라갔던 남매만이 살아남는 '결핍'의 상태가 초래되었음을 표현하고 있다.

이렇게 살아남은 남매는 인간들의 조상이 되어야 한다. 그러기 위해서는 근친상간(近親相姦)의 문제를 해결하지 않으면 안 된다. 그 때문에 이들은 제각기 두 개의 산봉우리에 올라가 서로 맷돌을 굴려서 하늘의 의사를 물어보는 방법을 강구한다. 이것은 분명히 '결핍'의 상태를 벗어나려는 '탈출의 시도'이다.

그들 남매는 이 시도에서 맷돌이 포개지는 결과를 얻는다. 주지하다시피 맷돌은 암수가 요철(凹凸)로 되어 있어, 남자와 여자의 성기를 상징한다. 그러므로 이 결과는 하늘이 그들의 결합을 허락한다는 뜻이 된다. 그리하여

---

70) 崔仁鶴 : 1976b, p.407의 자료에 임동권 : 1972, pp.87~88의 자료를 일부 보충하였다.
71) A. Dundes : 1980, p.61.

두 남매는 결혼을 하고 자식들을 낳아 인류를 절멸에서 구해 내는 결말로 끝맺는다. 이것은 '결핍'의 상태가 제거된 것을 의미하므로, '결핍의 제거'로 받아들여도 좋을 것이다.

이처럼 남매의 결혼을 주된 줄거리로 하는, 이 자료는 한국적인 특징을 그대로 드러내고 있다. 프레이저(J. Frazer)의 연구에 따르면, 홍수가 일어났을 때 살아남은 여자의 결혼 상대는 자기의 아들[母子相姦]이나 개[獸姦], 또는 물고기가 소생시킨 죽은 남자 등 다양하다.[72] 하지만 한국의 설화에서와 같이 남매의 경우는 보이지 않는다.

한편 이 꼴로 이루어진 설화에는 소화(笑話)적인 성격을 가진, 다음과 같은 이야기도 있다.

[자료 12]

1. '결핍' : 어느 날 잔치에서 제일 연장자가 상좌(上座)에 앉는 관습에 따라 누가 연상(年上)인가 하는 말다툼이 벌어졌다.
2. '탈출의 시도' : 사슴이 천지가 창조될 때에 자신은 (하늘에) 별을 박았다고 했다. 토끼는 그 별을 박기 위해 사다리를 만든 것은 자기라고 하였다. 두꺼비는 눈물을 흘리면서, 실은 그 사다리와 도구 등은 자기의 아들이 만들었는데 불행하게도 죽고 말았다고 했다.
3. '결핍의 제거' : 결국 두꺼비가 제일 연장자로 인정되어 상좌에 앉아 가장 좋은 밥상을 받았다.

(38. 사슴과 토끼, 두꺼비의 나이 자랑)[73]

이 자료는 세계적으로 널리 퍼져 있는 광포설화(廣布說話)의 한 종류이다. 그러면서도 최인학이 지적한 것처럼[74] 한국의 풍습, 곧 사회적인 계층과 지위, 연령 등을 배려하는 상좌제도(上座制度)와, 연장자가 제일 먼저 상(床)을 받는 연장자 경로사상(敬老思想)을 바탕으로 그 줄거리를 전개하고 있다. 이

---

72) J. Frazer 저, 星野徹 譯 : 1975, pp.84~87. 프레이저(J. Frazer)가 제시한 '홍수설화'의 분포도에는 한국이 포함되어 있지 않다는 것을 밝혀둔다.
73) 崔仁鶴 : 1976b, pp.187~188.
74) 위의 책, p.188.

러한 사실은 이 설화가 한반도에 전래되어 한국문화의 영향을 받아서 풍토화되었음을 말해 준다.

이렇게 한국문화에 풍토화된, 이 설화는 누가 연장자인지를 다투는 데서 이야기가 시작된다. 이런 상황은 서열이 제대로 마련되지 않은 무질서 상태, 곧 '결핍'의 상태를 나타낸다. 그리고 이렇게 결핍의 기점상황에서 발단된 이야기는 사슴과 토끼, 두꺼비가 제각기 자신이 제일 연장자인 이유를 설명하는 단계로 넘어간다. 이때 벌어지는 말다툼은 나이를 더 먹은 쪽으로 진전하는 특징이 있어, 마지막에 말을 하는 자가 가장 유리한 처지에 놓이게 되는 것은 두말할 필요도 없다. 비록 그 이유가 거짓이라고 하더라도 이것은 연장자를 고르는 하나의 과정이었으므로 결핍의 상태에서 '탈출의 시도'가 행해졌다고 하겠다.

이러한 일련의 과정을 거쳐, 마지막으로 이유를 진술한 두꺼비가 제일 연장자로 인정되어 먼저 상을 받게 된 종점상황은 서열이 정해졌다는 의미에서 질서와 조화가 갖추어졌음을 드러낸다. 그래서 이것은 결핍의 상태가 극복된 '결핍의 제거'로 규정해도 무방할 것이다.

'탈출의 시도'가 '결핍'과 '결핍의 제거' 모티핌 사이에 삽입되어 이루어진, 이 꼴의 설화에서는, 이제까지 고찰한 것처럼 '결핍'의 기점상황을 극복하기 위해 '탈출의 시도' 모티핌을 설정하여 주인공이 적극적으로 대처하고 있다. 이 같은 주인공의 대응자세는 '상승중핵유형'의 설화처럼 인간의 충족 욕구를 만족시키려는 동기에서 기인되었다고 할 수 있다.

그런데 반전형의 설화들 가운데는 '탈출의 시도' 모티핌이 주어진 어떤 과제를 해결하기 위해서 이용되는 이야기도 있다. 이 경우에는 그 구조적 모델이 '결핍' - '과제' - '탈출의 시도' - '과제의 성취' - '결핍의 제거' 모티핌의 연쇄로 구성된다. 이 꼴의 설화는 앞에서 살펴본 순행형(順行型)의 '결핍' - '과제' - '과제의 성취' - '결핍의 제거' 꼴에 '탈출의 시도' 모티핌이 들어가, 이것이 축의 기능을 수행함에 따라 전반부의 '결핍'과 '과제'의 모티핌이 후반부의 '과제의 성취'와 '결핍의 제거'로 변용 대응하면서 문제가 해결되어 나가는 양상을 보인다.

[자료 13]

1. '결핍' : 어느 날 머리가 아홉 개 달린 도적이 아내와 여종을 유괴해 갔다.

2. '과제' : 남편은 머리가 아홉 개 달린 도적을 찾아나섰다.

3. '탈출의 시도1' : 산 속에서 한 사람의 노파를 만났는데, (그녀는 도적이 있는 곳을) 가르쳐 주었다. 또 장사(壯士)가 되는 무(실은 산삼이다－인용자 주)를 받아먹었다.

4. '탈출의 시도2' : 그는 지하국(地下國)에 숨어 들어가 아내와 여종을 만났다. 아내는 그에게 장사(壯士)가 되는 약수(藥水)를 3개월간 먹였다.

5. '과제의 성취' : 도적이 돌아왔을 때, 아내는 (도적에게) 독한 술을 먹였다. 그 사이에 그가 목을 잘랐다.

6. '결핍의 제거' : 그들은 감옥에 갇혀 있던 사람들을 석방해주고 많은 재물을 가지고 지상으로 나왔다.

7. '설명적 모티프' : (집으로) 돌아오면서 도와주었던 노파의 집을 찾아갔으나, 집도 사람도 없었다.

(285. 머리가 아홉 개 달린 도적)[75]

이것은 '지하국 대도 퇴치담(地下國大盜退治譚)' 가운데 하나로, 주인공의 아내와 몸종이 아홉 개의 머리를 가진 도적에게 유괴를 당하는 상황에서 이야기가 시작된다. 이런 상황은 그때까지 유지되던 가정의 화목이 깨지는 불균형의 상태가 되었음을 나타내므로, '결핍' 상태로 규정하는 데 별다른 무리가 없을 것이다.

이와 같은 상황에서는 아내와 몸종을 찾는 일과, 그 도적을 퇴치하는 일이 '과제'가 된다. 그런데 지하세계에 사는, 아홉 개의 머리를 가진 도적은 이상성(異常性)을 상징하는 존재로, 이것의 퇴치에는 상당한 어려움이 따르게 마련이다. 그래서 '탈출의 시도' 모티핌을 삽입해야만 하는 필연성이 생긴다. 다시 말해 이상성을 극복하기 위해서는 그것을 준비하는 '탈출의 시도' 모티핌이 반드시 들어가야 한다는 것이다.

이 설화에서는 이 일을 준비하는 단계로 산중에 사는 노파에게서 힘이 세지는 무를 얻어먹는다. 또 이본(異本)에서는 이 노파가 적을 퇴치하는 장검

---

75) 위의 책, pp.262～263.

(長劍)을 주면서, 도적이 살고 있는 거처까지 가르쳐 주기도 한다.[76] 어느 경우든 노파는 곤경에 빠진 주인공을 도와 주는 원조자 역할을 하는 존재로 그려지고 있다.

원조자 기능은 그의 아내도 행하는데, 이것이 서술되는 곳이 '탈출의 시도' 모티핌 2이다. 이곳에서는 아내가 그 남편에게 힘이 세지는 약수(藥水)를 3개월 동안이나 먹인다. 하지만 손진태가 1922년 함경남도 함흥(咸興)에서 조사한 자료에서는 아내가 변심을 하였기 때문에, 그녀를 도적과 함께 죽이는 것으로 되어 있다.[77] 이것은 "여자의 마음은 하루에 열두 번도 더 변한다"는 속담에 잘 나타나 있는 것처럼, 여자들에 대한 강한 불신감을 반영하는 것이다.

이상과 같은 과정을 거쳐서 도적을 퇴치하여 '과제의 성취'를 이룩한 주인공은 많은 재물을 가지고 일상적인 세계로 귀환한다. 이런 줄거리의 전개는 설화에서 정해진 법칙의 하나이다. 곧 이 꼴의 설화는 주인공에게 어떤 과제가 주어지고 그가 그것을 무난히 해결함으로써 행복한 생활을 되찾게 되는, 전형적인 설화의 전개방식을 따르고 있다. 이렇게 정해진 법칙에 따라 주인공이 원래의 화평한 가정생활로 되돌아오는 것은 '결핍의 제거'를 의미한다.

이 구조적 모델로 이루어진 설화들 가운데는 저승관 내지는 내세관을 서술하는, 다음과 같은 이야기도 있다.

[자료 14]

1. '결핍' : 한 사람의 노인이 (죽어서) 염라대왕 앞에 섰으나, 아직 (죽을) 때가 되지 않아서 되돌아오게 되었다.
2. '과제' : 그러나 그 대신에 어떤 노인을 데리고 가지 않으면 안 되었다.
3. '탈출의 시도' : 가르쳐 준 노인의 집에 찾아가 보았더니, (집) 주위에 탱자나무가 (빽빽하게) 심어져 있어서 들어갈 틈이 없었다. 뒤로 돌아가자 한 여자가 손을 내밀어주어 겨우 들어갈 수 있었다.

---

76) 孫晉泰 : 1930, p.255.
77) 위의 책, pp.256~257.

    4. '과제의 성취' : 방안에는 백 살이 넘은 노인이 누워 있었다. 그는 온 목적
      을 말한 다음, 그 노인을 데리고 염라대왕에게 갔다.
    5. '결핍의 제거' : 노인은 약속한 대로 이 세상에 돌아와 눈을 떠보니 (자
      기) 둘레에 가족들이 앉아서 곡을 하고 있었다.
    6. '설명적 모티프' : 이상하게 생각한 그는 예의 노인 집을 찾아갔다. 그 집
      에서는 (노인이) 어제 저녁 갑자기 숨을 거두었다고 하였다. 집 주위에는
      정말 탱자나무들이 서 있었는데, 뒤쪽에는 복숭아나무 한 그루가 있었다.
(308. 염라 대왕을 만난 노인)[78]

    이 자료에는 한국인들의 내세관(來世觀)이 투영되어 있다. 사람이 죽으면
어떻게 될까 하는 문제는 인류역사의 시작과 함께 끊임없이 계속되어 온 의
문 가운데 하나이다. 이 의문에 대한 해답을 마련하기 위해서 만들어진 것
이 위와 같은 이야기이다. 이 설화를 중심으로 한국인들의 재래적인 내세관
을 간단하게 살펴보면, 염라대왕이 지배하는 저승에는 이승에 사는 사람들
의 수명이 적힌 명부(名簿)가 있고 그것에 따라 이승 사람들을 차례로 데려
간다고 믿어온 것 같다.

    이런 내세관을 반영하는, 이 설화는 어떤 노인의 죽음에서 이야기가 비롯
된다. 죽음이라고 하는 것은 숨을 거두고 이승에서의 생을 마감하는 사건으
로, 인간들에게는 최악의 '결핍' 상태이다. 하지만 그 노인은 아직 저승에 갈
때가 되지 않아 이승으로 다시 돌아오게 된다. 이때에 하나의 '과제'가 부여
된다. '과제'란 염라대왕이 가르쳐 준, 다른 노인을 저승으로 데려가는 일이
다. 그러나 그 노인의 집 주위에는 탱자나무가 심어져 있어, 이 일을 수행하
는 데는 어려움이 뒤따른다. 그래도 주인공은 한 여자의 도움을 받아 이 일
을 무난히 수행한다. 이것은 부여된 '과제'를 이행하기에 앞서, 그것을 준비
하는 단계에서 행해지는 행위이므로 '탈출의 시도'에 해당된다.

    이곳에서 주인공을 도와준 여자의 정체는, 설명적 모티프를 통해서 알 수
있는 것처럼 한 그루의 복숭아나무였다. 한국인들은 복숭아나무에 귀신이
잘 붙는다는 속신(俗信)을 가지고 있다. 그 때문에 지금도 무당들이 굿을 할

---

78) 崔仁鶴 : 1976b, p.270.

때는 이것으로 신장대를 만든다. 이러한 속신을 바탕으로, 의인화된 여인의 도움을 받아 주인공은 백 살이 넘은 노인을 염라대왕에게 데리고 가는 일을 무사히 이행하여 '과제의 성취'를 달성한다. 그렇게 한 대신에 주인공은 이 승으로 되돌아오게 된다. 이 결말은 한시적이긴 하지만, 죽음을 극복하고 현 실 세계로의 귀환을 말하는 것이므로 '결핍의 제거'로 간주할 수 있다.

　이제까지 인간들의 성취동기를 근거로 하여 만들어진 순행형(順行型)의 '결핍' - '과제' - '과제의 성취' - '결핍의 제거' 꼴에 '탈출의 시도' 모티핌이 개 재되어 만들어진 설화들을 살펴보았다. 이 꼴의 설화들은 주어진 난제(難題) 를 해결하는 데 일정한 준비가 필요한 이야기로서, '탈출의 시도' 모티핌의 내용은 어떤 일을 하기 위한 수단과 방법을 강구하는 것으로 되어 있다. 이 단계에 등장하는 원조자는 프로프(V. Propp)가 증여자(贈與者)의 제1 기능이 라고 규정한 "마법의 수단 또는 초자연적인 원조자가 획득된다"[79]고 하는 것 과 상당한 공통점을 지니고 있다. 그렇지만 이 꼴의 한국설화는 주어진 과 제를 해결하는 데, 원조자들이 등장한다는 특징이 있다.

　그리고 필연적인 요청에 따라 '탈출의 시도' 모티핌이 삽입된 '상승반전유 형(上昇反轉類型)'의 설화도, 이 모티핌이 축이 되어 전반부의 모티핌들과 후 반부의 그것들이 각각 변용 대응하면서 전개되고, 전반부에서 제기된 문제 가 후반부에서 해결되는 구조적 모델로 되어 있다. 또 이 구조적 모델 역시 순행형의 '결핍' - '과제' - '과제의 성취' - '결핍의 제거' 꼴과 마찬가지로 성 취동기가 작용되어 만들어진 것이라고 하겠다. 그러면서도 과제의 수행을 더욱 명확하게 하기 위한 하나의 수단으로 '탈출의 시도' 모티핌이 삽입되었 다는 것도 아울러 지적해 둔다.

(4) 나선형

　'상승류'의 설화들 가운데는 그 예화가 그렇게 많지는 않지만, 2회에 걸쳐 개선이 행해지는 일군의 이야기들도 있다. 다시 말하면 '결핍'의 기점상황에 서 시작된 이야기가 일단 그것이 제거되어 '결핍의 제거' 상태가 되었다가,

---

79) V. Propp : 1968, p.39.

어떤 계기로 다시 그 '결핍의 제거'가 '결핍'의 상태로 바뀐다. 이야기는 여기에서 끝나지 않고, 다시 '결핍의 제거'가 이루어져 개선된 상황에서 결말을 맺는 이야기를 포무(D. Pàume)의 명명에 따라 '나선형(螺旋型)'이라고 부르기로 한다.

이 화형의 이야기에는 설화를 만드는 최소한의 중핵적 모티핌인 '결핍'과 '결핍의 제거'가 2회에 걸쳐 거듭되는 구조적 모델이 있다.

[자료 15]

1. '결핍 1' : 강감찬의 아버지가 산길을 가다가 갑자기 폭풍우를 만났는데, 주위에는 인가(人家)가 없었기 때문에 어찌할 바를 모르고 있었다.
2. '결핍의 제거 1' : 그 때에 계곡 저편에 초가집이 한 채 보였으므로, 그 곳으로 달려갔다. 그랬더니 그 집에서 예쁜 처녀가 나와 그를 맞아들여, 3일간 함께 지냈다.
3. '결핍 2' : 집에 돌아와 며칠이 지난 다음, 그는 다시 산 속의 그 집을 찾아가 보았지만, 그 집은 이미 그림자조차 찾을 수가 없었다.
4. '결핍의 제거 2' : 몇 년이 지나자, 한 여자가 아이를 하나 데리고 와서, "당신이 3일 동안 머문 집은 실은 여우의 집이었습니다. 이 아이는 그 때에 잉태한 아이입니다. 장래에 훌륭한 인물이 될 터이니 소중하게 기르십시오"라는 말을 남기고 자취를 감추었다.
5. '설명적 모티프' : 그 아이가 일곱 살 때에 재상이 된 강감찬이다.

(208. 여우 아내)[80]

이 자료는 한국에 그 유화가 그렇게 많지 않은 '호조설화(狐祖說話)'에 들어가는 것으로, 이야기는 강감찬의 아버지가 산길을 걷다가 만난 곤경의 '결핍' 상태에서 시작된다. 인가도 없는 곳에서 갑자기 쏟아지는 폭풍우를 만나 어찌할 바를 모르게 되었다는 것은, 집을 떠난 나그네로서는 견디기 어려운 곤경에 빠졌음을 나타낸다.

그러나 '하늘이 무너져도 솟아날 구멍이 있다'는 속담처럼, 어쩔 줄 모르

---

80) 崔仁鶴 : 1976b, p.228을 중심으로 하고, 孫晉泰 : 1930, pp.135~136에서 일부 내용을 보충하였다.

130

고 있던 주인공은 계곡 저편에 있는 집을 발견하게 된다. 그리하여 그 집을 찾아가, 예쁜 처녀에게 환대를 받으며 3일간 머문 것은 어려운 처지에서 벗어난 '결핍의 제거'가 된다.

그렇지만 그녀와 헤어져 일단 집으로 돌아왔던 주인공이 며칠이 지난 뒤에, 다시 산 속의 그 집을 찾아갔을 때는 집은 형체조차 보이지 않았다. 이런 상황은 그 집과 처녀에 대한 신비감을 불러일으킨다. 하지만 이는 다시 '결핍'으로 되돌아왔음을 말해 준다.

그리고 몇 년인가 세월이 흐른 다음에 한 여자가 어린아이를 데리고 등장한다. 이러한 종점상황은 설화에서 설정된 '결핍'의 상태는 언제나 제거되게끔 되어 있는 전개의 법칙에 따라 충분히 예상되던 것으로, 다시 초래된 '결핍'이 개선되었다는 점에서 일단 '결핍의 제거'가 실행되었음을 나타낸다고 하겠다.

그런데 '결핍의 제거 2'에 등장한 여자는 자신이 여우라는 사실을 고백하여, '결핍의 제거 1'에서 제기되었던 의문을 스스로 해결하고, "이 아이는 장래 훌륭한 인물이 될 터이니 소중하게 기르십시오"라는 말을 남기고 자취를 감춘다. 이렇게 그 여자가 사라져버리는 것은 '결핍의 제거'가 불완전하게 이루어졌음을 표현하는 것이지만, 나중에 훌륭한 인물이 될 아이를 얻었다는 점에서 '결핍의 제거'로 인정할 수 있을 것이다.

이러한 구조적 모델로 되어 있는 설화에는 [자료 14]와 같이 죽었던 사람이 다시 살아온 다음과 같은 이야기도 존재한다.

[자료 16]

1. '결핍 1' : (옛날에) 양반의 아들로 공부만 하는 미청년(美靑年)이 있었다. 어느 날 그가 낮잠을 자고 있을 때 선녀가 나타나서 "저는 당신의 아내가 되겠습니다"라고 말하고는 어디론가 사라져버렸다. 그로부터 그는 무엇을 하든지 선녀의 일만이 생각나서 드디어 방랑의 길을 떠났다.

2. '결핍의 제거 1' : 그는 옥련동(玉運洞)에 들어가서, 꿈에 보았던 선녀를 그대로 닮은 여자를 만나게 되어 그녀와 결혼을 하였다.

3. '결핍 2' : 그 후에 그는 공부를 계속하여 서울로 과거시험을 보러 갔다.

그가 없는 사이에 시녀(侍女)의 계략으로 시아버지가 그녀를 죽이고 말았다. 청년은 과거에 합격을 하여 집에 돌아와서 시녀 때문에 아내가 살해된 것을 알고 그녀를 죽였다.

4.‘결핍의 제거 2’ : 죽은 선녀는 하늘에 돌아가 천제(天帝)인 아버지에게 불행한 일이 있었다는 것을 보고하였다. 천제는 “인간과 접촉하였기 때문이다”라고 말하면서 다시 그녀를 인간으로 소생시켰다. 장례식을 치르던 중에 선녀는 숨을 되돌리었다. 그리하여 두 사람은 일생을 행복하게 살았다.

(210. 되살아난 선녀)[81]

이 설화는 주인공이 결혼할 나이가 되었는데도 아직 결혼을 하지 않은 ‘결핍’의 상태에서 이야기가 시작된다. 그렇지만 이 자료에서는 주인공이 낮잠을 자는 사이에 배필이 될 선녀가 나타나 “저는 당신의 아내가 되겠습니다”라고 말하여, 그녀를 찾으러 나서는 것이 첨가되어 있다.

이러한 첨가는 ‘결핍’ 모티핌의 내용을 강화하기 위해 사용된 장치이다. 하지만 설화란 것은 주제를 향해 사건이 직선적으로 진전된다.[82] 이 점을 감안하면 이것은 그 다음의 사건을 더욱 신비롭게 만들기 위해 사용된 기법이라고 할 수 있다. 왜냐하면 설화 자체가 민중들의 의식구조를 표현하는 제도적 장치의 하나이므로, 그 속에는 신비감에 휩싸인 그들의 상상과 꿈이 그려져 있다고 볼 수 있기 때문이다.

이 문제는 여하간, 방랑의 길을 떠난 주인공은 선녀(仙女)를 발견하고 그녀와 결혼을 하여 ‘결핍의 제거’를 이룩한다. 그렇지만 다음 단계에서는 주인공이 과거시험을 보러 간 사이에, 시녀(侍女)의 계략으로 선녀가 시아버지에게 살해되는 ‘결핍’의 상태가 기다리고 있다.

그러나 선녀는 이승에 살고 있는 사람들의 운명을 좌지우지하는 천제의 딸이므로, 이 ‘결핍 2’는 처음부터 개선될 가능성을 가지고 있었다. 과연 그녀는 천제에 의해 다시 인간으로 소생하게 된다. 그리하여 두 사람이 일생

---

81) 위의 책, pp.228~229.
82) M. Lüthi 저, 小澤俊夫 譯 : 1969, pp.42~66.

동안 행복하게 살았다고 하는 결말은 '결핍의 제거'가 이루어졌다는 것을 말하는 설화의 전형적인 끝맺음 방법이다.

이들 두 설화에서는 이야기를 이루는 최소한의 모티핌인 '결핍'과 '결핍의 제거' 연속체가 2회에 걸쳐 반복되고 있다. 이러한 나선형의 구조적 모델로부터 반복으로 '결핍의 제거'를 강조하려고 하는 설화의 미학을 엿볼 수 있다. 특히 중핵적인 모티핌에 의해 성립된 중핵형의 설화가 인간의 충족욕구를 만족시켜 주는 것이라고 한다면, 이 꼴의 설화는 그것을 더욱 확실하게 해주는 것이라고 해도 무방할 것이다.

이처럼 나선형의 범주에 들어가는 설화들 가운데는 '결핍'의 상태를 제거하기 위해 '탈출의 시도' 모티핌이 필요한 이야기도 존재한다. 이런 구조적 모델을 취하는 대표적인 설화로는《삼국유사(三國遺事)》연오랑 세오녀(延烏郎細烏女)조에 기록된 뒤에, 동해안 일대의 민중들 사이에 구전되고 있는 이야기를 들 수 있다.

[자료 17]

1. '결핍 1' : 어느 날 연오랑은 해초(海草)를 뜯으러 나갔다가 바위에 실려 떠내려갔다.
2. '결핍의 제거 1' : 세오녀는 남편을 찾아 나섰다가, 역시 바위에 실려 떠내려갔다. 두 사람은 일본에 도착하여 왕과 왕비가 되었다.
3. '결핍 2' : (그 후에) 신라에는 낮에도 밤과 같이 깜깜하게 되었다. 왕이 일관(日官)에게 물어보았더니, 그는 해와 달의 정령이 신라를 떠났기 때문이라고 하였다.
4. '탈출의 시도' : 왕은 사신을 보내어 두 사람을 초청하였다. 그러나, 그들은 거절을 하면서, 그 대신에 왕비가 짠 비단을 보내 주었다.
5. '결핍의 제거 2' : 왕이 그것을 가지고 하늘의 신에게 제사(祭祀)를 드렸더니, 햇빛이 원래대로 회복되었다.

(741. 연오랑과 세오녀)[83]

---

83) 崔仁鶴 : 1976b, p.412.

이 설화는 일본의 《일본서기(日本書紀)》에 실려 있는 '아메노히호코 설화(天日槍說話)' 및 '츠누가아라시토 설화(都怒我阿羅斯等說話)'와 함께 고대의 한·일 관계를 설명해 주는 자료로, 일찍부터 역사학자들의 주목을 받아왔다.

이런 이 설화의 기점상황에서는 어느 날 해초를 뜯으러 바닷가에 나갔던 연오랑이 자신의 의지와는 관계없이 바위에 실려 어디에론가 떠내려감으로써, 부부 사이의 생이별이라고 하는 '결핍'의 상태가 설정되어 있다. 그러나 발단에서의 '결핍' 상태는 그 다음 단계에서 곧 극복되고 만다. 즉 돌아오지 않는 남편을 찾아 나섰던 세오녀마저도 바위에 실려서 일본에 도착한다. 그곳에서 그들은 다시 결합할 뿐만 아니라, 연오랑은 왕이 되고 세오녀는 왕비가 된다. 이렇게 부부가 만나서 행복한 생활을 하게 된 것은 앞에서 제기되었던 결핍이 제거되었음을 의미한다.

그런데 이들이 떠난 다음에 신라에는 낮에도 밤과 같이 깜깜해지는 이변(異變)이 일어났다. 이것은 당연히 있어야 할 태양이 없어져, 평상시의 질서와 균형이 파괴된 '결핍'의 상태로 바뀌었음을 말하는 것이다. 그렇지만 이들이 일본으로 갔기 때문에 이와 같은 불가사의한 일이 벌어졌다는 것은 연오랑과 세오녀가 보통 사람이 아니라 해와 달의 정령이었음을 나타낸다.

이런 이변이 발생하자, 신라의 왕은 사신을 파견하여 두 사람에게 다시 신라로 돌아올 것을 간청한다. 하지만 왕비가 된 세오녀는 신라로 귀국하지 않고 자신이 짠 비단을 보내 준다. 이 일련의 행위는 태양을 다시 나타나게 하기 위한 것이므로, '탈출의 시도'로 보아도 지장이 없을 것이다. 그리하여 신라의 왕은 그녀가 보낸 비단을 가지고 천신에게 제사를 지내어, 태양을 원래대로 회복시키는 '결핍의 제거'를 성취한다.

따라서 이 설화는 두 번째 초래된 '결핍'의 상태를 극복하는 데 그 방법을 강구하는 '탈출의 시도'를 기도하고, '결핍'과 '결핍의 제거'라고 하는 중핵적인 모티핌이 2회에 걸쳐 반복되는 나선형 범주에 속하는 이야기라고 할 수 있다. 그리고 이 구조적 모델 역시 인간의 충족욕구에 따라 창출되었으면서도 그 충족을 더욱 명확하게 하기 위하여 '탈출의 시도' 모티핌이 삽입되었다고 하겠다.

이제까지 한국에서 가장 많은 양을 차지하는 '상승류(上昇類)' 설화들을 살펴보았다. '상승류' 설화는 개선된 상황, 곧 무엇인가가 모자라는 '결핍'의 기점상황에서 시작하여 그것이 제거됨으로써 충족의 종점상황으로 끝을 맺는 일군의 이야기이다. 이 '상승류'는 중핵적인 모티핌에 해당되는 '결핍'과 '결핍의 제거'에 의해 성립되는 '중핵형(中核型)'을 비롯하여 이들 사이에 들어간 모티핌의 양식에 따라 '순행형(順行型)'과 '반전형(反轉型)', '나선형(螺旋型)'으로 나누어진다. 이들 화형의 구조적 특징을 간단히 정리하면 아래와 같다.

'상승중핵유형(上昇中核類型)'의 설화는, 이야기를 이루는 최소한의 모티핌인 '결핍'과 '결핍의 제거' 연속체로 이루어져 있다. 인간의 충족욕구를 만족시켜 주는 이 모델에서는 모두(冒頭)에 모자라는 것이 무엇이며, 또 그것이 어떻게 하여 제거되는가 하는 것은 큰 문제가 되지 않는다. 그리고 이 유형에 들어가는 설화에는 신화적인 것이 상당히 많은 양을 차지하고 있다. 이런 특징은 이 유형의 설화가 간단한 형태를 취하면서도, 인류역사의 시작과 함께 의문의 대상이 되어 온 천지(天地)와 자연, 인류, 동식물 등의 기원 문제를 설명해야 하기 때문에 생긴 것이 아닐까 한다.

다음으로, 한국의 설화들 가운데에는 '결핍'과 '결핍의 제거' 사이에 인과관계를 중시하는 모티핌의 연속체가 삽입되어 '상승순행유형(上昇順行類型)'을 만드는 이야기들이 있다. 이 유형을 구성하는 모티핌의 연속체로는 '과제'와 '과제의 성취', '선업'과 '선과', '시련'과 '시련의 제거', '기만'과 '기만의 성공' 등이 있다.

그런데 이들 모티핌의 연속체는 아무렇게나 형성된 것이 아니라, 이것들을 만들어내는 인간의 동기(動機)가 작용되었음을 알았다. 즉 '과제'와 '과제의 성취'는 성취동기에 기반을 둔 것이고, '선업'과 '선과'는 사회의 준거(準據)에 따라 생활하려고 하는 동기를, '시련'과 '시련의 제거'는 자기 실현의 동기를, '기만'과 '기만의 성공'은 고난탈출의 동기를 바탕으로 하여 만들어진 것이다.

또 기점상황의 '결핍'을 벗어나기 위한, 필연적인 요청에 따라 수단과 방법을 강구하는 '탈출의 시도' 모티핌이 삽입되어 만들어진 설화들도 존재한다. 이 '상승반전유형(上昇反轉類型)'의 구조적 모델에서는 '탈출의 시도'가

축이 되어 전반부의 모티핌들과 후반부의 그것들이 각각 변용 대응하면서 줄거리가 전개된다. 이 경우에는 전반부에서 제기된 문제가 후반부에서 해결되는 형태를 취한다. 그리고 이 유형에 속하는 '결핍' - '탈출의 시도' - '결핍의 제거' 꼴이 '상승중핵유형'의 '결핍' - '결핍의 제거' 꼴과 마찬가지로 인간의 충족욕구를 만족시키기 위해서 만들어진 것이라면, '결핍' - '과제' - '탈출의 시도' - '과제의 성취' - '결핍의 제거' 꼴은 '결핍' - '과제' - '과제의 성취' - '결핍의 제거' 꼴과 같이 인간의 성취동기에서 창출된 것이다.

이 밖에도 한국설화에는 '결핍' - '결핍의 제거' 모티핌이 2회에 걸쳐 반복되는 것과, 두 번째에 초래된 '결핍'의 상태를 극복하기 위하여 '탈출의 시도' 모티핌이 끼어 든 '상승나선유형(上昇螺旋類型)'의 설화들이 있다. 이 유형의 구조적 모델은 설화에서 미학의 하나라고 할 수 있는 반복현상을 두드러지게 강조하고 있는데, 이것은 인간의 충족요구를 더욱 확실하게 만족시켜 주는 것이라고 하겠다.

2) 하강류

한국의 설화에는 개선된 종점상황으로 끝을 맺는 '상승류(上昇類)' 이야기들과는 대조적으로, 악화된 결말로 끝나는 일군의 설화들이 있다. 바꾸어 말하면 균형이 잡힌 충족 상태에서 시작된 이야기가 어떤 계기로 그 균형이 깨져 '결핍' 상태로 마무리되는 이야기가 존재한다는 것이다.

그러나 이런 유형의 이야기는 그 양이 그렇게 많지 않다. 이 연구에서는 이와 같은 구조적 모델을 '하강류(下降類)'로 명명하기로 한다.

(1) 중핵형

'하강류'의 설화에도 '상승류'의 '중핵형'과 마찬가지로 '결핍'과 '결핍의 제거'라는 중핵적인 모티핌들만으로 이루어진 이야기가 있다. 그렇지만 이때는 그 순서가 뒤바뀌어 '결핍의 제거'와 '결핍'의 형태를 취한다. 이런 유형의 설화는 기점상황이 무엇인가가 모자라는 결핍이 아닌 충족의 상태인데, 그것을 '결핍의 제거'로 규정하는 것에 의문을 가질지도 모른다.

그렇지만 형태론적인 측면에서 볼 때, '하강류'는 분명히 '상승류'와 대조되는 형태이다. 또 모티핌의 규정에 통일성을 유지할 필요도 있다. 그래서 기점상황의 충족 상태를 '결핍의 제거'로 규정한다는 것을 밝혀둔다.

먼저 '결핍의 제거'와 '결핍' 모티핌으로 구성된 예화를 들어본다면 다음과 같은 것들이 있다.

[자료 18]

1. '결핍의 제거' : 옛날에는 까마귀도 말을 할 수 있었다. (그래서) 죽게 된 사람이 있으면 언제나 소생하는 약을 가르쳐 주었다.
2. '결핍' : 천신(天神)은 대단히 노해서 까마귀의 혀를 잘라버렸다.
3. '설명적 모티프' : 그 이후 까마귀는 지금도 약을 가르쳐 주고 있으나, 혀가 짧아서 까악까악 하는 소리로 들린다고 한다.

(10. 까마귀의 울음소리)[84]

[자료 19]

1. '도입부' : 저승에는 각자의 수명이 적힌 생명록(生命錄)이 있고, 또 수명을 다한 사람을 데리고 가는 사자(使者)가 있다.
2. '결핍의 제거' : 어떤 사람이 60년마다 이름과 거처(居處)를 바꾸었다. 그래서 저승에서는 이 사람의 정체를 제대로 파악하지 못하고 있었다. 그리하여 그는 언제까지고 늙지 않고 살아갈 수 있었다.
3. '결핍' : 어느 날 이 사람이 낚시터에서 저승사자를 만나 마법(魔法)을 푸는 비결을 배우게 되었는데, 그 때문에 부정하게 오랫동안 살고 있는 것이 탄로되어 그도 마침내 저승으로 끌려가게 되었다.

(312. 부정한 방법으로 생명을 연장하다)[85]

이들 설화에는 죽음의 문제를 극복하려는 민중들의 소박한 바람이 함축되어 있다. [자료 18]의 경우, 옛날에는 까마귀가 말을 할 수가 있어 죽어 가는 사람들에게 소생하는 약을 가르쳐 주었다고 한다. 이것은 죽음이 존재하지 않는 인간세계를 상정한 것이다. 또 [자료 19]에서는 '도입부'[86]에서 한국

---

84) 위의 책, p.178.
85) 위의 책, p.272.

인들의 내세관을 서술한 다음, 주인공이 60년마다 이름과 거처를 바꿈으로
써 언제까지나 젊게 살아가는 기점상황을 설정하고 있다. 이런 기점상황은
죽음을 극복한 상태를 표현하는 것이므로 충족, 곧 '결핍의 제거' 상태를 나
타낸다고 하겠다.

그러나 죽음이 없는 세상을 갈구하는 민중들의 바람은 이야기 속에서나
가능한 것이다. 그들은 인간이란 죽지 않으면 안 되는 숙명적인 존재라는
사실을 너무나 잘 알고 있었다. 그래서 그런 현실을 설화로 표현한 것이 이
자료들의 후반부이다. 즉 전자에서는 천신이 노해서 까마귀의 혀를 자르고,
후자에서는 언제나 젊게 살아가는 비법이 탄로 나서 결국 인간이란 죽을 수
밖에 없는 불완전한 존재라는 것을 밝혔다. 이와 같은 결말은 원래 인간이
란 숙명적인 존재라는 인식에 바탕을 둔 것이므로, '결핍'의 상태를 말해 준
다고 할 수 있다.

이런 의미에서 이 설화는 죽음의 기원을 설명하는 신화적 성격을 띠고 있
다. 이처럼 신화적 성격을 띤 설화로는 다음과 같은 이야기도 전승된다.

[자료 20]

1. '결핍의 제거' : (옛날에) 어떤 청년이 이상한 풀뿌리를 팔아서 많은 돈을
   벌었다.
2. '결핍' : 옆집의 청년이 그가 없는 사이에 가만히 방안에 들어가 보았더니
   상자에는 갓난아기가 잔뜩 쌓여 있었다. 그는 곧바로 관청에 가서 그것
   을 고발하였다. 그리하여 이상한 풀뿌리를 팔던 청년은 체포되어 결국
   처형되고 말았다.
3. '설명적 모티프' : 그가 죽은 뒤에, 그의 집 뜰에 이상한 풀뿌리가 하나 돋
   아났다. 그것을 재배한 것이 오늘날의 인삼이다.

(58. 인삼의 유래)[87]

---

86) '도입부'란 본 이야기에 들어가기 전에 그 배경이 되는 지리적 공간이라든가, 그 설
   화에 등장하는 인물과 물건 등에 관해 미리 정보를 제공하는 것이다. 그리하여 듣는
   사람들의 이해를 도모할 뿐만 아니라, 이야기꾼과 듣는 사람들 사이에 생기기 쉬운
   긴장을 이완시키기 위해서 진술되는 부분을 필자가 이름 붙인 용어라는 것을 밝혀
   둔다.

이 자료는 인삼의 기원을 말해 주는 설화로, 불로(不老)와 강정(强精)을 갈망하는 사람들에게 이상한 풀뿌리를 팔아서 큰 부자가 된 충족 상태에서 이야기가 시작된다. 하지만 옆집에 사는 청년의 밀고로 주인공은 체포되어 처형을 당하는 '결핍'의 상태로 끝을 맺는다. 그리고 '설명적 모티프'가 첨가되어 그의 집 뜰에 돋아난 풀뿌리가 인삼이 되었다고 설명해 준다.

이렇게 '하강중핵유형(下降中核類型)'의 범주에 들어가는 설화도, '상승중핵유형(上昇中核類型)'의 설화들과 마찬가지로 신화적인 성격을 띠는 이야기가 주류를 이루고 있다. 이것은 그 구조적 모델이 어떤 것의 기원에 대한 인간들의 호기심을 만족시켜 주는 것으로, 그들이 경험한 쓰라린 실패를 바탕으로 줄거리가 만들어졌다는 것을 나타낸다. 다시 말해 인간들은 어떤 존재의 생성뿐만 아니라, 그 소멸에 관해서도 깊은 관심을 가져왔다. 특히 무엇인가가 충족되어 만족한 삶을 영위하는 순간에도 언젠가는 다시 결핍의 상태가 될 수 있다는 것을 경계하고 있었기 때문에, 그러한 현상이 왜 일어나는가 하는 문제를 설명하려고 하였다. 이러한 심성(心性)에서 이 '결핍의 제거' ‑ '결핍' 꼴의 설화가 창출되었을 것이다. 그래서 이런 구조적 모델의 설화가 만들어지는 데는 균형 내지는 조화의 뒤에 이어질 불균형과 무질서를 경계하려는 심리가 작용했을 것이라는 추단을 내릴 수 있다.

(2) 순행형

'하강류'의 설화에도 중핵적 모티핌인 '결핍의 제거'와 '결핍' 사이에 인과관계를 중요시하는 모티핌의 연속체들이 들어가 순행형을 이루는 이야기들이 있다. 다시 말하면 '하강류'의 결말에서는 기점상황의 충족 상태가 악화되어 결핍 상태가 된다. 이때 균형이나 조화가 깨지는 데 가장 어울리는 모티핌의 연속체는, 나쁜 짓을 한 '악업(惡業)'의 대가로 나쁜 결과가 초래되는 '악과(惡果)', 그리고 어떤 주어진 '과제'를 제대로 수행하지 못하는 '과제의 불성취' 등이 있다.

우선 '악업'의 결과로 '악과'가 초래되어 기점상황의 충족 상태가 깨지는

---

87) 崔仁鶴 : 1976b, p.195.

이야기들부터 살펴보기로 한다.

[자료 21]

1. '결핍의 제거' : (옛날에) 어떤 왕이 절구를 하나 가지고 있었다. 이 절구를 가지고 있는 한, 이 나라의 백성들은 식량 걱정을 할 필요가 없었다.

2. '악업' : 어느 날 도둑이 그 절구를 훔쳐서 멀리로 도망을 쳤다.

3. '악과' : 도둑은 섬에 가서 살면 안전할 것이라고 생각하여 배를 탔다. 항해하는 도중에 그는 절구를 시험해 보고 싶어져서 소금이 나오는 주문(呪文)을 외었다. 하지만 (소금이 나오는 것을) 그치게 하는 주문을 알지 못했기 때문에, 배는 소금으로 가득 차서 마침내 침몰하고 말았다.

4. '결핍' : (그리하여) 그도 죽었다.

5. '설명적 모티프' : 지금도 그 절구가 떠다니면서 소금을 내어놓고 있어 바닷물이 짜다고 한다.

(264. 바닷물이 짠 이유)[88]

이 자료의 기점상황에서는 어떤 임금이 마법의 절구를 가지고 있다는 것을 서술하고 있다. 그리고 그 나라의 백성들은 식량 걱정을 할 필요가 없었다는 것을 덧붙여서, 내용을 한층 더 구체화하고 있다. 그런데 손진태가 조사한 이본에서는, 그 절구를 향해 필요한 물건을 말하면 무엇이든지 나온다고 구체적으로 기술되어 있다.[89] 이것은 무엇이고 모자라는 것이 없는 충족 상태를 나타내는 것이므로, '결핍의 제거'로 규정해도 좋을 것이다.

그러나 이런 상태가 언제까지나 지속되는 것은 아니다. 만약에 그렇게 된다면 갈등이 존재하지 않는 상태가 되기 때문에 이야깃거리가 되지 못한다. 이 자료에서는 그 갈등을 유발하는 존재로 주인공인 도둑을 내세우고 있다. 그는 그것을 가지고 싶어, 마침내 그 절구를 훔쳐낸다. 도둑질을 한다는 것은 무엇이라고 변명할 수 없는 악행(惡行)이기 때문에, '선업(善業)'에 대립되는 '악업(惡業)'에 해당된다.

'악업'은 반드시 '악과(惡果)'를 동반하는 것이 설화의 세계이다. 이것은 동

---

88) 위의 책, pp.252~253.
89) 孫晉泰 : 1930, p.30.

서고금에 공통되는 것으로, 나쁜 일을 한 사람은 꼭 그 대가를 치러야 한다는 것을 굳게 믿어 온 민중들의 생각이 반영된 것이다. 이 설화에서 '악과' 모티핌의 내용은, 그 도둑이 맷돌을 시험하기 위해 항해를 하는 도중에 소금을 나오게 하는 것이다. 그리하여 소금은 나왔으나, 기쁜 나머지 그것을 멎게 하는 방법을 잊어버려 소금의 무게 때문에 배가 가라앉는다.

이 '악과'가 주인공의 죽음이라는, 인간에게 최악의 '결핍' 상태를 초래하는 것은 지극히 당연한 귀결이다. 그렇지만 주인공의 이와 같은 일련의 행위 때문에 그 맷돌에서 지금도 소금이 흘러나오고 있어, 바닷물이 짜다고 하는 설명적 모티프가 덧붙여져 이야기를 더욱 흥미롭게 만들고 있다. 그런데 이 꼴의 설화에는 '악업'과 '악과' 모티핌의 위치가 뒤바뀐 것도 있다.

[자료 22]

1. '결핍의 제거' : 주막집의 어떤 주인이 만년에 아들 3형제를 얻었다. 3형제는 훌륭하게 성장하여 과거 시험에 함께 합격을 하였다.
2. '악과' : 3형제는 (과거 시험에 합격한) 기쁨을 양친에게 알리려고 서둘러서 집으로 돌아왔는데 집에 도착하자마자 세 사람 모두 급사(急死)하고 말았다.
3. '악업' : 원래 이 3형제는 그릇장수들이었다. (그런데) 주막집의 주인이 이들 3형제를 죽이고 그릇과 돈을 빼앗았다. (그래서) 그 원령(怨靈)들이 복수를 하기 위해 그 술집 주인의 아들들로 다시 태어났던 것이다.
4. '결핍' : 고을 원님이 이 사실을 알고, 그들 노부부를 처벌하였다.

(324. 3형제의 원한)[90]

이 자료는 제주도의 심방들이 귀양풀이나 시왕맞이와 같은 무혼의례(撫魂儀禮)에서 부르는 '차사 본풀이'와 비슷한 내용으로 되어 있다.[91] 하지만 최인학이 이 자료를 요약한 《옛날 이야기 선집》권 2에는 분명하게 설화의 형태로 되어 있어,[92] 여기에서는 한편의 이야기로 다룬다.

---

90) 崔仁鶴 : 1976b, p.276.
91) 김화경 : 1993, pp.77~92.
92) 임석재 : 1971, pp.57~61

이 설화는 어떤 주막집의 주인이 만년(晚年)에 부자가 되었을 뿐만 아니라 — 이것은 '악업' 모티핌에서 이렇게 유추할 수 있다 — 금상첨화(錦上添花)격으로 아들까지 셋을 얻었고, 또 그들이 훌륭하게 자라서 과거 시험에 합격을 하는 충족 상태에서 시작한다. 물론 이와 같은 기점상황은 그 전에는 아들도 얻지 못하고 가난한 생활을 하고 있었다는 것이 전제가 된다. 그렇지만 설화의 연구는 어디까지나 주어진 텍스트를 중시해야만 하는 것이므로, 이 이야기는 충족의 상태 곧 '결핍의 제거'에서 시작된다고 보는 것이 타당하지 않을까 한다.

충족 상태에서 시작한, 이 설화는 이상하게도 과거 시험에 합격하여 귀가한 아들들이 차례차례 죽어버리는 단계로 이어진다. 이렇게 되는 까닭은 다음 단계에서 서술하고 있다. 곧 그 술집의 주인이 그릇장수 3형제를 죽이고 돈과 그릇을 빼앗은 '악업'의 결과가 야기한 '악과'였다.

이처럼 이 설화에서는 '악업'과 '악과'의 모티핌 순서가 뒤바뀌어 있다. 설화에서 이와 같은 모티핌 순서의 치환은 호기심 증대를 위한 기교일 가능성이 높다. 그리고 모티핌의 순서를 바꾸어 회화적 구성의 방법을 취한, 이 설화는 '악과'에 따라 주막집 주인의 살인사건이 고을 원님에게 알려져, 결국 처벌을 받는 '결핍'의 종점상황으로 끝을 맺는다. 이러한 자료들을 볼 때, '결핍의 제거' - '악업' - '악과' - '결핍'의 꼴로 이루어진 설화들에서는 그 전승의 주체인 민중들이 악한 일을 하는 사람에게는 그 대가로 재앙이나 불행이 생겨야 한다는 것을 얼마만큼 갈망하고 있었는가를 잘 알 수 있다.

그런데 이미 지적한 것처럼 '악업'과 '악과' 모티핌의 연속체는 '선업'과 '선과'의 그것과 대조를 이루는 것이다. 그래서 후자가 사회의 도덕적인 준거에 따라 생활하려고 하는 동기에 근거를 두고 만들어진 것이라고 한다면, 전자는 악한 일을 해서는 안 된다는 경계의 심리에 바탕을 둔 것이라고 할 수 있다. 왜냐하면 이것들은 선행을 하면 보답이 뒤따르는 데 반해, 악행을 하면 반드시 보복이 수반된다는 것을 대조적으로 가르쳐 주고 있기 때문이다.

한편 기점상황의 충족 상태가 허물어지는 원인을 주어진 과제를 수행하지 못하는 데서 찾고 있는 이야기들도 있다. 이 꼴의 설화는 주어진 과제가 이루어지지 않았기 때문에 결말에서 '결핍'의 상태가 초래되는 이야기이므

로, 그 구조적인 모델은 '결핍의 제거' - '과제' - '과제의 불성취' - '결핍'으로
된다.

[자료 23]
1. '결핍의 제거' : 묘향산의 절에 사는 사명당(四溟堂)은 자기의 신술(神術)
   이 조선에서 제일이라고 자만하고 있었다.
2. '과제' : 어느 때 금강산에 서산대사라는 호걸이 있다는 소식을 듣고, 그
   를 제자로 만들려고 금강산으로 갔다. 서산대사는 사명당이 오는 것을
   미리 알고 승려를 보내 맞아들였다. 그리고 두 사람은 한번 먹은 물고기
   를 산채로 뱉어내는 일과 공중에서 아래로 계란을 매다는 일, 또 바늘로
   된 면(麵)을 먹는 일 등의 신술 경쟁을 시작하였다.
3. '과제의 불성취' : 그러나 마침내 사명당이 지고 말았다.
4. '결핍' : 그래서 사명당이 도리어 서산대사의 제자가 되었다.

(373. 신술 겨루기)[93]

이 자료는 임진왜란 때 의병을 일으켜 승병총섭(僧兵總攝)으로 활약하였
고, 또 난이 끝난 뒤 일본에 건너가 강화(講和)를 하고 돌아온 사명당을 주
인공으로 하는 설화로, 이야기는 그가 자신의 신술이 조선에서 제일이라고
자만하는 데서 시작되고 있다. 이것은 모자라는 것이 없다고 생각하는 자아
도취(自我陶醉)의 심리 상태를 반영하는 것이기 때문에 충족 상태로 보아도
좋을 것이다.

이렇게 자기의 신술에 자만하고 있던 사명당에게 뜻밖의 경쟁자가 나타
난다. 사명당은 금강산에 서산대사라는 호걸이 있다는 소문을 듣고, 그를 경
쟁자로 선택한다. 이런 인물의 등장방법은 형태론적인 연구에서 논란의 대
상이 되지 않는다. 왜냐하면 이 소문을 매개로 사명당이 스스로 서산대사와
신술 경쟁을 하여 서산대사를 제자로 만들겠다는 '과제'의 설정이 의미를 지
니고 있기 때문이다.

그러나 자기의 신술에 자신을 가지고 스스로 '과제'를 설정한 사명당은

---

93) 崔仁鶴 : 1976b, p.296.

경쟁자로 등장한 서산대사의 앞에서 '과제'를 제대로 이행하지 못한다. 후자가 물고기를 먹은 다음 그것을 산 채로 토하고, 또 공중에서 차례로 계란을 매다는 데 반해, 전자는 그렇게 하지 못한다. 이것은 사명당 자신이 마련한 '과제'를 이행하지 못했음을 의미하기 때문에 '과제의 불성취'에 해당된다. 그리하여 사명당은 서산대사를 자신의 제자로 만들기는커녕, 도리어 자신이 그의 제자가 되고 만다. 이런 결말은 사명당의 신술이 아직 높은 경지에 도달하지 못했다는 것을 반영하므로 '결핍'의 상태를 말해 준다고 하겠다.

[자료 24]

1. '결핍의 제거' : 어떤 소년이 절에서 불도(佛道)를 닦고 있었다.

2. '과제' : 어느 날 스승으로부터 호랑이가 (건너 마을의) 신부(新婦)에게 달려들 것이라는 이야기를 들었다. 그 호랑이를 퇴치하는 데는 금강경을 (하나도) 틀리지 않고 읽어야 한다는 것이었다. 소년은 (그 일이라면) 자신이 있어, 호랑이의 퇴치를 자원하고 나섰다.

3. '과제의 불성취' : 독경을 시작한 지 3일째 되는 날 밤에 호랑이가 와서 신부에게 세 번이나 달려들었지만 마침내 실패하고 돌아갔다.

4. '결핍' : 소년은 독경을 하면서 세 곳이 틀렸기 때문에 호랑이가 세 번 달려들었다는 것을 알고, 자신의 수도(修道)가 아직 충분하지 못하다는 것을 인정하여 한층 더 수도에 정진하였다.

(379. 독경에 세 번 틀리다)⁹⁴⁾

이 설화에서도 실제로는 수도가 부족한 상태인데도 주인공은 자기가 상당한 경지에 이르렀다고 자만을 한다. 이것은 '과제' 모티픔에서 "소년은 자신이 있어 호랑이의 퇴치를 자원하고 나섰다"는 표현에 그대로 드러나는데, 이런 기점상황은 충족의 상태를 나타낸다.

그렇지만 주인공이 진정으로 상당한 경지에 이르렀는지는 아직 객관적으로 검증된 바가 없다. 그래서 그것을 시험하기 위해 스승으로부터 하나의 '과제'가 주어진다. 이 설화의 '과제'는 금강경을 하나도 틀리지 않고 읽어서,

---

94) 崔仁鶴 : 1976b, p.298.

신부에게 달려드는 호랑이를 물리치는 일이다.

자기의 수도에 자신을 갖고 호랑이의 퇴치에 자원을 하고 나선 주인공은 금강경을 읽을 때 세 번이나 틀리는 실수를 저지른다. 그 때문에 호랑이가 세 번이나 신부에게 달려든다. 이것은 주인공에게 주어진 과제를 제대로 이행하지 못했음을 의미하므로 '과제의 불성취'에 들어간다. 그리고 주인공이 자신의 수도가 부족한 것을 인식하고 한층 더 도를 닦는 데 열성을 기울이게 된 종점상황은 자신의 부족을 자각한 것이기 때문에 '결핍'의 상태를 반영하는 것이다.

따라서 이 꼴의 설화는 '상승순행유형(上昇順行類型)'에 속하는 '결핍' - '과제' - '과제의 성취' - '결핍의 제거' 꼴과 대립되는 구조적 모델로 이루어져 있다고 하겠다. 바꾸어 말하면 후자에서는 주인공이 주어진 '과제'를 수행하여 기점상황의 '결핍' 상태를 극복한다. 이에 반해 전자에서는 주인공이 주어진 '과제'를 수행하지 못함으로써 기점상황의 충족 상태가 악화되어 결국 '결핍'의 종점상황으로 끝을 맺는다. 또 [자료 23]과 [자료 24]를 통해서 이 꼴의 설화는 자신의 능력을 과신하는 사람들에게 그렇게 해서는 안 된다는 것을 일깨워 주는, 능력 과시의 경계심리에서 생겨난 구조적 모델이라는 것도 아울러 확인하였다.

(3) 반전형

'상승반전유형(上昇反轉類型)'의 설화가 '탈출의 시도' 모티핌을 축으로 전반부와 후반부의 모티핌들이 서로 변용 대응하는 관계를 보이고 있다는 것은 이미 앞에서 살펴보았다. 그런데 '하강류'의 '반전형'에 속하는 설화는 이것과 다소 다른 양상을 보여 준다. 이 부류의 설화에서는 기점상황이 질서와 균형이 잡힌 충족 상태여서, 일부러 여기에서 탈출을 시도할 필요가 없다. 그래서 균형의 상태 또는 질서의 상태가 파괴되어 '결핍'의 종점상황을 일으키는 좀더 자연스러운 방법의 하나로 동물들의 다툼이 이용된다.[95] 이

---

95) 이 화형(話型)에 들어가는 설화에서는 아직까지 인간이 등장하는 자료를 찾지 못했음을 밝혀둔다.

연구에서는 균형의 상태를 깨뜨리는 계기가 되는 다툼을 '쟁투(爭鬪)'로 규정한다.

[자료 25]

1. '결핍의 제거' : 아주 추운 겨울에 먹이를 찾아 나선 여우와 개가 동시에 하나의 고깃덩어리를 발견하였다.
2. '쟁투' : 여우와 개는 입씨름을 하다가 결론이 나지 않자, 원숭이를 찾아가 판결을 요청하였다.
3. '결핍' : 원숭이는 일부러 한쪽의 고기를 크게 빚어 주었다. 그랬더니 작은 쪽이 불평을 하였다. 그러자 이번에는 큰 쪽의 고기를 베어 먹었다. 이렇게 몇 번을 하는 사이에 고기가 전부 없어졌고, 원숭이는 산으로 도망을 쳤다.

(33. 여우와 개의 다툼)[96]

이 설화의 기점상황은 아주 추운 겨울날에 먹이를 찾아 나선 여우와 개가 동시에 하나의 고깃덩어리를 발견하였다는 것이다. 이런 기점상황은 추운 겨울에 먹이가 없어 고생을 한다는 것이 전제가 된다. 하지만 주어진 텍스트만을 분석의 대상으로 한다면, 이것을 충족 상태로 규정하는 데는 아무런 문제가 없을 것이다.

그러나 고깃덩어리의 발견, 그 자체는 다툼의 씨앗이 된다. 그들은 입씨름을 시작한다. 설화에 등장하는 이러한 '쟁투'는 힘만으로 승부가 판가름나는 것이 아니다. 그래서 조정의 역할을 담당하는 존재가 필요하게 된다. 이 설화에서는 원숭이가 그 역할을 한다. 그러자 원숭이는 명석한 두뇌를 이용하여 그 고깃덩어리를 전부 먹어버린다. 이것은 여우와 개의 측면에서 본다면, 그들이 일시 누렸던 충족의 상태가 허물어진 '결핍'의 상태를 의미한다.

이처럼 악화된 결말로 끝나는 이 설화는 동물들을 등장시켜 인간사회에서 일어날 수 있는 하나의 단면을 환유적(換喩的)인 수법으로 서술하는 이야기로, 인간이란 경우에 따라서 신중을 기해야 하는 존재라는 사실을 일깨

---

96) 崔仁鶴 : 1976b, p.186.

우는 우화적인 성격을 띠고 있다.

또 이 꼴의 설화들 가운데는 동물들이 현재와 같은 모습이 된 유래를 설명해 주는 다음과 같은 이야기도 있다.

[자료 26]
1. '결핍의 제거' : 빈대의 아버지 회갑연에 이와 벼룩이 초대되었다.
2. '쟁투' : 이가 느릿느릿 걸어서 (늦게 갔는 데 반해), 벼룩은 앞서 도착을 하였다. 먼저 도착한 벼룩은 잔치자리의 술을 전부 마셔버렸다. 이가 도착했을 때는, 벼룩이 음식을 모두 먹어버려 아무 것도 남아 있지 않았다. (이에) 대단히 화가 난 이는 벼룩과 싸움을 시작하였다.
3. '결핍' : 탈락
4. '설명적 모티프' : 빈대는 둘이 밑에 깔려서 배가 납작하게 되었고, 혼자 술을 다 마신 벼룩은 지금도 얼굴이 빨갛게 되어 있다. 그리고 이는 벼룩에게 등을 차여 지금도 등에 푸른 멍이 들어 있다고 한다.

(22. 빈대와 이, 벼룩)[97]

이 자료는 빈대와 이, 벼룩 등이 오늘날과 같은 모습이 된 유래를 설명해 주는 이야기로, 그 기점상황은 빈대 아버지의 회갑연이라는 충족 상태로 되어 있다. 이 모티핌의 바탕에는 주인공이 벗들과 좋은 우정의 관계를 유지한다는 생각이 깔려 있으므로, '결핍의 제거'로 보아도 좋을 것이다.

그러나 이러한 관계는 벼룩으로 인해 '쟁투'로 진전되어, 이들의 평화적인 우정은 깨지고 만다. 하지만 이 설화에서는 이것을 직접적으로 말하지 않고 있다. 이와 같은 모티핌의 탈락은 이야기꾼이 일부러 말하지 않더라도 듣는 사람들이 충분히 짐작할 수 있기 때문에 일어난 것으로, 설화의 형태론적인 연구가 이것을 재구하는 데도 유익한 방법론이 된다는 것은 이미 앞에서 지적한 바 있다. 이 설화는 이처럼 종점상황에서 우정이 깨어지는 '결핍'의 모티핌이 탈락되었으나, 그 대신에 빈대와 벼룩, 이 등이 현재와 같은 모습이 된 까닭이 '설명적 모티프'로 첨가되어 있다.

---

97) 위의 책, pp.181~182.

여기에서 '하강반전유형(下降反轉類型)'으로 된 구조적 모델의 설화들은 충족이나 질서, 평화의 상태가 '쟁투'로 깨지는 것을 경계하는 교훈적인 요소가 내포되어 있다는 것을 확인할 수 있다. 특히 이 꼴이 동물담들 속에서만 발견된다는 사실은 매우 시사하는 바가 크다고 하겠다. 인간사회를 소재로 하지 않으면서도 동물사회의 사건을 통해서 균형이나 질서의 파괴가 가져올 결과를 제시하고 있다는 것은, 설화라는 문학적 장치가 인간들의 삶에 어떠한 기능을 수행했는지를 잘 드러내고 있기 때문이다. 그런 의미에서 이 꼴의 설화는 조화가 깨지는 것을 경계하려는 동기에서 만들어졌다고 해도 좋지 않을까 한다.

(4) 나선형

'하강류(下降類)'의 설화에도 그 예화가 드물기는 하지만, 2회에 걸쳐 악화가 행해지는 이야기가 있다. 다시 말해 충족의 기점상황에서 비롯된 이야기가 일단 '결핍'의 상태로 바뀌었다가, 다시 개선되어 '결핍의 제거'가 일어난다. 그렇지만 이 개선은 일시적인 것으로, 거듭 악화의 과정을 거쳐 결국에는 '결핍'의 종점상황으로 끝나는 순차적인 구조로 되어 있는 설화가 있다.

[자료 27]

1. '결핍의 제거 1' : 어느 날 게가 쥐와 친구가 되었다. 그래서 쥐를 초청하여 맛있는 음식을 대접하였다.
2. '결핍 1' : (그러나 간사한) 쥐는 게를 초청하여 아무 것도 대접하지 않고 그냥 돌려보냈다.
3. '결핍의 제거 2' : 그래도 게는 쥐를 초청하여 접대를 했다.
4. '결핍 2' : 그렇지만 쥐는 다시 게를 초청하여 푸대접을 하였다. 화가 난 게는 찾아온 쥐의 다리를 물어뜯었다. 그로부터 게와 쥐는 사이가 나쁘게 되었다.

(41. 게와 쥐의 교제)[98]

---

98) 위의 책, p.189.

동물들을 주인공으로 하는 이 설화도 기점상황에서는 게와 쥐가 친구가 되어 좋은 우정을 유지하는 충족 상태에서 이야기가 비롯된다. 특히 이 자료에서는 게가 쥐를 초대하여 맛있는 음식까지 대접함으로써, 그들의 우정이 매우 두터웠음을 강조하고 있다.

그러나 이런 화평 관계는 쥐가 게를 초청하여 아무 것도 대접하지 않고 돌려보내는 '결핍'의 상태로 바뀐다. 이와 같은 쥐의 냉대에도 불구하고 게는 다시 쥐를 불러다가 후한 대접을 하여, 그 우정이 깨지지 않도록 노력한다. 이것은 '결핍의 제거' 상태가 회복되었음을 뜻한다. 하지만 간사한 쥐는 게를 바보로 취급하고, 그를 다시 초대하여 푸대접을 한다. 그러자 참다 못한 게는 쥐의 다리를 물어 아프게 할 뿐만 아니라, 둘의 관계마저 나빠지는 '결핍'의 방향으로 이야기를 진전시켜 결말을 맺는다.

이렇게 게와 쥐를 등장시켜 충족과 결핍의 상태가 반복되는 것을 보여 주는 '하강나선유형(下降螺旋類型)'의 이 설화는, 아무리 사이가 좋다고 하더라도 푸대접을 해서는 안 된다는 것을 가르쳐 주는 교훈적인 목적을 가진 이야기이다. 따라서 이 구조적 모델의 이야기는 선린관계(善隣關係)의 훼손을 경계하는 심리에서 나온 것이 아닐까 한다.

이제까지 살펴본 것처럼, '하강류' 설화는 충족의 기점상황에서 시작되어 악화의 과정을 거친 다음에 '결핍'의 종점상황으로 끝나는 이야기들이다. 따라서 이 화형의 설화는 '상승류'의 그것과는 대조적인 전개과정을 보일 수밖에 없다. '상승류' 설화가 개선의 도정을 거쳐 인간이 지니고 있는 충족 욕구를 만족시켜 주는 이야기라고 한다면, '하강류' 설화는 인간이 세상을 살아가면서 때때로 만나게 되는 결핍의 애석함을 경계하는 이야기라고 하겠다.

이런 의미에서 '하강류' 설화는 그 자체가 교훈적인 성격을 지니는 구조적 모델이라고 하지 않을 수 없다. 바꾸어 말하면 이 화형의 설화는 무엇인가를 경계하려는 심리에서 생겨났다는 것이다. 이것을 더욱 구체적으로 말한다면, '하강중핵유형'은 무질서와 불균형을 경계하는 심리에 근거를 둔 것이고, '하강순행유형'에서 '악업'과 '악과' 모티핌의 연속체가 삽입된 화형은 악한 일에 대한 경계심리를, '과제'와 '과제의 불설취' 모티핌 연속체가 들어간 화형은 능력 과시에 대한 경계심리를 바탕으로 한 것이다. 또 '하강반전유형'은 조화가 깨어지는 것을 경계하기 위하여 만들어진 것이고, '하강나선유형'은 선린관계의 훼손을 경계하기 위하여 이루어진 것이라고 하겠다.

그런데 이 구조적인 모델도 '상승류' 설화의 그것이 변환되어 만들어진 것이어서 주목을 끈다. 다음의 표에서 보는 바와 같이 '하강중핵유형'의 구조는 '상승중핵유형'의 구조가 바뀌어서 성립된 것이다.

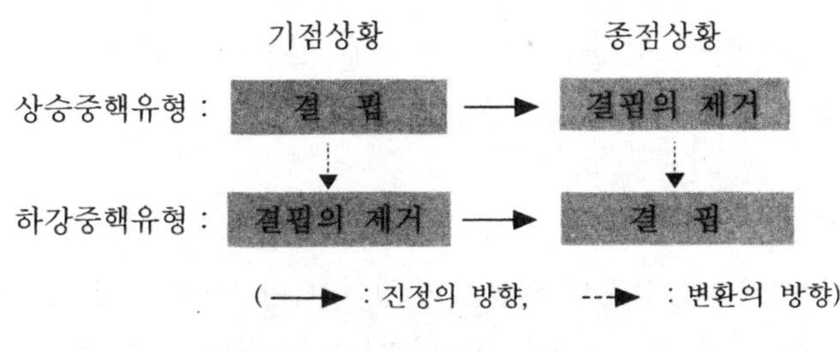

도해 4. 설화구조의 변환

위의 도식에서 보는 것처럼, '상승중핵유형'의 기점상황인 '결핍'이 '결핍의 제거'로, 종점상황인 '결핍의 제거'가 '결핍'으로 변환되면 '하강중핵유형'의 구조적 모델이 된다.

이와 같은 구조의 변환은 다른 유형에서도 똑같은 모습을 보여 주고 있다. 이를테면 '하강순행유형'의 '결핍의 제거' - '악업' - '악과' - '결핍' 꼴은 '상승순행유형'의 '결핍' - '선업' - '선과' - '결핍의 제거' 꼴의 변환이다. 단지 이 경우에는 '선업'과 '악업', '선과'와 '악과'와 같이 각각 대립되는 모티핌으로 바뀌어, 의미의 변환까지도 수반한다는 특징이 있다. 이런 특징은 민중들이 굳게 믿어온 인과응보 사상, 곧 착한 일을 하면 그 보답으로 행복이 찾아오고 악한 일을 하면 그 대가로 재앙이 뒤따른다는 생각을 바탕으로 이야기들이 만들어졌음을 나타내는 증거가 아닐까 한다. 그리고 '하강순행유형'의 '결핍의 제거' - '과제' - '과제의 불성취' - '결핍'의 꼴도 '상승순행유형'의 '결핍' - '과제' - '과제의 성취' - '결핍의 제거' 꼴이 변환되어서 성립된 것이다. 이 경우 후자에서는 주인공이 주어진 과제를 성취하는 데 반해, 전자에서는 주인공이 그것을 성취하지 못했기 때문에 결말이 대조적일 수밖에 없다.

이렇게 볼 때, 설화를 만들어낸 민중들의 사고 속에는 정해진 어떤 틀이 있었으며, 설화의 구조적 변환도 그 틀에 따라 대단히 합리적으로 이루어져 왔다는 것을 알 수 있다.

3) 절충류

그런데 한국의 설화에서는 '상승류'와 '하강류'의 구조적 모델이 절충된 이야기도 존재한다. 이 연구에서는 이들에 '절충류(折衷類)'라는 이름을 붙여서 두 개의 꼴로 나누어 고찰하기로 한다.

(1) 협상형

이 화형의 설화는 복수의 인물이 등장하여 다 같이 '결핍'의 기점상황에서 출발을 한다. 하지만 그것을 제거하려는 대응방법의 차이로 말미암아 한쪽은 그 '결핍'의 상태를 개선하여 '결핍의 제거'를 이룩하게 되지만, 다른 한쪽은 개선을 하지 못하고 '결핍'의 상태를 그대로 유지한다. 이처럼 그 줄거리의 전개가 마치 집게 모양과 같은 형태로 되어 있기 때문에, 이런 구조적 모델을 '협상형(鋏狀型)'이라고 부르기로 한다.

[자료 28]

1. '결핍' : 옛날 어떤 숲 속에 꿩과 비둘기, 까치가 함께 살고 있었는데, 흉년이 들어서 먹을 것이 떨어졌다.
2. '탈출의 시도' : 그래서 그들은 쥐의 집에 식량을 얻으러 갔다. 그런데 꿩과 비둘기는 쥐의 아내를 업신여기는 태도를 취하였다. 이에 반해 까치는 아주 겸손한 태도를 취하였다.
3-(1) '결핍' : 꿩과 비둘기는 도리어 매를 맞고 돌아왔다.
   (2) '결핍의 제거' : 그러나 까치는 칭찬을 받았을 뿐만 아니라 먹을 것도 얻어서 돌아왔다.
4. '설명적 모티프' : 그 때에 꿩은 쥐의 아내로부터 부지깽이로 볼을 얻어맞아 지금도 볼이 빨갛고, 비둘기는 머리를 얻어맞아 지금도 퍼런 멍이 남아 있다고 한다.

(23. 꿩과 비둘기, 까치)[99]

이 자료의 발단에서는 숲 속에 사는 꿩과 비둘기, 까치 등이 흉년이 들어서 먹을 것이 없었다는 '결핍'의 상태를 표현하고 있다. 그런데 그들은 이 '결핍' 상태를 극복하기 위해 꿩의 집으로 먹을 것을 얻으러 가는 '탈출의 시도'를 행한다. 그리하여 양식을 구걸하지만, 그 태도는 대조적인 양상을 보여 준다. 즉 꿩과 비둘기가 쥐의 아내를 업신여기는 태도를 취했고, 까치는 겸손한 태도를 취한 것이다.

이와 같은 대응태도의 차이가 대립되는 결말로 연결되는 것은 너무도 당연하다. 바꾸어 말하면 전자는 식량은커녕 도리어 매를 얻어맞고 돌아온다. 이에 반해 후자는 칭찬을 들을 뿐만 아니라 양식까지 얻어서 귀가한다. 이렇게 꿩과 비둘기가 '결핍'의 상태, 까치가 '결핍의 제거' 상태로 끝나는 이 설화는 같은 기점상황에서 시작하여 상반되는 종점상황으로 마무리되는 구조적 모델이므로 협상형의 전형적인 예를 보여 준다고 하겠다.

다음에 드는 이야기도 이것과 똑같은 구조적 모델로 되어 있다.

[자료 29]

1. '결핍' : 어떤 마을의 부인들이 산 속 깊이 산나물을 뜯으러 갔다.

2. '탈출의 시도' : 고양이같이 생긴 귀여운 호랑이 새끼를 보고, 한 여자가 그것을 귀여워해 주었더니 어미 호랑이가 즐거워했다. 하지만 다른 한 여자는 새끼 호랑이를 보고 악담(惡談)을 늘어놓았다. 그랬더니 호랑이가 달려들어, 여자들은 도망을 쳐 돌아왔다.

3-(1). '결핍의 제거' : 이튿날 아침에 마당에 나가 본즉, (호랑이 새끼를) 귀여워해 주었던 여자의 집 마당에는 (산에 버리고 온) 산나물 바구니와 앞치마가 가지런히 정돈되어 있었다.

(2). '결핍' : 그러나 악담을 했던 부인의 집 마당에는 바구니와 앞치마가 갈기갈기 찢어져 있었다.

(48. 호랑이의 모성애)[100]

이 설화의 기점상황을 이해하려면 1970년대까지 존재했던 보릿고개를 이

---

99) 위의 책, p.182.
100) 위의 책, p.191.

해할 필요가 있다. 보릿고개란 쌀 양식은 떨어지고 보리 양식은 아직 나지 않는 5월 중순에서 6월 초순의 기간을 말한다. 이 때가 되면 농촌에서는 산나물을 뜯어먹으면서 연명을 하는 것이 일반적인 현상이었다. 이것을 염두에 둔다면, 마을의 부인들이 산속 깊이 산나물을 뜯으러 갔다는, 이 자료의 기점상황을 '결핍'의 상태로 규정하는 데 아무런 문제가 없을 것이다.

그러나 이 설화는 산나물을 뜯으러 간 여자들이 호랑이 새끼를 만나는 뜻밖의 방향으로 전개된다. 때때로 설화에 사용되는, 이와 같은 생각지 못한 소재의 도입은 듣는 사람들의 흥미를 불러일으키는 기법으로, 설화가 지닌 독특한 미학의 하나라고 할 수 있다. 하지만 그렇다고 해서 이 설화의 결말까지 의외의 방향으로 진전되는 것은 아니다. 왜냐하면 설화 그 자체는 줄거리를 전개시켜 가는 도중에 예상도 하지 못했던 소재를 도입하여 청중들의 흥미를 북돋우면서도, 그 전개는 일정한 법칙을 따라 진행되기 때문이다.

어쨌든 호랑이 새끼를 발견한 여자들의 대응태도는 두 가지로 나누어진다. 한 여자는 그것을 귀여워해 주었으나, 다른 여자는 그것을 보고 악담을 한다. 이러한 대응의 차이가 상반된 결말을 초래하는 것은 벌써 [자료 28]의 고찰을 통해서 확인한 대로다.

따라서 '절충협상유형(折衷鋏狀類型)'의 설화는 위의 도표와 같이 반드시 복수(複數)의 인물이 등장하는 이야기로서, 그들은 무엇인가가 모자라는 부족 상태에서 시작을 하지만 개선되는 방향과 개선되지 않는 방향으로 나아가, 결국은 상반되는 결말에 이르는 설화라고 하겠다

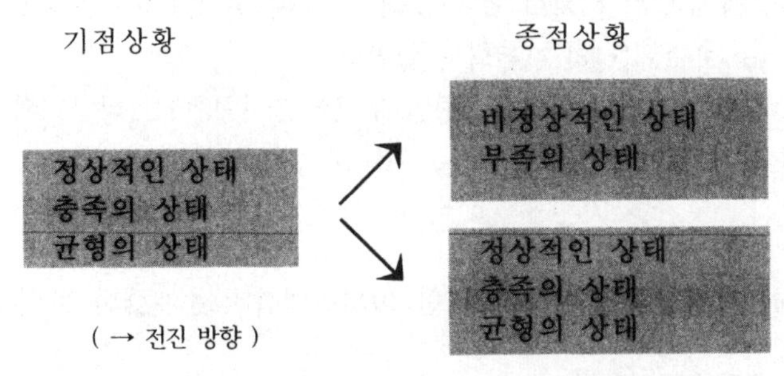

도해 5. '절충협상유형' 설화의 기점상황과 종점상황

이런 유형의 설화는 인간들이 이 세상을 살아가면서 여러 가지 사건들을 만나게 된다. 거기에 어떻게 대응하는지에 따라 그 결과는 아주 달라진다. 그러므로 인간은 언제나 신중한 처신을 해야 한다는 것을 표현하고 있다. 그래서 이 구조적 모델은 신중한 처신을 권장하는 동기에서 창출된 것이라고 할 수 있다.

(2) 모래시계형

'상승류'와 '하강류'가 절충되어 이루어진 설화들 가운데는 '협상형(鋏狀型)'과 구별되는 이야기들도 존재한다. 이 화형(話型)의 설화도 '협상형'의 그것과 마찬가지로 복수의 인물이 등장한다. 하지만 기점상황에서부터 대립되는 상태, 곧 주인공(hero)은 결핍의 상태, 반주인공(anti-hero)은 충족의 상태에서 시작한다. 그리하여 상반되는 행위를 통해, 마지막에는 이들의 운명이 뒤바뀌게 된다. 따라서 그 구조적 모델은 마치 모래시계와 같은 모습을 보여 주므로, 이 연구에서는 이것을 '모래시계형'이라고 명명하기로 한다.

모래시계형의 설화에도 '상승류'와 '하강류'의 중핵형처럼 '결핍'과 '결핍의 제거'라는 중핵적인 모티핌들로 이루어진 이야기가 있다.

[자료 30]

1. '결핍' : 어떤 (가난한) 젊은이가 (병을) 앓고 있는, 눈이 먼 어머니를 정성을 다해 보살펴주었다.
2. '결핍의 제거' : 왕이 민정시찰을 하는 도중에 그의 효행에 관한 이야기를 듣고 감동을 하여 많은 상금을 주었다.
3. '결핍의 제거' : (그) 옆집에는 돈 많은 젊은이가 살고 있었다. 그는 (이 소식을 듣고 자신도) 효자인 체하면서, 왕을 자기의 집으로 안내하였다.
4. '결핍' : 그의 어머니가 (자기의 아들이) 불효자인 것은 폭로하여 그는 (마침내) 중벌을 받았다.

(405. 효자와 욕심쟁이)[101]

---

101) 위의 책, p.309.

이 자료는 곤궁한 생활을 영위하는 젊은이를 주인공으로 하고 있다. 그는 설상가상(雪上加霜)으로 눈이 먼 어머니가 병까지 들어 어려운 '결핍' 상태에 놓여 있음에도 정성을 다해 효도를 한다. 주인공의 이런 효행이 민정을 시찰하고 있던 왕에게 알려져 그는 많은 상금을 받는다. 이는 가난한 생활을 면하게 된 것이므로, '결핍의 제거'가 이루어졌음을 뜻한다.

한편 이 자료에는 주인공과 대조적인 인물이 등장한다. 이 인물을 반주인공(反主人公)이라고 하는 이유는, 기점상황과 전개과정은 말할 것도 없이 종점상황에서까지도 주인공과는 서로 대립되는 양상을 보여 주기 때문이다. 실제로 이 설화에서도 반주인공은 욕심쟁이로 불효를 한다는 점에서 주인공과는 대조적인 면모를 그대로 드러내고 있다. 또 그가 주인공에 얽힌 소문을 듣고, 효자인 체하면서 일부러 왕을 자기의 집으로 안내를 하는 것도 대립적이다. 그리고 집을 방문한 왕에게 그의 어머니가 자기의 아들이 불효자란 사실을 폭로하여 중벌을 받는 것 역시 포상을 받는 주인공과 대조적인 모습을 보여 준다. 이처럼 이 설화의 주인공은 '결핍'에서 출발해서 개선의 과정을 거쳐 '결핍의 제거' 상태가 된다. 이에 반해 반주인공은 충족의 상태에서 시작하여 악화의 과정을 거쳐 '결핍'의 상태로 끝난다.

여기에서 이 자료가 모래시계형의 구조적 모델을 취하면서도 효행을 표면적인 주제로 하고 있다는 사실을 주목할 필요가 있다. 알다시피 대조적인 수사는 서로 대립되는 두 개의 요소를 비교함으로써 어느 한쪽을 강조하는 하나의 수사법이다. 그렇다면 효행을 표면적인 주제로 하여 그것을 실행하는 주인공과, 실행하지 않는 반주인공을 등장시켜 모래시계형의 구조를 만들어낸 이 설화가 지향하는 목적이 확실해진다. 이런 구조적 모델은 효행이란 실천에 옮겨야만 하는 덕목(德目)이고 또 그것을 행하면 반드시 보답이 뒤따르며, 효를 행하지 않으면 처벌을 받는다는 것을 가장 효과적으로 가르쳐 줄 수 있다.

어쨌든 이 꼴의 구조적 모델은 주인공의 처지에서는 '상승중핵유형', 반주인공의 경우에는 '하강중핵유형'과 같은 전개과정으로 되어 있어, 이들 두 개의 화형이 절충되어 만들어진 것이다. 그리고 이와 같은 화형은 효를 권장하고 과욕을 경계하려는 동기에서 생겨났을 가능성이 짙다.

그런데 이 화형에서는 주인공이 기점상황의 '결핍' 상태를 극복하려고 탈출의 시도를 꾀하여 그것을 성취한다. 반면에 반주인공은 충족 상태에 놓여 있음에도 욕심에 눈이 어두워 더 많은 부(富)를 획득하려고 하는 '과람(過濫)'의 역효과로 '결핍' 상태가 초래되는 이야기도 있다.

[자료 31]

1. '결핍의 제거' : 아버지는 재산을 똑같이 나누어 가지라는 유언을 남기고 죽었다. 하지만 형은 그 재산을 혼자 차지해 버렸다.
2. '결핍' : (그리고 형은) 아우를 (돈 한푼 주지 않고) 내쫓았다.
3. '탈출의 시도' : 아우는 소금 장사를 시작하였는데, 어느 날 산 속에서 사냥꾼을 만나 두 사람은 덫을 놓아 짐승들을 잡기로 하였다.
4. '결핍의 제거' : (그리하여 그는) 짐승을 잡아서 많은 돈을 모아 가지고 고향으로 돌아왔다.
5. '과람' : 욕심쟁이인 형은 동생의 경험담을 듣고 산 속의 사냥꾼을 찾아가서 무리하게 덫을 놓자고 졸랐다.
6. '결핍' : 그렇지만 그는 자신이 놓은 덫에 걸려 죽고 말았다.

(462. 욕심쟁이형과 소금장수 아우)[102]

[자료 32]

1. '결핍의 제거' : 어떤 부잣집에는 언제고 볏섬이 쌓여져 있었다.
2. '결핍' : 옆의 가난한 집에서는 항상 그것을 부러워하고 있었다.
3. '탈출의 시도' : 가난한 소년은 벼 대신에 돌멩이들을 쌓아 올려, 그것이 돌무덤같이 되었다.
4. '과람' : 어느 날 부잣집 할아버지가 돌무더기를 보았더니, 그것이 황금을 쌓아 놓은 것처럼 보였다. 그래서 그는 자기 집의 볏섬과 소년이 쌓아 놓은 돌무더기를 바꾸자고 하였다.
5. '결핍의 제거' : 가난한 소년은 부잣집의 볏섬을 자기의 집으로 날랐다.
6. '결핍' : 부잣집의 주인도 돌을 전부 옮겼으나, 집에 가지고 와서 보니까 (전부 보통의 돌멩이에 지나지 않았다).

(483. 부잣집 할아버지와 가난한 소년)[103]

---

102) 위의 책, pp.331~332.

이 자료들은 욕심이 많은 형과 부잣집 주인을 반주인공으로 하고, 이들과 대조되는 순박한 아우와 가난한 소년을 주인공으로 하고 있다. 그러나 이야기를 전개하는 방법에서는 다른 양상을 보여 준다.

[자료 31]에서는 기점상황에서 반주인공의 충족 상태와 주인공의 '결핍' 상태를 마련한 다음, 일단 주인공을 중심으로 '탈출의 시도'와 '결핍의 제거' 상태가 진술된다. 그리하여 주인공에 대한 이야기가 끝난 뒤에, 반주인공에게 일어난 사건이 서술되고 있다. 그런 다음에 반주인공은 아버지의 유산을 혼자 차지하여 부자가 되었는데도 동생의 경험담을 듣고 돈에 눈이 어두워 더 많은 돈을 모으려고 사냥꾼을 찾아간다.

이 '과람' 모티픔은 언제나 비극적인 결말로 이어지는 것이 하나의 정해진 전개법칙이다. 과연 이 설화에서도 짐승들을 잡으려고 설치한 덫에 걸려 죽고 마는 반주인공의 비극적 종말이 그려진다. 이러한 반주인공의 죽음은 종점상황의 '결핍' 상태가 한층 더 강화된 형태라고 하겠다.

한편 [자료 32]의 경우에는 이것과는 달리, 주인공과 반주인공의 이야기가 병립적으로 전개된다. 다시 말해 '결핍'의 상태에서 시작한 주인공이 탈출을 시도하고, 충족의 상태에서 출발한 반주인공은 '과람'한 행위를 행한다. 그리하여 전자는 '결핍의 제거'를 성취하였으나, 후자는 '결핍'의 상태로 전락하고 만다.

이러한 이야기 전개과정의 변화는 복수의 인물이 등장하기 때문에 일어난 것일 수도 있으나, 설화의 소설화 과정의 한 단면을 나타내고 있는 것일 수도 있다. 주지하다시피 설화는 사건이 하나의 주제를 향해 직선적으로 진전되는 데 비해, 소설은 복수의 사건이 서로 연결되어 줄거리가 복잡하게 전개된다. 그렇다면 [자료 32]는 한층 소설의 형태에 가까워졌다고 할 수 있는데, 다음의 자료는 이런 추정을 더욱 확실하게 해준다.

[자료 33]
1. '결핍의 제거' : 형은 대단한 부자였다.

---

103) 위의 책, p.340.

2. '결핍' : 그러나 동생은 매우 가난했다.

3. '탈출의 시도' : 어느 날 동생이 나무를 하러 갔다가 도토리가 있기에 부모와 가족들에게 줄 생각으로 그것을 가지고 돌아왔다. 돌아오는 길에 날이 저물어 빈집에 머물게 되었다. 밤중에 많은 도깨비들이 모여 금방망이와 은방망이를 두들기며 놀기 시작했다. 동생은 무서워서 도토리를 입에 넣고 씹었다. 그랬더니 도깨비들은 (놀라서) 도망을 쳤다. 동생은 금방망이와 은방망이를 가지고 집으로 돌아왔다.

4. '결핍의 제거' : 그것들은 무엇이든지 바라는 것을 말만 하면 내어놓는 주보(呪寶)였다.

5. '과람' : 욕심이 많은 형은 동생의 이야기를 듣고 그 산의 빈집을 찾아갔다. 도깨비들이 나타났기에 (그도) 도토리를 씹었다.

6. '결핍' : 도깨비들은 이번에는 속지 않는다고 하면서 형을 붙잡아서 두들겼다. 그로부터 형은 바보가 되었다.

7. '결핍의 제거' : (그러나 동생은 불행하게 된 형을 뒷바라지하면서 행복하게 살았다.)

(460. 금방망이와 은방망이)[104]

이 설화도 형을 반주인공으로 하고 동생을 주인공으로 하면서, 후자를 중심으로 이야기를 진전시킨 다음에 형의 이야기를 전개한다. 그렇지만 종점 상황에서는 주인공의 '결핍의 제거'와 반주인공의 '결핍'이라고 하는 대립되는 상태로 끝나지 않고, 두 형제가 의좋게 공존하는 '결핍의 제거' 상태가 덧보태져 있다.

이것은 엄밀한 의미에서 설화의 세계와는 상치되는 현상이다. 왜냐하면 민중들 사이에서 발생하여 그들의 입을 통해 전승되는 설화의 세계는 철저하게 권선징악(勸善懲惡) 사상을 바탕으로 하고 있다. 그래서 선량한 사람은 보답을 받고 사악한 사람은 반드시 벌을 받는다는 줄거리로 되어야 하기 때문이다.

그런데도 이 설화에서는 주인공이 당연히 처벌을 받아야 하는 반주인공을 용서한다. 즉 아우는 바보가 된 형을 뒷바라지하면서 함께 살아가는 길

---

104) 위의 책, pp.330~331.

을 모색한다. 이것은 이미 순수한 설화의 세계가 아니라, 작가의 작의(作意)가 가미된 세계이다. 따라서 [자료 34]는 설화의 형태에서 벗어나 소설의 형태에 한층 더 접근한 작품이라고 할 수 있다.

조선시대에 성립된 소설 장르는 설화가 소설화했다는 많은 흔적을 남기고 있다. 그렇다면 설화의 형태론적인 연구를 통해 이것이 소설화해 가는 과정의 일단을 추정하는 것은 어쩌면 당연할 일일지도 모른다. 이런 의미에서 형태론적인 연구는 설화의 구조적 모델을 추출하고 그 심층에 숨겨진 의미를 파악하는 데 그치지 않고, 설화가 다른 장르로 발전해 가는 과정을 추적하는 데도 유용한 방법이 된다고 하겠다.[105]

위와 같은 '모래시계형' 설화에는 복수의 인물이 등장한다는 사실을 확인하였다. 이들은 서로 대립되는 성격을 보이기 때문에 주인공과 반주인공으로 나누어지는데, 전자는 바람직한 인간상이고 후자는 그다지 바람직하지 못한 인간상이라고 할 수 있다.

이러한 등장인물의 대립적 면모는 그 구조에도 영향을 미친다. 주인공은 '결핍'의 상태에서 '탈출의 시도'를 거쳐 '결핍의 제거'에 이른다. 이에 반해 반주인공은 충족 상태에서 너무 많은 부를 획득하려고 하는 '과람'의 역효과로 '결핍' 상태가 된다. 이것을 표로 나타내면 다음 쪽과 같다.

이와 같은 구조적 모델은 선승악패(善勝惡敗)의 내용을 서사화하는 데 매우 유용한 틀이다. 따라서 근선원악(近善遠惡)을 권장하는 동기가 이 꼴의 설화를 만들었다고 보아도 좋을 것이다.

그런데 이 화형에서는 모티픔의 배열이 상당히 혼란된 양상을 보여준다. 거듭 말한다면 주인공을 중심으로 이야기를 진전시킨 뒤에 반주인공의 이야기를 진술하는 것도 있고, 주인공과 반주인공의 이야기를 병립적으로 전개하는 것도 있다. 이것 역시 설화가 소설에 좀더 가까워졌다는 사실을 반영하는 것이다. 그래서 설화에 작가의 작의(作意)로 변화한 자료의 구조를

---

105) 필자는 〈소설 장르의 성립에 관한 고찰〉이라는 논문에서, 김시습(金時習)의 '금오신화'가 설화의 구조를 모델을 바탕으로 하여 창작되었다는 사실을 해명한 바 있다. 김화경 : 1998a, pp.19~42.

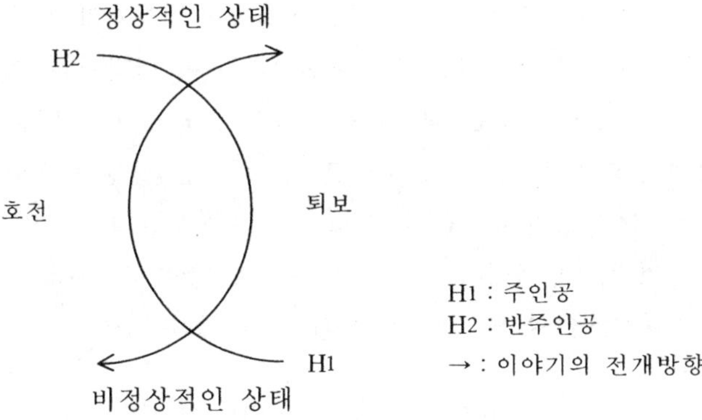

도해 6. '절충모래시계유형'의 구조적 모델

분석하여 설화가 소설화해 가는 과정을 살펴보았다. 그러나 이 문제는 나중에 좀더 자세하게 검토할 필요가 있음을 지적해 둔다.

'상승류'와 '하강류'의 구조적 모델이 절충되어 만들어진 '절충류' 설화는 필연적으로 복수의 인물이 등장한다. 물론 '상승류'와 '하강류' 설화라고 등장인물이 한 사람만 나오는 것은 아니다. 이 구조의 설화들도 몇 사람의 등장인물이 나올 수 있다. 하지만 이들 설화에 나오는 인물들은 주인공에게 기여자나 적대자의 기능을 수행하는 데 그친다. 이에 비해 '절충류' 설화에서는 주동적인 역할을 수행하는 인물이 두 사람 이상이라는 점에서 '상승류'나 '하강류' 설화들과 구분된다.

그러나 '절충협상유형'의 설화에 등장하는 복수의 주동적인 인물은 주인공과 반주인공으로 확연하게 구분되지는 않는다. 그들은 무엇인가가 모자라는, 동일한 기점상황에서 시작한다. 하지만 그 뒤에 한쪽은 그 상태가 개선되어 '결핍의 제거'가 이루어지고, 다른 한쪽은 개선이 되지 않고 '결핍' 상태가 결말 부분까지 이어진다.

그런데 '절충모래시계유형'의 설화에는 바람직한 주인공과 바람직하지 못한 반주인공이 등장한다. 그리하여 전자가 개선의 과정을 거쳐 '결핍의 제거' 상태에 이르르는 데 반해, 후자는 악화의 과정을 거쳐 결국은 '결핍'의 상태에 도달하는 대립되는 전개 모습을 보여 준다.

이와 같은 구조상의 특징은 이 유형의 설화들이 이야기의 목적 가운데 하나인 교훈적인 기능을 효과적으로 수행한다는 것을 나타낸다. 이렇게 말하는 이유는 이 유형의 설화는 대립되는 인물의 등장과 행동을 통해서, 선량한 사람에게는 행복이 뒤따르고 사악한 사람에게는 불행이 뒤따른다는 사실을 가르쳐 주고 있기 때문이다. 그리고 '절충협상유형'은 신중한 처신을 권장하는 동기에서 만들어진 구조적 모델이고, '절충모래시계유형'은 근선원악의 동기에서 이루어진 구조적 모델이라고 할 수 있다.

4) 회귀류

한국의 설화에는 '상승류' 및 '하강류', '절충류'와 달리, 기점상황과 종점상황이 같은 형태로 된 이야기들이 있다. 포무(D. Pàume)는 이와 같은 구조적 모델을 '순환형(循環型)'이라고 하였다. 그렇지만 순환이라는 용어는 몇 번이고 반복되는 것을 가리키는 단어이므로, 이 연구에서는 이것보다는 '회귀(回歸)'라는 용어를 사용하는 것이 타당하다고 생각하여 '회귀류(回歸類)'라고 부르기로 한다.

회귀류의 범주에 속하는 설화에는 '결핍' 상태에서 시작되어 그것이 일단 제거되었다가 다시 '결핍' 상태로 되돌아오는 '결핍회귀형(缺乏回歸型)'과 이것과 대조되는 양상을 보이는 '충족회귀형(充足回歸型)'이 있다. 우선 전자에 들어가는 예화들부터 살펴보기로 하겠다.

(1) 결핍회귀형

'결핍회귀형'에서 가장 일반적인 형태는, 주인공이 기점상황의 '결핍' 상태를 극복하기 위해 수단과 방법을 강구하는 '탈출의 시도'를 행하여, 일단 '결핍의 제거'에 성공한다. 하지만 그는 여기에 만족하지 않고 더 많은 부와 명예를 얻으려고 한다. 이러한 '과람(過濫)'으로 말미암아 다시 '결핍' 상태가 되어 끝을 맺는 구조적 모델이다.

이 꼴의 설화는 '절충모래시계유형'과 비슷하다. 그러나 전자에서는 한 사람의 주인공을 중심으로 이야기가 전개된다. 이에 비해 후자에서는 주인공과 반주인공이 등장하여 대립되는 행위를 함으로써 결말에 이르러서 그 운명이 역전된다는 차이가 있다.

[자료 34]
1. '결핍' : 어떤 사람이 산길을 가던 도중에 비를 피하기 위해 빈집에 들어갔다.
2. '탈출의 시도' : (비가 그치기를 기다리는 사이에 밤이 되었다.) 그런즉 도깨비들이 와서 놀다가 날이 새자, 어디로 사라져버렸다. 그는 도깨비들이 떨어뜨린 마법(魔法)의 옷을 발견하고, 그것을 가지고 집으로 돌아왔다.
3. '결핍의 제거' : 그 옷은 사람이 입으면 모습이 보이지 않게 되는 것이었나. 그래서 그는 이것을 입고 도둑질을 하여 큰 부자가 되었다.
4. '과람' : 담뱃불에 탄 곳을 빨간 천으로 기워서 입고 (도둑질을 계속)했다.
5. '결핍' : 그 옷을 입고 도둑질을 하다가 빨간 천 때문에 사람들에게 붙잡혀 죽을 정도로 얻어맞았다.

(263. 마법의 옷)[106]

이 자료에서는 주인공이 산길을 가다가 비를 피해 빈집에 들어간 것에서 이야기가 시작된다. 하지만 모티핌 3의 내용으로 미루어 보아, 그가 어려운 생활을 영위하고 있었던 것은 분명하므로 기점상황은 '결핍' 상태임을 말해 준다고 하겠다.

주인공은 도깨비가 가진 마법의 옷, 곧 입으면 형체가 보이지 않는 옷을 얻는 '탈출의 시도'를 거쳐, 그것을 이용하여 도둑질을 한다. 그리하여 그가 큰 부자가 되는 '결핍의 제거' 쪽으로 이야기가 전개된다.

그러나 그는 부자가 되었음에도 절제를 하지 않고 욕심을 부려 도둑질을 계속한다. 그 때문에 옷을 태워 먹고, 또 사람들에게 붙잡혀 죽을 정도로 얻어맞는 고난을 겪게 된다. 이것은 시비(是非)나 선악을 명확하게 구분하는 설화의 세계에서는 당연한 귀결의 하나이다. 바꾸어 말하면 설화에서는 어중간한 형태의 결말은 맺지 않는다. 옳고 그름을 분명하게 따져서 구별하기

---

106) 崔仁鶴 : 1976b, p.252.

때문에 도둑질을 해서 모은 재산은 마땅히 없어져야만 하는 것이 설화의 세계이다. 그래서 이 설화는 주인공이 '결핍' 상태에 되돌아오는 데서 끝나는, 지극히 당연한 결말에 이른다.

이렇게 본다면 이 자료는 '결핍'에서 출발하여, '탈출의 시도'를 거쳐 그것이 극복되는 '결핍의 제거'가 행해지지만, '과람'으로 다시 '결핍' 상태에 빠지는 '결핍회귀형(缺乏回歸型)'의 이야기다.

그런데 '결핍회귀형'의 설화들 가운데는 기점상황에서 설정된 '결핍' 상태가 주인공의 선업(善業)으로 제거되는 것도 있다.

[자료 35]

1. '결핍' : 가난한 사냥꾼이 있었다.
2. '선업' : 어느 날 그가 산에서 사슴을 잡았다. 사슴은 자기가 선녀(仙女)이므로 놓아 달라고 하여, (그는 사슴을) 놓아 주었다.
3. '선과' : 아내는 그 이야기를 듣고 아무런 보답도 없이 놓아 준 것을 대단히 분하게 여기어 남편을 다시 산으로 보냈다. 그는 산으로 가서 그 사슴을 만나 아내가 가르쳐 준 대로 집과 재산, 하인 등을 요구하였다.
4. '결핍의 제거' : (사슴이) 처음의 요구는 들어주었다.
5. '과람' : 그러나 아내는 너무나 욕심을 냈다.
6. '결핍' : (그러자) 전부가 없어지고 말았다.

(125. 사슴의 보은·욕심 많은 아내형)[107]

이 설화에는 결핍 상태의 전형이라고 할 수 있는, 가난한 사냥꾼 부부가 등장한다. 그런데 '선과' 모티핌의 내용으로 미루어 보아 그들 부부는 대립적인 성격, 곧 사냥을 주업으로 하는 남편은 순진하고 착한 데 반해, 그의 아내는 욕심쟁이로 그려지고 있다. 그리하여 아내는 모처럼 얻게 된 행복한 생활을 파괴하는 방해자가 된다.

등장인물의 측면에서 본다면, 이 설화의 구조는 '절충모래시계유형'의 두 번째 꼴과 상당히 닮은 데가 있다. 이들은 복수의 인물이 등장한다는 점에

---

107) 위의 책, p.210.

서는 공통점을 가진다. 그렇지만 후자에서는 주인공과 반주인공의 상반되는 행동으로 대립되는 결말을 초래하고, 전자에서는 부부가 대립적인 면모를 보이면서도 삶의 여정을 함께 하고 있다. 이와 같은 차이는 전자가 사건을 단선적으로 진전시키는 데 반해, 후자는 사건을 복잡하게 진전시키는 데서 파생된 문제가 아닐까 한다.

이 문제는 어찌되었든, 사냥꾼은 사냥을 가서 잡은 사슴의 사연을 듣고 그것을 놓아주는 '선업'을 행한다. 하지만 그 이야기를 들은 아내가 그에 대한 보답으로 재산을 요구하도록 하여, 그는 결국 사슴의 승낙을 얻어낸다. 이것은 자기의 생명을 구해 준 것에 대한 보답이었으므로 '선과'라고 할 수 있고, 그리하여 많은 재산을 갖게 된 것은 '결핍의 제거'가 이루어졌다고 할 수 있다.

그러나 '말 타면 경마 잡히고 싶다(旣乘其馬 又思牽者)'는 속담과 같이, 더 많은 재산을 탐내는 아내의 '과람'으로, 이미 획득했던 행복한 생활마저 잃어버린다. 그리고 옛날의 가난했던 생활로 돌아간 '결핍'의 상태로 마무리를 짓는다. 이러한 구조적 모델은 안분지족(安分知足)하면서 절제해야 한다는 것을 가르치는 데 효과적으로 이용될 수 있다.

또 '결핍회귀형'의 설화에는 주인공의 '선업'으로 발생한 충족 상태가, 주어진 '금지(禁止)'를 지키지 않아 다시 '결핍'의 상태로 전락하는 구조적 모델의 이야기도 존재한다.

[자료 36]

1. '결핍' : 홀로 된 어머니와 함께 가난하게 살아가는, 한 어부가 있었다.
2. '선업' : 어느 날 낚시를 하러 갔다가 다른 것은 하나도 잡지 못하고 아주 큰 잉어를 한 마리 낚았는데, 하도 이상하여 놓아주었다.
3. '선과' : 그것은 용왕의 딸이었다. 그래서 그는 용궁으로 초대되었다.
4. '결핍의 제거' : 용왕은 그를 위해 성대한 잔치를 베풀고, 또 그를 사위로 맞이하였다. 그는 용녀(龍女)와 결혼을 하여 몇 달 동안 행복한 나날을 보냈다.
5. '금지' : 어느 날 그는 홀로 남겨두고 온 어머니의 일을 생각하고 집에 돌아가기로 하였다. 이별할 때에 용녀는 절대로 열어보아서는 안 된다고

하면서 하나의 상자를 그에게 주었다.

6. ‘위반’ : 집에 돌아온 어부는 아무래도 그것을 열어 보고 싶어졌다. 그래서 그것을 열어 보았더니, 그 속에는 아무 것도 들어 있지 않았다.

7. ‘결핍’ : 그리하여 그는 영원히 용궁으로 돌아가지 못하게 되었다.

(306. 용왕의 딸과 보물상자)[108]

홀로 된 어머니와 함께 가난하게 사는 어부가 이 설화의 주인공이다. 이런 주인공은 모티핌 4를 보면 알 수 있듯이, 아직 결혼도 하지 않았을 뿐만 아니라 생활도 어려운 ‘결핍’ 상태에 놓여 있었다.

그런데 어느 날 낚시를 하러 갔던 주인공은 하루 종일 한 마리의 고기도 잡지 못한다. 설화에 때때로 사용되는 이와 같은 표현은 듣는 사람들의 관심을 집중시키는 것으로, 다음 단계에서 뜻밖의 사건이 벌어지는 것이 하나의 정해진 패턴이다. 과연 이 설화에서도 주인공이 예상하지도 못했던, 큰 잉어를 잡는 방향으로 진전된다. 그렇지만 그는 그 잉어의 모양이 너무도 이상하였기 때문에, 이것을 놓아 주는 ‘선업’을 베푼다.

이와 같은 ‘선업’의 결과, 그에게는 용궁으로 초대되는 ‘선과’가 뒤따른다. 여기에서 용궁으로 초대되는 것은 놓아 준 잉어가 용왕의 딸인 까닭이지만, 용궁이라고 하는 이향(異鄕)은 인간들의 상상에 의해 만들어진 가공(架空)의 세계이다. 그리고 이곳에 사는 용녀와 결혼을 하는 것은 《고려사(高麗史)》 세계(世系)에 기록된 작제건(作帝建)의 결혼담[109]과 같은 것이어서, 한국에서는 오랜 역사를 가지는 것 같다.

이처럼 ‘선과’로 용궁에 초대된 주인공은 그곳에서 용녀와 결혼하여 몇 개월 동안 행복하게 지낸다. 이것은 기점상황에서 마련된 ‘결핍’ 상태가 제거되었다는 것을 나타내므로, ‘결핍의 제거’에 해당된다.

그러나 이러한 충족 상태가 언제까지 계속되는 것은 아니다. 비일상적 세계인 이향에 간 사람은 언젠가 반드시 이 세상으로 되돌아와야만 한다. 그래서 그는 어느 날 갑자기 홀로 남겨두고 온 노모(老母)를 생각해내고, 이

---

108) 위의 책, p.269에 孫晉泰 : 1930, pp.235～237의 내용을 일부 추가하였다.
109) 동아대학교 고전연구실 편 : 1987a, pp.2～4.

세상으로 돌아올 결심을 한다. 그리하여 용녀와 헤어지게 되었을 때, 그녀는 다시 용궁으로 돌아오는 데 필요한 보물상자를 주면서, 이것을 절대로 열어 보아서는 안 된다는 '금지'를 부여한다.

프로프(V. Propp)와 던데스(A. Dundes)가 지적한 것처럼, 설화에서 이렇게 부여된 '금지'는 언제나 지켜지지 않는 것이 하나의 공식이다. 이 설화에서도 주인공은 상자를 열어보고 싶다는 단순한 호기심으로 인해, 그 뚜껑을 열어봄으로써 주어진 '금지'를 위반하게 된다. 그래서 그는 용궁의 행복했던 생활로는 영원히 되돌아갈 수 없는 '결핍' 상태로 전락하게 된다.

위에서 본 것과 같이, '결핍회귀형(缺乏回歸型)'의 설화에는 몇 개의 꼴이 존재한다. 그런데 여기에서 일단 '결핍의 제거'가 이루어진 다음에, 그것이 다시 악화의 과정을 거치게 되는 원인에 주목할 필요가 있다. 왜냐하면 '과람' 모티핌이 인간이란 분수를 지키면서 절제해야만 한다는 것을 나타내고 있고, 또 '금지의 위반' 모티핌은 인간이란 무슨 일이고 주의를 하지 않으면 안 된다는 것을 잘 가르쳐 주고 있기 때문이다. 이런 의미에서 이 유형의 설화는 구조 그 자체가 교훈적 목적과 밀접한 관계가 있다. 바꾸어 말하면 이 꼴은 인간들에게 무슨 일이든지 주의를 요구하는 심리적 동기에서 만들어졌다고 할 수 있다.

(2) 충족회귀형

'회귀류'의 설화에는 '결핍회귀형(缺乏回歸型)'과 대립되는, 또 다른 하나의 화형(話型)이 존재한다. 이 화형의 설화는 충족의 상태에서 이야기가 시작되어, 어떤 이유에 의해 '결핍' 상태가 초래된다. 하지만 이 '결핍' 상태는 일시적인 것이어서 주인공의 노력으로 극복되고 '결핍의 제거'로 결말을 맺는다. 이 글에서는 이와 같은 화형을 '충족회귀형(充足回歸型)'이라고 부르기로 한다.

이 유형에서 기점상황의 충족상태가 허물어지는 원인은 그것이 명시적인 것이든 묵시적인 것이든, 부여된 '금지'를 지키지 않는 것이다. 그러한 예화를 하나 소개하기로 하겠다.

[자료 37]

1. ‘결핍의 제거’ : 어떤 사람이 길을 가는 여자를 만나 부부가 되었다.

2. ‘금지’ : 탈락

3. ‘위반’ : 매일 여자의 옷이 젖어 있어서 몰래 엿보았더니, 여자는 (밤마다 밖에 나가) 소(沼)에 사는 용과 싸움을 하고 있었다.

4. ‘결핍’ : 그녀는 “용이 되어 3년 간 싸울 수밖에 없다”고 말하면서 집을 나가 버렸다. 그때에 어린아이를 하나 남겨 두고 갔는데, 그 아이는 울음을 그치지 않았다.

5. ‘탈출의 시도 1’ : 그래서 절에 사는 승려에게 부탁을 하여, 용녀와 만날 수 있는 주문(呪文)을 얻었다. 아이는 용녀를 만나면 울음을 그쳤으나, 헤어지면 또 울기 시작하였다.

6. ‘탈출의 시도 2’ : 그 승려가 이 아이를 위해 자기의 몸을 소신공양(燒身 供養)하였다.

7. ‘결핍의 제거’ : 그 뒤로부터 아이는 울음을 그치고 잘 자라서 나중에 훌 륭한 사람이 되었다.

(207. 龍女)[110]

　이 설화는 주인공이 정체를 모르는 어떤 여자를 만나 그녀와 결혼을 하는 것에서 이야기가 시작된다. 결혼이란 불완전한 개체인 남자와 여자가 부부가 되어 가정이란 공동체를 꾸려 나가는 것이므로, 균형을 갖춘 질서의 세계로 편입되었음을 의미한다. 따라서 이 설화의 기점상황은 ‘결핍의 제거’가 이루어진 충족의 상태로 보아도 무방할 것이다.

　그러나 이 충족의 상태는 주인공이 몰래 그녀의 정체를 파악함으로써 깨지고 만다. 이 자료에는 이것이 명시적으로 표현되어 있지는 않으나, 그녀의 정체를 알아내서는 안 된다는 금지가 있었음이 분명하다. 설화에서는 일부러 이야기하지 않더라도 듣는 사람들이 충분히 그 내용을 짐작할 수 있는 부분은 탈락되는 경우가 있다. 여기에서 이루어진 ‘금지’ 모티핌의 탈락도 이 경우에 해당하는 것이다.

　어쨌든 이 설화에서는 주인공이 주어진 ‘금지’를 ‘위반’함으로써 부부의

---

110) 崔仁鶴 : 1976b, pp.227～228.

이별이라는 '결핍'의 상태를 불러온다. 더욱이 용녀가 남겨두고 간 아이가 주인공을 더욱 어렵게 만드는 하나의 요인이 되기 때문에 '결핍'의 상태는 한층 더 강화된 형태를 취하게 된다.

그리하여 주인공은 계속 울기만 하는 아이를 달래기 위해 승려에게 용녀와 만날 수 있는 주문을 받는 '탈출의 시도 1'을 행한다. 그러나 그것이 생각대로 되지 않자, 승려는 그 아이를 위하여 자기의 몸을 소신공양으로 바친다. 이와 같은 '탈출의 시도 2'를 실행하자 아이는 우는 것을 멈춘다. 그뿐만 아니라 그런 일련의 과정을 거쳐 그 아이가 훌륭하게 자라서 나중에 위대한 인물이 되는 것은 '결핍의 제거'가 이룩되었음을 말해 준다.

그런데 종점상황을 보면, 이 설화가 영웅 탄생담의 하나로서 전승되어 왔다는 것을 알 수 있다. 즉 이 설화에서도 다른 영웅 탄생담들과 마찬가지로, 인간과 이류(異類)의 혼인으로 영웅이 탄생된다는 것을 이야기하고 있다. 특히 한국의 많은 영웅담들이 영웅의 시련이나 투쟁을 진술하기보다는 비정상적인 탄생에 중점을 두고 있다. 이것은 고대사회에서 왕권의 정당성을 확보하려고 건국시조들의 비정상적인 탄생을 강조했던 전통을 그대로 답습하고 있기 때문이다.

또 '충족회귀형(充足回歸型)'의 설화에는 충족의 상태에서 시작되어 '금지'의 위반으로 '결핍'이 초래되고, 그것을 제거하는 '과제'가 부여되는 구조적 모델의 이야기도 있다.

[자료 38]

1. '결핍의 제거' : 어떤 남자가 미인을 아내로 맞이하였다.

2. '금지' : 탈락

3. '위반' : 그가 아내의 곁을 떠나려고 하지 않자, 아내는 자기의 초상화를 그려 주었다. 그는 아내의 초상화를 나뭇가지에 걸어두고 그것을 보면서 일을 하였는데, 그만 강풍(强風)에 그 그림이 날아가 버렸다.

4. '결핍' : 초상화를 주운 부자는 그 여자의 아름다움에 반해서 여러 곳을 찾아다닌 끝에, 겨우 그 장본인을 찾아내게 되었다. 그는 그녀의 남편과 내기바둑을 두어 그녀를 빼앗았다.

5. '과제' : (그녀의) 남편은 거지가 되어 이곳저곳을 떠돌아다녔다. 그래서

     그녀는 부자에게 부탁하여 거지들의 잔치를 개최하였다. 남편을 발견한
그녀는 전에 남편에게 묻던 어려운 문제를 내어, 이 문제에 답을 하는 사
람을 자기의 진정한 남편으로 삼겠다고 선언했다.
  6. '과제의 성취' : 전의 남편이 그 문제에 잘 대답하였다.
  7. '결핍의 제거' : 그리하여 두 사람은 다시 부부가 되어 행복하게 살았다.
(221. 畵像의 아내·難題 아내형)[111]

이 설화도 주인공이 결혼을 하는 충족의 기점 상황에서 이야기가 비롯된
다. 여기에서 결혼의 상대자가 대단한 미인이었다는 것은 충족의 상태를 강
조하는 일면도 있으나, 그 뒤에 벌어지는 사건의 원인을 제공하는 기능도
수행하고 있어, 하나의 복선적(伏線的)인 성격을 지닌다.

이렇게 미인과 결혼을 한 주인공은 잠시도 아내의 곁을 떠나려고 하지 않
는다. 그래서 그녀는 자기의 초상화를 그려 주어, 남편을 일터로 내보낸다.
그런데 공교롭게도 그 초상화가 강풍에 날아가 버린다. 그러자 초상화를 주
운 어떤 부자가 그녀의 아름다움에 매혹되어 방방곡곡을 찾아 헤매다가 장
본인을 발견하고, 그녀의 남편과 내기바둑을 두어 그녀를 빼앗는다. 그 그림
때문에 부부생활이 파탄되었다는 점에서 본다면, 이것은 결코 잊어 버려서
는 안 되는 물건이다. 그러므로 여기에 '금지'가 암묵적으로 제시되어 있다
고 보아도 좋을 것이다. 이러한 사실에서 설화의 형태론적인 연구가 탈락된
모티핌의 재구에도 상당히 유용한 방법론이라는 것을 거듭 확인했다고 할
수 있다.

이와 같은 '금지'의 위반으로 발생한 '결핍' 상태는 주인공이 거지가 되어
방랑생활을 하는 방향으로 전개된다. 이런 변화는 하나의 시련이기도 하나,
설화의 전체적인 문맥으로 볼 때는 다음의 모티핌을 유기적으로 연결시키
기 위해 들어간 것으로 보는 것이 타당하다.

이 설화에서는 이렇게 하여 초래된 시련을 극복하는 방안으로 '과제'의 모
티핌이 제시된다. 주인공의 아내는 부자에게 부탁하여 거지들의 잔치를 베
풀게 한다. 전 남편을 발견한 그녀는 일찍이 그에게 자주 물어보았던 어려운

---

111) 위의 책, pp.234~235.

문제를 내고, 정답을 말하는 사람을 자기의 진정한 남편으로 삼겠다고 선언한다. 이와 같은 '과제'를 주인공이 해결하는 것은 설화 전개의 하나의 정석(定石)이기도 하다. 이 설화에서도 주인공이 그 난제의 정답을 말하여, 두 사람이 다시 결합하고 행복한 생활을 영위하는 '결핍의 제거'가 성취된다.

이렇게 볼 때 '충족회귀형(充足回歸型)'의 설화는 충족의 기점상황에서 이야기가 발단하여 '금지'의 위반으로 충족이 깨진다. 그리고 이 위반으로 초래된 '결핍' 상태를 '과제의 성취'로 극복하여, 결국은 '결핍의 제거'가 이루어지는 구조적 모델이 된다. 그리고 이 화형의 설화에서 기점상황의 충족 상태가 '금지'의 위반으로 파기되는 것은, 좋은 일 다음에는 나쁜 일도 있을 수 있기 때문에 그것에 대한 준비가 필요하다는 사실을 깨우치기 위한 것으로 볼 수 있다. 따라서 이 유형의 설화는 나쁜 일이 닥쳐올 경우를 대비하려는 주의의 동기에서 창출된 것이라고 하겠다.

위에서 고찰한 것처럼, '회귀류'의 설화는 어떤 기점상황에서 시작된 이야기가 일련의 과정을 거쳐서 다시 처음의 상태와 같은 종점상황으로 끝을 맺고 있다. 이런 설화는, 그 구조에 따라 '결핍회귀형'과 '충족회귀형'으로 나누어진다. 전자는 '결핍'에서 발단하여 '탈출의 시도'라든가 '선업'에 수반되는 '선과'에 의해 일단 '결핍의 제거'가 이룩된다. 그러나 그것이 '과람'이나 금지의 '위반'으로 다시 원래의 '결핍' 상태로 되돌아가 결말이 나는 구조적 모델로 이루어져 있다. 이에 반해 후자는 '결핍의 제거', 곧 충족의 상태에서 비롯된 이야기가 금지의 '위반'과 같은 것에 의해 '결핍'의 상태로 바뀐다. 하지만 그것이 '탈출의 시도'라든가 '과제의 성취'로 극복됨으로써 원래의 '결핍의 제거' 상태로 되돌아와서 끝을 맺는 구조적 모델로 형성되어 있다. 이들 두 유형의 구조적 모델을 표로 나타내면 다음과 같다(도해 7).

그런데 '결핍회귀형' 설화에서 '결핍의 제거'가 이루어졌다가 '과람'이나 금지의 '위반'으로 거듭 '결핍' 상태로 바뀌는 것은, 이 유형의 설화가 지향하는 주제, 즉 '과람'의 모티핌은 인간이란 분수를 지키면서 절제(節制)해야 하는 존재란 것을, 또 금지의 '위반' 모티핌은 인간이란 언제나 주의를 기울이면서 신중하게 행동할 필요가 있다는 것을 강조하려는 의식구조와 깊은 관계가 있는 것 같다. 그러므로 이 유형은 주의를 요구하려는 동기에서 만

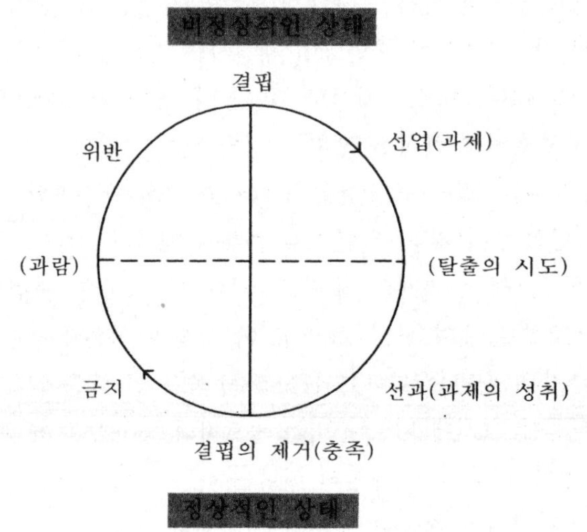

도해 7. 결핍·충족회귀형 설화의 전개 양상

들어진 것이라고 할 수 있다.

한편 '충족회귀형'의 설화 구조는 호사다마(好事多魔)를 경계하려는 주제, 곧 아무리 좋고 훌륭한 것이라도 언젠가는 잃어 버릴 수도 있기 때문에 항상 주의하지 않으면 안 된다는 것을 깨우치려는 사유구조와 밀접한 관계가 있는 것 같다. 그래서 이 유형은 나쁜 일이 닥쳐올 경우에 대비하는 주의를 요구하려는 동기에서 창출되었다고 할 수 있다.

5. 맺음말

형태론적인 연구에서 주로 사용되는 구조적인 분석은 특정한 자료에 내재되어 있는 구조를 찾아내는 객관적인 방법론의 하나이다. 이 글에서는 이 것을 원용하여 한국설화의 구조적 특징을 알아보고, 또 여기에 근거를 둔 유형 분류의 시안을 마련하기 위해 38개의 자료들을 살펴보았다. 이리하여 얻은 성과를 간단히 요약하면 다음과 같다.

한국의 설화는 기점상황에서 출발한 이야기가 어떠한 종점상황으로 끝을 맺는가 하는 상위의 구조적 틀에서 본다면 네 개의 유(類)로 구분된다. 곧 개선되는 '상승류(上昇類)'와 악화되는 '하강류(下降類)', 이들 두 가지가 절충된 '절충류(折衷類)', 그리고 원래의 상태대로 되돌아오는 '회귀류(回歸類)'가 있다.

이들 가운데서 절대 다수를 차지하는 것이 '상승류' 설화이다. '상승류' 설화는 이야기가 처음 시작될 때보다 나아지는 상황, 즉 무엇인가가 모자라는 '결핍' 상태에서 시작되어, 그것이 제거되는 '결핍의 제거' 상태로 끝나는 이야기들이다. 이 '상승류'의 구조적 모델은 설화의 중핵적 모티픔이라고 할 수 있는 '결핍'과 '결핍의 제거'의 연쇄에 따라 이루어진 '중핵형(中核型)'을 비롯하여, 이들 사이에 삽입된 모티픔의 양식에 따라 '순행형(順行型)'과 '반전형(反轉型)', '나선형(螺旋型)' 등으로 나누어진다.

우선 '상승중핵유형(上昇中核類型)' 설화에서는 모두(冒頭)의 모자라는 것이 무엇이든, 또 그것이 어떻게 극복되는가 하는 것은 큰 문제가 되지 않는다. 단지 이 유형에 속하는 설화들 가운데는 신화적인 이야기가 의외로 많다는 것을 하나의 특징으로 지적할 수 있다. 이는 이 유형의 설화가 인류역사의 시작과 함께 의문의 대상이 되어 온 천지와 자연, 인류, 동식물 등의 기원의 문제를 가장 간단한 형태를 취하면서도 분명한 줄거리로 서술할 수 있기 때문에 생긴 것으로 보았다.

다음으로 '결핍'과 '결핍의 제거' 모티픔 사이에 인과관계를 중시하는 모티픔이 끼어 들어 '상승순행유형(上昇順行類型)'을 만드는 이야기들이 있다. 이 유형을 구성하는 모티픔의 연속체로는 '과제'와 '과제의 성취', '선업'과 '선과', '시련'과 '시련의 제거', '기만'과 '기만의 성공' 등을 들 수 있다. 또 필연적인 요청에 따라, 수단과 방법을 강구하는 '탈출의 시도' 모티픔이 삽입된 '상승반전유형(上昇反轉類型)'의 설화는 이 모티픔이 축이 되어 전반부와 후반부의 모티픔들이 각각 변용 대응하면서 전개되는 이야기들로, 이 유형에서는 전반부에서 제기된 문제가 후반부에서 해결되는 양상을 보여 준다. 그리고 '결핍'과 '결핍의 제거' 모티픔이 2회에 걸쳐 반복되는 설화와, 두 번째 초래된 '결핍의 상태'를 극복하는 데 '탈출의 시도' 모티픔이 이용되는 '상승나선유형(上昇螺旋類型)'은 설화의 미학들 가운데 하나인 반복현상이 강조되는 구조적 모델이다.

이와 같은 '상승류'의 설화들과는 대조적인 전개과정을 보이는, 한 부류의 이야기들이 있다. 즉 충족의 기점상황에서 시작하여 악화의 과정을 거쳐 '결핍'의 종점상황으로 결말을 맺는 '하강류(下降類)' 설화들이 그것이다. 이런 구조적 모델은 '상승류' 설화의 그것이 변환된 것이다. 다시 말해 '상승중핵유형'의 기점상황 '결핍' 모티핌이 '결핍의 제거'로, 종점상황 '결핍의 제거' 모티핌이 '결핍'으로 바뀌면 '하강중핵유형(下降中核類型)'의 구조적 모델이 된다.

이러한 구조의 변환은 '하강류(下降類)'의 다른 화형에서도 거의 같은 양상을 보여 주고 있다. 이것을 좀더 자세히 설명한다면 '악업'과 '악과'의 모티핌 연속체가 '결핍의 제거'와 '결핍'의 사이에 들어간 '하강순행유형(下降順行類型)'은 '상승중핵유형(上昇中核類型)'의 '결핍'-'선업'-'선과'-'결핍의 제거' 연속체가 변환된 것이다. 특히 이 경우에는 '선업'과 '악업', '선과'와 '악과'와 같이 각각 대립되는 모티핌으로 바뀌어 의미의 변환까지 수반하고 있다.

그리고 '하강순행유형(下降順行類型)'의 '결핍의 제거'-'과제'-'과제의 불성취'-'결핍' 꼴은 '상승순행유형'의 '결핍'-'과제'-'과제의 성취'-'결핍의 제거' 꼴의 구조가 변환된 것이다. 곧 후자에서는 부여된 과제가 성취되는 데 반해, 전자에서는 그것이 성취되지 못했기 때문에 종점상황이 대조적인 양상을 보여 주고 있다.

그리고 '하강반전유형(下降反轉類型)'의 설화도, 그 구조적 변환은 '하강순행유형'의 1)꼴과 같은 형태를 보이고 있다. 즉 '하강류' 설화에서 기점상황은 균형이 취해진 충족의 상태여서 일부러 탈출을 시도할 필요가 없다. 그래서 충족의 상태가 깨어져 '결핍'의 종점 상황을 초래하는 자연스러운 방법으로 '쟁투'가 이용되었다. 따라서 이 유형의 설화는 '상승반전유형'에서 축의 역할을 수행하는 '탈출의 시도' 모티핌이 '쟁투'로 바뀌었다고 할 수 있다.

그러나 '하강나선유형(下降螺旋類型)'의 경우에는 이와 같은 모티핌 내용의 변화는 일어나지 않고, 단지 '상승나선유형'의 '결핍' 모티핌이 '결핍의 제거'로 또 '결핍의 제거'가 '결핍'으로 변환되기만 한다. 이렇게 볼 때 설화 그 자체가 합리적으로 조직되어 있을 뿐만 아니라, 그 구조의 변환도 대단히 논리적으로 행해지고 있다는 사실을 확인할 수 있다.

한편 '절충류(折衷類)'의 설화는 이것들과는 다른 형태로 되어 있다. 바꾸어 말하면 '절충류'의 설화는 구조의 변환으로 이루어진 것이 아니라, 구조의 융합 곧 '상승류'와 '하강류'의 구조가 합해져서 만들어진 이야기들이라고 할 수 있다. 이 유의 설화들은 그 구조에 따라 '절충협상유형(折衷鋏狀類型)'과 '절충모래시계유형'으로 2대별된다.

전자는 복수의 인물이 등장하여, 그들이 다 같이 '결핍'의 기점상황에서 출발한다. 그렇지만 그 뒤에 한쪽은 개선의 과정을 거쳐 '결핍의 제거'를 이룩한다. 이에 반해 다른 쪽은 기점상황의 '결핍' 상태가 종점상황까지 유지되는 이야기이다. 그래서 이 유형에서는 주인공과 반주인공의 구별이 확연하지 않다. 후자는 바람직한 주인공과 바람직하지 못한 반주인공이 등장하고, 그들의 기점상황도 '결핍'과 '결핍의 제거'로 각각 대조를 이룬다. 그리하여 주인공은 개선의 과정을 거쳐 '결핍의 제거' 상태에 이르지만, 반주인공은 악화의 과정을 통해 '결핍'의 상태에 이르는 대립적인 전개 양상을 보여 준다.

그리고 원래의 상태로 되돌아가는 '회귀류(回歸類)' 설화도 두 개의 형, 곧 '결핍회귀형(缺乏回歸型)'과 '충족회귀형(充足回歸型)'으로 구분된다. 전자는 '결핍'의 기점상황에서 출발하여 '탈출의 시도'라든가, '선업'에 뒤따른 '선과'로 '결핍의 제거'를 이룩한다. 그러나, '과람'이나 '금지'의 위반 등으로 다시 '결핍' 상태로 바뀌어 끝을 맺는다. 반면에 후자는 충족 상태에서 시작된 이야기가 '금지'를 위반함으로써 '결핍' 상태가 되었다가, '탈출의 시도'라든가 '과제의 성취' 등으로 다시 결핍을 제거하고 충족 상태로 변하는 구조적 모델로 되어 있다. 이러한 '회귀류' 설화의 구조는, 언뜻 보기에는 '절충모래시계유형'의 그것과 상당히 비슷한 데가 있다. 하지만 전자가 한 사람의 주인공 내지는 그의 편에 서는 등장인물을 중심으로 전개되는 데 반해, 후자는 주인공과 대립되는 반주인공을 함께 등장시켜 양측으로 이야기가 전개된다는 차이점이 있다.

이와 같은 구조적 특성은 설화에 일정한 구성의 법칙이 존재한다는 것을 말해준다. 한국설화에서 찾을 수 있는 구성의 법칙으로는, 먼저 설화가 문제를 제기하는 모티핌과 그 문제를 해결하는 모티핌으로 형성되어 있다는 것을 들 수 있다. 두루 알다시피 설화들 가운데는 중핵적인 모티핌인 '결핍'과 '결핍의 제거'만으로 이루어진 것도 있다. 이 경우에도 전자는 문제를 제기하는 것이고, 후자는 문제를 해결하는 것이다.

하지만 많은 이야기들은 이들 두 모티핌들 사이에 다른 모티핌의 연속체가 삽입되어, 더 긴 형태로 되어 있다. 이렇게 복잡해진 설화에서도, 문제의 제기에 그치는 것이 아니라 반드시 해결이 뒤따른다는 것이다. 이를테면 '과제'라든가 '시련', '기만' 등을 서술한 뒤에 그 해결책으로 '과제의 성취'라든가 '시련의 제거', '기만의 성공' 등을 이야기한다. 또 이들 사이에 '탈출의 시도' 모티핌이 들어가는 경우도 마찬가지이다. 바꾸어 말하면 '탈출의 시도'는 '과제'나 '시련'과 같은 것을 분명하게 해결하기 위하여 설정된 수단과 방법의 강구에 해당하는 것이므로, 제기된 문제의 해결을 더욱 필연적으로 만든다고 하겠다.

다음으로 모티핌의 결합도 설화의 구성법칙의 하나로 지적할 수 있다. 좀 더 구체적으로 말하면, 수없이 존재하는 모티핌들이 아무렇게나 결합되는 것이 아니라, 그 결합에는 일정한 법칙성이 있다는 것이다. 즉 중핵적인 모티핌들 사이에 다른 모티핌들이 들어가 더 길어진 설화의 경우에, 거기에 삽입할 수 있는 모티핌의 수는 제한되어 있다. 그리고 삽입되는 모티핌들도 서로 결합할 수 있는 것이 있고, 결합할 수 없는 것이 있다. 예를 들어 '시련'과 '과제의 성취' 모티핌은 직접적으로 연결될 수 없다. 이들 두 모티핌을 유기적으로 연결시키기 위해서는, 시련을 극복하기 위한 수단으로 '과제'를 부여한 다음이 아니고서는 '과제의 성취' 모티핌이 절대로 올 수 없다는 것이다.

그런데 위에서 고찰한 설화의 구조적 모델은 아무렇게나 만들어진 것이 아니라, 인간들이 지니고 있는 심리적인 동기에 의해 창출되었다는 데 주목할 필요가 있다. 이것을 더 자세하게 살펴보면, 우선 '상승중핵유형'을 구성하는 '결핍'과 '결핍의 제거' 모티핌은 인간들의 가장 본원적인 욕구의 하나인 충족욕구를 만족시켜 주기 위해서 만들어진 것이다. 또 '상승순행유형'을 이루는 '과제'와 '과제의 성취' 모티픔의 연속체는 성취동기에, '선업'과 '선과'는 준거(準據)에 따라 생활하려고 하는 동기에, '시련'과 '시련의 제거'는 자기 실현의 동기에, '기만'과 '기만의 성공'은 고난 탈출의 동기에 근거를 두고 생성된 것이다.

또 '하강류' 설화에서 '하강중핵유형'은 불균형이나 무질서를 경계하려는 동기에서 만들어진 것이고, '악업' - '악과' 연속체가 삽입된 '하강순행유형'은 악행에 대한 경계의 심리에서, '과제' - '과제의 불성취' 연속체가 들어간 '하강순행유형'은 능력 과시를 경계하려는 동기에서 나온 것이다. '하강반전유형'의 구조적 모델이 쟁투를 경계하려는 심리에서 생겨난 것이라면, '하강나선유형'의 구조적 모델은 선린관계 훼손을 경계하려는 동기에서 만들어진 것이다.

그리고 '상승류'와 '하강류'가 절충된 '절충류' 설화에서 '절충협상유형'의 구조적 모델은 신중한 처신을 권장하려는 동기에서 나온 것이고, '절충모래시계유형'의 구조적 모델은 근선원악을 권장하려는 동기에서 나온 것이다. 또 '회귀류'의 '결핍회귀형'에서 '과람' 모티픔이 삽입된 것은 인간은 분수를 지키면서 절제해야 한다는 것을 강조하기 위한 것이고, 금지의 '위반' 모티픔이 들어간 것은 언제나 주의를 기울이면서 신중하게 행동할 필요가 있다는 것을 가르치기 위한 것이며, '충족회귀형'의 구조는 나쁜 일이 닥쳐올 경우를 대비하려는 동기에서 형성되었다고 보았다. 이처럼 설화의 구조를 생성시킨 동기를 해명한다면, 구조분석은 설화의 주제를 밝히는 데도 유용한 방법론이 될 수 있다. 그 이유는 같은 유형에 속하는 설화들의 표면적인 주제를 추상화하면, 결국에는 그것을 창출한 심리적 동기를 구명할 것이고, 그 심리적 동기가 심층의 주제가 될 수 있기 때문이다. 그렇지만 이 문제는 앞으로 심리학의 동기이론(motivation theory)을 좀더 천착하여 구체화할 필요가 있다는 점을 지적해 둔다.

이 문제는 어찌되었든 이러한 구조 분석 성과를 가지고 한국설화의 유형 분류시안을 만든다면 다음과 같다.

도해 8. 한국설화의 유형 분류 시안

Ⅰ. 상승류 ── 중핵형 ── 결핍 ── 결핍의 제거꼴

순행형 ── 결핍 ── 과제 ── 과제의 성취 ── 결핍의 제거꼴
결핍 ── 선업 ── 선과 ── 결핍의 제거꼴
결핍 ── 시련 ── 시련의 제거 ── 결핍의 제거꼴
결핍 ── 기만 ── 기만의 성공 ── 결핍의 제거꼴

반전형 ── 결핍 ── 탈출의 시도 ── 결핍의 제거꼴
결핍 ── 과제 ── 탈출의 시도 ── 과제의 성취 ── 결핍의 제거꼴

나선형 ── 결핍 ── 결핍의 제거 ── 결핍 ── 결핍의 제거물
결핍 ── 결핍의 제거 ── 결핍 ── 탈출의 시도 ── 결핍의 제거물

Ⅱ. 하강류 ── 중핵형 ── 결핍의 제거 ── 결핍물

순행형 ── 결핍의 제거 ── 악업 ── 악과 ── 결핍꼴
결핍의 제거 ── 과제 ── 과제의 불성취 ── 결핍꼴

반전형 ── 결핍의 제거 ── 쟁투 ── 결핍꼴

나선형 ── 결핍의 제거 ── 결핍 ── 결핍의 제거 ── 결핍꼴

Ⅲ. 절충류 ── 협상형 ── 결핍 ── 탈출의 시도 ── 결핍의 제거 / 결핍꼴

모래
시계형 ── 결핍 ── 결핍의 제거
결핍의 제거 ── 결핍꼴
결핍 ── 탈출의 시도 ── 결핍의 제거
결핍의 제거 ── 과람 ── 결핍꼴

Ⅳ. 회귀류 ── 결핍
회귀형 ── 결핍 ── 탈출의 시도 ── 결핍의 제거 ── 과람 ── 결핍꼴
결핍 ── 선업 ── 선과 ── 결핍의 제거 ── 과람 ── 결핍꼴

충족
회귀형 ── 결핍 ── 선업 ── 선과 ── 결핍의 제거 ── 금지 ── 위반 ── 결핍꼴
결핍의 제거 ── 금지 ── 위반 ── 결핍 ── 탈출의 시도 ── 결핍의 제거꼴
결핍의 제거 ── 금지 ── 위반 ── 결핍 ── 과제 ── 과제의 성취 ── 결핍의 제거

이 같은 분류시안이 지금까지 조사 보고된 모든 자료를 망라한 것은 아니어서, 타당성 여부에는 문제가 있음을 솔직히 인정한다. 하지만 분류체계를 설정하는 기준이 설화에 내재된 구조 하나뿐이라는 사실을 부정할 수 없을 것이다.

그래서 앞으로 이 방면에 관심이 있는 학자들과 많은 논의를 거쳐 이 시안을 수정 확대해 간다면, 역사·지리학파 학자들이 만든 유형 색인의 문제점들을 극복할 수 있고, 나아가서는 비교적 문제점이 적은 분류체계를 완성시킬 수도 있지 않을까 한다.

제4장 한국의 설화는 어디에서 들어왔는가

1. 왜 설화의 원류를 더듬어야 하는가

흔히 한국민족은 단일민족이라고 부른다. 이 말은 민족 구성원 모두가 핏줄이 같다는 것을 뜻하지는 않는다. 우리 민족은 만주와 한반도를 삶의 공간으로 몇 천 년 동안 살아왔다. 그러한 가운데 주변 민족들과 관계를 끊고 순수한 혈통을 유지한다는 것은 불가능한 일이다.

주지하다시피 한국민속은 주변에 살고 있는 여러 민족들과 끊임없는 교류를 하면서 그들로부터 다양한 문화를 섭취해 왔다. 그렇게 하는 사이에 자연스럽게 그들과 혈연적 관계를 맺은 것 또한 부정할 수 없는 엄연한 사실이다. 따라서 단일민족이란 표현은 한국문화라고 하는 단일한 문화, 곧 시베리아나 중국, 일본 등과는 다른, 독특한 문화를 가지고 살아온 민족이란 의미로 사용된다고 하겠다.

그렇다면 한국문화는 무엇을 근간(根幹)으로 하여 형성된 것일까 하는 의문이 생긴다. 이 문제에 대한 해답은 간단하지가 않다. 그 때문에 이제까지 역사학이나 고고학, 언어학 등의 분야에서 수많은 논의가 진행되었다.[1] 그럼에도 아직까지 명쾌한 정설(定說)을 마련하지 못하고 있다. 원래 문화라는

---

1) 한국정신문화연구원 교학부연찬실 편 : 1980에서 한민족의 기원에 관한 총체적인 논의가 이루어진 바 있다.

180

것, 그 자체는 다양성을 본질로 한다. 그러므로 칼로 두부 모를 자르듯이 명백하게 그 원류를 밝힐 수 없는 것은 당연할지도 모른다.

그렇다고 이것을 간단히 보아 넘길 성질의 문제는 아니다. 일본 제국주의자들은 그들의 강점을 정당화하기 위해서 한국문화에 대한 왜곡된 시각을 각인시켰다. 다시 말해 그들은 한국을 다스리면서 분할통치(devide and rule)라는 지배 이데올로기를 마련했다. 이것은 응집력이 강한 한국의 문화적 특성을 해체시키고 계층간·지역간 갈등을 조장하려는 식민지 지배정책 차원에서 만들어낸 것이었다.[2]

이런 연구의 대표적인 예가 미시나 아키히데(三品彰英)의 문화권역설(文化圈域說)에 입각한 한국 기층문화의 2원적 성격론이다. 그는 한국민족의 근간을 남퉁구스계인 북쪽의 예맥족(濊貊族)과 남쪽의 한족(韓族)으로 양분하였다.[3] 그리고 이를 증명하는 자료로 한국의 북부지방에 북방 대륙계통의 수조신화(獸祖神話)와 만몽계통(滿蒙系統)의 일광감응신화(日光感應神話)가 분포되어 있고, 남부지방에 남방 해양계통의 난생신화가 분포되어 있다는 사실을 지적하였다.[4] 이와 같은 그의 연구는 한국민족이 초기단계부터 확연히 구별되는 두 개의 이질적인 종족으로 형성되었다는 것을 강조하기 위한 것이었음은 두말할 나위도 없다.

물론 이러한 주장이 전적으로 틀렸다는 것은 아니다. 문화란 것은 부단히 이동하고 접합하며 동화하게 마련이다.[5] 그래서 한국의 기층문화도 여러 곳에서 들어온 다양한 요소들이 용해되고 통합되어 성립되었다고 볼 수밖에 없다.

그러나 우리는 일본학자들의 이와 같은 주장 속에 결코 간과할 수 없는 저의(底意)가 숨겨 있다는 사실에 유의하지 않으면 안 된다. 두루 알다시피 일본 제국주의자들은 한국을 식민지화하면서 역사적 근거가 박약한 '임나일본부설(任那日本府說)'이란 것을 들고 나왔다.[6] 이는 《일본서기(日本書紀)》

---

2) 김화경 : 1982a, pp.33~35.
3) 三品彰英 : 1972, pp.213~214.
4) 三品彰英 : 1971a, pp.310~537.
5) C. Ember & M. Ember : 1977, pp.192~195.

에 실려 있는 내용을 바탕으로 한 것으로, 야마토 조정(大和朝廷)이 직접 관할하던 미야케(屯家, 屯倉)가 한반도에 존재했다는 설이다. 그렇지만 이 책은 역사책이라고 하기보다는 설화집에 가깝다. 그런데도 그들은 임나일본부의 실체를 증명하려고 갖은 노력을 다 하였다. 말하자면 설화를 가지고 역사를 재구성하려고 했던 것이다.

이런 노력의 일환으로 이루어진 그들의 연구 가운데 하나가 한국문화의 남방연원설이다. 이것은 남방에서 들어온 해양문화 내지는 농경문화가 일본이 한반도에 개척한 임나일본부의 밑받침이 되었다는 것이다. 바꾸어 말하면 한국의 기층문화가 형성되는 데는 일본문화를 포함하는, 남방의 해양문화와 농경문화도 얼마간 기여를 하였다는 것을 강조하려는 저의가 들어 있다.

이와 같은 억설(臆說)은 그 뒤에 한국측의 괄목할 만한 연구성과들로 어느 정도 극복되기도 하였다. 특히 김석형(金錫亨)의 《고대 조일 관계사(古代朝日關係史)》는 이 방면의 연구에서 가장 뛰어난 업적의 하나이다. 그는 이른바 일본 내의 '삼국 분국설(三國分國說)'을 주장하여, 일본학자들의 임나일본부설이 얼마나 허구에 찬 주장이었는지를 실증적으로 증명해 보였다.[7]

국사학계의 이런 성과에도 불구하고 민속학계에는 아직까지 한국문화의 남방연원설에 연연하는 학자들이 있다는 데 문제의 심각성이 있다. 그런 연구의 단적인 예가 최길성(崔吉城)의 《한국 무속의 연구》이다. 그는 "한국의 중부지방의 무속은 극동에 있어서 북방의 전형적인 샤머니즘의 남방한계선이 되는 셈이다. 그런데 한국 남부와 오키나와 지방의 사제가 보다 뿌리깊이 사회적으로 토착되어 있는 점으로 보아 북방의 샤머니즘이 그런 사회 위로 유입된 것이 아닐까?"[8]라고 하여, 한국의 남부지방에는 오키나와(沖繩)에서 올라온 남방의 샤머니즘이 먼저 자리잡고 있었던 것으로 보았다. 그의 이 견해는 일본학자들의 남방문화설을 충실하게 수용한 결과라고 할

---

6) 임나일본부설의 대표적인 연구로는 末松保和 : 1949가 있다.
7) 이 책은 1988년 북한 자료의 해금 조치에 따라, 서울에서 《고대 한일 관계사》 란 책명으로 출판되었다. 김석형 : 1988, pp.299~356.
8) 최길성 : 1978, pp.21~22.

수 있다.

이뿐만이 아니다. 한국의 난생신화(卵生神話) 역시 남방에서 들어왔다고 하는 주장도 마찬가지이다. 김재붕(金在鵬)은 〈난생신화의 분포권〉이란 논문에서 한국의 고대 건국신화에 나오는 모든 난생 모티프가 남방에서 들어온 것이라고 하여, 미시나 아키히데(三品彰英)의 견해를 그대로 받아들였다.[9] 그리하여 현재 한국학계에는 난생신화가 남방에서 들어왔다는 인식이 널리 퍼져 있다.

이러한 문제점은 한국학자들이 일본인들의 주장에 담겨 있는 저의를 제대로 파악하지 않았고, 또 그들 주장의 타당성을 철저하게 검증하지 않았기 때문이다. 그래서 이 연구에서는 한국의 설화, 그 가운데서도 일찍이 문헌에 정착되어 비교적 원형을 잘 보존하고 있다고 판단되는 신화적인 설화들을 주된 자료로 이용하고, 현재까지 구전되는 설화들을 보조적인 자료로 하여 그 원류를 상고(詳考)함으로써 그들 주장의 허구성을 증명하여 민족문화에 대한 인식을 새롭게 하고자 한다.

2. 문화사론적 연구방법

이러한 연구목적을 달성하기 위해서 이 연구에서는 문화사론적 연구방법론을 원용하기로 한다. 그 동안 설화를 비교 연구하기 위해서 여러 가지 방법론들이 개발되어 왔다. 즉 설화가 수행하는 기능을 비교한다든지 또는 거기에 내재된 구조를 추출하여 비교하는 것, 그리고 설화의 문화적 성격을 비교하는 것 등이 그것이다.

이들 가운데서 이 연구에서 이용하려고 하는 문화사론적 연구방법은 19세기 후반부터 역사민족학(historical ethnology) 분야에서 이용하기 시작한 것으로, 이미 손진태(孫晉泰)가 한국의 설화연구에도 적용한 바 있다. 그는 1927년 8월부터 15회에 걸쳐 《신민(新民)》이란 잡지에 〈조선 민간설화의

---

9) 김재붕 : 1971, pp.39〜53.

연구— 민간설화의 문화사적 고찰〉이라는 일련의 논문을 발표하였다. 이 논문에서 그는 설화의 문화사적 연구를 "한 개의 민족설화가 어떻게 어느 곳에서 발생하여 어느 시대에 어떠한 까닭으로 어느 곳으로 전파된 경로를 고구(考究)하는 방법"[10]이라고 밝혔다.

손진태의 설명에서 알 수 있는 것처럼, 설화를 문화사론적 처지에서 자리 매김하는 이 방법론은 발생과 전파의 문제에 깊은 관심을 표명한다. 에렌라 이히(P. Ehrenreich)는 설화의 하위 장르에 들어가는 신화의 이동을 증명할 때 주의해야 할 방법론의 문제점을 다음과 같이 설명하고 있다.

> 이러한 이동의 증명은, 신화의 제 모티프들이 일치하는 것에서 이끌어낸 다. 그렇지만 그것은 이 일치가 정말로 같은 것인지 또는 친연적인 것인지 하는 것이어서, 단지 외관상으로만 비슷한 것이 아닌 경우여야 한다. 그러 나 참으로 일치하는 것인가 아닌가 하는 것은, 대개의 경우 포괄적인 비교 의 결과를 종합할 때에 분명하게 된다.
>
> 이 과정의 하나가 일정한 제 모티프들의 계기관계(繼起關係), 또는 특징 적인 결합을 증명하는 것이다. 다만 이 때에도 이를테면 일몰(日沒)이라든 가 달의 차고 기움과 같은, 단순히 일반적으로 눈으로 볼 수 있는 자연현상 에 근거를 두고 있는 것이 아니어야 한다. 이와 같은 경우에는 아주 특수한 유사성이 있다는 것을 증명해야 한다. 이 증명에는 두 지점에서 극히 복잡 한 사고의 결합 상태와 제 모티프들이 나타나는 것만이 차용(借用)을 확증 할 수 있다. 하지만 그렇게 하는 것은 종종 여러 가지가 대단히 착종(錯綜) 되어 있는 경우이다.[11]

이곳에서 그가 논하고 있는 원칙은 천체신화론(天體神話論)적인 사례들이 다. 이것은 그 집필연대가 상당히 오래되었음을 드러내고 있으나, 기본적으 로는 오늘날에도 통용될 수 있는 일반적인 것들이다. 즉 문제의 신화에서 인정되는 제 모티프들의 특징적인 계기 내지는 결합이 두 지역의 신화에서 확인되는 경우에는 둘 사이의 발생적 관련이 증명된다는 것과, 그리고 이

---

10) 손진태 : 1947, p.2.
11) 大林太良 : 1979b, p.11.

제 모티프들의 계기와 결합이 그 주제의 본성에 기반을 둔 것이 아닌 특이한 것이어야 한다는 원칙이다. 이것은 역사민족학의 방법론에서 그래프너(P. Graebner) 이후 중요시해 온 형태적인 기준 및 양적인 기준과 근본적으로는 같은 생각인 것이다.[12]

그러나 이와 같은 견해가 하나의 모티프만으로는 문화사론적인 가설을 세울 수 없다는 것을 의미하지는 않는다. 그것이 아주 특징적인 모티프인 경우, 또 그것이 유의미한 분포를 보이는 경우에는 그것으로 가설을 세울 수 있음을 말해 주고 있다. 그렇지만 그 어느 쪽이든 자료에서 문화사적인 가설을 이끌어내는 가장 중요한 단서는 역시 모티프의 분포상태임에는 변함이 없다.[13]

설화의 민족학적인 연구에서, 특정한 형식 내지는 모티프가 연속적인 분포를 보이는 경우는, 그렇지 않은 경우보다 해석이 더 용이한 것은 사실이다. 하지만 실제로 설화를 연구할 때 어떤 가설을 세울 만큼 충분한 자료들을 확보한다는 것은 쉬운 일이 아니다. 특히 한국의 설화연구에 이 방법론을 원용할 경우에는 더욱더 그러한 것 같다. 왜냐하면 우선 국내의 설화자료들도 제대로 조사하지 않았고, 게다가 문화적으로 한국과 긴밀한 관련이 있는 중국이나 만주, 시베리아 등지의 자료들 역시 그다지 많은 양이 보고되지 않았기 때문이다.

물론 최근 들어 중국학계에서는 문헌설화의 정리와 구전설화의 수집에 상당한 노력을 기울이고 있다.[14] 그러나 이들 자료는 학자들이 개인적인 관심으로 조사하고 수집한 것이어서 체계적으로 정리되지 않았다는 문제가 있음을 지적하지 않을 수 없다.

그러므로 주변민족들의 자료에서 한국설화의 원향(原鄕) 내지는 그 원형을 찾을 수 없는 경우에는 일반적으로 널리 인정되는 민족지학(民族誌學)의 자료들을 이용할 수밖에 없다. 구비문학과 민족지학의 관계에 대해서는 러시아의 저명한 민속학자인 프로프(V. Propp)가 〈구비문학의 특질〉이란 논

---

12) 위의 글, p.12.
13) 위와 같음.
14) 中國少數民族文學學會 編 : 1986 ; 李福淸 : 1988 ; 劉城淮 : 1988, 1992 참조.

문에서 이미 밝힌 바 있어, 좋은 참고가 된다.

그는 이 논문에서 "역사적 학문은 발전의 사실뿐만 아니라 그 설명까지도 요구한다"는 전제를 세웠다. 그런 다음, "민중의 물질적 생활과 사회조직의 최고형태(最古形態)를 연구하는 학문이 민족지학이다. 그러므로 현상의 발생과 그것에 수반되는 것을 연구하는 역사적 구비문학은 민족지학에 입각하고 있다. 이러한 연구가 역사적 연구의 요체(要諦)인 것이다. 그렇기 때문에 구비문학과 민족지학은 밀접한 관계가 있다"고 하여 이들의 관계를 적시하고, 나아가서 "민족지학 자료의 원용은 협의의 발생뿐만 아니라 초기 발달의 연구에도 중요한 것이다. 왜냐하면 장르와 줄거리, 모티프의 발생뿐만 아니라 그 뒤의 운동과 변화도 또한 물질적 사회적인 생활에 의존하고 있기 때문이다"[15]고 하여 민족지학의 자료를 이용해야 하는 이유와 그 성과를 지적하였다.

따라서 이 글에서 시도하는 한국설화의 원류를 구명하기 위한 문화사론적 연구는 주변민족들의 자료와 민족지학의 자료들을 이용하여 하나의 가설을 제시하는 수준에 머물 수밖에 없는 한계가 있다. 그렇지만 이제까지의 연구에서 몇 개의 특정한 설화들을 제외하고는 이 방면의 연구가 그다지 진척되지 않았으므로, 이 연구가 한국설화의 연구 폭을 넓히는 계기가 되고, 또 민족문화의 형성과정을 재구하는 데 이바지하였으면 한다.

그리고 이 연구에서 이용하는 자료들은 신화적 성격을 지닌 설화들이 주종을 이룬다. 이것은 신화들이 일찍부터 문자로 정착되어 그 원형을 잘 보존하고 있다는 점에 착안한 것이다. 그러므로 문헌신화들을 주된 분석자료로 사용하면서, 이들과 관계있은 구전설화들도 아울러 이용한다는 것을 미리 밝혀둔다.

---

15) V. Propp 저, 齊藤君子 역 : 1983, pp.36~37.

3. 출현신화와 밭곡식 재배문화

이 지구에서 살아가는 인간들의 생활은 다음과 같이 세 가지 각도에서 분류할 수 있다. 즉 자연과 인간의 관계에서 전개되는 물질생활, 인간과 인간의 관계에서 전개되는 사회생활, 인간이 자연과 사회에 대응해 나가는 과정에서 생성된 정신생활 등이 그것이다.[16]

이들 분류시각은 제각기 장·단점이 있고 또 명확하게 서로 구획을 짓기 어려운 점도 있어, 어느 것이 더 타당한 것이라고 단정하기는 쉽지 않다. 그러나 사회학자들이 시도하는 사회제도의 어떤 특징이나 사회집단이 결합되어 가는 양태와 같은 기준에 따른 분류는 그다지 널리 통용되지 않고 있다. 또 정신생활이라든가 생활태도의 어떤 특징을 취하여 분류의 기준으로 삼는 경우도 연구자의 취향에 따라 그것이 주관적 자의적인 관점에서 처리될 가능성을 배제할 수 없다.[17]

이에 비해 물질생활의 특징에 주안점을 둔 분류, 곧 채집(採集)과 목축(牧畜), 농경(農耕)과 같이 음식의 조달방법을 둘러싼 생업에 따른 구분은 구체적인 관찰을 하는 데 유리할 뿐만 아니라 인간생활의 가장 기본적인 중요성에 바탕을 둔 것이다. 그 때문에 많은 인류학자들이 이 방법을 즐겨 이용해 왔다. 이 연구에서도 경제형태에 근거를 두고 그 생업수단을 가졌던 집단이 어떤 신화들을 가졌는지 하는 문제를 고찰하기로 한다.

한국의 문헌신화, 특히 건국신화와 왕권신화(王權神話) 자료들을 검토할 경우, 땅에서 인간이 탄생했다고 하는 출현신화(出現神話)를 가진 집단이 있어 주목을 끈다. 이런 자료로는 동부여(東夫餘)의 '금와왕(金蛙王) 탄생담'이 있으므로,《삼국사기》권 13, 고구려 본기 시조 동명성왕조에 실려 있는 그 내용을 소개하기로 한다.

---

16) 馬淵東一 : 1978, pp.68~71.
17) 위의 책, p.71.

[자료 1]

(1) 이 일(주몽이 고구려를 건국하는 일 : 인용자 주)에 앞서 부여왕 해부루
    는 늙도록 아들이 없었다. (그리하여 그는) 산천에 기도를 드려서 대를
    이을 아들을 구하였다.

(2) 왕이 탄 말이 곤연에 이르러 큰 돌을 보고 마주 대하여 눈물을 흘렸다.
    왕이 괴이하게 생각하여 사람들을 시켜서 그 돌을 옮기게 하였다. (그랬
    더니 거기에는) 어린아이가 금빛의 개구리 모양을 하고 있었다(한편으로
    는 개구리를 달팽이라고도 한다). 왕은 기뻐하여 말하기를 "이것은 바로
    하늘이 나에게 아들을 준 것이다"라고 하면서 그를 거두어 길렀다.

(3) (왕은) 그 아이의 이름을 금와라 하고, 그가 장성하자 태자로 삼았다.

(4) 그 뒤에 제상 아란불이 말하기를 "일전에 하느님이 내려오시어 저에게
    이르기를 '장차 나의 자손으로 하여금 이 곳에 나라를 세우게 하고자 하
    니, 너희들은 여기에서 피하여 가거라. 동쪽 바닷가에는 가섭원이라고
    하는 땅이 있는데, 토양이 기름져서 오곡을 심기에 적합하므로 도읍을
    정할 만하다'고 하였습니다"라고 하였다.

(5) 아란불이 드디어 왕에게 권하여서 그 곳으로 도읍을 옮기게 하였는데,
    (그렇게 하여 세운) 나라의 이름을 동부여라고 하였다.

(6) 그의 옛 도읍지에는 어디에서 왔는지를 알 수 없는 사람이 나타나서 스
    스로 천제의 아들 해모수라고 하면서 거기에 도읍을 정하였다.

(7) 해부루가 죽으매 금와가 왕위를 이었다.[18]

이 자료의 주인공은 해부루이다. 미시나 아키히데(三品彰英)는 해부루의
'부루'가 밝음을 나타내는 '밝'과 관계가 있다고 하여, 그를 주몽과 같은 인물
로 간주하였다. 다시 말해 해부루와 주몽은 다른 이름을 가진 동일인물이라
는 것이다.[19]

---

18) "先是 扶餘王解夫婁 老無子 祭山川求嗣 其所御馬至鯤淵 見大石相對流淚 王怪之
   使人轉其石 有小兒金色蛙形(蛙一作蝸) 王喜曰 此乃天賚我令胤乎 乃收而養之 名曰金
   蛙 及其長立爲太子 後其相阿蘭弗曰 日者天降我曰 將使吾子孫 立國於此 汝其避之東
   海之濱有地 號曰迦葉原土壤膏腴宜五穀 可都也 阿蘭弗遂勸王 移都於彼 國號東扶餘
   其舊都有人 不知所從來 自稱天帝子解慕漱來都焉 及解夫婁薨 金蛙嗣位". 김부식 :
   1982, p.145.

19) 三品彰英 : 1971b, pp.290~293.

188

그러나 이들은 세운 나라가 다르고, 그 문화적 성격도 다른 별개의 인물
이다. 사실 해부루라는 이름은 '광명' 내지는 '밝다'와는 거리가 있는 말인
듯하다. 양주동(梁柱東)은 '발(發)·부여(夫餘)·부리(夫里)·벌(伐)·불불(不弗)·
불(弗)' 등은 나라 혹은 벌판을 의미하는 한국어 '불'을 한자로 표기한 것이
라는 주장을 폈다.[20] 이러한 그의 견해는 한국 고대어를 재구하여서 좀더 면
밀한 검증을 거쳐야만 그 타당성을 인정받을 것이다.

하지만 한국의 신화적 자료들, 그 가운데서도 위의 자료와 송양왕의 '비류
국(沸流國) 양도신화', 비류(沸流)의 '미추홀 양도신화' 등을 중심으로 생각할
때 양주동의 주장은 타당성이 있는 것 같다. 이렇게 말하는 까닭은 부루나
비류라는 신화적인 인물의 이름이나 비류라는 나라의 이름이 수도경작(水稻
耕作)의 농경문화와 긴밀한 관계를 가지고 있어, '벌'과의 친연성을 드러내
고 있기 때문이다.

이 문제를 더욱 명확하게 해명하기 위해서는 해부루 집단이 어떠한 형태
의 경제생활을 영위하고 있었으며, 어떤 세계관을 가지고 있었는지를 좀더
자세하게 검토하여야 한다. 진수(陳壽)가 저술한 《삼국지(三國志)》의 위서
동이전 부여조에는 부여의 지리적인 환경을 아래와 같이 기록하고 있다.

　　그 사람들은 대대로 정착하여 살았는데, (거기에는) 궁실도 있고 창고도
있으며 감옥도 있다. 산과 언덕, 넓은 못들이 많아서 동이지방 가운데서는
가장 평평한 땅이다. 토지는 오곡을 심는 데는 알맞아도 오과(五果)는 나지
않는다.[21]

이 기록은 해부루를 수장(首長)으로 하는 부여족이 대지(大地)의 원리를
신봉하고 벼를 재배하던 농경민이었음을 암시해 준다. 화전경작(火田耕作)
을 하는 농경민은 땅을 개간하여 농사를 짓다가 경작하는 토지의 힘이 다하
면 다시 새로운 땅을 찾아서 이동을 한다. 그러므로 이들은 한 지역에서 오
랫동안 머물러 살지 않는다. 그런데 이 기록에서는 사람들이 대대로 정착하

---

20) 양주동 : 1955, p.391.
21) "其民土著 有宮室倉庫牢獄 多山陵廣澤 於東夷之域最平敞 土地宜五穀 不生五果".
　　陳壽 : 1975, p.841.

여 살았다는 '기민토착(其民土着)'이라는 표현을 사용하였다. 이것은 부여족이 오랜 기간에 걸쳐 이 지방에서 정착생활을 했던 농경민[22]이었음을 말해 주는 것으로 볼 수 있다.

위 기록의 밑줄 친 부분은 이러한 추정의 타당성을 뒷받침해 준다. 한국 역사에서 고조선 다음으로 등장한 부여는 만주에 있는 송화강(松花江) 유역을 무대로 하여 성장한 국가이고, 그 중심지는 이통하(伊通河) 부근의 장춘(長春)과 농안(農安) 일대로 추정된다.[23] 이 지방에 넓은 못[廣澤]이 많았다는 것은 그것들이 자연적으로 만들어진 것이 아니라, 벼를 재배하기 위한 관개시설(灌漑施設)로 인위적으로 축조되었다는 사실을 나타내는 것이다.

또 '해부루신화'의 단락 (4)에서도 이런 추정이 사리에 맞음을 확인할 수 있다. 여기에서는 해부루 집단이 이주하여 동부여라는 나라를 세운 곳이 동쪽 바닷가에 있으며, 그곳은 토양이 기름져서 오곡을 심기에 적당한 곳이라고 하였다. 국사학계에서는 이곳을 만주의 길림(吉林)지역으로 추정하고 있는데,[24] 이 일대는 밭농사보다는 논농사가 더 적합한 곳이다. 그렇다면 이 신화에서 말하는 오곡은 삼과 보리, 콩, 수수, 메기장 등의 밭곡식만을 뜻하는 것이 아니라 벼를 포함하는 오곡이었다고 보는 것이 합당할 것이다.

따라서 '해부루신화'는 그를 구심점으로 하여 만주의 장춘과 농안, 부여(扶餘) 지역 일대에 살고 있던 선주(先住)의 부여족이 대지의 원리를 신봉하는 세계관을 가졌고, 일찍부터 수도경작의 농경생활을 주된 경제형태로 삼았던 농경민이었다. 그러한 그들이 동해안의 가섭원 지방으로 천도를 단행하였다는 것은, 뒤에 들어온 천손계통(天孫系統)인 해모수 집단과의 역학적 갈등에서 밀려나 삶의 터전을 양도하고 벼농사를 짓는 데 더 적절한 땅을 찾아서 이동하였다는 것을 드러낸다.

---

22) 이병도는 부여족을 농경민으로 보았고, 孫進己는 부여족이 농업과 목축을 병행하였던 것으로 보았다. 이병도 : 1976, p.213 ; 孫進己 저, 임동석 역 : 1992, p.236

23) 이기동 : 1982, p.75. 실제로 이 북쪽 지방에 오늘날까지 부여(扶餘)라는 지명이 남아 있다는 것도 이런 추단을 뒷받침해준다고 할 수 있다.

24) 노태돈은 원부여국이 길림(吉林)지역 일대에 자리잡고 있었던 것으로 보았다. 노태돈 : 1993, p.41.

　그렇지만 거주지를 옮겨간 해부루는 자신의 왕권을 물려줄 후사(後嗣)가 없었다. 이 때문에 그는 다른 문화를 가진 집단에서 후계자를 찾을 수밖에 없었다. 이를 서술한 곳이 단락 (2)이다. 이 단락에서는 해부루의 뒤를 이어 왕위에 오른 금와가 비정상적인 탄생을 하였다는 것을 두드러지게 부각하고 있다. 이것은 후계자의 탄생담에 신비성과 이상성(異常性)을 부여하려는 의도의 소산으로써, 자신들이 장악한 왕권의 정통성과 정당성을 확보하는 데 그 목적이 있었다.

　이처럼 통치계층의 지배논리가 작용하여 만들어진 것이 금와의 탄생담이다. 그의 탄생담은 금와가 금빛을 띤 개구리의 형상을 하고 나왔다는 것이 핵심을 이룬다. 금빛이 왕권을 상징하는 색깔이고, 개구리는 다산(多産)을 상징하는 동물이므로,[25] 금와 역시 농경문화와 밀접한 관계를 가지는 인물이라는 것을 쉽게 짐작할 수 있다.

　비록 그렇다고 하더라도 그가 돌 아래서 나왔다고 하는 표현을 어떻게 해석할 것인가 하는 문제는 여전히 해결되지 않은 채 남게 된다. 이 문제에 대해 문일환은 "어린아이가 출생을 하면 이내 돌로 그 머리를 눌러서 납작하게 만든다. 그렇기 때문에 지금 진한 사람들의 머리는 모두 납작하다"며 진한(辰韓)의 편두(編頭) 풍습과 "돌을 쌓아서 봉분을 만들었다"는 고구려의 묘제(墓制)를 관련시켜, 영혼불멸의 관념을 믿는 암석문화에 연원을 둔 암출신화(岩出神話)라는 견해[26]를 폈다.

　금와의 탄생담이 진한지역에서 행해지던 편두 풍습의 기원을 이야기해 주는 설명신화(explanatory myth)일 개연성은 부정하지는 않는다. 더욱이 현전하는 설화들 가운데 주인공이 바위에서 태어났다고 하는 암출설화가 존재하는 것도 사실이다.[27] 하지만 돌 아래서 나왔다고 하는 모티프를 고구려의 묘제와 관련시켜 그의 탄생담을 암출신화라고 하는 것은 지나친 논리의 비약이다.

　이 자료에는 해부루가 사람들을 시켜서 돌을 옮기게 하여[使人轉其石], 금와

---

25) 황패강 : 1992, p.30, 개구리조 참조.
26) 문일환 : 1993, pp.181~184.
27) 최상수 : 1958, pp.143~144.

를 얻었다는 것을 분명히 하고 있다. 이는 금와가 커다란 돌이 놓여 있던 곳, 곧 우묵하게 들어간 땅에서 탄생하였다는 것을 의미한다. 그렇다면 그의 탄생 담은 인간이 대지에서 나왔다고 하는 출현신화(emergence myth)의 범주에 들어간다고 볼 수 있으며, 나아가 지금까지 전승되는 암출설화도 출현신화의 후대적 변형일 가능성을 배제할 수 없게 된다.

그러나 이 자료만 가지고는 출현신화를 가졌던 금와 집단이 어떤 문화를 가졌는지를 헤아리기는 어렵다. 이 문제를 해명하기 위해서는 아무래도 고 주몽의 어머니인 유화(柳花)에 관한 기록을 검토하는 것이 좋을 듯하다. 그래서 우선 그녀의 제사에 관한 기사를 살펴보기로 한다.

> (1) (고구려 사람들은) 귀신과 사직(社稷)·영성(零星)에 제사지내는 것을 좋아하였다. 10월에는 하늘에 제사를 지내는 큰 모임이 있는데, 그 이름을 동맹이라고 했다. 그 나라의 동쪽에 큰 굴이 있어 그것을 수신(隧神)이라고 불렀다. 또한 10월에도 (그 신을) 맞이하여 제사를 지냈다.(《후한서》 동이열전 고구려조)[28]
>
> (2) (고구려 사람들은) 불교를 믿고 귀신을 섬기어 음사(淫祠)가 많았다. 신묘(神廟)가 두 군데 있는데, 하나는 부여신(夫餘神)이라고 해서 나무로 부인의 형상을 만들었고, (다른) 하나는 등고신(高登神)이라고 해서 그들의 시조이며 부여신의 아들이라고 한다. (이 두 신묘에는) 모두 관사(官司)를 설치해 놓고 사람을 파견하여 지키게 하였다. (그 두 신은) 대체로 (주몽의 어머니인) 하백의 딸과 주몽이라고 했다.(《북사》 열전 고려조)[29]

유화는 하백(河伯)의 딸로서 수신(水神)의 성격이 강한 존재이다. 그런데도 (1)의 기록은 그녀가 고구려에서 혈거신(穴居神)으로 신봉되고 있었음을 말해 주고 있다. 이는 (2)에서 말하고 있는 것처럼, 제의(祭儀)의 대상으로 삼기 위하여 신상(神像)을 만들어 굴속에 모셨다고 생각할 수도 있으나, 대

---

28) "好祠鬼神·社稷·零星 以十月祭天 大會名曰東盟 其國東有大穴 號襚神 亦以十月迎而祭之". 范曄 : 1975, p.2813.

29) "信佛法 敬鬼神 多淫祠 有神廟二所 一曰扶餘神 刻木作婦人像 一曰高登神 云是其始祖夫餘神之子 並置官司 遣人守護 蓋河伯女·朱蒙云". 李延壽 : 1977, p.3116.

지를 어머니로 섬기는 지모신(地母神) 사상에 입각하여 혈거신으로 숭앙했을 가능성도 있다.

이렇게 혈거신으로 신앙되던 유화는 곡모신(穀母神)의 요소도 아울러 지니고 있었다. 이에 관계되는 내용은 《구삼국사(舊三國史)》의 일문(逸文)으로 전해지고 있다.

[자료 2]

주몽이 (어머니와) 작별을 할 때에 차마 떠나지 못하고 있었다. (그러자) 그 어머니가 말하기를 "이 어미 걱정은 말아다오."라고 하면서, 오곡의 종자를 싸 주었다. (그러나) 주몽은 생이별을 하는 아픔으로 애를 끓이다가 그만 그 보리씨를 잃어버렸다.

주몽이 큰 나무 아래에서 쉬고 있었는데, 한 쌍의 비둘기가 날아들었다. 주몽이 말하기를 "이는 틀림없이 어머니가 사자를 시켜 보리씨를 부처 온 것이다"라고 하고는, 활을 당겨서 쏘니 한 살에 다 떨어졌다. 목구멍을 열어 보리씨를 꺼내고 물을 비둘기에 뿜자, 다시 살아서 날아갔다고 한다.[30]

이 자료에서 유화는 주몽에게 오곡의 씨앗을 제공하는 곡모신으로 그려지고 있다. 김철준(金哲埈)은 이 신화에 등장하는 신모(神母)와 맥(麥), 비둘기 등에 착안하여, "소맥·대맥은 동북 아시아에 있어서는 원래 없었던 곡물로 서북 인도와 중앙 아세아 지역에서부터 이경농업(犁耕農業)의 전파와 함께 전래되어 새로 재배되기 시작한 것이고, 한랭한 만주지역에서의 경작은 온난한 지역보다 늦었던 것으로 보이나, 소맥·대맥의 경작에 있어서는 그 곡물에 따라 다니는 그 자신이 비둘기로 확신할 수 있다든가 사자로서 비둘기를 부릴 수 있는 농업신으로서의 여신이 반드시 등장하는 것이다"[31]는 견해를 제시한 바 있다. 그의 연구는 유화가 맥류(麥類)를 경작하는 밭곡식 재배문화와 관련이 있다는 것을 밝혔다는 점에서 많은 시사를 던져준다.

---

30) "朱蒙臨別 不忍睽違 其母曰 汝勿以一母爲念 乃裹五穀種以送之 朱蒙自切生別之心 忘其麥子 朱蒙息大樹之下 有雙鳩來集 朱蒙曰 應是神母使送麥子 乃引弓射之 一矢具擧 開喉得麥子 以水噴鳩 更蘇而飛去 云云". 장덕순 편 : 1981, p.92.

31) 김철준 : 1975, p.39.

그러나 고고학적인 발굴 성과로 볼 때, 위의 자료가 전승되던 중국의 동북지방에서는 보리를 비롯한 맥류의 재배흔적은 아직까지 발견되지 않고 있다. 이 지역 일대에서는 신석기시대 초기의 유적에서 조(粟)와 기장(黍)이 출토되어 이것들의 재배흔적을 찾을 수 있다.[32] 이로 미루어 보아, 유화 집단이 맥류경작의 농경문화를 가졌다고는 보이지 않는다. 그렇다면 유화가 [자료 2]와 같은 신화의 옷을 입게 된 것은 후대에 왕권신화로 정착되는 과정에서 생긴 변이일 가능성이 높다.

어쨌든, 이렇게 혈거신으로 숭앙되면서 농경신과 곡모신적인 성격을 구유(具有)한 유화가 금와와도 밀접한 관계를 가지고 있어 관심을 끈다. 그녀는 우발수(優渤水)에서 금와에게 발견되어 그곳에서 지내다가 죽음을 맞이하였다. 그녀의 죽음을 《삼국사기》권 13, 고구려 본기 시조 동명성왕 14년조에는 "8월에 왕의 어머니 유화가 동부여에서 죽었다. 그 나라의 왕 금와가 태후(太后)의 예로써 장사지내고 드디어 그 신묘(神廟)를 세웠다"[33]고 적고 있다.

이 기록은 유화가 금와와 같은 집단 내에 거주하며 상당한 예우를 받았음을 나타낸다. 그렇다면 왜 그들은 그런 관계를 유지했을까 하는 의문이 생긴다. 이는 그들이 지닌 문화적 동질성, 곧 다 같이 밭곡식을 경작하는 농경문화를 가졌기 때문이 아닐까 한다. 과연 금와는 초기 농경형태와 관련된 출현신화를 가졌다. 이에 비해 유화는 비록 출현신화를 갖고 있지는 않지만, 혈거신으로 숭앙되면서 곡모신의 요소를 아울러 지니고 있었다. 이런 점에서, 이들이 공통적인 문화를 가졌던 집단의 지배세력들이었다고 간주해도 좋을 것이다.

한편 신라를 세운 박혁거세(朴赫居世)의 배필은 알영부인(閼英夫人)인데, 그녀 역시 출현신화에 들어가는 탄생담을 가지고 있고, 또 농업신의 성격을 지녔다는 흔적도 발견할 수 있다. .

---

32) 안승모 : 1998, p.16.
33) "王母柳花薨於東扶餘 其王金蛙以太后禮葬之遂立神廟". 김부식 : 1982, p.147.

[자료 3]

(1) 이 날(혁거세가 하늘에서 내려온 날 : 인용자 주) 사량리 알영정(혹은 아리영정이라고도 한다)가에 계룡이 나타나 왼쪽 갈비뼈에서 여자아이를 낳았는데(혹은 용이 나타나 죽었는데 그 배를 갈라서 여자아이를 얻었다고도 한다), 자태와 얼굴은 유달리 고왔으나 입술이 닭의 부리와 같았다.

(2) 장차 월성의 북쪽 냇가에 가서 목욕을 시켰더니 그 부리가 떨어졌다. 그로 인해서 그 내를 발천이라고 한다.[34]

이 자료는 편의상 (1) 알영의 탄생과 (2) 왕비가 되기 위한 의례 등 두 개의 단락으로 나뉜다. 그런데 단락 (2)에서는 미시나 아키히데(三品彰英)가 지적한 것처럼 알영이 신처(神妻) 내지는 왕비가 되는 의례의 과정을 서술하고 있다. 바꾸어 말하면 이 단락에서는 알영이 신성한 냇가에서 목욕을 하면서 성천(聖川)의 신령을 몸에 받아 왕비가 될 자격을 획득하는 과정을 이야기하고 있다.[35]

그리고 그녀의 탄생과정을 서술하고 있는 단락 (1)에는 알영이 우물가에 나타난 계룡(鷄龍)에서 태어났다는 것과, 그녀가 죽은 용에서 출생했다고 하는 다른 하나의 이설(異說)이 실려 있다. 이처럼 이상한 강탄(降誕)을 한 알영에 대해서, 미시나는 이 신화를 가진 집단이 수도경작의 농경민이었을 것이라고 전제를 한 다음에 "알영은 우물 속의 용에서 태어난 지모신(地母神)이며 우물이나 용은 수신(水神)을 나타내는 것이다"[36]고 하여, 알영을 지모신의 성격과 수신의 성격을 함께 지니고 있는 존재로 보았다.

그러나 이 신화를 수도경작의 농경문화와 관련시키는, 그의 견해는 수긍하기 어렵다. 이 자료에서 계룡이 나타났다는 알영정(閼英井)은 표현 그대로 우물이었다. 한국어에서 '우물'이라는 단어는 표준어인 이 말 외에도 '움물',

---

34) "是日沙梁里閼英井(一作娥利英井) 有鷄龍現而在脇誕生童女(一云 龍現死而剖其腹得之) 姿容殊麗 然而脣似鷄觜 將浴於月城北川 其觜撥落 因名其川撥川". 최남선 편 : 1946, p.45.

35) 三品彰英 : 1975, p.442.

36) 위의 책, p.440.

'웅굴' 등의 방언이 있다. 최명옥의 견해에 따르면 이와 같은 방언들을 가지고 그 원형을 재구하는 경우에는 이것들의 음운변화 현상을 전부 설명할 수 있는 것이어야 하기 때문에 '움홀'이 될 수밖에 없다고 한다.[37]

또 실제로 사용하고 있는 '우물'이란 단어의 의미를 보더라도 우물에 있는 물은 '우물 물'이라고 하므로, '우물' 그 자체는 물을 뜻하는 것이 아니라 땅이 우묵하게 들어간 상태나 장소를 의미하는 말임을 알 수 있다. 이런 의미의 우물은 원래 재생(rebirth)이라든가 원기회복(refreshment)[38] 등을 표상하고 있을 뿐만 아니라, 그 모양이 자궁(子宮)과 비슷하여 여성원리와 불가분의 관련을 갖고 있다.[39]

그러므로 알영정에 나타난 계룡에서 태어났다는 알영의 탄생담은, 우물이란 것이 땅이 우묵하게 들어간 상태나 장소를 뜻하고 또 계룡이란 것이 신라 사람들의 계신(鷄神) 숭배사상에서 추상적으로 만들어진 신성수(神聖獸)라는 점을 고려할 때,[40] 대지에서 인간이 나왔다고 하는 출현신화의 변형으로 보아도 무리는 없을 것이다.

김철준은 이렇게 탄생한 알영이 농업신의 성격을 지녔을 것이라는 견해를 폈다. 이것은 《삼국사기》, 신라본기 시조 혁거세 거서간 17년조에 나오는 "왕이 6부를 돌아다니며 위문하는데, 왕비 알영도 따라갔다. (백성들에게) 농사와 양잠을 장려하여 농토를 알뜰하게 이용하도록 하였다"는 기록에 근거를 둔 것이다. 그의 주장에 따르면, 김부식의 가부장적 유교 윤리관 때문

---

37) 최명옥 : 1982, pp.76~80
38) G. Jacobs edi.: 1962, well조 참조.
39) C. H. Long : 1963, p.156. 그러나 롱(C. H. Long)의 이러한 견해가 반드시 타당하다고 볼 수는 없다는 견해도 있다(大林太良 : 1966, p.103). 하지만 우물이나 움이 평평한 땅에서 우묵하게 들어간 모습을 가리키는 말이고, 이와 같은 모습이 여성의 자궁과 연결될 수도 있다는 점에서 이것들이 여성원리와 긴밀한 관계가 있다고 보아도 좋지 않을까 한다.
40) "其國敬鷄神而取尊 故載翎羽而表飾也"라는 기록이 《삼국유사》에 있는 것(최남선 편 : 1946, p.188)으로 보아 신라에서는 닭을 숭배하는 사상이 일찍부터 존재했었던 것 같다(김철준 : 1952, pp.27~28 참조). 여기에 하(夏)나라 때부터 조상숭배 및 다산(多産)과 관계가 있는 동물로 믿어지던 용(龍)이 뒤에 가서는 황제를 상징하는 양(陽)의 남성원리를 나타내는 것으로 바뀌면서 닭과 결부되어 결부되어 계룡이란 추상적인 동물이 만들어진 것 같다. 出石誠彦 : 1949, pp.527~528.

196

에 알영의 농업신적인 성격이 탈락되고, 17년조의 기사로 대체되었다는 것
이다.[41] 이와 같은 김철준의 견해는 출현신화가 농경문화와 관련되어 있다는
것을 시사하고 있다.

그런데 이와 같은 출현신화는 문헌들 속에서만 발견되는 것이 아니다. 구
전신화들 속에서도 발견되는데, 현용준이 제주시 건입동의 남무(男巫) 이달
춘에게서 조사한, 구좌읍 금녕리 소재의 궤눼깃당 당신(堂神) 본풀이가 이에
해당한다. 참고로 그 전반부만을 인용해 보기로 하겠다.

[자료 4]
　㉠소천국은 알손당[下松堂里] 고부니마들에서 솟아나고, 백주또는 강남
천자국의 백모래밭[白沙田]에서 솟아났다. 백주또가 인간 탄생하여 열 다
섯 십 오 세가 되어, 가만히 천기(天機)를 짚어 떠보니 천정배필될 짝이 조
선국 제주도 송당리에 탄생하여 사는 듯하였다. 백주또는 신랑감을 찾아
제주도로 들어와 송당리로 가서 소천국과 백년 가약을 맺게 되었다. 부부
는 아들 5형제를 낳고 여섯째를 포배 중인 때였다. 백주또는 많은 자식을
먹여 살릴 것이 걱정이 되었다.
　㉡“소천국님아, 아기는 이렇게 많아 가는데 놀아서 살 수 있겠습니까?
이것들을 어떻게 길러냅니까? 농사를 지으십시오”
　부인의 말에 ㉢소천국은 오봉이굴왓(松堂里의 지명)을 돌아보았다. 피
씨 아홉 섬지기나 되는 넓은 밭이 있었다. 소를 몰고 쟁기를 지워서 밭을
갈러 갔다.[42]

이 자료는 문헌문화로 전해지는 삼성신화(三姓神話)[43]와 거의 같은 구조
를 가진 것으로, ㉠에서 보는 것처럼 하송당리의 당신으로 좌정한 소천국과
송당리의 당신으로 좌정한 백주또가 땅에서 탄생했다는 것을 기술하고 있
다. 이렇게 대지에서 용출(聳出)한 두 존재는 각기 다른 기능을 수행한다. 전
자가 “배운 것은 본래 사냥질이었다. 백주또와 갈리자 총열(銃身)이 바른 마

---

41) 김철준 : 1975, pp.40∼41.
42) 현용준 : 1976, p.236.
43) 삼성신화에 관한 연구로는 현용준 : 1992, pp.180∼226과 장주근 : 1994, pp.101∼
　　114 ; 이청규 : 1994, pp.129∼138 등이 있다.

상총(馬上銃)에 귀양통·남날개를 둘러메고 산야를 휘돌며 노루·사슴·산돼지를 잡아먹었다. 사냥을 다니다가 해낭곳굴왓에서 정동칼쳇 딸을 만나 첩으로 삼고, 고기를 삶아 먹으며 새살림을 차렸다"[44]는 것은 그의 수렵신적인 성격을 드러낸다.

이에 비해 후자는 ⓛ에서와 같이 농사짓기를 권하는 주체로 농경을 주관하고 풍요를 담당하는 농경신이 아닌가 한다. 그렇다면 ⓒ에서 소천국이 오붕이굴왓에 파종하는 피씨도 그녀가 주었다고 볼 수 있다. 바꾸어 말하면 백주또는 곡모신(穀母神)의 성격을 지녔다는 것이다.

그런데 [자료 3]의 원본에서는 "논씨(볍씨)도 아옵 섬지기[九石落] 피씨[稷種]도 아옵 섬지기 시니(있으니) 쉘 몰고(소를 몰고) 잠대(쟁기)를 지와서 소천국이 밧(밭)을 간다"[45]고 하여 볍씨가 등장한다. 하지만 이곳의 볍씨는 밭을 간다는 표현으로 보아, 논벼가 아닌 밭벼였음이 확실하다. 또 진성기가 애월읍 곽지리의 남무 이상문으로부터 채록한 자료에서는 "지장씨(기장씨) 아홉 말지기 폿씨(팝씨) 아홉 말지기 콩씨가 아홉 말지기를 갈며는"[46]이라고 하여 밭곡식이 중심을 이루고 있다. 이것은 대지에서 태어난 곡모신이 밭곡식을 재배하는 문화와 관련이 있음을 뜻하는 것 같다.

이렇게 보는 경우에도 문제가 없는 것은 아니다. 소천국과 백주또는 다 같이 땅에서 태어난 존재이다. 그럼에도 전자가 수렵신의 성격을 가지고 있고, 후자는 농경신 내지는 곡모신적인 성격을 가지고 있다는 것을 어떻게 설명할 것인가 하는 문제가 제기된다.

한국의 출현신화에 수렵문화의 요소가 있는 것은 사실이다.[47] 그렇지만

---

44) 현용준 : 1976, p.241.
45) 현용준 : 1986, pp.636~637.
46) 진성기 : 1991, p.410.
47) 단군신화에서 곰이 쑥과 마늘을 먹으면서 혈(穴) 속에서 3·7일 동안을 견뎌서 여자로 변신했다는 것과 제주도의 삼성신화에서 세 신인(神人)이 땅에서 용출하였다는 것은 이것들이 출현신화의 하나라는 것을 말해 주고 있다. 그런데 이들이 수렵과 밀접한 관계를 가진 존재로 그려지고 있는 것은 뒤에 들어온 수렵문화의 영향을 받은 것이 아닌가 한다. 최남선 편 : 1946, p.34 ; 동아대학교 고전연구실 편 : 1987b, pp. 373~374.

출현신화는 주로 원시농경민들 사이에서 많이 채록되고 있다. 예를 들어 트로브리안드 섬(Trobriand island)의 원주민들이 태초에 인간들은 지하세계에서 살았다고 하는 것[48]이라든지, 북아메리카의 푸에불로 인디언들(Pueblo Indians)이 자신들의 선조 이야티쿠(Iyatiku)가 대지에서 나왔다고 하는 것 등이 그것이다. 특히 푸에블로 인디안들은 이야티쿠를, 옥수수 씨앗을 가져다 준 도모신(稻母神, Maize-Mother)으로 숭배하고 있어,[49] 출현신화가 전곡경작(田穀耕作)의 농경문화와 긴밀한 관계가 있음을 말해 준다.

그러므로 일단은 한국의 출현신화가 밭곡식을 재배하는 농경문화와 복합되어 있다고 보아도 무방할 것이다. 만약 이러한 추단이 허용된다면, 이 신화를 가진 전곡경작의 농경문화집단이 어디에서 한반도로 들어왔는가 하는 문제를 해결해야 한다.

이와 같은 문제를 구명하기 위해서는 먼저 선행연구 성과부터 검토하는 것이 좋을 듯하다. 오바야시 타료(大林太良)는 출현신화가 "동남아시아에는 아삼(assam), 카-모이(Kha-Moi) 제족, 동부 인도네시아라 불리는 지역인 고층재배민문화(高層栽培民文化)의 전통이 농후한 곳에 분포가 제한되어 있고, 오세아니아에는 선(先)오스트로네시아(Austronesia)적인 재배민 문화의 전통이 강한 뉴기니 남부와 그 영향이 미쳤다고 생각되는 오스트레일리아의 일부를 중심으로 분포되어 있으며, 더욱이 폴리네시아의 일부에도 분포해 있다. (따라서) 이런 분포는, 동남아시아와 오세아니아에 분포하는 땅속에서 조상(이 나왔다고 하는) 출현신화가 원래는 선(先)오스트로네시아적인 고층재배민문화에 속해 있었다는 것을 이야기해 주고 있다. 그러나 한번 오스트로네시아(Austronesia)어족에 수용되고 난 뒤에 이차적으로 퍼져 나간 경우도 많을 것이다"[50]고 하여, 이 신화가 남방의 것이라는 결론을 내린 바 있다.

그는 이와 같은 추론을 이끌어 내면서 많은 자료들을 인용하였다. 그 가운데서 하나를 소개한다면 아래와 같다.

---

48) B. Malinowski : 1954, p.111.
49) P. Grimal edi. : 1973, pp.452~453.
50) 大林太良 : 1972, p.374.

[자료 5]

태초에 다른 민족들은 훨씬 이전부터 땅 위에 살고 있었다. 이에 반해 모이(Moi)족은 땅속에 살고 있어 대단히 불행했다. 어느 날 그들 가운데 몇 사람인가가 땅 위를 탐험하러 나갈 결심을 하고, 반-메-플루에트[Ban-me-pluet : 현재 피족(Pih)이 살고 있는 마을]의 동쪽에 있는 크반드 프리그네(Kband Prigne)라고 부르는 통로의 구멍으로 나왔다. 그러자 그들은 대지의 모습이 (매우) 훌륭하다는 것을 알게 되어, 그곳으로 정주를 하기 위해 나올 것을 결정하고 아직도 지하에 있는 무리들을 부르러 돌아갔다. 그 무리들이 그들의 가축과 가재 도구를 가지고 바야흐로 이주를 하려고 하였다. 하지만 어디에서나 마찬가지로 멋을 부리기 좋아하는 모이(Moi)족의 미녀들은 이 기회를 위해 정성을 들여 화장을 할 필요가 있다고 생각하여 뒤에 남았다. (그러나) 불행하게도 그녀들의 순서가 와서 출발하려고 하였을 때, 머리가 두 개 달린 한 마리의 물소가 그 구멍을 막아 버렸다. (그리고) 그 뿔 때문에 물소가 들어올 수도 나갈 수도 없는 상황에 처한 모습을 그녀들은 발견하였다. 물소는 거기에서 죽었고 구멍은 영원히 막혀 버렸으며 여자들은 땅속에 남게 되었다. 모이(Moi)족에 미인들이 적은 것은 이 때문이라고들 한다.[51]

이 자료는 문학적으로 상당히 윤색된 듯한 인상을 준다. 이런 형태의 신화적인 자료는 타이완(臺灣)의 푸눈족과 다이야르족들 사이에도 전승되고 있고, 한국에는 제주도의 '삼성신화(三姓神話)'가 있으며, 일본의 경우에는 가마쿠라(鎌倉) 시대의 《치리부쿠로(塵袋)》 권 7에 그 흔적이 남아 있다. 특히 오바야시는 한국과 일본의 자료를 맨 앞에 제시한 다음에 앞에서 인용한 추단을 이끌어냈다. 이것으로 보아, 그는 이 유형에 속하는 한국과 일본의 자료들이 남방에서 유래되었다는 것을 은연중에 드러내려고 한 것이 아닌가 한다.

그런데 출현신화가 구전자료로만 전해지는 것은 아니다. 중국의 진(晉)나라 때 갈홍(葛洪)이 지은 《포박자(抱朴子)》에 "여와가 땅에서 나왔다"[52]는 기록이 보이고, 또 당(唐)나라 태종(太宗) 때 방현령(房玄齡)과 이연수(李延

---

51) 위의 글, pp.370~371.
52) "女媧地出". 劉城淮 : 1992, p.470에서 재인용.

壽)가 편찬한 《진서(晉書)》 권 120, 이특제기(李特載記)조에도 이 범주의 이야기가 실려 있다.

[자료 6]

옛날에 무락종리산(武落鍾離山)이 무너지면서 두 개의 석혈(石穴)이 생겼다. 하나는 붉기가 단과 같았고 (다른) 하나는 검기가 옻과 같았다. 붉은 혈에서 나온 사람은 이름을 무상(務相)이라 하고 성은 파(巴)씨라고 했다. 검은 혈에서는 네 성씨가 나왔는데 역씨(𢤱氏)와 번씨(樊氏), 백씨(柏氏), 정씨(鄭氏)였다. 다섯 성씨가 함께 나오자, 모두들 신이 되기를 다투었다. 이에 서로 더불어 칼을 혈옥(穴屋)에 던져 꽂히는 자를 늠군(廩君)으로 삼기로 하였다. 네 성씨의 (칼은) 꽂히지 않았으나, 무상의 칼은 (거기에) 꽂혔다. 또 흙으로 배를 만들어 그림을 조각하고 물 가운데 띄우고는 "만약 그 배를 떠 있게 하는 자가 있으면 늠군으로 삼기로 하자"고 하였다. 무상의 배만이 홀로 떠 있었다.

이리하여 마침내 (그를) 늠군이라 칭하면서 그 흙배를 타고 보병들을 거느리고 이수(夷水)를 향해 내려가다가 염양(鹽陽)에 이르렀다. 염양의 수신 여자가 늠군을 멈추게 하고 "이곳은 물고기와 소금이 있고 땅 또한 광대하여 그대와 함께 살고자 하니 가지 말고 머무십시오"라고 했다. 늠군이 말하기를 "나는 마땅히 군주를 위하여 늠지(廩地)를 구하고 있으니 멈출 수가 없소"라고 하였다.

염신(鹽神)이 밤에 늠군을 따라와 머물다가 새벽이 되자 문득 날벌레가 되어 날아갔다. (다른) 제신들도 모두 쫓아서 날아가 해를 가리어 날이 어두워졌다. 늠군이 그녀를 죽이려고 하였으나, 죽이지 못해 천지의 동서를 분별하여 알지 못했다. 이와 같이 하기를 10일이 지났다. 늠군은 푸른 실을 염신에게 보내면서 "이것으로 치장을 하여 좋아하게 되면 너와 더불어 살 것이다. (그러나) 좋아하지 않으면 장차 너에게서 떠날 것이다."라고 말했다. 염신이 그것을 받아 치장을 하였다. 늠군은 탕석 위에 올라가서 그 쪽을 바라보니 푸른 실로 (치장을 한) 자가 있기에 무릎을 꿇고 앉아 활을 쏘아 염신을 맞추었다. 염신이 죽자, 더불어 함께 날던 많은 신들이 다 사라져 하늘이 맑게 열렸다.

늠군은 다시 배에 올라타고 아래로 내려가 이성(夷城)에 닿았는데, 이성의 돌 언덕은 꾸불꾸불하였고 샘에서 나오는 물 역시 굽이쳐 흘러가고 있었다. <u>늠군이 혈의 모양을 보고 탄식하면서 "나는 새로이 혈속에서 나왔는데 지금 또한 이런 곳으로 들어오니 어찌된 일인가"라고 하였다.</u> 언덕이 무너지자 넓이가 30여 자나 되었고 돌계단이 연결되어 있어 늠군이 올라갔다. 언덕 위에는 사방 10자의 평평한 돌이 있었는데, 그 길이가 5자였다. 늠군이 그 위에서 쉬면서 책략을 세워 헤아려보니 다 훌륭한 돌들이었으므로, 그 옆에 성을 세우고 살았는데 그 후손이 마침내 번성하였다.[53]

이 자료는 7세기 무렵에 생존했던 이특(李特)의 족조(族祖) 탄생담으로 정착된 것이다. 여기에 나오는 이수(夷水)는 현재 호북성(湖北省)에 있는 양자강 지류의 하나이다. 이로 미루어 보아,[54] 이것은 이 일대에 전승되던 이야기가 문자로 기록된 것 같다.

이 신화는 밑줄 친 부분에서 보는 것처럼, 그의 조상이 산이 무너져서 생긴 혈, 곧 우묵하게 들어간 곳에서 탄생했다는 것을 주된 내용으로 하고 있다. 이에 대해 중국의 신화학자인 유성회(劉城淮)는 "그 줄거리는 인간이 산촌(山村)에서 태어난 것을 나타내어 역시 '동굴출현신화'라고 할 수 있다. 작가가 이런 상상을 한 까닭은 인류의 혈거(穴居) 경력과 떼어낼 수 없고 또한 모계 씨족사회의 여조상 숭배(女祖上崇拜) 및 여음(女陰) 숭배와 불가분의 관계를 가진다. 그 적혈(赤穴), 흑혈(黑穴)은 바로 동굴에 사는 모습을 드러낸 것이고 또한 여음의 굴절이기 때문이다"[55]는 견해를 제시하였다.

---

53) "昔武落鍾離山崩 有石穴二所 其一赤如丹 一黑如漆 有人出於赤穴者名曰務相 姓巴氏 有出于黑穴者 凡四姓曰 㦙氏樊氏柏氏鄭氏 五姓俱出 皆爭爲神 於是相與以劍刺穴屋 能著者以爲廩君 四姓莫著 而務相之劍懸焉 又以土爲船 雕畫之而浮水中曰 若其船浮存者 以爲廩君 務相船又獨存 於是遂稱廩君 乘其土船 將其徒卒 當夷水而下 至於鹽陽 鹽陽水神女子止廩君曰 此魚鹽所有 地于廣大 如君俱生 可止無行 廩君曰 我當爲君求廩地 不能止也 鹽神夜從廩君宿 旦輒去爲飛蟲 諸神皆從其飛 蔽日晝昏 廩君欲殺之 不可 別又不知天地東西 如此者十日 廩君乃以靑縷遺鹽神曰 嬰此 卽宜之 與汝俱生 弗宜 將去汝 鹽神受而嬰之 廩君立碭石之上 望膺有靑縷者跪而射之 中鹽神 鹽神死 羣神與俱飛者皆居 天乃開朗 廩君復乘土船 下及夷城 夷城石岸曲 泉水亦曲 廩君望如穴狀 歎曰 我新從穴中出 今又入此 奈何 岸卽爲崩 廣三丈餘 而階陛相乘 廩君登之 岸上有平石方一丈 長五尺 廩君休其上 投策計算 皆著石焉 因立城其旁而居之 其後種類遂繁". 房玄齡 外 共纂 : 1976, pp.3021~3022.
54) 譚其驤 : 1982, p.19.
55) 劉城淮 : 1992, p.470.

　그러나 이 신화는 이특의 조상이 대지에서 나온 것이 아니라, 석혈에서 탄생하였다고 하여 암출신화(巖出神話) 같은 인상을 주고 있다. 그렇지만 중국에도 이미 앞에서 지적한 것처럼 대지에서 인간이 출현했다고 하는 '여와신화'가 있었다. 그리고 오늘날까지도 합니족(哈尼族)들 사이에는 다음과 같은 출현신화가 구전되고 있다.

[자료 7]

　옛날에 하늘과 땅 사이에는 아무 것도 없어, 동서의 구별도 없었다. (이러한 때에) 하늘에는 신들이 너무 많아 살 곳이 부족해서 땅 위에 내려와 개벽을 하여 새로운 땅을 개척하기로 하였다. 개벽을 하려는 천신은 다른 신들에게 발견될까 두려워하여 매일 내려올 때마다 밭을 가는 소의 모습으로 변신하였다.

　그 때에 땅의 흙은 지금의 흙보다 단단하여 천신이 하루 종일 허리가 굽도록 힘들여 갈아야 겨우 몇 개의 고랑을 갈 정도였다. 그들은 계속하여 여러 날 일을 했지만, 땅을 개간하지 못하고 사방으로 동쪽의 한 줄기 고랑과 서쪽의 한 줄기 고랑을 갈았을 뿐이었다.

　그 때에 사람들 또한 오늘날과 같은 곳에서 살 수가 없었으며, (사람들의) 모양 역시 지금의 이런 모습이 아니었다. 사람과 귀신, 돌, 물 등이 다 같이 땅속에서 살고 있었다. 그 당시의 사람들 또한 여러 가지 모습으로 변할 수 있었다.

　천신이 간 곳은 동쪽의 한 줄기 고랑과 서쪽의 한 줄기 오목한 곳이었다. 그런데 한 곳을 너무 깊이 갈아서, 사람들이 사는 곳을 덮고 있는 지각(地殼)이 갈라져 (지하세계로) 통해 버렸다. 오래 지나지 않아 땅속의 물이 바로 그 고랑으로 뿜어져 나왔다. 지하의 물이 흘러나오자, 모든 것이 따라서 땅위로 따라나왔다. (이런 일이 막 시작될 무렵의) 사람들은 담이 작아 감히 나올 수가 없었다.

　하지만 후에 담이 큰 몇 사람들이 물거품으로 변하여 물에 떠서 올라와 보았다. 그들은 다른 것들이 나온 다음에 아무 일이 없는 것을 보자 사람의 모습으로 변하려고 하였으나, 마음속으로 겁이 나기 시작했다. 그래서 상의를 한 후에 먼저 원숭이로 변해서 다른 동물들과 함께 도처로 뛰어다녀 보았다. 오랜 시간이 지나면서 그들이 자세히 관찰을 한 후에 정말로 아무런

해(害)가 없는 것을 알고, 천천히 사람의 모습으로 변하였다.

뒤에 지하의 사람들이 계속해서 땅위로 올라왔다. 그들은 여기저기에 산과 나무들이 있고, 낮에는 햇볕이 따가우며 밤에는 달빛이 밝은 것을 보았다. 배가 고프면 나무의 과일을 따먹고 하는, 이런 날들이 지하보다는 살기가 좋다고 생각하여 아예 땅위에서 살기로 하고 다시는 지하로 돌아가지 아니하였다.[56]

이 자료에서는 이야기가 대단히 합리적으로 전개되고 있어, 보고과정에서 윤색과 변개가 있었던 것 같다.[57] 그러나 인간이 땅속에서 나왔다고 하는 출현신화의 원형은 그대로 보존되어 있다.

그런데 이 자료가 조사된 합니족(哈尼族)이 사는 곳은 운남성(雲南省) 일대이다. 그렇다고 하여 중국의 출현신화는 화남(華南) 지방에 널리 분포되어 있다는 가설을 세우고, 화남 지방의 이 자료들이 오바야시 타료(大林太良)가 지적한 것처럼 선(先)오스트로네시아적인 고층재배민문화의 영향을 받아서 만들어진 것이라고 단정하기는 어려운 것 같다. 왜냐하면 일찍부터 문헌에 정착된 '여와신화'가 반드시 화남 지방에서 발생했다고 단정할 만한 증거가 없을 뿐만 아니라, 이 신화는 오히려 양자강(揚子江) 이북 지방에서 전승되어 왔을 가능성이 높기 때문이다,

실제로 위에서 소개한 [자료 6]의 '족조신화(族祖神話)'는 사천성(四川省) 일대에 거주하는 파족(巴族)의 것이고, 또 여기에 나오는 이수(夷水)는 호북성(湖北省)에 있는 양자강 지류의 하나이다. 이런 점을 감안하면, 중국의 출현신화가 양자강 이북 지방에서 전해지고 있었을 개연성을 인정해도 좋을 것이다. 만약 이와 같은 추정이 타당하다고 한다면, 이들 신화가 초기 농경문화와 함께 만주의 동북지방으로 들어와서,[58] 밭곡식 경작의 농경문화와 접

---

56) 陶陽 編 : 1990, pp.135~136.

57) 중국에서는 1955년에 공산당이 전통문화에 대한 지도 지침을 하달하였는데, 민간문예가협회(民間文藝家協會)가 중심이 되어 이미 조사한 구비문학자료들을 이 지침에 따라 인위적으로 변개하는 작업을 추진하였다. 김화경 : 1998b, p.26. 실제로 신화의 전사(轉寫)과정에서 윤색되고 합리화된 예는 [자료 6]을 기술한 袁珂 저, 전인초 외 공역 : 1992, pp.181~187에서 찾을 수 있다.

58) 여와의 화상석이 여러 곳에서 출토되고 있는데 그 가운데는 산동(山東) 지방에서

합하여 고대 한국의 왕권신화 성립에 일정한 기여를 하였다고 보아도 무방하지 않을까 한다,

그러나 이러한 가설을 제시하면서 한 가지 짚고 넘어가야 할 문제가 있다. 그것은 출현신화를 가진 지배집단이 동해안을 따라서 남하한 흔적을 남기고 있는 데[59] 반해, 서해안을 따라서 내려온 자취는 찾아보기 힘들다는 것이다. 이 문제는 한국의 기층문화가 백두대간(白頭大幹)을 경계로 하여 동서가 구분되었을 가능성을 시사하고 있어, 결론을 내리는 데는 신중한 자세를 취해야 한다.

서해안 일대의 지배세력들도 출현신화를 가졌었는데, 뒤에 들어온 수렵문화집단에 의해 정복되면서 이것이 망실(亡失)되었을 수도 있다. 이 문제를 해결하기 위해서는 더 많은 구전자료들을 조사하여 그 분포를 확인해야 할 것이다. 하지만 한국에는 사람들이 땅에서 솟아났다는 관념이 일반화되어 있다는 것을 고려해야 하지 않을까 한다.[60]

4. 난생신화와 어로문화

한국의 난생신화(卵生神話)로는 '고주몽신화'와 '박혁거세신화', '수로왕신화', '석탈해신화' 등이 전해지고 있다. 이 자료들 가운데서 앞의 세 자료는 알의 출처가 하늘과 연계되어 있어, 그 출자(出自)를 밝히는 데 어려움이 뒤따른다. 이에 비해 '석탈해신화'는 이 자료를 전하는 《삼국사기(三國史記)》와 《삼국유사(三國遺事)》에서 다 같이 그의 집단이 출발한 곳을 명기하고

출토된 것도 있어, 출현신화가 양자강(揚子江) 북쪽 지방에서 산동반도를 거쳐 한반도로 전래되었을 것이라는 전파경로를 상정할 수도 있을 것이다. 袁珂, 전인초 공역 : 1992, p.161.

59) 동북 지방에서는 무문토기시대에 조와 피, 기장, 수수, 콩, 팥 등의 밭농사가 이루어졌던 것으로 보아, 동해안 일대를 따라 남하한 것은 전곡 경작의 농경문화였을 가능성이 높다. 안승모 : 1998, p.20.

60) 한국에서 널리 불리는 자장가에 "둥기둥기 우리 아가 하늘에서 떨어졌나 땅에서 솟아났나"라는 표현이 있다는 것이 이것을 말해 준다고 볼 수 있다.

있어, 그 계통을 재구하는 것이 어느 정도 가능하다. 그래서 이 신화가 어떤 문화와 함께 어디에서 한국으로 들어오게 되었는지를 고찰함으로써 난생신화의 원류 문제를 해결하고자 한다.

알다시피 '석탈해신화'는 《삼국사기》권 1, 신라본기 탈해 이사금(尼師今)조와 《삼국유사》권 1, 기이편(紀異編) 탈해왕조에 전하고 있다. 이들 두 자료는 그 내용에 그다지 큰 차이가 없어 이 연구에서는 《삼국유사》의 자료를 이용하기로 한다.

[자료 8]

(1) 남해왕 때—옛 책에 임인년에 왔다고 한 것은 잘못이다. 가까운 일이라면 노례왕의 즉위 초년보다 뒤의 일인데 (그때는) 양위를 다툰 적이 없었고, 먼저 일이라면 혁거세왕 때의 일이므로 임인년이 아니란 것을 알 수 있다 —에 가락국의 바다에 배가 와서 닿았다. 그 나라의 수로왕이 신하와 백성들과 함께 북을 치고 떠들면서 맞아들여 머물게 하고자 하였다. 그러나 배는 빨리 달아나 계림의 동쪽 하서지촌 아진포—지금도 하서지란 촌 이름이 있다 —에 이르렀다.

(2) ㉠ 그때 갯가에 한 늙은 할멈이 있어 이름을 아진의선이라고 했는데, 그녀는 혁거세왕 때에 바다에서 고기잡이를 하는 사람의 어머니였다. (그녀가) 배를 바라보고 "이 바다 가운데에는 원래 바위가 없는데 어찌된 까닭으로 까치가 모여들어 울꼬?"라고 하면서, 배를 끌어당겨 (무엇이 있는가를) 찾아보았다. 까치가 배 위에 모여들고 그 배 안에는 궤가 하나 있었다. 길이가 20자나 되고 넓이가 13자나 되었다. 그 배를 끌어다가 어떤 나무 숲 아래에 두고 흉한 것인가 길한 것인가를 알지 못하여 하늘을 향해 맹세를 하였다. 조금 있다가 궤를 열어 보니 단정한 사내아이가 들어 있고, 아울러서 일곱 가지의 보물과 노비 등이 그 속에 가득 실려 있어, 그들을 7일 동안이나 대접하였다.

(3) 이에 사내아이는 "나는 본래 용성국—또는 정명국 혹은 완하국이라고도 하는데, 완하는 또는 화안국이라고도 한다. ㉡ 용성은 왜국의 동북 1천 리에 있다 —사람이오. 우리나라에는 일찍이 28용왕이 있었소. 모두 사람의 태에서 났으며, 5~6세 때부터 왕위에 올라 만민을 가르쳐 성명을 바르게 했소. 팔품의 성골이 있었으나 선택하는 일이 없이 모두 왕위

에 올랐소. 그때 왕인 우리 아버지 함달파가 적녀국의 왕녀를 맞아서 왕비로 삼았는데, 오래도록 아들이 없으므로 기도하여 아들을 구했더니, 7년 후에 알 한 개를 낳았소. 이에 대왕이 여러 신하를 모아 묻기를 '사람으로서 알을 낳은 일은 고금에 없는 일이니 아마 좋은 일은 아닐 것이다.'라고 하시면서, 이에 궤를 만들어 나를 그 속에 넣고, 일곱 가지 보물과 종들까지 배 안에 실어 바다에 띄우면서, ㉢ '인연이 있는 곳에 네 마음대로 닿아 나라를 세우고 가문을 만들라.'고 축원했소. 문득 적룡이 나타나 배를 호위하여 이곳으로 왔소."라고 하였다.

(4) 말을 마치자, 그 사내아이는 지팡이를 끌며 두 종을 데리고 토함산 위에 올라가 돌무덤을 만들고 7일 동안을 머물면서 성안에 살 만한 곳이 있는가를 찾아보았다. 마치 초생달처럼 생긴 산봉우리 하나가 보이는데, 가히 오래도록 살 만하였다. 이에 내려가 알아보았더니 곧 호공의 집이었다. ㉣(그는) 곧 꾀를 써서 남몰래 그 집 옆에 숫돌과 숯을 묻고는 이튿날 아침에 그 문 앞에 가서, "이곳은 우리 조상 대대로 살던 집이다."라고 하였다. (그러자) 호공은 그렇지 않다고 하여 시비를 따지다가 결판을 못 내고, 필경은 관가에 고발을 하였다. 관리가 말하기를 "무슨 증거로 이것을 너의 집이라고 하느냐?"고 하니, 그 아이가 "우리 조상은 본래 대장장이인데 잠시 이웃 지방으로 나간 사이에 다른 사람이 빼앗아 여기에 살았습니다. 땅을 파서 조사해 보십시오."라고 하였다. 그 말대로 (땅을 파) 보았더니, 과연 숫돌과 숯이 나왔다. 이리하여 그 집을 빼앗아 살게 되었다.[61]

---

61) "南解王時-古本云壬寅年至者謬矣　近則後於努禮卽位之初　無爭讓之事　前則在於赫居之世　故知壬寅非也-駕洛國海中有船來泊　其國首露王　與臣民鼓譟而迎　將欲留之　而舡乃飛走　至於雞林東下西知村阿珍浦-今有上西知　下西知村名-時浦邊有一嫗　名阿珍義先　乃赫居王之海尺之母　望之請曰　此海中元無石嵓　何因鵲集而鳴　拏舡尋之　鵲集一舡上　舡中有一櫃子　長二十尺　廣十三尺　曳其船　置於一樹林下　而未知凶乎吉乎　向天而誓爾　俄而乃開見　有端正男子　幷七寶奴婢滿載其中　供給七日　迺言曰　我本龍城國人-亦云正明國　或云玩夏國　玩夏或作花廈國　龍城在倭東北一千里-我國嘗有二十八龍王　從人胎而生　自五歲六歲繼登王位　教萬民修正性命　而有八品性骨　然無揀擇　皆登大位　時我父王含達婆　婚積女國王女爲妃　久無子鳳　禪祀求息　七年後産一大卵　於時大王會問群臣　人而生卵　古今未有　殆非吉祥　乃造櫃置我　幷七寶奴婢載於舡中　浮海而祝曰　任到有緣之地　立國成家　便有赤龍　護舡而至此矣　言訖　其童子曳丈率二奴　登吐含山　作石塚　留七日　望城中可居之地　見一峰如三日月　勢可久之地　乃下尋之　卽瓠公宅也　乃設詭計　潛埋礪炭於其側　詰朝至門云　此是吾祖代家屋　瓠公云否　爭訟不決　乃告于官　官曰

이상과 같은 '석탈해신화'는 ㉢의 내용으로 보아, 원래는 부족국가의 성립에 연루되어 전승되던 이야기가, 신라가 부족연맹의 형태로 통합되면서 건국신화의 일부로 편입되었다는 것을 알 수 있다. 이 자료에 대해 미시나 아키히데(三品彰英)는 "신라의 탈해왕신화는 불교설화가 민족 고유의 난생관념에 이끌려 채택된 것이라고 생각하고 싶다. 물론 불교설화의 차용이라고 하더라도, 그것을 채택할 소지로서 이미 민족적인 시조의 난생관념이 선재(先在)하였던 것이다. (좀더) 자세하게 말한다면 그들 스스로가 가지고 있던 시조신화를, 불교설화를 차용하여 자연스럽게 성장시켰던 것이라고 해야만 할 것이다"[62]는 견해를 밝혔다.

여기에서 그가 지적하고 있는 불교설화의 내용을 간단히 소개하면 다음과 같다.

[자료 9]

왕비(般遮羅國의 왕비 : 인용자 주)가 오백 개의 알을 낳고 부끄러워하면서 (이것이) 재변(災變)이 될까 두려워하여, (그것들을) 조그마한 함에 넣어 긍가하(殑伽河)에 버렸더니 강을 따라 떠내려갔다. 이웃나라의 왕이 강물(에 떠내려가는 함)을 보고 사람을 보내어 가져오게 하였다. 그랬더니 (그 속에) 알들을 있어, (그것을) 가지고 돌아왔다. 며칠이 지나서 열어본즉, 각각 한 아이가 나왔는데 자라나면서 대단히 용감하여 가는 곳마다 모두 복종하였다.[63]

이것은 '석탈해신화'의 내용과 비슷한 데가 많다. 그래서 '석탈해신화'가 불교설화의 영향을 받았다는 미시나의 추정은 타당성이 있는 것 같다. 그렇지만 그가 선재했다고 주장하는, 민족적인 시조에 연루된 난생관념의 형성에 관한 추론에는 문제가 있음을 지적하지 않을 수 없다. 그는 52개의 난생신화 자료들을 가지고 '하강형(下降型)'과 '조란형(鳥卵型)', '화생형(化生型)',

---

以何驗汝家 童曰 我本冶匠作出隣鄕而人取居之 請掘地撿看 從之 果得礪炭 乃取而居焉". 최남선 편 : 1946, p.47.

62) 三品彰英 : 1971a, p.381.

63) 위의 책, pp.339~340에서 재인용.

‘인태적 출산형(人態的出産型)’으로 4분한 다음에, ‘고주몽신화’와 ‘석탈해신화’가 속하는 인태적 출산형의 난생신화에 관해 아래와 같은 견해를 제시하였다.

> 인태적 출산형의 난생신화는 두 가지 점에서, 즉 그것이 인도네시아를 중심으로 하는 해양 방면과 중국 대륙이 만나는 지역에서 발견된다는 분포적 특징과, 한편으로는 이것이 적지 않게 진보된 신화적 관념을 지닌 채 이야기되고 있다는 내용적 특징의 두 가지 점에서, 하강·조란·화생의 세 유형들과는 아주 다른 양상을 보이고 있다. 시조(에 얽힌) 난생신화가 중국 대륙의 내부에는 하나도 없고, 앞에서 본 것과 같은 분포적 특징(주로 남방의 자료들을 소개한 것을 가리킴 — 필자)을 가지고 있는 것은, 내용적인 특징과 함께 이 종류(에 속하는) 신화의 요소와 구상(構想)이 인도네시아계와 대륙계의 접촉과 결합으로 이루어진 것이라는 사실을 예견하게 만든다. 원칙적으로 말한다면, (이것은) 인도네시아적인 요소이다. 더구나 그 속에 진보된 구상에 의해 이야기되고 있는 부분도 인도네시아적인 요소 (그) 자체의 발전된 모습이라고 생각된다. 그리고 별개의 새로운 요소가 첨가되어 있다면, 그 부분에 관해서는 대륙계의 영향에 따른 결과라고 생각해도 큰 잘못은 없을 것이다.[64]

한국 난생신화의 남방기원설을 주창하기 위한, 미시나 아키히데(三品彰英)의 이 추론은 남부지방의 한족(韓族)이 남방의 해양문화와 밀접한 관계를 가진 민족이었음을 강조하려는 의도에서 마련된 것이다.

그러나 그의 가설은 첫째 [자료 8]에서 ⓛ의 내용을 무시하였고,[65] 둘째

---

64) 위의 책, pp.369~370.

65) 미시나 아키히데(三品彰英)는 처음에는 "왜국의 동북 1천 리라고 하는 곳은 분명히 동해 가운데 있어야 하는 것이고, 또 그것이 용성국이라고 하는 다른 이름을 가지고 있으며(그는 《삼국사기》에 실린 ‘석탈해신화’를 고찰하였으므로 이렇게 표현하였음 : 인용자 주), 일찍이 28용왕이 있었다면, 그 나라는 동해 용왕국이라고 하는 신화적 관념에서 나왔다고 보는 것이 타당할 것이다"라고 하였다. 그러나 그 뒤에는 "《사(삼국사기)》에는 《유(삼국유사)》의 용성국이 다파나국으로 바뀌어 있다. 다파나국의 이름은 《위지(魏志)》, 세종기(世宗紀) 영평(永平) 원년 3월 기해조에 서역의 우전(于闐)과 함께 보인다. 아마 서역의 한 소국이었을 것이다. 그러므로 여기에 보이는 다파나국은 지리적으로는 전혀 맞지 않지만, 용성국의 함달파왕이 서역의 악신

서구열강의 제국주의자들이 식민지를 개척하면서 조사한 남방의 자료들만을 이용하였으며, 셋째 일제의 분할통치라는 식민지 지배정책에 따라 미리 설정한 틀, 곧 한국의 남쪽과 북쪽을 문화적 민족적으로 구별하겠다는 저의에서 연구했다는 문제점이 있다.

사실 석탈해의 출자를 구명하는 데는 [자료 8]의 ⓛ부분이 그 해결의 실마리를 제공해 준다. 이렇게 말하는 까닭은 '석탈해신화'가 전하는 《삼국유사》는 말할 것도 없고, 《삼국사기》에도 "탈해는 본래 다파나국 출생인데 그 나라는 왜국의 동북 1천리에 있다"[66]고 적혀 있기 때문이다. 정사(正史)에도 이와 같이 기록되어 있다는 것은 이것이 신화적인 허구가 아니라, 어떤 사실(史實)을 반영한다고 하겠다.

그렇다면 이것을 어떻게 해석해야 할까 하는 문제가 제기된다. 여기에서 왜국[67]의 동북이란 것은 방위를 가리키고, 1천 리라는 것은 구체적인 거리가 아니라 아주 먼 거리를 나타낸다고 볼 수 있다.[68] 만약에 이런 해석이 가능하다면, 이곳은 캄차카(Kamchatka) 반도가 있는 동북시베리아 일대에 해당된다.

그런데 현재 이곳에 살고 있는 고아시아족(Paleo-Asiatics) 계통의 코랴크족(Koryak)이 난생신화를 가지고 있어 관심을 끈다.

[자료 10]

큅칸나쿠(Quipkinna'qu : 까마귀의 일종)는 버드나무 껍질을 모으기 위해 나가고, 그의 아내 미티(Miti)는 강아지들에게 먹이를 주느라고 바빴

(樂神) 건달파(乾達婆) 신앙에서 유래하는 것이라고 생각되기 때문에 불경에 의한 문화 전파의 경로에서 말한다면, 용성국과 다파나국의 일치를 인정하여도 좋지 않을까"라고 하여, 서역지방으로 보았다. 三品彰英 : 1971a, p.328 및 1973, pp.490~491.

66) "脫解 本多婆那國所生也 其國在倭國東北一千里". 김부식 : 1982, p.6.

67) 왜(倭)의 문제는 상당히 복잡한 양상을 띠고 있다. 왜냐하면 《삼국사기》, 신라본기에 등장하는 왜를 오늘의 일본열도라고 상정하는 것은 무리가 있지만, 그렇다고 해서 한국의 남해안과 일본의 규슈(九州) 일대로 보려는 일본 학자들의 견해를 그대로 수용하는 것도 문제가 있기 때문이다. 따라서 이 문제는 앞으로 학제간 연구를 통해 좀더 면밀하게 검토해야 할 것이다.

68) 한글학회 : 1992, p.4058.

다. 쿕킨나쿠가 없는 사이에 박-딤틸란(Vak'-thimtilan : 까치 사람)이 개집에 와서 강아지들과 함께 먹이를 먹었다. 그러면서 (그는) 미티의 얼굴을 귀엽다는 듯이 부리로 콕콕 쪼아댔다.

쿕킨나쿠는 집에 돌아와서, 즉시 코가 어떻게 해서 (그렇게 되었느냐)고 물었다. 아내가 개집의 뾰족하게 튀어나온 곳에 스쳐서 벗겨졌다고 하자, 쿕킨나쿠는 튀어나온 곳을 모두 잘라냈다. 이튿날 쿕킨나쿠가 다시 버드나무 껍질을 구하러 나가고 없는 사이에 박-딤틸란이 다시 찾아왔다. 이 때 미티는 박-딤틸란을 집으로 끌어들였다. 그리고 그들은 정사(情事)를 시작했다. 하지만 쿕킨나쿠가 갑자기 돌아오는 바람에 정사를 중단하였다. 쿕킨나쿠는 바깥에서 버드나무 껍질을 가지고 나오라고 소리쳤지만, 미티는 나무 껍질을 밟기 바쁘다고 외쳤다. 쿕킨나쿠가 다시 한번 외치자, 이번에는 튼튼한 껍질 끈을 사용하여 버드나무 껍질을 집안으로 끌어들였다.

이상한 생각이 든 쿕킨나쿠는 집안에 들어가 불을 지폈다. 그러고는 굴뚝을 막아서, 연기가 침실로 가득 들어가게 하였다. 박-딤틸란은 숨을 헐떡거리면서 침실에서 나와 겨우 도망을 쳤다. 그러나 미티는 박-딘틸란의 아이를 배었다. 이윽고 미티가 두 개의 알을 낳았는데, 거기에서 인간과 같은 어린아이가 태어났다.

세월이 지나, 어느 날 모두가 잡아온 물고기들을 저장하려고 바쁘게 일하는 사이에 쌍둥이 중의 한 아이가 미티에게 배가 고프다고 칭얼거렸다. 쿕킨나쿠가 쌍둥이들에게 제각기 훈제(薰製) 연어를 통째로 주었다. 그래도 두 아이는 여전히 만족하지 않았다. 쿕킨나쿠는 "저들은 까치의 도둑 자식들이기 때문에 거의 놀라지도 않는다"고 했지만, 아이들은 단지 울기만 할 뿐이었다. 그러자 미티는 그들을 초지(草地) 여행용 가방에 넣어 박-딤틸란의 집으로 데리고 갔다. 미티는 그들을 마루에 집어던지고는 아이들 아버지와 함께 살기로 하였다.

쿕킨나쿠는 외로워지면 미티를 찾아가서 음식을 얻어먹고는 집으로 돌아갔다.[69]

이것은 미국 자연사박물관의 후원 아래, 스웨덴의 민족학자 발데마르(J. Waldemar)가 1900년 제섭(Jesup) 북태평양 조사시에 캄차카(Kamchatka)반

---

69) J. Michael : 1993, pp.9~10.

도의 카멘즈코이(Kamenskoy)라는 해변 마을에서 조사한 것으로, 이야기의 후반부가 상당히 혼란스러울 뿐만 아니라 요점도 결여되어 있는 듯한 인상을 준다. 하지만 미첼(J. Michael)이 지적한 것처럼,[70] 이 신화는 동물이나 새도 인간의 모습으로 나타날 수 있는 영(靈)적인 힘을 가지고 있다는, 샤머니즘 사회의 생각을 그대로 표현하고 있다.

그런데 위의 자료는 '석탈해신화'와 유사한 모티프를 거의 갖고 있지 않다. 그러므로 이들 두 신화가 직접적인 관계가 있다고 보기는 어렵다. 그러나 이 자료에는 중요한 두 개의 단서가 있다. 하나는 《삼국사기》와 《삼국유사》에서 다파나국이나 용성국이 있다고 가리키는, 이 지역 일대에 난생신화가 전승되고 있다는 사실이다. 그리고 또 다른 하나는 이 자료에서 알을 낳는 미티(Miti)에게 임신을 시키는 주체가 까치(magpie)라는 점이다.

첫 번째 단서는 난생신화가 남방문화의 전유물이 아니란 것을 드러내고 있다. 다시 말해 시베리아 지역에도 난생신화, 그 가운데서도 가장 원초적인 '조란형(鳥卵型)'의 신화가 발견된다는 사실은 이 일대에 그들 고유의 난생관념이 존재했음을 말해 주는 것으로 보아도 큰 무리는 없다. 이런 의미에서 시베리아 동북부 지방에 야쿠트 자치공화국을 이루고 사는 야쿠트족(Yakut)이 난생신화를 가지고 있다는 것은 많은 시사를 던져준다.

[자료 11]

솔개는 샤먼(shaman)으로 될 숙명을 가진 한 아이의 혼을 집어먹은 후 여름철 태양이 떠오르는 방향인 남동(南東)으로 날아갔더니, 거기에 해가 묵은 초목이 우거진 백화(白樺)와 낙엽송이 솟아나 있었다. 이 두 나무 중 하나에 솔개는 알을 낳아서 까고, 그 유아를 나무 밑 풀밭에 놓아서 축류(畜類)에게 양육을 맡겼다.[71]

이 자료는 야쿠트인들 사이에 전해지고 있는 샤먼의 기원신화인데, 그들은 가장 위대한 샤먼을 솔개가 보낸 것으로 믿고 있다.[72] 시베리아 일대에

---

70) 위의 책, pp.1~2.
71) G. Nioradze 저, 이홍직 역 : 1976, p.16.
72) 위와 같음.

사는 모든 종족들의 샤먼은 그들의 실질적 정신적 지도자이다. 이 점을 고려한다면,[73] 야쿠트인들이 이런 난생신화를 가졌다는 것은, 사제자(司祭者) 내지는 지배자들이 비정상적인 난생에 의해 탄생되었다고 하는 관념이 그들 사이에 널리 유포되어 있다는 것을 의미한다.

그런데 야쿠트족은 바이칼 호수 부근에 살다가 현재 지역으로 이동하였다.[74] 이렇게 이동을 한 그들이 [자료 11]과 같은 신화를 가졌다는 것은 야쿠트족이 원래부터 난생신화를 가졌거나, 아니면 이동을 하면서 선주하고 있던 고아시아족들과 문화적인 접촉을 하면서 난생신화를 가지게 되었을 것이라는 추단을 가능하게 한다. 어느 경우이든 이것은 동북시베리아 지방에 난생신화가 존재한다는 것을 말해 주는 데는 변함이 없다.

다음으로 미티에게 임신을 시킨 주체가 까치라는 것은 [자료 10]과 '석탈해신화'와의 관계를 해명하는 데 중요한 실마리가 될 수 있다. 알다시피《삼국유사》에는 그가 석씨라는 성을 갖게 된 까닭이 "까치 때문에 궤짝을 열었으므로 [까치 작(鵲)에서] 새 조(鳥)를 떼어버리고 석(昔)씨로 하였다"[75]고 적혀 있으며,《삼국사기》에는 "이 아이는 성을 알 수 없으나 처음에 궤가 떠올 때에 까치 한 마리가 울면서 날아 따라왔으니 까치 작(鵲)자를 약하여 옛 석(昔)자로 성씨를 삼았다"[76]고 기록되어 있다. 이것은 [자료 10]에 담겨 있는 애니미즘(animism)적 사유가 문화가 발달한 신라사회에 들어와 합리적인 사유로 바뀌면서 이렇게 기록되었음을 말해 주는 것이 아닌가 한다.

이런 두 가지 사실로 미루어 보아, 석탈해 집단은 동북시베리아 일대에서[77] 한국의 동해안으로 들어왔다고 해도 좋을 것이다. 좀더 구체적으로 말

---

73) H. Mihaly 저, 村井翊 譯 : 1998, p.22.

74) 加藤九祚 : 1986, pp.105～106.

75) "因鵲開櫃 故去鳥字 姓昔氏". 최남선 편 : 1946, p.47.

76) "此兒不知姓氏 初櫃來時 有一鵲飛鳴而隨之 宜省鵲字 以昔爲氏". 김부식 : 1982, p.7.

77) 현재 캄차카(Kamchatka) 반도에 사는 코랴크족(Koryak)이 난생신화를 가지고 있다고 해서 그 범위를 확대하여 동북시베리아 일대라고 한 것은 코랴크족과 길리야크족(Gilyak)과 같은 고아시아족이 원래 만주와 연해주를 비롯한 이 지역 일대에 살다가 뒤에 들어온 퉁구스족이나 몽고계의 여러 종족들에 밀려서 캄차카(Kamchatka) 반도와 그 아래 지역으로 이주를 했기 때문이란 것을 밝혀둔다. 孫進己 저, 임동석 역 : 1992, p.424.

하면, [자료 8]의 ⓛ에서 왜국의 동북 1천 리에 있다고 하는 용성국은 캄차카(Kamchatka) 반도가 있는 동북시베리아 일대에 해당된다. 거기에 사는 코랴크족(Koryak)이 애니미즘적인 난생신화를 가지고 있고, 또 이 신화에 등장하는 까치가 '석탈해신화'에도 등장한다는 점에서, 석탈해 집단은 이 지역에서 배를 타고 남하하여 신라에 왔다고 볼 수도 있다는 것이다.[78]

이와 같은 추정이 설득력을 가진다면, 난생신화의 후대적인 변형으로 생각되는, 홍만종의 《순오지(旬五志)》에 실린 '여용사(黎勇士) 전설'은 이들 두 지역을 연계시키는 데 중요한 매개 역할을 한다.

[자료 12]

예국(穢國)의 한 시골 노구(老嫗)가 시냇가에서 빨래를 하고 있었다. 알(卵) 한 개가 물 위에 떠내려오는데 크기가 마치 박(瓠)만 하였다. 노구는 이상히 여겨 이것을 주워서 자기 집에 가져다 두었더니, 얼마 안되어 그 알이 두 쪽으로 갈라지면서 그 속에서 남자 하나가 나왔는데 얼굴 모습이 보통사람이 아니었다. 노구는 더욱 기특히 여겨 그 아이를 애지중지 잘 길렀다. 그 아이는 나이 7~8세가 되자 신장이 8척이나 되었고, 얼굴빛은 거무스름하여 마치 성인과 같았다. 그리하여 나중에는 얼굴빛이 검다 하여 검을 여(黎) 자를 성으로 하고, 이름을 용사라고 불렀다.[79]

이런 탄생담을 가진 여용사는 그 뒤에 사람들을 괴롭히는 호랑이를 퇴치하고, 무게가 만 근(斤)이나 되는 큰 종을 옮겨 달아 조정으로부터 상객(上客)의 대우를 받는다.[80] 이와 같은 이야기의 줄거리는 영웅담의 전형[81]을 보여 주는 것으로, '석탈해신화'와 상통하는 데가 있다. 즉 알로 들어와서 아이로 태어난다는 것과 그를 데려다 기르는 사람이 노구(老嫗)라는 점에서, 이

---

78) [자료 8]의 단락 (1)에는 석탈해가 가락국에 들렀다고 되어있어, 그의 집단이 남하했다고 보는 데 문제가 제기되기도 한다. 하지만 그들의 원향(原鄉)이 동북시베리아 일대라고 본다면, 한국의 동해 연안을 따라 내려온 것은 남하라고 보아도 좋지 않을까 한다.
79) 홍만종 저, 이민수 역 : 1971, p.78.
80) 위의 책, pp.78~79.
81) L. Raglan : 1965, p.145.

들은 같은 계통의 비슷한 이야기로 간주할 수 있다.

　이처럼 예국이 있던 지역에도 난생 모티프를 가진 설화가 존재했다는 사실은 앞에서의 추론, 곧 시베리아 동북부 일대에서 한국의 동해안으로 이어지는 지역에 난생신화를 가진 집단의 이동이 있었다는 견해가 타당성이 있다는 것을 말해 준다. 이런 추정이 가능하다면, 그들이 어떤 문화를 가지고 이 지역으로 들어왔으며, 그 흔적은 어디에 남아 있을까 하는 문제도 아울러 구명해야 한다.

　현재의 한국학계에서는 석탈해 집단이 철기문화와 관련이 있을 것이라는 견해가 주류를 이루고 있다. 이런 주장은 김열규(金烈圭)가 제기하였다. 그는 [자료 8] ㉣의 내용과 '탈해'라고 하는 이름의 발음이 북방 통구스족의 야장(冶匠) 내지는 야장무(冶匠巫)를 의미하는 '타르하드(Tarxad)' 또는 '타르쿠안(Tarquan)'의 발음에 가깝다는 점에 착안하여, 석탈해를 흉노(匈奴)계의 철기문화와 더불어 도래한 인물로 파악하였다.[82] 이것을 한층 더 진척시킨 천관우는 "(석탈해는) 아마도 한강 일대 어디에선가 해로(海路)로 남하하여 처음에는 김해에 정착하려다가 다시 경주로 가서 정착하게 되었던 듯하다"[83]고 하여 그의 남하경로까지 재구하려고 하였다.

　그러나 이와 같은 추정은 [자료 8]의 단락 (3)의 내용을 무시하고, ㉣에서 석탈해가 자기의 조상이 대장장이였다고 한 말에 집착한 것이다. 하지만 그렇게 하여 호공의 집을 빼앗았다는 것은 그가 지략을 발휘하여 상대방을 속이는 트릭스터(trickster)적인 성격을 가졌음을 표현하는 것으로, 그의 출자(出自)와는 무관하다는 점에서 이 견해는 수긍하기 어렵다.

　한편 나경수는 '석탈해신화'가 '서언왕(徐偃王)신화'와 비슷한 모티프를 가지고 있다는 데 착안해서, 이들을 비교하여 그 계통을 재구한 바 있다. 그는 이 논문에서 석탈해라는 이름이 고유명사가 아니고, 옛날(秦나라 때 : 인용자 주)에 그의 학정에 못 이겨 탈출하여 해방된 사람들[脫解]을 의미하는 것으로 해석하면서,[84] 후자를 가지고 있던 회이족(淮夷族)이 진시황(秦始皇)의

---

82) 김열규 : 1977, p.51.
83) 천관우 : 1976, p.26.
84) 나경수 : 1995, pp.148～149.

천하통일로 야기된 혼란을 틈타 철기문화와 함께 황해를 건너서 가야 지방을 거쳐 신라로 들어왔을 것이라는 추정을 하였다.[85]

이렇게 가야 지방의 철기문화가 회이족[86]에 의해 전래된 것이라고 한다면, 이들 두 지역의 철기문화를 더욱 철저하게 비교 검토해야 할 것이다. 그리고 석탈해 집단이 발달된 철기문화를 가졌다면 수로왕에게 패하여 신라로 갈 이유가 없었다. 더욱이 신라지역에 들어가 왕이 되어 지배계층으로 군림하였다면 가야보다 신라의 철기문화가 더욱 발전된 모습을 보여 주어야 한다. 그런데도 지금까지 이루어진 고고학의 발굴성과로는 이를 뒷받침할 만한 충분한 자료가 없다. 이런 점들을 고려한다면, 나경수의 주장도 받아들이기 어렵다.

석탈해 집단이 가졌던 문화의 성격을 구명하는 데는 [자료 8]의 ㉠과 ㉢ 부분이 좋은 참고가 된다. 먼저 ㉠에서 석탈해가 바다에서 고기잡이를 하는 사람의 어머니[海尺之母]에게 발견된 것은 이들 사이에 문화적인 동질성이 있었을 가능성을 시사해 준다. 실제로 《삼국사기》에는 "탈해가 처음에는 고기잡이하는 것을 생업으로 삼아 그 어머니를 공양하는 데 게을리하는 기색이 없었다"[87]고 적고 있어, 그가 어로(漁撈)를 주업으로 하던 집단의 일원이었음을 일러주고 있다.[88]

또 ㉢에서 그를 태운 배가 적룡(赤龍)의 호위를 받았다는 것도 이들이 용신신앙(龍神信仰)을 가진 어로집단이었음을 명확하게 해준다. 이런 의미에서 석탈해가 죽어서 토함산의 동악신(東岳神)이 되었다는 것은 당연한 귀결이라고 하겠다.

[자료 8] 다음에 이어지는, 동악신(東岳神)으로 정착하기까지의 과정에 얽힌 신화의 내용을 간단히 살펴보기로 한다.

---

85) 위의 책, p.159.

86) 미시나 아키히데(三品彰英)는 회이족과 예맥족(고구려도 여기에 넣음)이 근접해 있었다고 하여, 서언왕신화가 고주몽신화와 관계가 있을 것이란 암시를 하면서도 전자를 해양계(海洋系)의 자료로 보았다. 三品彰英 : 1971a, pp.345~346.

87) "脫解始以漁釣爲業 供養其母 未嘗有懈色". 김부식 : 1982, p.7.

88) 김철준도 탈해를 중심으로 하는 석씨 부족은 어로가 중요한 생활수단이었던 것으로 보았다. 김철준 : 1975, p.75.

[자료 13]

　왕위에 있은 지 23년인 건초 4년 기묘에 세상을 떠나, 소천의 언덕 가운데에 장사지냈다. 그 후에 신의 명령이 있기를 "내 뼈를 조심해서 묻어라"고 하였다. 그 두골(頭骨)의 둘레가 3자 2치나 되었고, 몸 뼈의 길이는 9자 7치나 되었다. 그리고 이는 엉키어 뭉쳐서 하나가 된 듯하고, 골절은 모두 연이어 맺어져 있어서, 이른바 천하에 대적할 사람이 없는 역사의 골격이었다. 뼈를 부수어 소상을 만들어 대궐 안에 안치했다. 신이 또 말하기를 "내 뼈를 동악에 안치하라"고 하였으므로, 그곳에 모시게 했다.[89]

《삼국유사》에는 위에서 인용한 자료 외에 또 하나의 이설(異說)을 싣고 있다. 이들 두 개의 자료는 석탈해가 동악신이 되는 과정에 약간의 차이가 있으나, 궁극적으로 그가 동악신이 되었다는 점에서는 완전히 일치한다. 따라서 이와 같은 자료의 이중성은 석탈해가 동악신으로 변했다는 믿음이 신라 사회에 널리 유포되어 있었고, 또 그것에 관한 설화가 여러 개 존재했다는 사실을 반영한다.

　이러한 내용의 [자료 13]에 대해 미시나 아키히데(三品彰英)는 "우리들은 이들 소전(所傳)에서 본래부터 탈해는 해상에서 온 신령이었으며, 또 토함산의 신이었음을 알 수 있다. 탈해 전설 속에도 '그 아이는 지팡이를 끌고 두 종을 데리고 토함산 위에 올라가 돌무덤을 만들어 7일 동안 머물렀다[其童子曳丈率二奴 登吐含山 作石塚 留七日]'는 기록이 있고, 또 신라본기에도 '왕이 토함산에 오르니 검은 구름이 우산과 같이 피어서 왕의 머리 위에 퍼져 있다가 오랜 뒤에 흩어졌다[王登吐含山 有玄雲如蓋 浮王頭上 良久而散]'는 기록이 있는 것을 보더라도, 원래부터 탈해가 토함의 악신(岳神)이었다는 것을 알 수 있다. ……돌이켜보면, 토함산은 왕성(王城)의 동남쪽에 우뚝 솟아 있고, 동해에 면한 이 지방의 고봉(高峰)이며, 동해 용신이 살기에는 적당한 영산(靈山)이다. 해룡계의 신인(神人)이 산악의 신이라고 하면 언뜻 부자연스

---

89) "在位二十三年 建初四年己卯崩 葬疏川丘中 後有神詔 愼埋葬我骨 其頭骨周三尺二寸 身骨長九尺七寸 齒凝如一 骨節皆連瑣 所謂天下無敵力士之骨 碎爲塑像 安闕內 神又報云 我骨置於東岳 故令安之". 최남선 편 : 1946, p.48.

러울지도 모르지만, 일본 와다노미야 유키사치(海宮遊幸)의 히코호호데미노미코도(日子穗穗手見命)도 원래는 야마사치히코(山佐知毗古)였음을 상기하면 좋을 것이다. 더 간단하게 말하면, 용은 바다에도 산에도 있는 영적 존재이다"[90]고 하여, 석탈해가 해신적(海神的) 산신적(山神的) 성격을 함께 지닌 것으로 보았다. 또 오바야시 타료(大林太良)도 미시나와 마찬가지로 "탈해의 경우에는 그 한 몸에 바다와 육지의 양 원리 — 바다가 주(主)고, 육지가 종(從)이지만 — 를 나타내고 있다"[91]고 하여, 그의 이중적인 성격을 지적한 바 있다.

그러나 용신은 그것이 있는 장소로 그 성격을 결정할 것이 아니라, 그것이 어떤 역할을 하는지에 따라 그 성격을 결정하는 것이 합당하지 않을까 한다. 사실 한국의 농촌에서 신봉하는 용신신앙은 농경신의 성격을 띠고 있고, 또 어촌에서 신봉하는 그것은 수신의 성격을 띠고 있다는 것을 상기할 필요가 있다. 이와 같은 민속신앙을 고려한다면 동해에 면해 있는 토함산의 동악신은 바다를 지켜주는, 그러면서도 어촌의 생업을 보호해 주고 도와 주는 수신적인 성격이 짙었을 것으로 생각한다.

이러한 추정은 《삼국유사》 왕력편(王曆編)에 "왕이 죽자 미소 소정의 구렁 속에 수장하였다가, 뼈로 소상을 만들어 동악에 안치하니 지금의 동악대왕이다"[92]는 기록을 통해서도 그 타당성을 인정받는다. 삼국시대의 경우 수장(水葬)에 관한 기록이 거의 없다는 것을 염두에 둔다면, 이 기록은 석탈해 집단의 수신신앙이 어느 정도였는지를 여실하게 보여 주는 자료라고 하지 않을 수 없다.

이렇게 본다면 석탈해 집단이 떠나온 곳의 여러 가지 이름들 가운데 용성국이란 이름이 있는 것도 해명된다. 바꾸어 말하면 그가 죽어서 용신으로 받들어질 정도로 용신신앙에 철저했던, 석탈해 집단은 이러한 신앙의 반영으로 용성국이라는 신화적 관념의 이름을 만들어낸 것이 아닌가 한다.

이처럼 용신신앙을 믿으면서 어로를 주업으로 하던, 석탈해 집단의 이주

---

90) 三品彰英 : 1972, p.274.
91) 大林太良 : 1975, p.64.
92) "王崩 水葬未召疏井丘中 塑骨安東岳 今東岳大王". 최남선 편 : 1946, p.4.

218

경로는 당연히 해로(海路)였을 것으로 추정된다. 주지하다시피 어로문화를 가진 집단은 계절풍과 해류(海流)를 이용한 항해술에 뛰어난 재능을 보인다. 그런데 그 쪽 지역에서 불어오는 계절풍으로는 북서풍이 있고, 또 거기에서 내려오는 해류로는 리만 한류가 있다. 이 해류는 베링 해협에서 시작되는 오야시오 한류(親潮寒流)가 홋카이도(北海道) 근방에서 갈라져 한국의 동해안으로 들어오는 것인데, 그들이 이 한류를 이용하여 동해안 연안을 따라서 이 지역으로 진출하였다는 것은 쉽게 짐작이 가고도 남는다.

여기에서, 동북시베리아 일대에서 리만 한류와 북서 계절풍에 편승하여 동해안 지역으로 들어온 주민의 이주는 일회적인 사건으로 끝난 것이 아니었다는 데 유의해야 한다. [자료 5]에서 본 것처럼 옛날의 예국(穢國) 지방으로 도래한 집단도 있었다는 사실을 고려한다면, 그들의 이주는 장기간에 걸쳐서 간헐적으로 부단히 계속되었다고 보아야 한다. 이런 과정에서 상당한 세력을 가졌던 석탈해 집단이 이주해 왔다고 보는 것이 사리에 맞을 것이다.

그렇다면 이들 어로문화집단이 남긴 문화유적을 생각하지 않을 수 없다. 이 문화유적으로 동해안 일대와 남해안 일부 지역에 분포되어 있는 암각화(岩刻畵)를 생각할 수 있다. 이 일대에서는 중요한 곳만 들어도 무려 14곳에서 암각화가 발견되어 학계의 관심을 모으고 있다.[93] 울산시 대곡리에서 암각화를 최초로 발견하여 조사 연구한 황수영과 문명대는 〈반구대(盤龜臺) 암각 조각〉이란 연구보고서에서 이곳의 암각화가 스칸디나비아에서 시베리아에 걸쳐 있는 무늬토기들의 분포·교류와 관계가 있는 것으로 보고, 청동기의 교류와 관련시켜서 우리 민족의 기원 문제를 추구한다면 문제를 쉽게 해결할 가능성이 있다는 것을 지적하였다.[94]

이 대곡리 암각화에는 고래와 물개, 거북 등 바닷짐승이 75마리가 있는데, 그 가운데서 고래가 48마리로 절대 다수를 차지한다. 고래의 생태는 오츠크 해 부근에서 지내다가 겨울에는 시베리아 해안을 따라 남하하여 한반도의 남쪽에서 생식(生殖)을 하는 것으로 알려져 있어,[95] 이곳의 암각화 유적이 동

---

93) 임세권 : 1994, p.18 "암각화의 분포 현황 지도" 참조.
94) 임장혁 : 1991, p.174에서 재인용.
95) 木村秀雄 : 1974, p.115.

북시베리아 일대의 어로문화와 무관하지 않음을 나타내고 있다.

또 대곡리와 천전리, 벽연리의 암각화에는 배가 새겨져 있다. 이들 가운데서 천전리의 암각화에 나오는 배는 꼬리와 머리가 위로 치솟아 올라간 용선(龍船)으로 거대한 돛을 달고 있어, 외양이 범선임을 드러내고 있다.[96] 이 역시 동북시베리아의 어로문화 집단이 한국의 동해안 일대에 도래했다는 사실을 말해 주는 것이다. 그뿐만 아니라 [자료 8]의 ⓒ에서 적룡(赤龍)이 나타나서 석탈해가 탄 배를 호위해 주었다는 것 역시 이러한 암각화의 그림과 관련시키면 설명이 쉬워진다.

그리고 대곡리 암각화에는 2개의 탈의 모습도 새겨져 있다. 임장혁이 시베리아의 수렵민(동물만을 잡는 것이 아니라, 물고기를 잡는 어로까지 포함하는 것으로 보임 : 인용자 주)들은 고래나 바다표범을 잡았을 때 여러 가지 바다동물을 나타내는 가면을 쓰고 춤을 추기도 한다는 견해를 수용하여 이것을 해석한 것[97]은 이들의 상관관계를 암시한다고 하겠다.

그런데 청동기시대의 암각화에서는 주로 인물과 배, 농경광경, 전투광경, 수렵광경, 어로광경, 수렵대상 동물, 물고기, 새 등을 암각의 대상으로 삼는 일반적인 특징이 나타난다고 한다.[98] 실제로 장명수는 한국 암각화의 제작 단계별 편년의 설정에서 대곡리와 천전리의 암각화를 청동기시대와 초기 철기시대로 잡고 있다.[99] 따라서 '석탈해신화'를 이런 암각화 문화와 연계시키는 것이 용인된다면, 이 신화는 동북시베리아 일대에서 들어온 어로문화 집단들 가운데서 발달된 청동기문화를 가지고 있던 탈해 집단이 신라에 들어와서 왕권을 장악한 사실을 말해 준다고 보아도 무방할 것이다.

거듭 말하지만 남방문화가 구로시오 난류(黑潮暖流)를 타고 올라오듯이, 북방문화의 일부는 오야시오 한류에서 갈라지는 리만 한류와 북서 계절풍을 이용하여 한반도의 동해연안을 따라 내려오면서 유입되어 한국의 동해안 문화를 형성하는 데 적지 않은 기여를 하였을 것이다. 그리고 이러한 문

---

96) 장명수 : 1996, p.223.
97) 임장혁 : 1991, pp.186~187.
98) 황용혼 : 1987, p.22.
99) 장명수 : 1996, p.193.

220

화의 유입 양상이 '석탈해신화'에 반영되었다고 보는 것이 타당하기 때문에,
한국문화의 형성과정을 재구하는 작업에서도 이 점을 고려해야 한다. 그러
면서 한국의 난생신화가 남방에서 들어왔다고 주장한 미시나 아키히데(三品
彰英)의 견해도 수정되어야 한다는 것을 밝혀둔다.

5. 천강신화와 유목·수렵문화

한국의 고대 건국신화와 왕권신화에서 가장 많은 양을 차지하는 것이 건
국시조나 왕권을 장악한 인물의 출자(出自)를 하늘에서 구하고 있는 신화이
다. 이들 신화는 내용적인 면에서 몇 개의 하위 범주로 나누어진다. 일찍이
미시나는 이 부류에 속하는 신화들을 '감응(정)형신화[感應(精)型神話]'로 명
명한 다음, 그 종류와 분포영역에 관한 논고를 발표한 바 있다. 그는 이 논고
에서 중국과 만주, 한국, 일본 등의 설화 25편을 3개의 범주, 곧 뇌전(雷電)이
나 성신(星辰)의 빛에 의한 것과 하늘에서 내려온 영물(靈物)에 의한 것, 일
광(日光)에 의한 것 등으로 구분하였다.[100]

그러나 한국신화의 경우는 그의 분류와는 다소 다른 양상을 보여준다고
하겠다. 그 이유는 이 부류에 들어가는 한국의 신화자료들은 하늘에 거주하
는 존재가 내려오거나 그의 자손이 왕권을 장악하는 것들과, 하늘에서 내려
온 알이나 햇빛의 감응에 의해 태어난 존재가 왕이 되는 것들로 나누어지기
때문이다.

그렇지만 이들 자료는 다 같이 건국시조나 왕권을 장악한 존재의 출자를
하늘에서 구함으로써, 그들의 왕권이 하늘에서 연원했음을 나타낸다는 공
통점이 있다. 이 연구에서는 이들 자료를 '천강신화(天降神話)'[101]라 부르기

---

100) 三品彰英 : 1971a, pp.502∼503.
101) '천강신화'는 널리 쓰이고 있는 '천손강림신화'의 준말로, 이 용어는 일본 제국주의
　　자들이 천황(天皇)이 가지는 왕권의 신성성을 강조하기 위해서 만들어낸 말이지만,
　　아직까지 이것을 대신할 만한 적당한 용어를 찾지 못했기 때문에 이 글에서 그대로
　　사용한다는 것을 밝혀둔다.

로 한다. 우선 전자의 범주에 들어가는 '단군신화'의 내용부터 고찰하기로 하겠다.

[자료 14]

《고기》에는 이렇게 말했다.

옛날에 환인(제석을 이른다)의 지차(之次) 아들 환웅이란 자가 있어 자주 천하에 뜻을 두고 인간세상을 탐내어 구하였다. 그 아버지가 아들의 뜻을 알아차리고 아래로 삼위 태백을 내려다보니 인간들을 널리 이롭게 할 만했다. 이에 (환인은 환웅에게) 천부인 세 개를 주고 보내어서 여기를 다스리게 하였다.

환웅은 무리 3천 명을 거느리고 태백산 꼭대기(바로 태백은 지금의 묘향산이다)의 신단수 아래로 내려왔는데 이곳을 신시라고 이르고 그를 환웅천왕이라고 하였다. 그는 바람을 맡은 어른과 비를 맡은 어른, 구름을 맡은 어른들에게 농사와 생명, 형벌, 선악을 맡게 하고 인간의 3백 6십여 가지 일들을 주관하면서 세상에 살며 정치와 교화를 베풀었다.

때마침 한 마리의 곰과 한 마리의 호랑이가 있어, 같은 굴에 살면서 항상 신령스러운 환웅에게 사람으로 바뀌도록 해달라고 빌었다. 이때에 환웅신은 영험이 있는 쑥 한 묶음과 마늘 스무 개를 주면서 말하기를 "너희들은 이것을 먹고 백 날 동안 햇빛을 보지 않으면 곧 사람의 형체가 될 것이다"라고 하였다.

곰은 스무 하루 동안을 삼가하여 여자의 몸으로 변했으나 호랑이는 능히 삼가지 못하여 사람의 몸으로 변하지 못했다. 웅녀는 더불어 혼인할 자리가 없었으므로 매양 신단수 아래서 어린아이를 배게끔 해달라고 빌었다. 환웅은 잠시 사람으로 화해서 그녀와 혼인을 하여 아들을 낳으니 이름을 단군왕검이라고 했다.

(단군왕검은) 당 나라 요 임금이 즉위한 50년 경인(庚寅)에 평양에 도읍하고 비로소 조선이라 일컬었다. 또 도읍을 백악산(白岳山) 아사달(阿斯達)로 옮기었는데, 또 그곳을 궁홀산(弓忽山 : 궁을 방(方)으로도 쓴다.)이라고도 하고 금미달(今彌達)이라고도 한다. 그는 1천 5백년 동안 여기에서 나라를 다스렸다.

주(周) 나라 무왕(武王)이 즉위한 기묘년(己卯年)에 기자(箕子)를 조선에 봉하였다. 이에 단군은 장당경(藏唐京)으로 옮겼다가 뒤에 돌아와 아사달

에 숨어서 산신이 되었으니, 나이는 1천 9백 8세였다고 한다.[102]

이것은 민족국가 시원(始原)의 개국신화적인 성격을 띠는 것이어서 매우 중요한 의미를 지니고 있다. 하지만 일연(一然)이 인용한 《고기(古記)》라는 책이 전하지 않기 때문에, 나가 유키오(那阿通世)는 "승도(僧徒)의 망설(妄說)을 역사상의 사실로 삼은" 것으로, "이 전설은 불법(佛法)의 동류(東流) 후 승도의 날조로 나오게 된 망탄(妄誕)으로서, 조선의 고전(古傳)이 아니란 것은 일견(一見)에 알 수 있다"[103]고 주장하여, 그 뒤에 위작설(僞作說)의 기틀이 되었다.[104]

이 위작설은 역사학자들이 단군이 세운 고조선의 실체를 밝혀냄으로써, 그 허구성을 증명하였다.[105] 《삼국사기》와 《삼국유사》에서 《고기》로부터 인용한 자료들을 분석하면, 《고기》는 신화적인 내용의 설화들을 집대성하면서 신라 중심의 편년체로 된 역사책이었을 가능성이 높다.[106] 또 신화학적인 견지에서 본다면, 이 자료는 상당한 고형(古形)을 유지하고 있다. 좀더 자세히 말한다면, 이 신화는 고구려의 건국신화와 마찬가지로 외부에서 들어온 수렵문화 집단이 먼저 거주하고 있던 집단과 타협하여 왕권을 확립해 가는 과정을 서술하고 있어, 고대국가가 형성되어 가는 과정의 일단을 엿볼 수 있다.

이 문제는 차치하고, 위의 신화에서는 천상세계에 환인이라는 절대자가

---

102) "古記云 昔有桓因(謂帝釋也) 庶子桓雄 數意天下 貪求人世 父知子意 下視三危太伯 乃授天符印三箇 遺往理之 雄率徒三千 降於太伯山頂(卽太伯今妙香山) 神檀樹下 謂之 神市 是謂桓雄天王也 將風伯雨師雲師 而主穀主命主病主刑主善惡 凡主人間三百六十 餘事 在世理化 時有一熊一虎 同穴而居 常祈于神雄 願化爲人 時神遺靈艾一炷 蒜二十 枚 曰爾輩食之 不見日光百日 便得人形 熊虎得而食之 忌三七日 熊得女身 虎不能忌 而不得人身 熊女者無與爲婚 故每於壇樹下 呪願有孕 雄乃假化而婚之 孕生子 號曰壇 君王儉. 以唐高卽位五十年庚寅 都平壤城 始稱朝鮮. 又移都於白岳山阿斯達 又名曰弓 (一作 方) 又今彌達 御國一千五百年. 周虎王卽位己卯 封箕子於朝鮮 壇君乃移於藏唐 京 後還隱於阿斯達 爲山神 壽一千九百八歲". 최남선 편 : 1946, pp.33～34.

103) 이필영 : 1994, p.89에서 재인용.

104) 今西龍 : 1970, pp.1～130.

105) 현명호 : 1994, pp.64～69 및 노태돈 : 1994, pp.33～46 참조.

106) 김화경 : 1987b, pp.6～7.

존재하고, 그의 아들인 환웅이 태백산 신단수 아래 내려와서 신정(神政)을 베풀며, 그 손자인 단군이 나라를 세운다는 것을 핵심적인 내용으로 하고 있다. 여기에 등장하는 신단수가 우주의 중심을 상징하는 우주수(宇宙樹)라는 것은 이미 선행연구자들이 밝힌 바 있다.[107] 이러한 우주수 아래 내려온 환웅의 아들이 조선을 건국하였다는 것은 하늘에서 왕권의 기원을 구하는 것, 곧 건국시조의 출자(descent)를 하늘과 연결시키는 전형을 보여 주는 사례이다.[108] 이와 같은 신화적 사유가 수렵문화와 관계있다는 것은 태양신화 학파 학자들의 견해를 빌리지 않더라도 신화학계에서는 일반적으로 널리 용인되고 있다. 따라서 '단군신화'는 왕권의 신성성과 정통성을 확보하기 위해 왕권이 하늘에서 연원했음을 말해 주는 천강신화의 하나라고 하겠다.

이에 비해 천상의 존재가 직접 지상에 내려와서 인간세상을 다스렸다는 내용의 이야기로는 '해모수(解慕漱)신화'가 있다.

[자료 15]

한나라 신작 3년 임술년에 천제가 태자를 보내어 부여의 옛 도읍지에 내려가 놀게 하였는데, 그 이름을 해모수라고 불렀다. (그가) 하늘에서 내려올 때는 다섯 용이 끄는 수레를 탔고 따라온 백여 인은 모두 흰 고니를 탔으며, 채색 구름이 그들 위에 떠 있었고 음악소리가 구름 속에서 울려 나왔다. 웅심산에 머물렀다가 십여 일이 지나서야 비로소 내려왔다. (그는) 머리에 까마귀 깃털의 관을 썼고 허리에는 용광의 칼을 찼다.[109]

이 자료는 이규보(李奎報)가 〈동명왕편(東明王篇)〉을 지을 때에 《구삼국

---

107) 김열규 : 1977, pp.17~28.

108) 흉노족(匈奴族)은 하늘을 탱리(撑犁) 즉 텡게리(Tenggeri)라고 지칭하는데, 텡게리는 돌궐족과 몽고족, 만주족 등의 민족들에 공통적으로 존재하는 단어로 신격화된 하늘, 곧 샤머니즘의 최고신을 나타낼 때에 사용된다. 왕의 출자를 하늘에서 구하고 있는 것도 이와 같은 하늘 숭배 사상과 긴밀한 관계가 있는 것으로 보인다. 박원길 : 1998, p.15.

109) "漢神雀三壬戌歲 天帝遣太子 降遊扶餘王古都 號解慕漱 從天而下乘五龍車 從者百餘人 皆騎白鵠 彩雲浮於上 音樂動雲中 止雄心山 經十餘日始下 首戴鳥羽之冠 腰帶龍光之劍". 장덕순 편 : 1981, pp.88~89.

사(舊三國史)》에서 인용한 것으로, 한국측 기록으로는 가장 오래된 신화의 서두 부분이다. 이 뒤에 유화(柳花)를 유혹하여 하백(河伯)과 다투는 것과 주몽이 탄생하는 것 등이 이어진다.

그런데 앞에서 살펴본 이 장 [자료 1]의 단락 (6)에서는 "그(해부루를 가리킴 : 인용자 주)의 옛 도읍지에 어디에서 왔는지를 알 수 없는 사람이 나타나서 스스로 천제의 아들 해모수라고 하면서 거기에 도읍을 정하였다"[110]고 했다. 그리고 《삼국유사》에는 "《고기》에 이르기를 전한 선제 신작 3년 임술 4월 8일에 천제가 흘승골성(대요의 의주 근처에 있다)으로 오룡거를 타고 내려왔다. (그는 거기에) 도읍을 정하여 왕이라 일컫고 국호를 북부여라 하였으며, 스스로 이름을 해모수라고 했다"[111]고 기록되어 있다.

이렇게 해모수에 관한 전승은 사서(史書)의 종류에 따라 그 내용이 다르다. 특히 《삼국유사》에서는 "아들을 낳아 이름을 부루라 하고 해를 성씨로 삼았다. 왕(해모수를 지칭함 : 인용자 주)은 뒤에 상제의 명령으로 도읍을 동부여로 옮겼다. 동명제는 북부여를 계승하여 일어나서 졸본주에 도읍을 정하고 졸본부여가 되었으니, 곧 고구려의 시초이다"[112]고 해서, 해모수와 해부루를 혈연으로 연결시켰고, 또 동명왕의 졸본부여도 그가 세운 북부여를 계승한 것으로 표현하고 있다.

해모수신화는 이처럼 다양하게 전승된다. 하지만 이들 자료의 공통되는 특성은 그가 (북)부여의 건국시조로 기술되고 있다는 점이다. 이것은 그를 중심으로 하는 집단이 상당한 세력을 가졌고, 또 나라가 형성되는 과정에서도 적지 않은 역할을 했다는 것을 드러낸다. 그리고 그 지배자가 하늘에서 내려왔다고 하여, 그의 출자(出自)를 하늘에서 찾음으로써 그가 가지는 왕권의 신성성과 절대성을 강조하고 있다.

그런데 하늘에 거주하던 존재가 하강하여 나라를 세운다는 이들 두 개의

---

110) "其舊都有人 不知所從來 自稱天帝子解慕漱來都焉". 김부식 : 1982. p.145.

111) "古記云 前漢宣帝神爵三年 壬戌四月八日 天帝降于訖升骨城(在大遼醫州界) 乘五龍車 立都稱王 國號北扶餘 自稱名解慕漱". 최남선 편 : 1946, p.39.

112) "生子名扶婁 以解爲氏焉 王後因上帝命 移都于東扶餘 東明帝繼北扶餘而興 立都于卒本州 爲卒本扶餘 卽高句麗之始". 위의 책, p.39.

자료는 다 같이 한국측의 기록에만 남아 있다는 문제점을 지닌다. 이 때문에 이 자료들에 대한 의심이 끊임없이 제기되어 왔다. 그렇지만 이 신화들역시 기록자들이 구전되던 자료나 선행 기록자료들을 바탕으로 하였다는것은 의심할 여지가 없는 듯하다. 왜냐하면 그 표현이 직접적이든 간접적이든 왕권이 하늘에서 유래되었다는 것은 동북아시아와 북방시베리아의 유목민들 사이에 널리 유포되어 있는 신화적 사유이기 때문이다.[113]

한편 이렇게 천상세계의 존재가 직접 하강하여 나라를 세우거나 그의 자손이 왕권을 장악하는 것이 아니라, 하늘에서 내려온 알에서 건국시조가 탄생하는 자료로 '박혁거세신화'가 있다. 이 신화는《삼국사기》권 1, 신라본기시조 혁거세 거서간조와《삼국유사》권 1, 신라 시조 혁거세왕조에 실려 있는데, 이 글에서는 후자의 자료를 고찰의 대상으로 삼기로 한다.

[자료 16]

전한 지절 원년 임자 — 옛책에 일러서 건호 원년이니 건원 3년이니 한것은 모두 잘못된 것이다 — 3월 초하룻날에 육부의 조상들이 각기 자제들을 거느리고 알천의 언덕 위에 모여서 의논하기를 "우리들이 위로 백성들을 다스릴 만한 임금을 가지지 못하였으므로 백성들이 모두 방자해져서 제마음대로 하니, 어찌 덕이 있는 사람을 찾아내어 그를 임금으로 삼아 나라를 세우고 도읍을 정하지 아니하겠는가?"라고 하였다.

이에 높은 곳에 올라가 남쪽을 바라보니 양산 밑의 나정(蘿井) 곁에 이상한 기운이 마치 전광처럼 드리워져 있고, 거기에 백마 한 마리가 꿇어앉아 절하는 형상을 하고 있었다. (그래서) 그곳을 찾아가 보니 붉은 알 — 혹은 푸르고 큰 알이라고도 한다 — 이 하나 있는데, <u>말은 사람들을 보고 길게 울다가 하늘로 올라가 버렸다.</u> 그 알을 쪼개니 형용이 단정하고 아름다운 사내아이가 있었다.

그들은 놀랍고 이상스러워 그 아이를 동천 — 동천사는 사뇌야 북쪽에 있다 — 에서 목욕시켰다. (그랬더니) 몸에서 광채가 나고 새와 짐승이 따라와 춤추며, 천지가 진동하고 해와 달이 청명해졌다. 그 일로 인하여 그를 혁거세왕 — 아마 우리말일 것이다. 혹은 불구내왕이라고도 하니 밝게 세상

---

113) 鳥居龍藏 : 1976, pp.327~328.

을 다스린다는 뜻이다. 해설하는 이는 "이는 서술성모가 낳은 것이다. 그러므로 중국사람들이 선도성모를 찬양한 말에 현인을 낳아 나라를 세웠다고 하는 것은 이 일을 가리키는 것이다"라고 말한다. 그리고 계룡이 상서러움을 나타내면서 알영을 낳았다고 하는 이야기도 또한 서술성모의 현신함을 말하는 것이 아닐까 한다 — 이라 하고, 위호를 거슬한 — 혹은 거서간이라고도 한다. 이것은 그 자신이 처음 말을 할 때에 알지 거서간이 한번 일어났다고 했기 때문에 이 말로 인하여 부른 것인데, 이로부터 임금의 존칭으로 되었다 — 이라고 하였다.[114]

오바야시 타료(大林太良)는 이상과 같은 탄생신화를 가진 박혁거세를 "말을 동반하고 지상의 알에서 태어난 것이기 때문에 대지(大地)의 원리를 대표하고 있다"[115]고 하여, 그의 출자가 대지와 긴밀한 관계를 가지는 것으로 보았다.

그러나 이 자료에 등장하는 말은 밑줄 친 부분에서 보는 바와 같이, 사람들을 보고 길게 울다가 하늘로 올라갔다고 표현되어 있어, 하늘에서 땅으로 알을 운반한 동물로 그려지고 있음을 알 수 있다. 이것은 말이 천상과 지상을 오가면서 매개적인 기능을 수행하는 동물이라는 신화적인 사유가 있었다는 것을 반영하는 것이다. 이러한 추정을 방증할 수 있는 자료가 문헌에 남아 있으므로, 그것을 소개하기로 한다.

기린굴은 구제궁 안의 부벽루 아래에 있는데, 후세 사람들은 동명왕이 이곳에서 말을 길렀다고 비석을 세워 기록하였다. 세상에 전해지기(世傳)를 왕이 기린마를 타고 이 굴속으로 들어가 땅속을 거쳐 조천석으로 나와

---

114) "前漢地節元年(古本云建虎元年 又云 建元三年等 皆誤) 三月朔 六部祖各率子弟 俱會於閼川岸上 議曰 我輩上無君主臨理蒸民 民皆放逸 自從所欲 皆覓有德人 爲之君主 立邦設都乎 於是承高南望 楊山下蘿井傍 異氣如電光垂地 有一白馬跪拜之狀 尋撿之 有一紫卵(一云 靑大卵) 馬見人長嘶上天 剖其卵得童男 形儀端美 驚異之 浴於東泉(東泉寺在詞腦野北) 身生光彩 鳥獸率舞 天地振動 日月淸明 因名赫居世王(蓋鄕言也 或作弗矩內王 言光有理世也 說者云 是西述聖母之所誕也 故中華人讚 仙桃聖母 有娠賢肇邦之語是也 乃至鷄龍現瑞産閼英 又焉知非西述聖母之所現耶) 位號曰居瑟邯(或作居西干 初開口之時 自稱云 閼智居西干一起 因其言稱之 自後爲王者之尊稱)". 최남선 편 : 1946, pp.44~45.

115) 大林太良 : 1975, p.57.

서 하늘로 올라갔다고 하는데, 이 말의 발자취가 지금까지도 돌 위에 남아 있
다.[116]

이 자료는 《신증동국여지승람(新增東國輿地勝覽)》 권 51, 평양 고적조에
실려 있는 것이다. 여기에 세전(世傳)이란 표현이 있는 것으로 미루어서, 이
런 내용의 이야기가 증거물인 돌 위의 발자국과 함께 이 지방에 구전되어
왔음을 알 수 있다. 그런데 이 자료는 동명왕을 태운 말이 지하세계를 거쳐
하늘로 올라갔다는 것을 주된 내용으로 한다. 이런 사실을 통해서 한국의
전통사회에서는 말이 하늘과 땅 사이를 왕래하면서 매개적인 기능을 수행
하는 신성수(神聖獸)로 인식되었음을 확인할 수 있다.

그리고 혁거세(赫居世) 또는 불구내(弗矩內)라는 이름도 그가 하늘이란 우
주영역과 깊은 관계를 가진 존재였다는 것을 짐작하게 한다. 미시나 아키히
데(三品彰英)의 연구에 따르면, 혁거세 또는 불구내의 풀-칸(pur-kan)이란
한국어 어휘는 알타이 제어에서 신이나 신성한 장소, 신상(神像), 신의 대리
자, 샤먼 등의 의미를 지니는 어휘들과 같은 계통의 말이라고 한다.[117] 그렇
다면 박혁거세라는 이름에서 그가 제사를 담당하는, 주권 기능을 가진 존재
였다는 것을 추정할 수 있다. 따라서 《삼국지(三國志)》 위지(魏志) 한전(韓
傳)에 "귀신을 믿기 때문에 고을마다 한 사람을 뽑아서 천신에게 드리는 제
사를 주제하게 하였는데 그를 천군이라고 했다"[118]는 기록에서 보이는 천군
제도가 마한뿐만 아니라 한반도 전역에 걸쳐서 존재했다는 사실을 감안할
때,[119] 그가 하늘과 긴밀한 관계를 가진 존재였음은 부정할 수 없을 것이다.

또 이와 같은 추단은 국사학계의 연구성과에 의해서도 그 타당성이 입증
된다. 김철준은 〈신라 상고세계(上古世系)와 그 기년(紀年)〉이라는 논문에
서, 박혁거세는 "하늘로부터의 이기(異氣)와 난생이라는 수식을 가져 천신족
임을 알 수 있다"고 하면서, "더욱이 그 출생에 말이 관련됨을 보면 위지 한

---

116) "麒麟窟在九梓宮內 浮碧樓下 東明王養麒麟馬于此 後人立石誌之 世傳 王乘馬立此
    窟 從地中出朝天石升天 其馬跡至今在石上". 조선사학회 : 1930b, p.33.
117) 三品彰英 : 1973, p.290.
118) "信鬼神 國邑各立一人 主祭天神 名之天君". 陳壽 : 1975, p.852.
119) 이병도 : 1959, p.303.

전에 '우마를 탈 줄은 몰랐으며 우마는 죽은 사람을 보내는 데 사용하였다 (不知乘牛馬, 牛馬盡於送死)'고 하던 남방의 선주족과는 다른 북방의 기마족 (騎馬族)이 아니었던가 하는 추측이 간다"[120]고 하여, 박혁거세를 중심으로 한 세력집단이 천신을 숭배하는 기마민족이었을 가능성을 시사한 바 있다.

이런 연구성과를 볼 때, 박혁거세는 대지를 대표하는 존재였다기보다는 하늘의 원리를 대표하는 존재였다고 하는 것이 한층 더 타당한 것 같다. 그리고 한국 고대국가의 성립을 이야기하고 있는 건국신화에서는 하늘의 원리를 대표하는 존재가 속했던 집단은 유목·수렵문화와 관계가 있으므로, 박혁거세도 이들 문화와 관계가 있다고 보아야 할 것이다.

《삼국유사》권 2의 가락국기(駕洛國記)에 전하는 '수로왕신화(首露王神話)' 도 이처럼 하늘에서 내려온 알에서 건국시조가 탄강하는 자료에 속한다. 이 신화에서는 여섯 개의 황금색 알이 자색 줄에 묶인 홍색 자기 속의 금합자 (金合子)에 담겨서 내려온 것으로 되어 있다. 여기에 등장하는 황금색이나 자색, 홍색 등의 색깔은 태양을 상징하는 것이기 때문에, 수로왕 역시 그의 출자를 태양에서 찾고 있다고 하겠다.[121]

한편 이와는 달리 한국의 건국신화들 가운데는 나라를 세운 건국시조가 하늘과 관련되어 있다는 것을 간접적으로 표현하는 이야기들이 있다. 이 범주에 들어가는 것으로 고구려의 건국시조인 고주몽(高朱蒙)의 탄생담이 있다.《삼국사기》권 13, 고구려 본기 시조 동명성왕조에 전해지는 '고주몽신화'의 내용은 아래와 같다.

[자료 17]

이 때에 (금와가) 태백산의 남쪽 우발수에서 한 여자를 만나 (그 사정을) 물어보았다. (그런즉) 그녀가 "나는 하백의 딸로 유화라고 합니다. 여러 동생들과 더불어 나와 놀고 있을 때에, 한 남자가 있어 자칭 천제의 아들 해모수라고 하면서 나를 웅심산 밑의 압록강 가에 있는 집안으로 유인하여 동침을 하고 곧 가서는 (다시) 돌아오지 않았습니다. 나의 부모는 내가 중

---

120) 김철준 : 1975, pp.72~73.
121) 김화경 : 1989, pp.137~142.

매도 없이 남자와 상관한 것을 꾸짖고 드디어 우발수에서 귀양살이를 하게 하였습니다"라고 대답하였다.

금와가 이상하게 생각하여 (그녀를) 방안에 가두었더니, 그녀에게 햇빛이 비치었다. 그녀가 몸을 피하면 햇빛이 또 따라와 비치었다. 이로 인해서 태기가 있어 알 한 개를 낳았는데, 크기가 닷 되들이만 하였다.

왕이 그 알을 버려 개와 돼지에게 주었으나 모두 먹지 않았다. 다시 길 가운데에 버렸더니 소와 말이 피하며 밟지 않았다. 나중에는 들판에 버렸더니 새가 (날아와) 날개로 덮어주었다. 왕이 그것을 쪼개려고 하였지만, 깨뜨릴 수가 없었기 때문에 마침내 그 어머니에게 돌려주었다. 그 어머니가 물건으로 싸서 따뜻한 곳에 두었더니 한 사내아이가 껍질을 깨고 나왔다.

그의 골격과 풍채가 영특하고 기이하였으며, 나이 겨우 일곱 살에 보통 사람들보다 월등하게 달랐다. 스스로 활과 화살을 만들어 쏘았는데 백발백중이었다. 부여의 속담에 활을 잘 쏘는 것을 주몽이라고 하였으므로 이렇게 이름을 지었다고 한다.[122)]

이 자료는 주인공인 고주몽이 비정상적인 탄생을 거쳐 기아(棄兒)라는 수난을 겪은 다음에, 그 능력을 인정받는 영웅담의 전형을 보여 주고 있다. 그 때문에 이 신화는 한국 영웅담의 원형으로 상정되었고, 그 뒤에 영웅소설이 형성되는 데도 많은 영향을 끼친 것으로 보인다.[123)]

그리고 그가 알의 형태로 태어났다는 난생 모티프 때문에 그 계통을 남방에서 구하는 견해가 상당히 널리 인정되어 온 것도 사실이다. 하지만 이 문제는 그렇게 간단히 처리할 수가 없다. 그 이유는 왕권을 장악한 집단이 남방에서 들어왔다면, 그들이 남긴 문화의 자취가 어디에서인가 확인되어야

---

122) "於是時 得女子於太白山 南優渤水 問之曰 我是河伯之女 名柳花 與諸弟出遊 時有一男子 自言天帝子解慕漱 誘我於熊心山下 鴨淥邊室中私之 卽往不返 父母責我無媒而從人 遂謫居優渤水 金蛙異之 幽閉於室中 爲日所炤 引身避之 日影又逐而炤之 因而有孕 生一卵 大如五升許 王棄之與犬豕 皆不食 又棄之路中 牛馬避之 後棄之野 鳥覆翼之 王欲剖之 不能破 遂還其母 以物裏之 置於暖處 有一男兒 破殼而出 骨表英奇 年甫七歲 嶷然異常 自作弓矢射之 百發百中 扶餘俗語 善射爲朱蒙 故以名云". 김부식 : 1982, pp.145~146.

123) 김열규 : 1975, pp.53~99 ; 조동일 : 1977, pp.245~261.

한다. 그런데도 그 자취를 확인하기가 쉽지 않기 때문이다. 이 문제를 해결하기 위해서는 위 자료의 저본(底本)이 된, 부여국의 '동명신화(東明神話)'를 검토해 볼 필요가 있다.

[자료 18]

(1) 북쪽의 이족인 탁리국 왕의 시비가 임신을 하자, 왕이 그 시비를 죽이려고 하였다. (그러자) 시비가 "계란만한 크기의 기운이 있어 하늘에서 나에게 내려온 까닭에 임신을 하였습니다"라고 대답하였다. 뒤에 (그녀가) 아이를 낳았다.[《논형(論衡)》 길험편(吉驗篇)의 부여국 동명신화][124]

(2) 처음에 북쪽 이족의 색리국왕이 바깥에 나가 다니었는데, (그 사이에 왕을 모시는) 여자[侍兒]가 아이를 배었다. 왕이 돌아와서 죽이려고 한즉, 그 여자가 말하기를 "앞서 하늘을 처다보았더니 계란 같은 크기의 기운이 있어 나에게 내려온 연고로 임신을 하였습니다"라고 하였다. 왕이 (그녀를)가두어 두었는데 그 후 마침내 사내아이를 낳았다.(《후한서》 부여전의 동명신화)[125]

(3) 옛날 북방에는 고리라는 나라가 있었다. 그 왕의 시비가 아이를 배자, 왕이 (그 시비를) 죽이려고 하였다. 시비가 말하기를 "계란과 같은 기운이 있어 나에게 내려온 까닭으로 임신을 하였습니다"라고 했다. 뒤에 (그 시비가)아이를 낳았다.(《삼국지》 부여전에 주석으로 인용된 《위략》의 동명신화)[126]

(4) 고구려는 부여에서 나왔는데, 자기들끼리는 그 선조가 주몽이라고 말했다. 주몽의 어머니인 하백의 딸이 부여왕에 의해 방안에 갇혀 있던 중, 햇빛이 비치는 것을 몸을 돌려서 피하였으나 다시 햇빛이 따라와 비추었다. 얼마 후에 잉태하여 알 하나를 낳았는데, 크기가 닷 되들이만 하였다.(《위서》 열전 고구려조의 주몽신화)[127]

---

124) "北夷橐離國王侍婢有娠 王欲殺之 婢對曰 有氣大如雞子 從天而下 我故有娠 後生子". 今西龍：1970, pp.475~476에서 재인용.

125) "初北夷索離國王出行 其侍兒於後姙身 王還欲殺之 侍兒曰 前見天上有氣 大如雞子 來降我 因以有身王囚之 後遂生男". 范曄：1975, p.2811

126) "昔北方有高離之國者 其王者侍婢有身 王欲殺之 婢云 有氣如雞子來下 我故有身 後生子". 陳壽：1975, p.843.

127) "高句麗者出於夫餘 自言先祖朱蒙 朱蒙母河伯女 爲夫餘王閉於室中 爲日所照 引身避之 日影又逐 旣而有孕 生一卵 大如五升". 魏收：1976, p.2212.

이들 자료는 네 개의 사서(史書)들에 전하는 '동명신화'와 '고주몽신화'에서 임신과 출산 모티프들만을 옮겨 적은 것이다. 이 가운데서 (4)는 앞에서 제시한 [자료 17]의 내용과 거의 일치한다. 이로 보아 위수(魏收)가 《위서(魏書)》를 찬술한 6세기 무렵에는 고구려의 건국신화가 이미 중국에까지 널리 알려져 있었음을 확인할 수 있다.

그런데 위의 자료들은 두 개의 층위로 확연하게 구분된다. 원래 동명신화는 난생 모티프를 갖고 있지 않았다. (1)과 (2), (3)에서 보는 것처럼, 시비에게 임신을 시킨 것이 "하늘에서 내려온 계란 만한 크기의 기운[有氣大如雞子]"으로 되어 있다. 그러던 것이 (4)에 이르러 햇빛과 알로 나누어진다. 바꾸어 말하면 하늘에서 내려온 기운이 햇빛으로 바뀌고, 크기가 계란만 하다는 표현이 알을 낳는다는 것으로 변한다. 이런 변이는 이 기록들의 저본(底本)이 된 전적(典籍)들이 각기 다르기 때문이라고 볼 수도 있고, 또 '동명신화'에서 '고주몽신화'로의 전사(轉寫) 과정에서 이루어진 구체화라고도 볼 수 있다.

그러나 이 변이의 원인을 해명하는 데는 부여족이 송화강(松花江) 유역의 농안(農安)과 장춘(長春) 지역 부근에서 길림(吉林) 지역 일대로 이주한 사실을 상기할 필요가 있다. 이 일대는 길리야크족(Gilyak)이나 코랴크족(Koryak)과 같은 고아시아족들(Paleo-Asiatics)이 살던 곳이다. 그들 가운데 일부는 뒤에 이 지역에 들어온 퉁구스족이나 몽고계의 여러 종족들(Mongolians)에게 동화되었고, 나머지 일부는 아시아의 극동 북쪽 귀퉁이까지 밀려났다는 것은 이미 널리 알려진 사실이다.[128]

그렇다면 부여족과 그들과의 접촉도 쉽게 상정할 수 있다. 특히 지금 캄차카 반도에 사는 코랴크족이 난생신화를 가지고 있다는 것[129]은 '고주몽신화'가 난생 모티프를 취하게 된 연유를 밝혀 줄 수도 있지 않을까 한다. 물론 코랴크족이 갖고 있는 난생신화 자료는 1900년에 조사한 것이기 때문에, '고주몽신화'와의 시간적 간극(間隙)을 어떻게 설명할 것인가 하는 문제가 있

---

128) 孫進己 저, 임동석 역 : 1992, p.424.
129) J. Michael : 1995, pp.8~9.

다. 그렇지만 이 자료가 애니미즘(animism) 사상을 바탕으로 하는, 매우 원시적인 형태의 신화[130]이므로 상당히 오래 전부터 그들이 소유했을 가능성도 있다는 것을 지적해 둔다.

요컨대 '고주몽신화'에 들어 있는 난생 모티프는 지리적으로나 문화적으로 거리가 먼 남방적인 요소가 아니라는 것이다. 그 대신에 부여족이 동진(東進)을 하면서 먼저 거주하고 있던 코랴크족과 같은 고아시아족들과의 문화적인 접촉으로 인해 난생 모티프를 취하게 되어, 일광감응(日光感應)에 의한 임신과 알에서의 출생이라는 분화가 이루어진 것이 아닐까 하는 가설을 제시한다.

이처럼 남방적인 요소에 대해서 부정적인 시각을 가지는 것은 '고주몽신화'가 북방아시아의 유목·수렵 문화적인 요소를 강하게 드러내고 있다는 데 근거를 두고 있다. 이런 사실은 주몽의 부계혈통(父系血統)을 하늘에서 구하고 있다는 사실을 통해서도 증명된다. 주지하다시피 시조의 출자를 하늘에서 구하는 것은 중앙아시아 일대에 거주했던 유목민들의 발상이다. 그들은 처음에는 광망신앙(光芒信仰)을 가졌던 것 같다. 그러다가 그들의 동진과 함께 광선신앙(光線信仰)으로 바뀌면서, [자료 17]의 '고주몽신화'에서와 같이 햇빛의 형태가 되었을 것이다. 이런 사실을 뒷받침하는《원조비사(元朝秘史)》의 신화를 소개하기로 하겠다.

[자료 19]

그리하여 (아들들이 그 어머니의 출산을 의심하여 : 인용자 주) 그의 어머니 알란코아(阿蘭豁阿)가 말하기를 "벨구누테이(別古訥台)·불구누테이(不古訥台) 두 아들들아, (다른 사람들이) 내가 낳은 세 아이를 누구의 아이인지 의아하게 여기고 있으니, 너희들이 의혹을 가지는 것도 당연하다. 너희들은 (그 내막을) 알지 못할 것이다. (실은) 매일 밤 황백색(黃白色)의 남자가 천창(天窓) 문설주의 밝은 곳으로 들어와서 나의 배를 쓰다듬고, 그의 광명(光明)이 내 뱃속으로 스며들었다. (그가) 나갈 때에는 일월(日月)의 빛을 따라서 마치 누렁개가 기어가는 것같이 하였다. (그러니) 너희들은 그런

---

130) 위의 책, pp.1~2.

말을 하지 말아라. 이것을 보면 분명히 하늘의 아들이니, 보통사람들은 가히 알지 못할 것이다. 오랜 뒤에 그(의 후예)가 제왕(帝王) 노릇을 할 터인즉, 그때에 가서야 비로소 (그것을) 알 것이다"라고 하였다.[131]

이것은 징기스칸(成吉思汗)의 선조 보돈차르(孛端察兒)의 어머니 알란코아가 자신이 아이를 낳게 된 경위를 말한 것으로,《원조비사》의 서두에 실려 있는 푸른 이리[蒼狼]와 흰 암사슴[白牝鹿]이 결합하여 시조가 탄생했다는 이야기와는 별개의 계열에 속하는 자료이다. 이 전승에서는 사람의 형상을 한 존재가 등장하여 알란코아에게 접근한다. 하지만 그는 성적인 접촉을 강요하는 것이 아니라, 손으로는 배를 만지고 빛으로는 뱃속으로 스며들게[透入] 한다. 이른바 빛의 감응으로 임신을 하고, 그렇게 하여 태어난 삼형제를 하늘의 아들[天的兒子]이라고 하였다. 따라서 이 존재는 하늘을 표상하는 인물이라고 해도 좋을 것이다.

이처럼 하늘과의 관계를 통해서 위대한 인물이 태어난다는 신화가 몽고(蒙古)에만 전하는 것은 아니다. 선비족이 세웠던 북위(北魏)의 태조인 도무제(道武帝)의 탄생담도 같은 부류의 신화에 들어간다.

[자료 20]

태조 도무 황제(道武皇帝)의 휘는 규이고 소성 황제(昭成皇帝)의 적손이며 헌명 황제(獻明皇帝)의 아들이다. 어머니는 헌명하 황후(獻明賀皇后)이다. 처음에 이사를 하여 운택에서 살았다. (어느 날) 잠자리에 들었는데, 해가 방안을 지나가는 꿈을 꾸고 깨어나 본즉 빛이 창에서 하늘까지 닿아 있었고 갑자기 감응함이 있었다. 건국 34년 7월 7일에 합피북(合陂北)에서 태조를 낳자, 밤에 다시 광명이 있어 소성 황제가 크게 기뻐하였으며, 군신들이 경사를 치하하였고 대사면이 있었다.[132]

---

131) "因那般 他母親阿蘭豁阿說 別古訥台 不古訥台 您而兒子 疑惑我這三個兒子是誰生的 您疑惑的也是 您不知道 每夜有黃白色人 自天窓門額明處入來 將我肚皮摩挲 他的光明透入肚裏 去時節隨日月的光 恰似黃狗 般爬出去了 您休造次說 這般看來 顯是天的兒子 不可比做凡人 久後他每做帝王呵 那時纔知道也者". 李文田 注：1986, pp.20~21.

132) "太祖道武皇帝 諱珪 昭成皇帝之嫡孫 獻明皇帝之子也 母曰獻明賀皇后 初因遷徙 遊

그리고 거란족이 세웠던 요(遼)의 태조 아보기(阿保機)의 탄생담도 이와 비슷한 내용으로 되어 있다.

[자료 21]

태조 대성대명신열천 황제는 …… 글안(契丹) 질자부(迭刺部) 하뢰익석 열향(霞瀨益石烈鄉) 야율미리(耶律彌里) 사람이다. 덕조 황제(德祖皇帝)의 장남으로 어머니는 선간 황후(宣簡皇后) 소씨(蕭氏)인데, 당나라 함통(咸通) 13년에 태어났다. 처음에 어머니는 해가 품안에 떨어지는 꿈을 꾸고 임신을 하였다. 태어날 무렵 방안에 신비로운 광채와 이상한 향기가 있었고, 몸은 세 살 먹은 아이와 같아서 능히 기어다닐 수 있었다.[133]

이상의 자료들을 볼 때, 북방아시아의 유목민과 수렵민들 사이에는 왕이나 그의 선조가 하늘에서 출자되었다는 전승이 널리 분포되어 있었음을 알 수 있다. 그허므로 [자료 17]의 '고주몽신화' 역시 이와 같은 북방아시아의 유목·수렵민 신화들과 계통이 같다고 보는 것이 타당하다. 그래서 '고주몽신화'에서 문화의 성격이 드러나는 부분을 살펴보기로 한다.

[자료 22]

금와에게는 아들 7형제가 있어 주몽과 더불어 놀았는데, 그 재주가 모두 주몽을 따르지 못하였다. (그러자) 그의 맏아들 대소가 왕에게 말하기를 "주몽은 사람의 소생이 아닐 (뿐만 아니라 또한) 그 사람됨이 용감합니다. 만일 일찍이 도모하지 않으면 후환이 있을까 두려우니, 청컨대 그를 없애십시오"라고 하였다.

㉠ 왕이 (그 말을) 듣지 않고 주몽에게 말을 기르게 하였다. 주몽은 잘 달리는 말을 알아 먹이를 적게 주어서 여위게 하고, 둔한 말을 잘 길러서 살이 찌게 하였다. (그랬더니) 왕은 살찐 말을 자기가 타고, 여윈 말을 주몽에

于雲澤 旣而寢息 夢日出室內 寤而見光自牖屬天 欻然有感 以建國三十四年七月七日 生太祖於參合陂北 其夜復有光明 照成大悅 群臣稱慶 大赦". 魏收：1976, p.19.

133) "太祖 大聖大明神烈天皇帝 …… 契丹迭剌部霞瀨益石烈鄉耶律彌里人 德祖皇帝之長 男 母曰宣簡皇后蕭氏 唐咸通十三年生 初母夢日墮懷中 有娠 及生 室有神光異香 體如 三歲兒 卽能匍匐". 托克托：1976, p.1.

게 주었다. ⓛ 그 뒤에 들판에서 사냥을 하는데, 주몽은 활을 잘 쏘았으므로 화살을 적게 주었으나 주몽이 잡은 짐승이 훨씬 많았다.

왕의 아들과 여러 신하들이 또 주몽을 죽이려고 하자, 주몽의 어머니가 가만히 (그들의 책략을) 알아채고 말하기를 "나라 사람들이 장차 너를 죽이려고 하니, 너 같은 재능과 지략을 가지고 어디에 간들 좋지 않겠느냐? 여기서 머뭇거리다가 욕을 당하기보다는 차라리 멀리 가서 (큰) 일을 하는 것만 같지 못할 것이니라"라고 했다.

주몽은 이에 오이와 마리, 협보 등 세 사람과 더불어 벗을 삼아, 엄사수까지 가서 물을 건너가려고 하였다. 그러나 다리가 없어 뒤쫓아오는 군사들에게 붙들릴까 염려되었다. 주몽이 물을 향하여 말하기를 "ⓒ나는 천제의 자손이요 하백의 외손이다. 오늘 도망을 하는 길인데, 뒤쫓는 자들이 따라 닥치면 어떻게 하겠는가?"라고 하였다. 이 때에 물고기와 자라들이 떠올라 다리가 되었기 때문에 주몽은 건널 수가 있었다. 그렇지만 물고기와 자라들이 곧 흩어져서 말을 타고 쫓아오던 군사들은 건너지 못하였다. ……

드디어 주몽은 그들(모둔곡에서 만난 재사와 무골, 묵거 등을 가리킴 : 인용자 주)의 재능에 따라 각각 일을 맡기고 그들과 함께 졸본천에 이르렀다. 그 지역의 토지가 비옥하고 산천이 준험함을 보고 마침내 도읍을 정하려고 하였으나, 미처 궁궐을 지을 겨를이 없어서 그저 비류수가에서 초막을 짓고 살았다. 나라의 이름을 고구려라 하고, 이로 인해서 '고'로써 성씨를 삼았다.[134]

이것은 [자료 17]의 바로 뒤에 이어지는 '고주몽신화'의 후반부로서, 그가 핍박을 받아오던 동부여를 떠나서 졸본천에 도달하여 국가를 창건하기까지의 과정을 기술한 것인데, 여기에서는 주몽을 수장(首長)으로 삼은 집단이

---

134) "金蛙有七子 常與朱蒙遊戲 其伎能皆不及朱蒙 其長子帶素 言於王曰 朱蒙非人所生 其爲人也勇 若不早圖 恐有後思 請除之 王不聽 使之養馬 朱蒙知其駿者 而減食令瘦 駑者善養令肥 王以肥者自乘 瘦者給朱蒙 後獵于野 以朱蒙善射 與其矢小 而朱蒙殪獸 甚多 王子及諸臣 又謀殺之 朱蒙母陰知之 告曰 國人將害汝 以汝才略 何往而不可 與其遲留而受辱 不若遠適以有爲 朱蒙乃與烏伊·摩離·陜父等三人爲友 行至淹㴲水 欲渡無梁 恐爲追兵所迫 告水曰 我是天帝子 河伯外孫 今日逃走 追者垂及如何 於是 魚鼈浮出成橋 朱蒙得渡 魚鼈乃解 追騎不得渡 …… 遂揆其能 各任以事 與之俱至卒本川 觀其土壤肥美 山河險固 遂欲都焉 而未遑作宮室 但結廬於沸流水上居之 國號高句麗 因以高爲氏". 김부식 : 1982, p.146.

지녔던 문화의 성격을 엿볼 수 있다. 우선 ㉠에서는 그가 수렵 내지는 유목 문화집단의 일원이었음이 확연하게 드러난다. 이곳에서 그는 말을 기르는 일을 담당한다. 동물을 거주공간에서 사육하는 것은 수렵을 하면서 이동하던 생활이 진전된 결과이다. 과연 ㉡에서는 주몽이 활의 명수로 그려지고 있다. 이것은 [자료 17]의 줄친 부분과 함께 주몽이 수렵·유목민적인 문화를 소유하는 집단을 이끌었음을 말해 준다. 그러므로 한국의 '천강신화'가 북방 아시아의 수렵·유목민적인 문화와 불가분의 관계에 있다는 추정은 타당하다고 보아도 무방할 것이다.

그런데 건국시조나 왕권을 장악한 인물의 출자를 하늘에서 찾고 있는 사상은 태양신 숭배 사상과 깊은 관련이 있다. 인류역사의 초기 기록을 보면, 당시 사람들은 신과 왕을 동시에 숭배하고 있었다. 그렇지만 현재의 지식으로는 왕보다 신을 먼저 숭배하였다고 주장할 만한 아무런 근거가 없다. 아마 어떠한 왕도 신 없이는 존재하지 못했고, 또 어떠한 신도 왕 없이는 존재하지 못했을 것이다. 예를 든다면 고대 이집트의 왕에게는 신과 동일시하는 군주제의 관념이 있었다든지, 슈메르(Sumer)의 도시국가들에서 왕들을 신이 보낸 구세주로서 신들의 대리자라고 믿고 있었던 것, 그리고 히타이트(Hittite)족들이 왕을 항상 태양이라 이야기하고 있었던 것 등은 이와 같은 고대인들의 왕에 대한 신앙을 말해 주는 것들이다.[135]

이러한 그들의 의식구조는 왕들의 출자를 태양에서 구하는 많은 신화들을 만들어냈다. 그러한 신화를 하나 더 살펴보기로 하겠다.

[자료 23]

이 당시 페르시아의 왕은 한(漢)나라에서 아내를 맞이하였다. 그녀는 한나라에서 쭉 호위를 받아왔다. 그때 반란이 일어나서 동서를 연결하는 길이 폐쇄되어 버렸다. 그 때문에 그들은 그녀를 아주 높고 위험한, 외딴 산봉우리에 데려다 놓았다. 거기는 사다리로만 접근할 수 있었다. 더욱이 그들은 그녀를 보호하기 위해서 밤낮으로 경비를 섰다. 3개월 후에 혼란은

---

135) A. M. Hocart : 1927, pp.7~8.

평정되었다. 평온을 되찾았으므로 (페르시아로) 여행을 다시 시작하려고 했을 때그들은 그녀가 임신했다는 사실을 알았다. …… 몸종이 말했다. "물어볼 것이 없습니다. 그녀를 임신시킨 것은 정령(spirit)입니다. 매일 정오에 태양의 표면에서 수장(chief-master)이 말을 타고 그녀를 만나러 왔습니다." …… 때가 되자 그녀는 대단히 아름다우면서도 모든 재능을 다 갖춘 아이를 낳았다. …… 그는 하늘을 날고 바람과 눈을 제어할 수 있었다. 그 때부터 지금까지 그의 자손들은 어머니 쪽에서 한나라 황실의 혈통을, 아버지 쪽에서는 태양신(sungod)의 혈통을 이어받았다고 전해지고 있다.[136]

이것은 현장(玄奘)의 《서역기(西域記)》에 실려 있는 자료인데, 여기에서는 남편인 왕이 있는데도 줄 친 부분에서 보는 바와 같이 태양의 정령, 곧 태양신이 인간의 형상을 하고 나타나서 왕후에게 임신을 시키는 것으로 되어 있다. 그리고 왕의 부계혈통이 태양신이라는 것을 명확히 하여, 왕의 신격을 극대화하고 있다.

이렇게 보면, 히타이트족의 왕권사상과 같은 것이 동진(東進)하는 과정에서 이와 같은 신화를 창출하였고, 이것이 북방아시아의 수렵 내지는 유목문화와 함께 만주(滿洲) 방면으로 이동하여 한국의 고대 건국신화에 등장하는 '천강신화'를 만들어내었다고 해도 좋지 않을까 한다. 다시 말해 한국의 '단군신화'와 '해모수신화', '박혁거세신화', '고주몽신화', 그리고 '수로왕신화'와 같은 '천강신화'는 북방아시아에서 유입되었다고 볼 수 있다.

그리고 이런 '천강신화'를 가진 집단은 그들의 유목·수렵문화와 뛰어난 기동력을 바탕으로 먼저 거주하던 종족을 제압하고 새로운 나라를 세웠을 것으로 추정된다. 그와 같은 사실을 신화 형태로 표현한 것이 고조선이나 고구려, 신라, 가락국의 건국신화라는 것은 의심의 여지가 없다.

---

136) 위의 책, pp.18~19 재인용.

6. 맺음말

이 글은 설화들을 자료로 하여 민족문화의 원류를 재구하려고 한 것이다. 일제의 어용학자들은 한국의 민족문화에 대한 연구의 틀을 그들의 지배정책, 곧 응집력이 강한 한국문화를 해체시켜 지역간·계층간의 갈등과 대립을 조장하려고 했던 분할통치의 차원에서 만들어진 것이었다. 그런데도 이에 대한 철저한 반성과 엄격한 검증을 거치지 않고, 그 틀을 그대로 수용하고 있는 한국학계의 연구태도에 비판을 가하려는 목적에서 이 연구를 수행하였다.

그러나 주변민족들의 자료들, 특히 시베리아나 중국의 자료들이 제대로 조사되지 않았고, 또 조사된 자료마저 충분하게 입수할 수 없었기 때문에 하나의 가설을 세우는 데 머물렀음을 인정하지 않을 수 없다. 이제까지 고찰한 성과들을 간단히 요약하여 맺음말을 대신하고자 한다.

첫째, 한국의 건국신화와 왕권신화들 가운데는 건국시조나 왕권과 관계를 가지는 인물이 대지에서 탄생했다고 하는 '출현신화'들이 있다. 이 부류에 속하는 자료로는 '금와의 탄생담'과 '알영의 탄생담' 등이 있는데, 이 신화를 지녔던 집단은 밭곡식을 재배하는 농경문화를 가졌을 것이라는 추정을 하였다. 이런 추정을 하면서 유화와 관련된 제의(祭儀)에 관한 기록과 신화를 살펴보았다. 고구려에서 혈거신(穴居神)으로 숭배되면서, 곡모신의 성격을 띠는 유화가 금와와 같은 집단에 있었다는 것은 이들의 문화적인 동질성을 반영하는 것으로 보았다.

둘째, 이러한 한국의 '출현신화'들은 선(先)오스트로네시아(Austronesia)적인 고층재배민문화의 영향으로 성립된 화남(華南) 지방의 자료들이 들어온 것이 아니라, 중국의 화중(華中) 지방에서 들어왔을 것이란 상정을 하였다. 이와 같은 상정은 일찍이 문헌에 정착된 '여와신화'가 반드시 화남(華南) 지방에서 발생했다고 단정하기 어렵고, 또 파족(巴族)의 '족조신화(族祖神話)'가 양자강(揚子江) 이북 지역에서 전승되고 있다는 데 근거를 둔 것이다.

셋째, 한국의 난생신화들 가운데서 비교적 그 출자가 명확한 '석탈해신화'를 주된 자료로 하여, 이 신화가 캄차카(Kamchatka) 반도 일대의 동북시베리아 지방에서 유입된 것이란 추단을 내렸다. 이와 같은 추단은 《삼국사기》와 《삼국유사》에서 그가 출발한 곳을 왜국의 동북 1천 리에 있는 다파나국(용성국)이라고 한 표현이 단순한 신화적 사유에서 만들어진 것이 아니고, 어떤 사실을 반영할 것이라는 전제에서 시작한 것이다. 그리하여 이 일대에 난생신화들이 전승되고 있다는 사실을 확인함으로써, 이런 추단의 타당성을 입증하려고 하였다. 하지만 이 지역의 민족지(民族誌) 자료가 그렇게 많이 보고되지 않은 탓에, 난생신화의 구전자료로 코랴크족(Koryak)과 야쿠트족(Yakut)의 이야기를 찾는 데 그쳤고, 또 이들 두 지역을 연계하는 중간지점의 문헌자료로 예국의 여용사 전설을 찾는 데 머물렀으므로, 앞으로 더 많은 자료들을 찾아서 보완해야 한다.

넷째, 난생신화를 가지고 들어온 석탈해 집단은 어로문화를 가졌을 것으로 추정하였다. 이것은 《삼국사기》에 그가 고기잡이를 생업으로 하였다고 기록되어 있는 것과, 《삼국유사》에 그가 사후에 용신으로 신봉되었다는 기록 및 그의 시체가 수장되었다가 소상으로 만들어져 동악에 안치되었다는 기록에 바탕을 둔 것이다. 따라서 용신신앙을 가졌던 그들로서는 자기들의 원향(原鄕)을 용성국이라는 신화적 관념의 나라로 미화한 것은 당연한 귀결이라고 할 수 있다. 그리고 석탈해 집단은 오야시오 한류에서 갈라지는 리만 한류와 북서 계절풍에 편승하여 한국의 동해안을 거쳐 경주지방으로 들어왔을 것이라고 보았다. 이러한 문화의 도래경로에 대한 재구는 동북시베리아에서 한국의 동해안을 지나 남해안 일부 지역에까지 분포되어 있는 암각화에 대한 연구성과의 도움을 받았다. 특히 반구대의 고래 암각화와 천전리의 용선 암각화는 이 지역 일대에 한국의 동해안과 남해안으로 들어오는 문화의 유입경로가 있었음을 드러내고 있다. 그리고 이들 암각화가 청동기시대와 초기 철기시대의 특성을 띠고 있다는 데 착안하여 석탈해 집단이 어로문화와 함께 선진적인 청동기문화를 가졌던 것이 아닐까 하는 추정을 하였다. 여기에서 이 경로를 통한 문화의 도래가 석탈해 집단에 한정된 것이 아니라, 장기간에 걸쳐서 간헐적으로 부단히 계속되었다는 것도 아울러 지적했다.

다섯째, 한국에는 건국시조나 왕권을 장악한 인물이 하늘에서 그들의 출자를 구하는 일군의 신화들이 존재한다. 이들 '천강신화'는 크게 두 부류로 나뉜다. 하나는 하늘에 거주하는 존재가 내려오거나 그의 자손이 왕권을 장악하는 것이고, 다른 하나는 하늘에서 내려온 알이나 햇빛의 감응으로 태어난 존재가 왕이 되는 것이다. 전자에 들어가는 것으로 '단군신화'와 '해모수신화'가 있고, 후자에 속하는 것으로는 '박혁거세신화'와 '수로왕신화', '고주몽신화'가 있다. 이들 신화는 천상의 세계에 절대자가 존재한다는 신화적 사유를 반영한 것으로, 이런 사유는 북방아시아에 거주하는 유목민들의 그것과 밀접한 관계를 가지는 것으로 파악하였다.

여섯째, '천강신화'를 가진 집단은 유목문화를 가졌을 뿐만 아니라, 발달한 수렵문화를 가지고 있었다. 그래서 뒤에 들어왔음에도 불구하고 먼저 거주하고 있던 종족들에게서 왕권을 물려받아 나라를 세우는 형태의 건국신화를 가지게 되었을 것이라는 추단을 내렸다.

이와 같은 연구결과를 본다면, 한국민족과 그 문화가 형성되는 데는 여러 가지 이질적인 요소들이 복합되었다고 하겠다. 다시 말해 '출현신화'와 밭곡식 재배문화를 가진 집단이 중국의 화중(華中) 지방에서 만주 지방을 거쳐서 들어왔고, '난생신화'와 어로 및 청동기문화를 가진 집단이 리만 한류와 북서 계절풍에 편승하여 한국의 동해안으로 들어왔으며, '천강신화'와 유목 및 수렵문화를 가진 집단이 북방아시아로부터 들어와 한국에서 나라를 세운 건국신화들을 가지게 되었다는 것을 알아냈다. 따라서 이러한 연구를 더욱더 확대 발전시켜 나간다면, 그 연구의 폭이 넓어지는 것은 말할 것도 없이 신화나 설화의 연구가 민족이나 민족문화의 형성과정을 재구하는 데도 일정한 기여를 하게 될 것이다.

제5장 한국의 설화는 무엇을 말하고 있는가

1. 왜 이런 연구가 필요한가

스위스의 저명한 구비문학 연구자인 뤼티(M. Lüthi)는 민담(Märchen)을 침강예술(沈降藝術)의 일종으로 파악하였다. 곧 과거에 문명이 발달하였던 어떤 사회에서 뛰어난 예술가들이 만들었던 민담이 민간에 내려갔다는 것이다.[1] 그래서 그는 민중들이 민담을 전승하면서 그 내용을 다양하게 만든 운반자 내지는 양육자(養育者)는 될 수 있을지언정, 결코 창작자는 될 수 없다는 주장을 하기에 이르렀다.[2] 그러면서도 뤼티는 민담이 처음부터 민중들의 욕구를 충족시키고, 또 그들의 이야기 능력에 부합되는 형태로 제공되었을 가능성을 신중하게 검토해야 한다고 지적을 잊지 않았다.[3]

이렇게 앞뒤가 맞지 않는 듯한, 그의 견해는 민담이 상당히 높은 수준의 예술성과 정제된 형태를 갖추고 있다는 데서 연유된 것이다. 다시 말해 고도의 형식성과 풍부한 예술성을 갖춘 민담을 예술적 소양이 부족한 민중들이 만들 수는 없다는 인식에서 이러한 견해를 제시한 것이 아닌가 한다.

그러나 민간에 전해지는 이야기들을 주의 깊게 검토해 본 사람이라면, 이와 같은 그의 견해에 동의하기 어려운 데가 있음을 쉽게 느낄 것이다. 왜냐

---

1) M. Lüthi 저, 小澤俊夫 譯 : 1969, pp.177~178.
2) 위의 책, p.178.
3) 위의 책, p.181.

하면 이야기들 속에 담긴 내용들이 민중들의 생활과 너무도 밀접한 관계를 가지고 있기 때문이다. 실제로 거기에는 민중들이 경험했던 지난날의 기억은 말할 것도 없이, 이야기꾼과 듣는 사람들의 도덕관과 세계관, 타계관(他界觀) 등 사회에 대한 여러 가지 형태의 인식이 등장인물의 성격이나 행동을 통해서 그려지고 있다. 따라서 민담은 뛰어난 예술가들이 창작한 것이라고 보기보다는 민중들의 오랜 생활경험이 축적되면서 그들 사이에서 자연발생적으로 생겨난 서사문학의 한 갈래로 보는 것이 타당할 것이다.

한국에서는 이러한 이야기들을 일찍부터 '옛날 이야기(古談)'라고 지칭하여 왔다. 이 술어는 뢰티가 말하는 민담뿐만 아니라, 전설이나 신화까지도 포괄하는 말이다. 한국민족의 에스닉 장르(ethnic genre)는 민간에 전승되는 이야기들을 몇 개의 범주로 구분하지 않고, '옛날 이야기'라고 하는 하나의 범주로 통칭해 왔다.[4]

이와 같은 옛날 이야기를 설화(說話)라고 부르면서 학문의 연구대상으로 삼아온 지도 어언 1세기 가까운 세월이 흘러갔다. 그동안 설화의 연구에 다양한 방법론이 동원되어 상당한 성과를 거두었다. 그렇지만 아직까지 설화 속에 녹아 있는 민중들의 사상, 곧 우리 민족이 어떠한 생각을 하면서 살아왔는지에 대해서는 그렇게 많은 관심을 보이지 않고 있는 듯하다.

거듭 말하지만 설화만큼 민중들의 생각을 진솔하게 표현하고 있는 문학 장르도 드물다. 민중들은 한적한 어촌이나 깊은 두메산골에서 이름도 없이 살아왔다. 그러면서 그들을 둘러싸고 있는 사회환경이나 자연환경의 온갖 질곡과 고난 아래서도 끊임없는 생명력을 유지해 왔던 것이다.

그러한 생활 속에서 그들이 느끼고 체험했던 가지가지의 감정들, 곧 기쁨과 슬픔, 즐거움과 노여움, 희망과 절망 등을 옛날 이야기라고 하는 문학적 장치를 통해서 서술한 것이 설화이다. 인간들이 이렇게 '옛날 이야기'라고 하는 문학적 장치를 가지게 되었던 이유는 두 가지가 있는 것 같다. 하나는 스스로 공상의 세계를 즐기려고 하는 욕구에서였고, 다른 하나는 현실을 잘 살피려고 하는 호기심과 원망(願望)에서였다.[5] 그러므로 한국설화의 내용을

---

4) 김화경 : 1987a, pp.53∼58. 이 책 제2장에서 자세히 논한 바 있다.

분석하여, 우리 조상들이 어떠한 생각을 하고 있었으며 또 주위의 사물들을 어떻게 인식하였는가 하는 문제를 해명하는 것은 한국의 구비문학 연구에서 매우 의미 깊은 작업이라고 하겠다.

이 연구는 최인학(崔仁鶴)의 《한국 옛날 이야기의 유형 색인(type-index)》[6]에 정리되어 있는 자료들과 《한국구비문학대계》에 수록된 자료들을 중심으로 하고, 그 밖의 설화집들에 채록된 자료들을 부차적인 자료로 하여, 거기에 투영되어 있는 민중들의 의식구조를 살펴보기로 한다. 이 연구가 최인학의 유형색인(類型索引)에 크게 의존하는 것은 그럴 만한 이유가 있다, 이것은 분류기준에 일관성이 부족하다는 문제점이 있으나, 지금 세계적으로 널리 통용되고 있는 아르네-톰슨(Aarne-Thompson)식의 분류를 하고 있다. 그래서 앞으로 이 연구를 확장하여 주변민족들의 설화들과 비교 연구한다면, 한국설화의 특질과 한국 민중사상의 고유성을 구명할 수 있기 때문이다.

2. 민중들은 어떤 도덕관을 가졌는가?

1) 선행필보(善行必報)

설화의 내용을 분석하는 작업은 간단하지가 않다. 내용분석은 연구자의 보는 관점에 따라 설화의 주제를 다르게 파악할 수도 있는 개연성(蓋然性)을 가진다. 곧 설화의 주제를 추출하는 데서는 누구나 공명할 수 있는, 객관적인 기준을 마련하기 어렵다는 것이다.

타당성이 있는 주제를 이끌어내기 위해서는 가능한 한 연구자의 주관적인 판단을 자제해야 한다. 그렇게 하여 어떤 사람이 보더라도 그러한 주제를 도출할 수밖에 없다는 관점을 유지한다면, 이런 문제점은 어느 정도 극복할 수 있다. 이 연구에서는 이와 같은 관점을 유지하면서 민중들의 도덕

---

5) B. Marjorie 저, 田淵實貴男 外 共譯 : 1981, p.3.

6) 崔仁鶴 : 1976b, pp.175~417.

관을 엿볼 수 있는 설화들부터 고찰하기로 한다.

한국의 설화들 가운데는 주인공이 착한 행동을 하면 반드시 그에 대한 응분의 보답이 뒤따른다는 일군의 이야기들이 존재한다.

[자료 1]

옛날 어느 마을에 마음씨가 착한 머슴과 악한 주인이 있었다. 주인은 정월 초하루인데도 그에게 조반(朝飯)도 주지 않고 땔나무를 해오라고 하였다. 그는 산에 가서 나무를 하고 있는데, ① <u>산돼지가 나타나서 살려달라고 하기에 나뭇더미 속에 숨겨주었다.</u> 그리고 뒤쫓아온 포수에게는 저쪽으로 갔다고 거짓말을 했다.

나뭇더미 속에서 나온 산돼지는 그 집에서 나와 아랫동네의 대감 집에 가서 머슴을 들라고 하였다. 그는 산돼지가 시키는 대로 하였다. 그 집에는 힘이 센 소가 한 마리 있었다. 그는 그 소를 잘 부려서 대감의 딸과 결혼을 하게 되었다.

그런데 그는 첫날밤에 잠을 자서는 안 된다는 것이었다. 그는 쏟아지는 잠을 감내하지 못하고 잠이 들어버렸다. 그러자 지네가 나타나서 신부를 빼앗아 도망을 쳤다. 그는 산돼지와 힘을 합하여 지네로부터 주머니 세 개를 빼앗아, 그것으로 뒤쫓아오는 지네를 물리치고 아내를 데려와서 행복하게 살았다.

얼마 뒤에 산돼지가 와서 "나는 내일 하늘로 올라가니 내 가죽을 잘 묻고 행복하게 살아라"라고 하였다. 머슴은 (산돼지가) 하늘로 올라간 날을 잘 알아두고, 그 날이 되면 제사를 지내며 행복하게 살았다. 그리고 먼저 주인 집안이 망했다는 소식을 듣고 그 가족을 데려다가 한 살림을 차렸다. ② <u>그래서 그런지 점점 부자가 되어 천하에 보기 드물게 잘 살았다고 한다.</u>

(산돼지의 보은)[7]

이 설화는 남의 집에서 고용살이를 하는 머슴을 주인공으로 하고 있다. 한편 집주인은 설날인데도 먹을 것조차 제대로 주지 않는다. 게다가 땔감까지 해오라고 주인공을 내쫓는 몰인정한 구두쇠이다. 발단에서 이처럼 대립

---

7) 임동권 : 1972, pp.126~130.

되는 등장인물을 제시하는 것은 헐벗고 핍박받으며 살아가는 주인공 — 이것은 민중들 자신의 모습이었을지도 모른다 — 을 좀더 효과적으로 형상화하는 방법의 하나이다.

비록 이렇게 어려운 처지에서 살아가는 주인공이기는 하지만, 그는 마음씨가 선량하기 그지없다. 그는 ①에서 보는 것처럼, 사냥꾼에게 쫓기는 산돼지를 만나게 된다. 산돼지의 측면에서 보면, 이 상황은 생명을 빼앗길지도 모르는 위기이다. 그러한 위기에서 산돼지를 구출해 주는 원조자의 역할을 수행한 주인공의 행위는 선행(善行)에 해당한다.

물론 설화의 세계에서 주인공이 행하는 선행이 어떠한 반대급부를 바라는 것은 아니다. 이해타산을 염두에 두지 않고 행해지는 순수한 선행이다. 그렇지만 거기에는 반드시 보답이 뒤따른다. 말하자면 베푼 만큼 받는 것이 설화의 세계이다. 이 자료에서는 주인공이 대감집의 딸에게 장가를 들게 되는 보답을 받는다.

그런데 이야기는 여기에서 끝나지 않고 더 확장되어 있다. 그에게는 첫날밤에 잠을 자서는 안 된다는 금기(禁忌)가 주어지나, 그는 그 금기를 지키지 못한다. 설화에 나오는 금기는 언제나 깨지게 마련이다.[8] 이 자료에서는 주인공이 그 금기를 위반했기 때문에 지네에게 신부를 빼앗기는 결과가 발생한다. 이곳에 등장하는 지네는 주인공을 어려운 처지로 몰아넣는 적대자(敵對者)이다. 적대자가 처음에 설화에 등장할 때는 언제나 그의 힘이 주인공을 능가한다.

그러나 이와 같은 힘의 우세는 곧 역전된다. 이 설화에서의 역전에는 주술적인 물건, 곧 지네로부터 빼앗은 세 개의 주머니가 이용된다. 처음에 노란 주머니를 던졌을 때는 이것이 가시덤불이 되어 지네의 추적을 늦춘다. 그 다음에는 파란 주머니를 던져 강이 되게 하고, 마지막으로는 빨간 주머니를 던져서 불이 나게 하여 지네를 태워 죽인다.[9] 이러한 주보(呪寶) 모티프가 도입되는 것은 주인공의 열세를 만회하기 위한 수단의 하나이다.

---

8) A. Dundes : 1980, p.61.
9) 임동권 : 1972, p.129. 이처럼 주보를 던짐으로써 적대자의 추적에서 벗어나는 설화로는 102. '괴물과 세 개의 작은 병' 이야기가 있다. 崔仁鶴 : 1976b, p.198.

그렇게 하여 뒤쫓아오던 지네를 물리친 주인공은 신부와 함께 행복한 생활을 하게 된다. 그리고 ②에서와 같이 "점점 부자가 되어 천하에 보기 드물게 잘 살았다"는 결말을 맺는다. 이런 결말은 주인공의 착한 행동이 그에 걸맞는 보답을 받았음을 뜻한다.

이처럼 착한 일을 하면 반드시 보답이 뒤따른다는 것을 주제로 하는 설화들 가운데는 환상적인 기법을 사용하여 듣는 사람들에게 신비감을 불러일으키는 이야기도 있다.

[자료 2]

(옛날에) 정직하고 마음씨 착한 정승이 살고 있었다. 그는 가난한 사람들을 도와주었으므로, 자신은 (항상) 가난하게 살았다. 그러던 그가 어느 날 중국에 사신으로 가게 되었다.

정승이 없는 사이에 가족들은 식량이 떨어져 집에 있는 가구들을 처분하여 (겨우) 생활을 꾸려나갔다. (하지만) 무엇이고 남아있는 것이 없어 굶어 죽게 되었을 때에, 막내딸이 문득 집에서 기르는 고양이의 일을 생각해냈다. 아버지가 엉덩이로부터 머리 쪽으로 고양이의 털을 어루만지던 일이 생각나서, 딸도 그렇게 해보았다. (그랬더니) 쌀이 얼마든지 나왔다고 한다.

(고양이의 털에서 쌀이 나오다)[10]

이 이야기에 나오는 주인공은 정승의 지위에 있는 인물이다. 정승이라면 일반적으로 높은 생활수준을 유지할 수 있다. 그런데도 그는 정직하였기 때문에 이재(理財)를 생각하지 않았고, 또 나라에서 받는 녹봉(祿俸)은 가난한 사람들을 구휼하는 데 사용하였다. 그러니 그의 집은 자연히 가난해질 수밖에 없었다.

그러나 그가 있을 때는 어떻게든 그럭저럭 생활을 꾸려 나갔다. 그러다가 그가 중국에 사신으로 가게 되자, 가족들의 생활이 문제가 된다. 처음에는 가재도구를 팔아서 생활을 하였으나, 그것도 한계에 부딪힌다. 그리하여 굶어죽기 직전까지 몰린다. 등장인물이 이렇게 극한상황으로 몰리는 것이 설

---

10) 崔仁鶴 : 1976b, p.257.

화의 세계이다. 설화의 세계에서는 어중간한 상황이 설정되지 않는다. 그 대신에 등장인물이 극도의 곤경에 빠지는 것이 하나의 정해진 공식처럼 되어 있다.

등장인물이 궁지에 빠져 있을 때에 기적이 일어난다. 이 자료에서는 고양이의 털을 어루만지면 쌀이 나오는, 신기한 일이 벌어져 정승의 가족들은 기아(飢餓)에서 벗어난다. 이야기의 전후문맥으로 볼 때, 정승도 이 방법을 써서 식량을 충당했던 것 같다. 그렇지만 그것을 가족들에게 가르쳐 주지 않았다. 가족들의 생활이 막다른 처지에까지 몰리게 되자, 막내딸이 그것을 생각해 내어 양식을 얻게 된다.

이와 같은 기적의 발생은 설화에서 곧잘 사용되는 환상적 기법이기도 하다. 이것을 환상적 기법이라고 하는 것은 현실적으로는 도저히 벌어질 수 없는 일이 설화의 세계에서 일어나고 있다는 데 착안한 것이다. 민중들은 현실에서 불가능한 일을 공상의 세계에서 실현시키기 위해 이 기법을 널리 이용하여 왔다. 이 자료에서도 착한 일을 하면 신기한 일이 일어나서 주인 공측이 도움을 받는다는 것을 강조하고 있다. 이것은 선행을 실천하고 권장하며 살아온 민중들의 삶과 희망을 설화에 투영한 것이다.

이 범주에 늘어가는 설화들 가운데는 신분의 상승을 이야기하는 것들도 있다.

[자료 3]

어떤 사람이 너무도 가난하여 행상(行商)을 나갔다가 명절이 되어 집으로 돌아오고 있었다. 도중에 주막(酒幕)의 주인 할머니와 중이 싸움을 하고 있는 것을 보고 그것을 말린 다음에 자기가 가지고 있던 돈을 전부 사용하여 중의 숙식비(宿食費)를 치러주었다. 그리고 중을 자기 집으로 데리고 와서 돈을 빌려 와 후하게 접대했다.

중은 여러 가지로 그에게 신세를 졌으므로, 그 답례로 명당(明堂)자리를 가르쳐 주면서 조상의 묘를 그곳으로 옮기고 서울로 가라고 하였다. 그는 곧 조상의 묘를 (그곳으로) 이장했다. (그때) 마침 부잣집의 아들이 군역(軍役)에 나가게 되어 몹시 슬퍼하고 있었다. 그가 그 대신에 군역에 나가기로 하고 보수를 받아서 집안의 생활비로 충당하였다.

>   그는 (서울로 가서) 궁궐의 수비병이 되었다. 임금이 달구경을 나와서 시를 짓다가 그 대구(對句)가 생각나지 않아 고민을 하고 있을 때에, 그가 그 대구를 지어 올렸다. 그것이 계기가 되어 그는 왕으로부터 칭찬을 받았을 뿐만 아니라, 과거(科擧)시험에도 합격을 하여 나중에는 판서(判書)의 지위에까지 올라갔다.
>
>   (중을 접대하고 판서가 되다)[11]

이 이야기도 가난한 보통사람을 주인공으로 하고 있다. 그러나 그는 가난을 감수하면서 살아가는 소극적인 인간이 아니다. 가난에서 벗어나기 위해서 행상을 떠나 돈을 벌어오는 적극적인 인물이다. 이런 주인공의 설정에서 운명에 순종하지만 않고 그것을 극복하면서 살아가려고 했던, 한국민중들의 적극적인 의지의 한 단면을 읽을 수 있다.

이와 같은 주인공의 적극성은 곧 선행으로 이어진다. 그는 온갖 고생을 다 하면서 번 돈을 숙식비를 지불하지 못해 곤경에 처해 있는 중을 위하여 흔쾌히 사용한다. 그뿐만이 아니다. 주인공은 그 중을 집으로 데리고 온다. 물론 집에는 돈이 있을 까닭이 없다. 그는 돈을 빌려 와서까지 그 중에게 후한 접대를 한다. 이 일련의 행동은 가진 것이 없으면서도 콩 한 쪽도 나누어 먹는 한국민중들의 인정 넘치는 모습을 형상화한 것이다.

이렇게 자신의 처지를 전혀 돌보지 않고, 어려움을 겪고 있는 다른 사람을 도와 주는 주인공에게는 거기에 상응하는 보답이 있어야 마땅하다. 이 자료에서는 중이 그에게 명당 자리를 가르쳐 주면서, 그곳으로 조상의 묘를 이장하고 이어서 서울로 올라가라는 조언을 한다. 이것은 설화에 흔히 나오는 과제의 부여에 해당한다.

주인공은 그 명당으로 조상의 산소를 옮기고, 또 부잣집 아들 대신에 군역을 필하기 위해 서울로 올라가서 궁궐의 수비병이 된다. 그때 마침 달구경을 나와서 시를 짓다가 대구(對句)가 떠오르지 않아 고민하고 있던 임금을 만난다. 주인공은 그 대구를 지음으로써 능력을 인정받아 과거시험에 합격한다. 그리하여 마침내는 그 벼슬이 판서의 자리에까지 오르게 된다.

---

11) 위의 책, pp.241~242.

이 설화의 결말에서 나타나는 신분의 상승은 단순한 명예의 획득만을 뜻하는 것이 아니다. 민중들에게 신분 상승은 특별한 의미를 지닌다. 그것은 그때까지 신분으로 인해 받아야만 했던 온갖 제약으로부터의 해방을 의미한다. 그렇기에 그들은 자신들의 착한 행동이 신분의 해방을 가져올 수 있다는 강한 희망을 가졌던 것이다. 그리고 그러한 신념이 [자료 3]과 같은 이야기를 만들어낸 것이 아닌가 한다.

이처럼 착한 일을 하여 신분상승이 이루어진 설화들 가운데는 주인공이 왕비(王妃)가 되는 이야기도 있다.

[자료 4]

어떤 마을에 무남독녀 외딸을 가진 영감·할머니가 방아 품을 팔아 연명을 해 가고 있었다. 그러던 어느 날 그 딸이 도랑에 나가 빨래를 씻고 있는데, 갓도 다 타고 살도 툭툭 터지고 옷도 너불너불한 것을 입은 한 청년이 나타나더니 가시덤불에 푹 쓰러졌다.

다른 처녀들은 다 그것을 본체만체하였다. 그렇지만 그녀는 우선 사람부터 살리자는 생각에서 그 청년을 집으로 업고 왔다. 그러고는 이웃집에서 쌀을 꾸어다가 미음을 끓여주고, 품을 팔고 빨래를 해서 받은 것으로 약도 사다 발라주었다. 그러기를 한 달 가까이 하였다. 그러자 부모는 남녀가 유별한 데 그런 짓을 한다고 야단을 치기도 했다.

그렇게 하는 사이에 그의 상처가 완쾌되었다. 그는 임금의 아들인데, 역적들의 난리로 인해 쫓겨오다가 기진맥진하여 쓰러졌던 것이었다. 그는 주소만 적어주고 떠나면서, 수고했다거나 고맙다는 말 한 마디 하지 않았다. 부모는 "과년한 처녀가 그런 거지를 업어다가 치료를 해주고 밥값도 못 받았으니 이웃사람들이 얼마나 웃겠느냐?"고 야단을 쳤다.

그런데 한 열흘 있다가 백여 명의 나졸들이 가마를 매고 나타나서 그들을 태워갔다. 그 처녀는 왕비가 되고, 영감·할머니는 임금의 장인·장모가 되어 그보다 더 좋은 일은 없었다고 한다.

(임금 구해주고 왕비가 된 처녀)[12]

---

12) 최정여 외 공편 : 1983, pp.1171~1173.

이것도 [자료 3]과 마찬가지로 가난한 인물을 주인공으로 하고 있다. 특히 주인공의 집안은 방아 품을 팔고 남의 빨래를 빨아주면서 연명하는 아주 빈한한 가정이었다. 그런데도 그녀는 다친 청년을 보고는 자신의 처지를 돌보지 않고 집으로 업고 와서 간호한다. 이와 같은 주인공의 행위가 어떤 보답을 바라는 것이 아님은 물론이다. 설화에 나오는 인물의 선행은 불쌍한 사람을 도와 주고 어려운 사람을 구해 주는 순수성을 지니고 있다.

이렇게 순수한 목적에서 행해지는 행위라고 하더라도, 거기에는 응분의 보답이 따르게 마련이다. 이 설화에서는 그 보답으로 주인공이 왕비가 된다. 왕비란 민중들이 바라는 최상의 자리이다. 곧 민중들이 염원하는 신분들 가운데 최고로 높은 위치는 왕비이다. 아무리 착한 일을 한다고 하더라도 그에 대한 보답이 왕의 자리가 될 수는 없다. 왕이 된다는 것은 왕권에 대한 도전을 뜻한다. 이것은 신분제도가 엄격한 봉건사회에서는 대역무도한 행위로 간주될 수 있기 때문에, 선행으로도 왕이 되지 못한다는 것을 민중들도 잘 알고 있었을 것이다. 이 설화는 이와 같은 한계를 인식하면서도 사필귀정(事必歸正)을 바라는 민중들의 순박한 심리에서 창출되었을 가능성이 높다고 하겠다.

위에서 고찰한, 선행필보를 주제로 하는 설화들은 착한 행동이 행복한 생활을 가져온다는 민중들의 소박한 믿음을 그대로 반영하고 있다. 그리고 그 행복이란 의롭게 살아가는 사람은 아내를 얻어 가정을 가지는 것이고, 가난한 사람은 부(富)를 얻는 것이며, 핍박을 받는 사람은 신분이 상승하는 것이었다.

2) 악행필벌(惡行必罰)

선(善)에 대립되는 개념은 악(惡)이다. 앞에서 살펴본 것처럼 민중들은 착한 일을 하는 사람들에게는 그만한 보답이 뒤따른다고 믿고 있었다. 이에 반해 나쁜 짓을 하면 반드시 그 앙갚음을 받는다고 믿었다.

[자료 5]

옛날 어느 마을에 모녀가 살았다. 그 어머니는 딸을 어떻게 하면 시집을 잘 보낼까 하는 생각뿐이었다. 그래서 매일같이 절에 찾아가서 부처님에게 딸이 평양감사(平壤監司)의 첩이 되게끔 하여 달라고 빌었다.

하루는 이 절의 중이 딸에게 욕심이 생겨 그 어머니가 불공을 드리려 올 시간에 부처를 뒤집어쓰고 있었다. 어머니가 와서 정성을 드릴 때에, 중은 "평양감사의 첩은 고사하고 이 절의 중에게 주어라"라고 하였다.

(이 말을 들은) 어머니가 걱정을 하자, 딸은 걱정을 하지 말라며 어찌 부처님의 명을 거역하겠느냐고 했다. 중에게 딸을 데려가라고 했더니, 그는 다른 사람들의 눈에 띌 것을 두려워하여 그 딸을 궤짝 속에다 넣어 (그것을) 메고 갔다. 도중에 감사의 행렬을 만나자, 중은 그 궤짝을 풀숲 속에 숨겨 두고 (자신의) 몸을 감추었다.

감사는 궤짝을 발견하고 열어 보았다. 궤짝 속에는 천하일색의 색씨가 들어 있었다. 감사가 그 사유를 묻자, 그녀는 모든 애기를 하였다 감사는 후실(後室)로 삼을 생각으로 그녀를 꺼내고, 대신에 호랑이를 넣어 두었다.

그것도 모르는 중은 궤짝을 절까지 운반해 와서 상방에 모셔 놓았다. 그리고 큰 상좌를 불러서 오늘밤에는 어떤 소리가 나든지 자기 방에 얼씬도 하지 말라고 일렀다. 그는 저녁을 먹는 둥 마는 둥 하고는 궤짝의 문을 열고 나오라고 손을 디밀었다. 호랑이가 그의 손을 할퀴었다. 중은 수줍어서 그렇게 하는 줄 알고, 사양하지 말고 어서 나오라고 하면서 문을 활짝 열었다. 호랑이가 튀어나와서 그를 물어 죽이고 말았다.

(평양 감사의 첩)[13]

이 이야기에는 중이 가해자 내지는 적대자(敵對者)로 등장한다. 중이라고 하면 으레 수도(修道)를 하면서 민중들의 구제에 정진해야 하는 것이 본래의 임무이다. 그런데도 그는 이 임무를 저버리고 엉뚱한 마음에서 계략을 꾸며 신도의 딸을 취하려고 한다. 그 계략은 밑줄을 친 단락에서와 같이 일시적으로 성공하는 것처럼 보인다.

그러나 중이 신도의 딸을 궤짝에다 넣어서 운반을 하다가, 감사의 일행을 만나면서 사건은 생각지도 못했던 방향으로 전개된다. 곧 중이 그 궤짝을

---

13) 임동권 : 1972, pp.275~277.

252

풀숲에 감추고 몸을 피한 사이에, 그것을 발견한 감사는 처녀를 꺼내고 대신에 호랑이를 넣어둔다. 그리하여 중은 결국 그 호랑이에게 물려 죽는 비극을 맞이하게 된다.

이 이야기에는 좋지 않은 짓을 하면 거기에 상응하는 벌을 받게 된다는 악행필벌(惡行必罰)의 사상이 깃들여 있다. 이것 역시 민중들이 꿈꾸던 이상세계의 하나였다. 그들은 돈도 없고 힘도 없는 존재들이었으므로, 언제나 억눌림을 당하는 처지에서 살았다고 해도 지나친 말은 아닐 것이다. 그 때문에 그들은 정당한 이유도 없이 자신들을 괴롭히는 존재들은 언젠가 필히 천벌(天罰)을 받을 것이라고 믿으면서, 그러한 현실을 참고 견뎌왔는지도 모른다.

그런데 이 설화에는 불교에 대한 신앙과 승려에 대한 불신이 교차되고 있어 주목을 끈다. 이것은 승려들의 타락으로 여러 가지 문제가 벌어지는 가운데에도, 민중들은 불교 그 자체에 대해서는 깊은 믿음을 가지고 있었음을 반영하는 것이다.

이렇게 악행필벌을 주제로 하는 설화들 가운데는 영혼이 그 원한(怨恨)을 갚는 이야기도 있다.

[자료 6]

어떤 고을의 청사에는 항상 귀신이 나와서 신관(新官)이 부임하기만 하면 반드시 그 날 밤에 죽어버리는 괴이한 일이 벌어졌다. 그 고을의 군수를 원하는 자는 한 사람도 없게 되었다. 그래서 조정에서는 지원자를 모집하였으나, 누구든지 생명을 아까워하므로 아무도 지원하는 자가 없었다.

그때에 불우하게 지내던 한 사람이 그까짓 귀신이 무엇이냐고 하면서 대담스럽게 지원을 하고 나섰다. 조정에서는 아무 이의 없이 그를 그 고을의 군수로 임명하였다. 그가 부임하던 날 밤에 머리를 풀어 헤치고 전신에 피를 흘리는 귀신이 나타났다. 그가 주문(呪文)을 외자, 귀신은 사라졌다.

창 밖에서 자기는 원귀(寃鬼)이니 문을 열어달라는 소리가 들려, 그는 문을 열어주었다. 소복(素服)을 한, 어떤 미녀가 목에 칼을 꽂은 채 나타났다. 그녀는 "저는 이 고을의 기생이었는데, 통인(通引)의 말을 들어주지 않아 그에게 살해되어 뒤뜰의 고목 속에 들어있습니다. 그 원한을 갚으려고 군수들에게 나타났으나, 모두 죽고 말았습니다. 하오니 저의 원한을 풀어주십시오"라고 하였다.

　날이 밝자, 군수는 그녀를 죽인 통인(通引)을 불러 심문을 하였다. 통인은 자초지종을 자세하게 털어놓았다. 원귀의 말이 거짓이 아님을 알고 객사(客舍) 뒤의 고목 속에서 그녀의 시체를 찾아내어 매장한 다음에 그 통인을 처형하였다. 그 뒤로 그는 명관(名官)이라는 말을 듣게 되고, 그 고을 객사의 원귀도 없어지게 되었다고 한다.

(阿娘의 전설)[14]

　여기에는 한국의 민중들이 지니고 있던 영혼관(靈魂觀)의 한 단면이 서술되어 있다. 한국사람들 재래(在來)의 영혼관에 따르면 수명을 다하고 죽은 사람은 선조의 영혼들이 있는 저승으로 간다. 그렇지만 사고나 불행한 일로 원한이나 원망(願望)을 남긴 채 죽은 사람의 영혼은 원귀(寃鬼)가 되어 이승에 떠돌면서 앙화(殃禍)나 재난을 갖고 온다. 그런데 이들 원귀가 항상 이승을 떠도는 것은 아니고, 원한이 풀리고 원망이 성취되면 저승으로 간다고 믿었다.[15]

　이러한 속신(俗信)이 이 설화의 근간을 이룬다. 좀더 자세히 말한다면 억울하게 죽은 기생의 영혼은 저승에 가지 못하고 신원(伸寃)을 기도한다. 그러나 새로 부임하는 군수들은 원귀의 원한을 풀어 주기 전에 먼저 죽어버린다. 그러다가 마침내 용기 있는 군수를 만나서 신원을 하게 된다.

　이 이야기에서 통인은 아무도 모르게 기생을 죽이지만, 원귀가 그 사실을 신임군수에게 알려 주어 통인은 처벌을 받게 된다. 이것은 악한 짓을 하면 언젠가는 그것이 알려져, 거기에 합당한 벌을 받는다는 민중들의 믿음을 반영하는 것이다.

　이 범주의 설화에는 그야말로 천벌을 받는 내용의 이야기도 있다.

[자료 7]

　(옛날에) 사이가 좋은 부부가 살고 있었다. 그들에게는 자식이 없어 후처

---

14) 손진태 : 1947, pp.39～42.
15) 崔仁鶴 : 1976b, p.304.

(後妻)를 맞이하였다. 후처가 아들을 낳자, 본처는 그 아이를 죽이고 말았다. 관(官)에서 본처를 (불러다가) 심문을 했다. 본처는 만약에 자신이 그랬다면 죽어서 천벌을 받아도 좋다고 맹세를 하였다.

본처는 죽어서 다시 이 세상에 태어났다. 이번에는 3명의 아들을 낳고, 네 번째 아이를 임신하게 되었다. 아기를 낳기 위해 친정으로 가는 도중에 두 아이는 냇물에 빠져 죽고, 한 아이는 뱀에게 물려 죽었다. 게다가 친정 집에 화재가 일어나 부모마저 죽었고, 마침내 그녀도 죽고 말았다.

(僞證의 代價)[16]

이 자료는 사악하기 이를 데 없는 여인을 주인공으로 하고 있다. 그녀는 자신이 아기를 낳지 못해서 후실을 얻었는데도, 후실이 낳은 아기를 죽이고 만다. 그리고도 관청에 불려가 심문을 당할 때는 그런 일을 했다면 죽어서라도 천벌을 받을 것이라고 하면서 철저하게 범행을 부인한다.

그녀의 이런 부인은 명백한 거짓말이다. 이 임기응변의 거짓말로 당장의 위기는 모면할 수 있을지 몰라도, 하늘을 속일 수는 없는 일이다. 그래서 그녀는 자신이 말한 대로 죽어서 그 대가를 치르게 된다. 그녀는 죽어서 다시 인간으로 환생을 하여, 세 아들을 두게 된다. 그리고 네 번째 아이를 출산하기 위해 친정으로 가는 도중에 비극이 발생한다. 곧 자신이 낳은 아들 셋이 차례로 죽고 친정까지 화재로 망하며, 결국에는 자신도 죽고 마는 비극을 맞이하게 된다.

이것은 그녀가 관아에서 심문을 받을 때 약속한 대로 천벌을 받은 경우에 해당한다. 이 설화는 이렇게 악한 짓을 한 업보(業報)가 현세에서 끝나는 것이 아니라, 내세(來世)에 가서라도 반드시 그것을 치러야 한다는 것을 굳게 믿어온 민중들의 생각을 그대로 표현하고 있다.

이러한 의식구조는 이야기꾼의 해설을 통해서 드러나기도 한다.

[자료 8]

충청도 땅에 두 사람이 의형제를 맺고 살았다. 그들은 하도 생활이 어려

---

16) 위의 책, pp.273~274.

워서 러시아의 금광으로 돈을 벌러갔다. 동생은 술도 먹고 노름도 해서 돈을 모으지 못했으나, 형은 착실히 하여 돈을 모았다.

그들은 2～3년이 지나자 고향 생각이 나서 집으로 돌아가기로 하였다. 형이 앞장을 서고, 동생이 그의 돈 가방을 들고 뒤에 따라오다가 어떤 절벽에 이르렀다. 동생은 형만 해치우면 돈이 전부 자기 것이 될 것이라고 생각하여, 형을 낭떠러지 아래로 밀어 버렸다. 고향에 돌아온 그는 그 돈으로 논 몇 섬지기를 사서 잘 살고 있었다.

형은 절벽에서 떨어졌지만, 죽은 중국인 위에 떨어졌기 때문에 다행히 목숨을 건졌다. 그는 그 중국인의 누비옷을 벗겨 입고 집으로 돌아왔다. 집에 돌아온 그는 옷을 갈아입었다. 아내가 빨래를 하려고 누비옷을 뜯자, 그 속에서 많은 돈이 나왔다.

그는 음식을 잘 차려놓고, 먼저 돌아온 동생을 불렀다. 동생이 와서 보고 깜짝 놀라면서, "형님, 나 죽을 죄를 졌으니 살려주시오" 하고 용서를 빌었다. 그래서 용서를 해주었으나, 그 동생은 저절로 망해 버렸다.

(惡者必亡)[17]

이 자료는 조사자가 지적한 것처럼, 이야기의 배경이 그리 멀지 않은 시대로 되어 있다. 하지만 그 줄거리는 민간에 널리 전하는 '동삼(童參)과 이시미' 설화와 비슷한 형태이다.[18] 이로 보아 경험담으로 떠돌던 항담(巷談)[19]이 설화의 형태로 정착된 것이 아닌가 한다. 바꾸어 말하면 현대의 경험담이 '동삼(童參)과 이시미' 설화의 구조를 차용하여 형상화되었을 가능성이 높다는 것이다.

이 문제는 어쨌든, 위의 자료에서는 주인공이 반주인공의 잘못을 용서해 주고 같이 공존하는 길을 모색한다. 그럼에도 후자는 저절로 망해 버린다. 이 이야기를 들려준 화자(話者)는 "그게 사람은 남한테 너무 악하게 하면 안

---

17) 조희웅 : 1982, pp.429～431.

18) 위의 책, p.429.

19) 현대사회에서도 이야기가 만들어지고 있다. 그러나 한국에서는 아직 이것에 적당한 장르 명칭을 부여하지 않고 있기 때문에, 필자가 1995년 전북 무주군 일대에서 조사한 자료를 보고하면서 '항담'이란 용어를 사용하였으나, 앞으로 더 적합한 용어가 발견되면 바꿀 필요가 있다는 것을 밝혀둔다. 김화경 : 1995, pp.174～176.

된다는 거여"라고 하여, 악한 짓을 한 사람은 당연히 망해야 한다는 인식을 표현하고 있다. 이는 아무런 힘도 없이 살아가는 민중들이 사필귀정(事必歸正)을 바라는 의식구조를 드러낸 것이라고 하겠다.

이 범주에 속하는 설화들은 악행에는 반드시 벌이 뒤따른다는 것을 강조하고 있음을 확인하였다. 비록 그 악행이 이 세상의 어느 누구도 모르게 행해진 것이라고 하더라도 언젠가는 밝혀지게 마련이며, 또 거기에 상응하는 징벌을 받는다는 것이다. 그리고 이와 같은 주제는 설화의 창작과 전승의 주체인 민중들이 그러한 세상을 염원하는 데서 창출된 것이라고 보아도 좋지 않을까 한다.

3) 효행지선(孝行至善)

권선징악(勸善懲惡) 내지는 근선원악(近善遠惡)적인 설화들 이외에, 민중들의 도덕관을 엿볼 수 있는 설화들로는 효행이 최고의 덕목이라는 것을 가르치는 내용의 이야기들을 들 수 있다. 핵가족 위주의 생활을 추구하는 현재와는 달리, 대가족이 한 집안에서 생활을 영위했던 과거에는 무엇보다도 자식들의 효도를 강조하였다. 그들은 실제로 효를 실천하면서 생활하였고, 그러한 가운데에서 효행에 얽힌 많은 이야기들을 만들어냈다.

[자료 9]

함안(咸安)의 한(韓)효자는 주곡리(洲谷里)에 사는 한 농부의 아들이었다. 한번은 겨울에 병든 어머니가 잉어를 먹고 싶어했다. <u>잉어를 사려고 거리로 나간 효자는 중도에 나룻배를 타게 되었다.</u>

갑자기 물 속에서 잉어가 튀어 올라와 배 위에 떨어졌다. 효자는 기뻐하며 뱃사공에게 그 잉어를 팔라고 하였다. 사공은 "눈 속의 잉어는 예로부터 희귀한 것이니, 긴요하게 쓸 곳이 있을 것이오"라고 하면서 팔지 않았다.

효자는 할 수 없이 거리에서 잉어를 구하여 보았으나, 얻지 못하고 빈손으로 돌아오게 되었다. 다시 배를 탔는데, 또 잉어가 배 위로 튀어 올랐다. 사공은 그제서야 이상하게 생각하고 "아까 잉어를 사려고 하더니 무슨 소용이냐?"고 물었다. 효자는 "부모를 섬겨야 합니다"라고 대답하였다. 사공은 놀라며 "그러면 그대가 한효자가 아니오? 이것은 하늘이 그대에게 준 것이오"라고 하면서 두 마리의 잉어를 다 주었다고 한다.

(한겨울에 잉어를 얻은 효자)[20]

손진태는 이 부류의 효행담(孝行譚)이 중국의 영향을 받아 만들어진 것이라는 견해를 제시하였다. 그의 주장은 중국에 시대적으로 이보다 앞선 문헌설화들이 전승되고 있다는 데 착안한 것이다. 실제로 위의 자료와 거의 같은 내용으로 이루어진 문헌설화로 진(晉)나라 사람인 왕상(王祥)의 '빙중득리 전설(氷中得鯉傳說)'이 있고, 또 중국에 이와 비슷한 구전설화들이 전해지고 있는 것도 사실이다.[21]

그러나 대개의 효행담은 정해진 하나의 패턴으로 되어 있다. 곧 효자인 주인공은 가난한 생활을 한다. 그 외에 그의 부모 가운데 어느 한쪽이 병에 걸려서, 그 효자는 더 큰 어려움을 겪게 된다. 이처럼 그가 곤경에 처하였을 때, 기적이 일어나 그 병을 고치게 된다는 것이다. 여기에서 일어나는 기적은 민중들이 설화에서 곧잘 사용하는 환상적 기법의 하나로, 정상적인 방법으로는 사건 해결이 어려울 때 흔히 이용된다.

그렇다면 중국에 문헌설화가 존재한다고 해서, 전파론적인 관점에서 이 설화를 논의해야만 할까 하는 의문이 든다. 주지하다시피 설화의 기원론에는 '일원발생설(一元發生說)'과 '다원발생설(多元發生說)'이 있다. 전자는 설화가 한 곳에서 발생하여 다른 곳으로 전파된 것이라는 주장이고, 후자는 인간의 심성은 공통되는 면이 있기 때문에 비슷한 이야기가 여러 곳에서 동시에 발생할 수 있다는 주장이다. 사실 '신데렐라(Cinderella)'나 '백설 공주', '흥부와 놀부' 설화와 같은 것들은 비슷한 이야기들이 아프리카나 남아메리카에도 전승되고 있어, 이들 설화의 발생지를 어느 한 곳으로 추정하기는 곤란하다. 그래서 이 설화들은 여러 곳에서 발생했다는 주장이 설득력을 얻고 있다. 따라서 한국의 효행담도 중국설화의 영향을 받아서 생성된 것이라기보다는 자체적으로 생성되었다고 보는 것이 타당하지 않을까 한다.

---

20) 손진태 : 1947, pp.74~75.
21) 위와 같음.

어쨌든 이 설화에서도 이야기의 전체적인 문맥으로 보아 주인공이 풍족한 생활을 누렸던 것 같지는 않다. 게다가 겨울인데도 병환을 앓고 있는 어머니가 잉어를 먹고 싶어한다. 이것은 효행이 지극한 자식이 해결하지 않으면 안 되는 과제이다. 이 과제의 성취가 그렇게 쉬운 것만은 아니다. 왜냐하면 계절이 잉어를 구하기 어려운 겨울이기 때문이다.

그러나 주인공의 효성은 이 상황을 무난히 극복하게 만든다. 밑줄 친 부분에서 보는 바와 같이 그는 거리로 잉어를 구하러 나간다. 여기에서 이 자료가 풍토화되었다는 사실이 확인된다. 일반적으로 이 계통의 효행담은 한겨울이어서 강물이 얼었다고 이야기하고 있다.[22] 그렇지만 이 자료에서는 강물이 얼지 않은 상황을 설정하고 있다. 이것은 손진태가 지적한 것처럼, "함안은 경남의 따뜻한 지방이므로 겨울 동안 강물의 결빙이 적은 까닭에 결빙 속에서 잉어를 구하고자 하는 효자의 고심(苦心)을 말하지 않고 다만 거리로 잉어를 구하러 나갔다"[23]고 한 것이 아닌가 한다.

풍토화된 이 설화에서는 효자가 배를 타고 강을 건너는 사이에 잉어가 배 위로 튀어 올라온다. 하지만 처음에는 어부가 그 잉어를 팔지 않는다. 그런 다음, 그가 거리에 나가서도 잉어를 구하지 못하고 집으로 돌아가려고 다시 배를 탔을 때에 두 번째 잉어가 튀어 오른다. 이것을 보고 어부도 그 잉어들은 하늘이 준 것이라는 사실을 알고, 효자에게 두 마리 다 건네준다. 이와 같이 첫 번째는 실패하고 두 번째나 세 번째에 가서야 비로소 어떤 과제가 성취되는 것은 설화가 지닌 고유한 표현기법의 하나이다. 이런 표현기법은 듣는 사람들의 흥미를 유발하는 효과도 있지만, 주인공을 한층 더 어려운 처지로 몰아넣는 효과도 있다.

그런데 물 속에 있던 잉어가 그냥 배 위로 튀어 올랐다는 것은 현실적으로는 도저히 일어날 수 없는 일이다. 그러나 이런 기적이 벌어지는 것이 설화의 세계이다. 앞에서 [자료 2]를 고찰하면서 말한 것처럼, 이것은 현실에서 불가능한 일을 공상의 세계에서 실현시키는 환상적 기법으로, '지성(至

---

22) 崔仁鶴 : 1976b, pp.304~305.
23) 손진태 : 1947, p.75.

誠)이면 감천(感天)이다'는 민중들의 의식, 곧 천우신조(天佑神助)를 굳게 믿
어온 그들의 심리상태가 투영된 것이다.

이와 같은 이 설화에서는 원조자가 직접 등장하지 않고 주인공의 과제 성
취를 가능하게 하고 있다. 그렇지만 대부분의 설화에서는 원조자가 그 과제
를 해결해 주거나, 아니면 주인공을 도와서 과제를 성취하게 만든다.

[자료 10]

옛날 선암동(仙岩洞)에 마음씨 착한 처녀가 어머니를 모시고 살았다. 하
루는 갑자기 어머니의 병환 때문에 약을 구해서 어둠 속을 달려오다가 무엇
에 걸려서 넘어졌다. 자세히 보니 누더기 옷을 입은 할머니가 쓰러져 있었
다. 그녀는 그 노파를 집으로 데리고 와서 미음을 쑤어 먹였다. 이튿날 아침
에 일어나 보니 노파는 흔적도 없고, 어머니의 병은 깨끗이 나아 있었다.

그 후에 어머니는 떡 장사를 하고, 그녀는 베 짜는 일을 하여 생계를 이
어갔다. 그녀의 베 짜는 솜씨가 온 세상에 알려지게 되었다. 그 소문을 들
은 임금이 직녀(織女)들을 데리고 베 짜는 시합을 하러 왔다. 직녀들의 베
틀은 새것이었으나, 그녀의 베틀은 헌 것이었다.

그 때에 어디선지 누더기를 입은 그 할머니가 (다시) 나타나서 그녀의
베틀 앞에 앉아 지팡이를 휘두르니 베틀이 열 개로 나눠지고 하늘에서 선
녀들이 내려와 그녀와 함께 베를 짜는 것이었다. 시간이 되자, 그녀의 베는
열 필이었지만 직녀들의 것은 두 필이었다.

이 소문을 들은 이웃마을 사람들은 선녀들이 짜던 베틀이라도 구경하겠
다고 모였다. 그러나 베틀은 없고 베틀 모양의 바위만이 남아있을 뿐이었
다. 지금도 선암동 뒷산에 이 베틀 모양의 바위가 서 있는데, 효성이 지극하
고 베 잘 짜던 처녀는 그 후에 왕비가 되었다고 한다.

(베틀 바위의 유래)[24]

이것은 경북 의성(義城) 지방에 있는 베틀 바위에 얽혀 전해지는 효행담
이다. 효행담의 주인공은 전부 마음씨가 착한 인물로 그려진다. 이 자료에서
도 효녀는 길가에 쓰러져 있는, 초라한 행색의 할머니를 집으로 데리고 와

---

24) 유증선 : 1971, pp.287~288.

서 미음을 쑤어 먹이는 선행을 베푼다. 이런 보시(布施)의 대가로, 그 할머니는 효녀 어머니의 병을 고쳐 준다.[25] 뿐만 아니라 주인공이 임금이 데리고 온 직녀들과 베 짜기 내기를 해야 하는 어려운 처지에 놓였을 때, 하늘의 선녀를 내려오게 하여 효녀를 도와서 승리를 거두게 만든다.

이 설화에서 원조자로 등장하는 할머니는 이 세상 사람이 아닌, 초자연적인 존재가 분명하다. 그런데도 주인공과는 어떠한 단절도 없이 행동한다. 이것은 뤼티(M. Lüthi)가 지적한 설화의 일차원성(一次元性)이다.[26] 즉 설화에서는 초자연적인 존재라고 하더라도 아무런 거리도 없이 인간들과 더불어 대화하고 행동하고 있어, 차원이 다르지 않다는 것이다.

한편 이 범주에 귀속되는 설화들 가운데에는 효행을 위해 살인을 하는 이야기도 있어 관심을 끈다.

[자료 11]

어떤 효자가 어머니를 모시고 살았는데, 그 어머니가 중병이 들었다. 그는 온갖 약을 다 써서 간호를 했으나, 어머니의 병은 낫지 않았다. 그러던 어느 날 도승이 와서 말하기를, 아들을 삶아서 먹이면 나을 것이라고 하였다. 그는 아내와 상의를 하기를 "자식은 또 낳으면 자식이지만, 부모는 한 번 돌아가시면 그만이니까 아들을 달여서 드립시다"라고 하였다.

아들은 매일같이 뒷산의 절에 가서 공부를 하고 있었다. 저녁때에 그 아들이 돌아오자, 그들 내외는 아들에게 목욕을 시켜 펄펄 끓고 있는 솥 속에 밀어 넣었다. 그러고는 그 물을 드렸더니, 어머니는 그 약을 먹고 완전히 회복되었다.

그런데 그 이튿날 아침밥을 먹고 나니까 아들이 돌아왔다. 아들은 어제 저녁에 늦게까지 공부를 했기 때문에 집에 돌아올 수가 없어서 절에서 잤다고 하였다. 이는 아들 내외가 워낙 효성이 지극하니까 산신(山神)이 감동을 해서 동삼(童參)을 아들로 둔갑을 시켜 보낸 것이었다. 그러니 어머니는

---

25) 물론 이 설화에서는 이것을 명시적으로 서술하고 있지는 않다. 그러나 이야기의 전후 문맥으로 보아, 그 할머니가 어머니의 병을 고쳐 주었다고 보는 것이 타당할 것이다.

26) 小澤俊夫 : 1983, pp.24~25.

<u>동삼 달인 물을 먹고 병을 고쳤던 것이다.</u>

(아들 삶아 부모를 봉양한 효자[童子蔘])[27]

이 설화는 상당히 널리 분포되어 있는 효행담의 하나로, 《삼국유사》 권5, 효선(孝善) 제9 '손순 매아(孫順埋兒)'조에 실려 있는 이야기[28]와도 무관하지 않은 듯하다. 단지 후자에서는 아들이 어머니의 음식을 빼앗아 먹기 때문에 그를 땅에 묻으려고 한 데 반해, 전자에서는 어머니의 병을 고치기 위해 아들을 삶아서 먹이려고 했다는 차이점이 있을 따름이다. 이로 미루어 한국의 효행담은 그 형성이 빨랐을 뿐만 아니라, 상당히 다양하게 변용되어 왔다고 하겠다.[29]

특히 이들 설화에서는 자식들을 희생시키면서까지 어머니에게 효도를 다하려고 한다. 물론 결과적으로 보아 기적이 일어나서 자식들은 목숨을 건지게 되지만, 효를 위해서는 살인까지도 마다하지 않으려고 했던 선인들의 의식구조가 설화 속에 그대로 녹아 있는 것은 사실이다. 실제로 위의 이야기에서는 주인공이 절에서 돌아온 아들을 목욕시켜 끓는 물 속에 밀어 넣는 살인을 자행하고 있다.

그러나 이것은 살인이 아니었다. 끓는 물에 넣은 것은 아들이 아니라, 밑줄 그은 부분에서 보는 것처럼 산신이 보낸 동삼이었다. 설화는 이처럼 생각지도 못한 방향으로 진전되는 의외성을 지닌다. 이러한 의외성은 신비감을 불러일으키고 또 민중들이 염원하는 결말을 유도할 수 있는 제도적인 장치의 하나로, 설화를 이루는 중요한 요소가 된다.

이처럼 살인의 모티프를 가진 효행담들 가운데는 '밀의 기원담'이 있다.

---

27) 최래옥 : 1981, pp.787~788.

28) 최남선 편 : 1946, pp.240~241.

29) 실제로 최인학이 만든 유형색인을 보면 효행담으로 24개의 화형을 설정하고 있다 (崔仁鶴 : 1976b, pp.301~310). 이에 비해 일본의 경우는 효행담으로 분류된 화형이 없고, 한국의 그것에 대응하는 것으로 2개만 들고 있다(같은 책, pp.148~163). 이는 한국이 얼마나 효를 강조해 왔는지를 단적으로 보여 주는 증거라고 보아도 좋을 것이다.

262

[자료 12]

　옛날에 어떤 곳에 한 사람의 젊은이가 살고 있었다. 그의 아버지는 오랫동안 병을 앓고 있었는데, 아무리해도 낫지 않았다. 어느 날 지나가던 나그네가 자기 집에 전해오는 비법을 가르쳐 주었다. 그것은 세 사람의 골을 먹이는 것이었다.

　그는 한 사람의 병을 낫게 하기 위해 세 사람을 죽일 수는 없다고 생각했다. 그러나 날이 갈수록 쇠약해지는 아버지의 모습을 보고, 어쩔 수 없이 그렇게 하기로 하였다. 그는 산 속에 들어가 사람이 지나가기를 기다렸다.

　처음에 온 사람은 점잖은 양반이었고, 다음에는 좀 난폭한 사람, 맨 나중에는 미친 사람이 나타났다. 그는 이 세 사람들을 죽여 골을 꺼낸 다음, 그들의 시체를 계곡에 묻고 돌아왔다. 그것을 아버지에게 먹였더니, 아버지의 병은 깨끗이 나았다.

　그 뒤에 시체를 묻었던 곳에 가 보니, 거기에는 많은 밀이 누렇게 익어 있었다. 그는 그 밀들을 베어와 술을 담가서 마셨다. 그랬더니 처음에는 점잖게 있다가, 곧 싸움을 시작하게 되고 마지막에는 미친 사람처럼 되었다. 이 술은 누가 언제 마셔도 똑같이 되었기 때문에 모두가 두려워하면서 이상하다고 생각하였다.

(밀로 만든 이상한 술)[30]

　이것은 곡물의 기원을 이야기해 주는 설화로, 인간의 시신(屍身)에서 곡물이 싹텄다고 하는 하이누벨레(Heinuwelle)형의 하나이다. 이 유형은 적도(赤道) 부근에 널리 분포되어 있다. 하이누벨레는 이 세상에 많은 기여를 하였으나 인간들에게 살해되어 매장되었는데, 그 시신의 각 부위에서 여러 가지 구경식물(球莖植物)들이 돋아났다는 것이다.[31] 이런 곡물 기원담이 [자료 12]와 같은 형태로 발견되는 것은, 이 신화가 밭곡식 재배의 농경문화와 함께 한반도에 전래되었다는 것을 말해 주는 것이 아닐까 한다.[32]

　어쨌든 이 설화에서는 주인공이 아버지의 병을 고치기 위해서 다른 사람들을 살해한다. 그런데 이 살인이 아무런 죄의식도 없이 이루어진다. 이런

---

30) 中村亮平 編 : 1935, pp.127～128.
31) A. E. Jensen 저, 大林太良 譯 : 1977, pp.54～58.
32) 김화경 : 1984, pp.5～10.

점에서 설화의 잔인성이 문제가 되지만, 동기를 중시하는 한국설화의 한 단면을 엿볼 수 있다.

이제까지 살펴본 효행담에서는 부모에 대한 효도를 최고의 덕목으로 강조하고 있다는 것을 알아냈다. 이와 같은 사실은 대가족사회를 지향했던 민중들이 효도를 대단히 중시하며 살아왔음을 말해 준다.

4) 열절지고(烈節至高)

한국의 전통사회에서 효와 함께 강조한 덕목이 부녀자들의 열절(烈節)이었다. 이것은 여성들의 인권을 무시한 봉건사회의 잔존 유물이라고 생각하기 쉽다. 성리학(性理學)을 통치 이데올로기로 삼았던 조선사회에서는 부녀자들에게 정조와 절개를 강조하여, 많은 곳에 열녀문을 세워 그것을 기렸던 것도 사실이다.

이러한 제도적 뒷받침은 대가족제도[33]를 지향했던 전통사회의 한 단면을 드러내는 것이다. 곧 대가족제도 아래에서 가정을 지탱하는 핵심 존재는 안주인이다. 그런 안주인들에게 열절을 강조하는 것은 그 가족을 지탱하기 위한 필수적인 조처였을 것이다. 그래서 열절을 강조하는 많은 설화들을 만들어 여성들의 교육을 위해 활용했던 것이 아닌가 한다.

[자료 13]

진동(鎭東) 지방에 잘 생긴, 한 사람의 부인이 있었다. 그녀의 남편은 땔감을 해다 파는 나무꾼이었다. 한 마을에 또 다른 나무꾼이 살았는데, 그들은 언제나 산에 나무를 하러 같이 다녔다. 그는 친구 아내의 아름다움에 빠져서 언젠가는 그녀를 자기 것으로 만들겠다고 생각하고 있었다.

두 사람은 여느 때처럼 함께 산에서 나무를 하다가 그는 친구의 목을 졸라 죽였다. 그런 다음에 그 시체를 낭떠러지 아래로 던져 버렸다. 친구는

---

33) 인류학에서 내린 가족에 대한 정의는 상당히 다양하다. G. P. Murdock은 "가족이란 공동의 주거, 경제적 협력 그리고 생식이란 특성을 가진 집단이다"라고 하였고, C. Levi-Strauss는 부부와 자녀 이외에 근친자까지도 포함하는 폭넓은 개념을 설정하였다. 이광규 : 1992, pp.20~23.

목이 졸려 죽으면서 입으로 거품을 내뿜었다. 집에 돌아온 그는 저녁을 먹고 그 친구의 집으로 갔다. 그는 친구의 아내와 함께 친구가 돌아오지 않는 것을 걱정하는 체했다.

그녀는 그에게 의심이 갔으나. 명백한 증거가 없어 어떻게 할 수가 없었다. 그는 친구의 집에 드나들면서 양식도 갖다주고 땔나무도 해주며 갖은 친절을 다 베풀었다. 그러는 사이에 그들은 부부가 되어 5남매를 두었다.

어느 해 장마철에 처마 끝에서 떨어지는 물방울이 마당에 물거품을 일으켰다가 사라지곤 하였다. 이것을 보고 있던 그는 친구의 죽을 때 모습을 생각하고 웃음을 터뜨렸다. 아내가 사연을 묻자, 그는 지나간 일을 털어놓았다. 그녀의 고발로 그는 사형에 처해졌다. 그 뒤에 그녀는 자신의 미모(美貌)로 인해서 두 남자가 죽었다는 자책감에서 자살을 하고 말았다.

새로 부임한 사또가 그녀의 묘 앞을 지나가다가 말의 발이 붙어 움직이지 않았다. 그가 그녀의 열녀비를 세워주기로 하자, 말이 갈 수 있었다. 거기에 <u>열녀비를 세웠다고 하나, 지금은 남아 있지 않다.</u>

(열녀의 죽음)[34]

대개의 효열(孝烈) 설화가 다 그러하듯이, 이 설화도 경상남도 창원시의 진동 지방에 전승되어 오던 전설적 성격을 가진 이야기이다. 밑줄 친 부분에서 보는 것처럼, 처음에는 열녀비(烈女碑)라는 증거물이 있었던 것 같으나, 현재는 그것이 없어지고 설화만 남아서 전해지는 것으로 되어 있다.

이런 이 자료에서는 주인공인 열녀를 사이에 두고 친구 사이인 첫 번째 남편과 두 번째 남편 사이에서 벌어지는 갈등이 사건의 핵심을 이룬다. 즉 전자는 피해자로, 후자는 가해자로 등장하여 그녀의 정렬(貞烈)을 두드러지게 부각시킨다. 보통의 여자는 개가(改嫁)를 해서 5명의 자녀를 두었으면, 전 남편의 문제를 덮어두었을 것이다. 주인공은 그렇게 하지 않고 우연한 기회에 알게 된 후자의 범죄 사실을 관청에 알려서 처벌받게 한다. 그리고 모든 문제가 자기 때문에 일어났다는 자책감에서 자결하고 만다.

이러한 결말은 그녀가 열녀로 추앙 받기에 충분한 요건을 구비하게끔 하였다. 바꾸어 말하면 성리학의 이데올로기가 지배하는 사회에서 개가를 한

---

34) 孫晉泰 : 1930, pp.56~59.

다는 것은 용납되기 어려운 데가 있다. 하지만 주인공이 비록 개가하여 자식들까지 두었으나, 억울하게 죽은 전 남편의 원한을 풀어준 다음에 스스로 죽음을 택했다는 것은 절개를 지켰다고 볼 수 있으므로, 후세 사람들로부터 열녀로 인정받았다는 것이다.

이 자료에서와 같이 개가한 여자가 열녀로 추앙 받는 것으로는 다음과 같은 이야기도 있다.

[자료 14]

옛날에 황해도 임진강 너머 한 마을에 박대성이란 사람이 있었다. 그는 외아들로 귀엽게 자라나서 공부는 안 하고 매일 노름판에만 다녔다. 보다 못한 부모는 장가라도 들이면 마누라에게 마음을 붙일까 하고 결혼을 시켰으나, 그의 생활은 변함이 없었다.

결국 부모는 며느리를 친정에 데려다주고 아들을 찾아 나섰다. 며느리가 시가에 돌아와 보니, 문이 잠겨 있을 뿐만 아니라 시부모도 어디론가 가고 없었다. 그녀는 시부모와 남편을 찾아 나섰다.

그녀는 어떤 주막집에 이르러서 그 집의 일을 거들게 되었다. 마침 주막집 주인 내외는 아들이 없었다. 그들은 마음씨가 착한 그녀에게 아들을 낳아달라고 부탁했다. 그녀는 동네 사람들을 모아놓고, 주인으로부터 아들을 낳으면 그 집을 떠날 수 있게 해준다는 약속을 받아냈다. 그런 다음에 그들의 요청을 받아들여 아들을 낳아주고, 그 대신에 많은 재물을 얻어 그것을 가지고 다시 시부모와 남편을 찾아 나섰다.

임진강가에 온 그녀는 그곳의 주막집을 하나 샀다. 그녀는 영업을 하면서 돈이 없는 사람들에게는 돈을 받지 않았다. 그러자 많은 사람들이 몰려들었다. 어느 날 소 잡을 사람이 없어서 걱정을 하던 차에 소 잡는 사람이 나타났는데, 자세히 보니 자기 남편이었다.

남편을 만나고 난 다음에 시부모도 나타났다. 그녀는 주막을 팔아서 정리한 재물을 가지고 본가로 돌아갔다. 그 뒤에 그녀는 아들 형제를 낳고 잘 살았는데, 비록 개가를 했었지만 시부모와 남편을 잘 섬겼으므로 사람들이 개가 열녀문을 세워 주었다고 한다.

(改嫁烈女)[35]

이 자료의 주인공은 노름 때문에 집을 나간 시부모와 남편을 찾아 나섰다가, 본의 아니게 어떤 주막집의 씨받이가 된다. 이것은 정절을 중시하던 전통사회에서는 받아들일 수 없는 훼절(毁節)을 의미한다. 하지만 그녀가 아들을 낳아 주고, 그 대신에 받은 재물로 남편과 시부모를 찾아서 잘 섬김으로써 주위 사람들로부터 개가 열녀로 인정을 받게 된다.

여기에서 이 설화의 전승집단이 지닌 사유체계의 한 단면을 읽을 수 있다. 즉 정절을 지키는 것을 최고의 미덕으로 삼던 전통사회에서도 주변상황의 변화에 따라 어쩔 수 없이 정절을 굽히는 경우에는 그 불가피성을 인정하였다. 그리하여 어떻게 보면 모순되는 것 같이 보이는 개가 열녀라는 새로운 인식영역을 긍정적으로 받아들였던 전승집단의 유연한 사유체계를 엿볼 수 있다.

이처럼 유연한 사유체계를 지녔던 한국의 전통사회였지만, 역시 열녀란 남편과 같이 생사를 같이해야 한다는 고착된 관념에는 변함이 없었던 것 같다.

[자료 15]

경상남도 통영(統營) 지방에 어떤 할아버지가 살았다. 그는 배를 타고 나가 낚시질을 하여 고기를 잡아서 생활을 하고 있었다. 어느 날 그는 바다에 나갔다가 돌풍을 만나 배가 전복되어 그만 죽고 말았다.

할머니는 울지도 않고 일주일을 지내더니, 드디어 막걸리 장사를 시작했다. 얼마만큼 돈이 모이자, 배를 빌리고 무당을 불러서 할아버지가 빠져죽은 곳에 가서 굿을 하기 시작했다. 할머니는 굿이 진행되는 도중에 그만 물 속으로 뛰어들고 말았다. 무당과 뱃사람들은 돈도 제대로 받지 못하고 닭 쫓던 개 지붕이나 바라보는 격으로 멍하니 있다가 뭍으로 돌아왔다.

한 일주일이 지나자, 죽은 할머니가 할아버지 시신을 껴안고 물위에 떠올랐다. 사람들이 같이 묻어야 한다고 하기도 하고 따로 묻어야 한다고 하기도 하고, 그렇게 의논을 하는 사이에 또 며칠이 지나갔다. 그 사이에 시신들로부터 검은 벌레들이 나와서 곡식 잎과 풀잎을 뜯어먹었다. 사람들이

---

35) 김승찬 : 1984, pp.466~473.

약을 쳐보았지만, 아무 소용이 없었다.

　어느 날 어떤 폐병 환자가 나무 밑에 앉아 있다가, 벌레가 갉아먹은 나뭇잎에 열(烈)자가 새겨져 있는 것을 발견했다. 사람들은 그 할머니가 열녀가 분명하다고 하면서 열녀비를 세워주었다. 열녀비를 세운 날로부터 벌레들은 온데간데없이 다 사라졌다고 한다.

(통영 열녀)[36]

　이 이야기의 전반부는 있을 수 있는 사건을, 후반부는 있을 수 없는 허구를 소재로 하고 있다. 이런 후반부의 특징이 신비감을 불러일으켜 이야기의 전승을 가능하게 만든다. 현실적인 어떤 사건이 설화로 인구(人口)에 회자(膾炙)되기 위해서는 듣는 사람들의 관심을 끌 수 있는 특이성을 지녀야 한다. 바로 이 특이한 성격의 하나가 신비감을 불러일으키는 요소의 삽입이다.

　위의 자료에서는 주인공인 할머니가 굿을 하는 도중에 바다에 뛰어든다. 그런 다음 남편의 시체를 껴안고 물위에 떠오른다. 이것은 주인공이 죽어서 남편의 시체를 찾아왔다는 것으로, 현실적으로는 도저히 일어날 수 없는 일이다. 이 일은 기적에 가까운 것이기 때문에, 듣는 사람에게 신비감을 조성하여, 이 설화가 전승되게 하는 기능을 수행한다.

　이렇게 기적의 발생을 서술하고 있는 이 자료에서는 주인공이 죽어서까지 남편의 시신을 찾아오는 정절을 강조한다. 이 설화를 이야기해 준 화자는 화두(話頭)에서 "뭐 인부상병허여서 막걸릴 판다고 하며는 그건 열녀라고 볼 수 없는 거 아닙니까?"[37]라고 해서, 그녀가 술장사를 한 것에 대해 부정적인 시각을 가지고 있음을 확연히 드러냈다. 그렇지만 밑줄 그은 부분에서 보듯이, 신기한 일이 벌어져, 마을 사람들은 그녀를 열녀로 인정하고 열녀비를 세워 준다. 이것은 전승집단의 열녀에 대한 시각을 반영하는 것으로, 여성들에게 철저한 정절을 요구하던 시대의 한 단면을 엿볼 수 있다. 이런 의미에서 이 설화는 앞의 [자료 14]와는 다른 측면을 보여 준다고 하겠다.

　이처럼 지고한 열절을 강조하는 설화들 가운데는 주인공이 남편의 병을

---

36) 현용준 외 공편 : 1980, pp.27～30.
37) 위의 책, p.28.

고치기 위해서 헌신적인 희생을 하는 이야기도 있다.

[자료 16]

  옛날에 어떤 여자가 시집을 갔는데, 며칠만 남편이 동침을 하고 그 다음부터는 나타나지 않았다. 시어머니는 매일 밥을 많이 떠달라고 하였다. 그녀는 이상해서 몰래 시어머니의 뒤를 따라가 보았다. 시어머니는 그 밥을 가지고 뒤꼍의 대나무 밭으로 들어갔다가 나오는 것이었다.

  그녀는 저녁을 해먹고 그 대나무 밭으로 들어가 보았다. 조그마한 움막 안에 남편이 마복병어 들어 누워 있었다. 마복병에는 사람 고기를 삶아 먹으면 낫는다는 소리를 들은 적이 있어, 그녀는 남편에게 자신의 엉덩이 살을 베어서 삶아 먹였다. 그렇게 해도 병은 낫지 않았다.

  어느 날 중이 시주를 받으러 왔다. 그녀는 쌀을 한 바가지 퍼 시주를 하면서, 남편의 병세를 이야기하고 좋은 약이 없느냐고 물었다. 중은 며칠 뒤에 뇌성벽력이 치고 소나기가 억수같이 쏟아질 것이다. 그 날 아무 재를 넘어가면 비석 옆의 제각(祭閣)에 젊은 청년이 술에 취해 자고 있을 터이니 그의 다리를 잘라와서 삶아 먹이면 남편의 병이 나을 것이라고 하였다.

  과연 며칠이 지나자, 뇌성벽력이 치고 소나기가 억수같이 쏟아졌다. 그녀는 중이 시킨 대로 재를 넘어가서 제각 안에 술이 취해 누워 있는 젊은 청년의 다리를 잘라왔다. 그것을 삶은 물을 가지고 부엌문을 막 나서려는 순간, 그 청년이 나타나서 자기 다리를 돌려달라고 했다. 그녀는 그를 묶어 곳간에 넣고 쇳대를 잠근 다음에, 그 물을 가지고 가서 남편에게 먹였다.

  이튿날 곳간 문을 열어보니 거기에는 한쪽 뿌리가 잘린 큰 무가 하나 있었다. 남편의 병은 깨끗이 나았다. 그것을 보고 고을사람들은 그녀를 열녀라고 하면서 열녀비를 세워 주었다.

(남편의 병을 낫게 한 열녀)[38]

  이것은 전라남도 보성(寶城) 지방에서 조사한 것인데, 두 개의 모티프로 구성되어 있다. 즉 주인공이 남편에게 자신의 살을 떼어서 삶아 먹였다는 것과, 아주 어려운 처지에서 약을 구해 먹였다는 것이 그것이다.

  대개의 열녀담들은 전자의 모티프만으로 이야기를 이룬다.[39] 이에 비해

---

38) 최덕원 : 1988, pp.198~201.

이 자료는 후자의 모티프가 첨가되어 있다. 이 모티프가 앞에서 소개한 [자료 9]와 같은 효행담에 자주 등장한다는 것을 감안하면, 이야기꾼이 효행담에서 이것을 차용하여 이 설화에 붙였을 가능성도 배제할 수 없다. 이 문제는 이야기꾼을 더욱 철저하게 조사할 필요가 있다. 그렇지만 이런 추정이 사실이라면, 주인공의 남편에 대한 열절이 얼마나 대단한 것이었는지를 강조하기 위해서 이 모티프를 첨가한 것 같다. 곧 이야기의 주제를 강화하고 줄거리의 전개를 합리화하기 위하여 다른 설화의 모티프를 이 자료에 삽입하였을 가능성이 높다.

여하간 이 자료에서는 주인공의 남편이 마복병, 곧 나병을 앓는 존재로 등장한다. 이것은 천형(天刑)으로 인식되어, 사람들이 극도로 경원하는 병이었다. 그런데도 주인공은 자기 남편의 병을 고치려고 한다. 요즈음같이 의술이 발달하지 않았던 전통사회에서 이 병을 치료할 수 있는 방법을 주인공의 희생밖에 없었을 것이다. 그래서 주인공은 자기 신체의 일부를 떼어내어 그것을 삶아서 먹이는 방법을 선택한다.

이 같은 방법은 일부종사(一夫從事)를 최고의 덕목으로 여겼던 봉건사회에서 여성에게 무조건적인 순종을 강요하던 발상일지도 모른다. 그러나 가정이라는 하나의 조직체를 유지하기 위해서는 가장 핵심적인 존재였던 안주인들의 역할을 강조하지 않을 수 없었을 것이다. 단지 여성들의 열절을 내세우는 설화가 많은 데 반해, 남성들의 헌신적인 희생을 표현하는 설화가 거의 보이지 않는 것은 한국 전통사회가 지녔던 윤리관의 한 단면을 반영한다고 하겠다.

이제까지 살펴본 것처럼, 열절을 강조하는 설화들이 부녀자들의 정절을 중요시하였던 것은 사실이다. 그러면서도 남성들의 그것을 서술하는 이야기는 거의 찾아보기 힘든 형편이다. 이런 사실은 한국의 전통사회가 남성 위주의 가부장적 가치관을 지향해 왔다는 것을 드러낸다. 하지만 많은 열절담이 만들어진 배경에는 대가족제도를 유지해 온, 전통사회의 여성관이 깔려

---

39) 김영진 외 공편 : 1981, pp.45~51과 조동일 외 공편 : 1980b, pp. 340~341 ; 최정여 공편 : 1980, pp.308~309 등의 자료가 모두 이 모티프만으로 되어 있다.

있다. 바꾸어 말하면 대가족제도를 유지하기 위해서는 안주인이 그 중심에 서야만 했다. 그리하여 여성이 주인공이 된, 많은 열절담들을 만들어냈던 것이 아닌가 한다.

이렇게 여성들의 정절을 중요시하면서도 한국 전통사회의 사고체계는 비교적 유연하였다. 이런 예는 개가 열녀담에서 찾을 수 있었다. 정절을 지키는 것을 최고의 미덕으로 삼았던 사회에서도 어쩔 수 없는 상황에서 이루어진 훼절은 그 불가피성을 인정하고 있었던 것이다.

5) 과람경계(過濫警戒)

한국의 민중들은 선행을 권장하고 악행을 증오하며, 효행을 중시하고 열절을 강조하면서도, 욕심을 부리는 것은 대단히 경계하였다. 이렇게 분수에 넘치는 욕심을 경계한 설화들로는 다음과 같은 이야기들이 있다.

[자료 17]
옛날에 어떤 시골에 혹부리 영감이 살고 있었다. 그때는 이것을 제거하는 의술(醫術)도 없었으므로, 그는 혹을 달고 불편한 생활을 하였다. 어느 날 그는 산에 나무를 하러 갔다가 날이 저물었다. 밤이 되어 집에 돌아갈 수도 없어, 그는 길가 빈집에 들어가 밤을 새우기로 했다. 잠도 오지 않고 적적하기도 하여, 그는 노래를 부르기 시작했다.

그러자 각양 각색의 도깨비들이 모여들었다. 이런 곳에 도깨비들이 산다는 것은 충분히 생각할 수 있는 일이었으나, 숨을 수도 도망칠 수도 없었다. 그렇다고 유약한 면을 보일 수도 없어, 그는 더 큰 소리로 노래를 불러댔다. 그 소리가 너무도 훌륭하여 도깨비들이 감동을 하고 있었다.

날이 밝아오자, 우두머리 도깨비가 그에게 다가오더니 어디에서 그렇게 아름다운 소리가 나오느냐고 물었다. 그는 혹에서 소리가 나온다고 했다. 도깨비가 그 혹과 보물을 바꾸자고 하여, 그는 많은 보물과 혹을 바꾸었다.

너무도 기쁜 나머지, 그는 나무고 뭐고 다 팽개치고 집으로 달려왔다. 마을에는 그와 마찬가지로 혹을 가진, 또 다른 영감이 살았다. 그 영감이 그에게 어떻게 하여 혹이 없어졌느냐고 물었다. 그가 사실대로 말하자, 그 영감도 거기에 가서 노래를 부르기 시작했다.

　　도깨비들은 그 날 밤에도 그 거짓말쟁이 영감이 와서 노래를 부르는 것
으로 알고, 많은 노래를 주문했다. 노래를 듣고 난 다음, 도깨비들은 영감에
게 어디에서 그런 소리가 나오느냐고 물었다. 영감이 혹에서 나온다고 하
자, 도깨비의 우두머리가 크게 웃으면서 전날 인간에게 속아서 많은 재물
을 주고 혹을 샀는데 또 속을 수는 없다고 하면서 그 혹까지 영감에게 붙여
주었다. 그런 다음 도깨비들은 어디론가 사라져 버렸다.

(혹부리 영감)[40]

　　이것은 '혹부리 영감'으로 널리 알려져 있는 이야기로, 근래에 일본에서
유입된 설화라는 견해가 제시되기도 하였다. 이런 견해는 이 부류의 설화
일본인들이 처음으로 기록하였으며, 일본에 이와 유사한 이야기들이 전승되
고 있다는 사실에 근거를 둔 것 같다.[41]

　　그러나 위의 자료를 최초로 기록한 다카하시 도루(高橋亨)의 기술태도로
보아, 그가 일본의 것을 한국의 이야기로 만든 것 같지는 않다.[42] 그리고 주
인공과 반주인공(anti-hero)이 등장하여 전자가 개선된 종점상황을 맞이하
는 데 반해, 후자가 악화된 종점상황을 맞이하는 모래시계형의 설화가 한국
에 널리 분포되어 있다는 것도 이 이야기가 한국 재래의 설화라는 사실을
반영하는 것이 아닐까 한다.

　　어쨌든 이 설화는 주인공과 반주인공이 등장하여 대립적인 면모를 보여
준다. 즉 전자가 평범하게 살아가다가 우연한 기회에 도깨비들을 만나 혹을
떼게 되었으나, 후자는 혹을 떼고 싶어 일부러 도깨비들을 찾아갔다가 혹을
붙여서 오게 된다. 자료에 따라서는 이들의 성격적인 대립을 한층 더 부각
시키고 있는 것도 있다. 조선총독부에서 조사한 《조선 동화집》의 자료에서
는 전자가 마음씨가 착한 데 반해, 후자는 아주 욕심아 많아서 분수에 넘치
는 것을 바라는 욕심쟁이로 그려져 있다.[43]

---

40) 高橋亨 : 1910, pp.1～5.

41) 김종대 : 1994, pp.144～151.

42) 그가 본문에서 요괴(妖怪)라고 하면서도 이것을 한국에서는 도깨비라고 부른다는
　　것을 밝히고 있을 뿐만 아니라, 혹에 관한 한국사람들의 인식을, 주(註)를 통해 설명
　　하고 있는 것으로 보아 이러한 추정이 가능하다. 高橋亨 : 1910, pp.4～5.

43) 朝鮮總督府 編 : 1928, pp.13～18.

이렇게 대립되는 이들의 생활태도는 정반대의 결과를 초래한다. 먼저 주인공이 땔나무를 하러 갔다가 날이 저물어 돌아올 수 없게 되자, 길가의 빈집에 들어가 밤을 지내기로 한다. 하지만 잠도 제대로 오지 않고, 또 적적하기도 하여 노래를 불렀는데, 이 소리를 듣고 도깨비들이 몰려든다. 그 노래 소리에 홀린 도깨비들은 많은 보물을 주고 영감의 혹을 떼어간다. 말하자면 주인공은 꿩 먹고 알 먹는 식의 덕을 본 셈이다.

한편 옆집에 사는, 반주인공 영감은 자신도 혹을 떼겠다는 의도로 일부러 도깨비들이 있는 곳을 찾아간다. 도깨비들은 지난번에 주인공에게 속았기 때문에 이번에는 속지 않고 도리어 떼어놓았던 혹까지 반주인공에게 붙여 준다. 이는 이른바 혹을 떼러 갔다가 혹을 붙여온 경우에 해당한다.

이처럼 주인공과 반주인공을 내세워 욕심을 부리는 것을 경계하는 설화들 가운데에는 다음과 같이 형제간의 갈등을 이야기하는 것도 있다.

[자료 18]

옛날에 형제가 살았는데, 동생은 잘 살고 형은 가난하여 간고(艱苦)하기 이를 데 없었다. ㉠ <u>형이 동생의 집에 가서 겨라도 달라고 하면, 동생은 소를 먹일 것도 없는데 줄 게 어디 있느냐고 야단을 쳤다.</u>

하루는 형이 지게를 지고 나무를 하러 갔다. ㉡ <u>나무를 긁으면서 "설 눈은 쌓이고 설 밥은 없고 우리 부모 어떡하나?" 하고 노래를 했다.</u> 그러자 건너편 산에서 자기 목소리의 흉내를 내는 것이 있었다. 찾아가 보니 그것은 염소였다. 그는 염소를 끌고 이 마을 저 마을로 다니면서 구경을 시켜주고 많은 돈을 벌었다.

이를 본 동생이 형의 염소를 빌려서 동네를 돌아다녔다. 사람들이 모여들어도 염소가 말을 하지 않았다. 동생은 화가 나서 그 염소를 끌고 산으로 가서 바위틈에다 넣고 죽여 버렸다.

형이 동생을 보고 염소를 어떻게 했느냐고 물으니까, 말도 못해서 바위에다 놓고 죽였다고 했다. 형은 울면서 그 곳으로 가서 **뼈**를 주워와 울안에 묻었다. 거기서 대나무가 나와 무럭무럭 자라 나중에는 하늘에 있는 돈보를 찔러 집안에 돈이 가득 쏟아졌다. 이것을 안 동생도 **뼈**를 주워와서 울안에 묻었다. 그렇게 했더니 그곳에서 대나무가 자라나서 하늘에 있는 똥보를 찔러 똥이 떨어져 그 속에 파묻혀 죽었다.

(말하는 염소)[44]

이 자료는《유양잡저(酉陽雜俎)》에 조선의 이야기로 기록되어 있는 '방이설화(旁㐌說話)'와 마찬가지로, 형제간의 갈등을 주된 줄거리로 하면서 형이 착한 데 반해, 동생은 욕심쟁이로 그리고 있다.[45] 이 유형에 들어가는 이야기들 가운데는《흥부전》처럼 형은 욕심쟁이로 동생은 마음씨가 착한 인물로 형상화된 것도 있다.[46] 이것은 장자(長者) 상속제도가 확립된 조선 중기 이후에 일어난 설화의 변이일지도 모른다.

하여튼 이 자료는 동생이 잘사는 반면에 형은 가난하게 사는, 생활상의 대립에서 이야기가 시작된다. 특히 ㉠에서는 동생은 욕심이 많고 인색하다는 것을 집중적으로 드러내고 있다. 이에 반해 형은 ㉡에서 보는 것처럼 가난하게 살면서도 부모에게 효심이 지극한 인물로 등장한다. 이와 같은 발단 부분의 대립은 결말에 가서는 그 상황이 역전되는 것이 이 유형의 설화가 가지는 하나의 공식이다.

과연 주인공인 형은 말하는 염소를 몰고 이 마을 저 마을을 다니면서 돈을 번다. 그뿐만이 아니라 동생이 죽인 염소의 뼈를 주워 와서 울안에 묻자, 거기에서 나무가 자라고 그 나무가 하늘에 있는 돈보를 찔러 돈이 집에 가득 떨어져 부자가 된다.

형이 이처럼 부자가 되자, 반주인공인 동생이 가만히 있을 리가 없다. 그는 더 많은 돈을 가지고 싶어서 그 염소를 빌려 와서 형과 같이 하지만, 염소가 말을 하지 않아서 돈을 벌지 못한다. 그 때문에 염소를 죽이고 만다. 그러고도 그는 자신의 잘못을 뉘우치기는커녕 염소의 뼈를 가져다가 울안에 묻는다. 그 나무가 자라서 찌른 것은 돈보가 아닌, 똥보였기 때문에 똥에 파묻혀 죽고 만다. 이렇게 착한 사람은 부자가 되고 악한 사람은 철저하게 망하는 것이 이 부류의 설화가 지닌 본래의 모습이다.

---

44) 임동권 : 1972, pp.123~124.
45) 손진태 : 1947, pp.27~30.
46) 崔仁鶴 : 1976b, pp.329~330.

이 자료에서 보는 것처럼 설화의 세계에서는 선과 악이 적당한 선에서 타협하는, 화합의 상태로 끝나지를 않는다. 원래부터 설화는 선흥악망(善興惡亡)의 명확한 결과를 제시하는 것을 하나의 특징으로 한다. 이것은 뤼티(M. Lüthi)가 지적하고 있는 설화들의 원색성(原色性)이다.[47] 설화는 희미한 회색보다는 분명한 원색을 좋아한다. 그러므로 선과 악의 흐릿한 타협보다는 선한 자는 흥하고 악한 자는 망하는, 명쾌한 결말을 맺는다.

그런데 최인학이 제시한 자료에서는 욕심쟁이인 형이 마지막에 자기의 과오를 깊이 반성한다. 동생은 또 망해 버린 형을 맞아들여 행복하게 사는 것으로 이야기의 끝을 맺고 있다.[48] 이와 같은 결말은 설화의 고유한 속성이 아니다. 그런데도 이렇게 된 것은, 문자 향유층(文字享有層)에 의해 이 유형의 설화들이 《흥부전》과 같은 소설로 정착되면서 그 영향으로 생겨난 변화일 가능성이 높다.

위에서 고찰한, 과람(過濫)을 경계하는 주제의 설화들에서는 전부가 그런 것은 아니지만, 대개의 경우 주인공과 반주인공이 등장한다. 그리고 선량한 주인공이 행복을 얻는 데 반해, 욕심이 많은 반주인공은 파멸을 맞이하는 내용이다. 이런 특징은 욕심을 내지 않고 주어진 여건에 만족하면서 분수에 맞는 생활을 하고자 했던 민중들의 의식구조에서 우러나온 것이 아닌가 한다.

인간은 사회적인 존재이다. 싫든 좋든 어떤 조직체, 이를테면 가족이나 공동체에 편입되어 살게 마련이다. 인간이 편입된 조직체를 유지하는 데 필요한 것이 도덕이다. 도덕이란 사람으로서 마땅히 닦아야 할 행동규범이다. 전통사회에서는 이와 같은 행동규범을 가르치기 위한 수단의 하나로 설화라는 서사적인 장르를 이용하였다. 이렇게 이용된 설화들을 고찰하여 얻은 성과를 간단하게 요약하면 아래와 같다.

첫째, 착한 행동을 하면 반드시 그 보답이 따른다는 선행필보(善行必報)의 설화군이 존재한다. 이 선행필보를 주제로 하는 설화들은 착한 행동이 행복한 생활을 가져 온다는 민중들의 소박한 믿음을 이야기로 만든 것이다. 여

---

47) 小澤俊夫 : 1983, pp.28～29.
48) 崔仁鶴 : 1976b, p.329.

기에서 말하는 행복이란 외롭게 살아가는 사람에게는 아내를 얻어 가정을 꾸리는 것이고, 가난한 사람에게는 재물을 얻는 일이며, 핍박받는 사람에게는 신분의 상승을 말한다.

둘째, 악한 행동을 하면 그 앙갚음이 따른다는 악행필벌(惡行必罰)의 설화군도 존재한다. 이 유형의 설화는 악행이 이 세상의 어느 누구도 모르게 행해진 것이라고 하더라도, 그것은 언젠가 밝혀지게 마련이며 또 거기에 상응하는 징벌을 받는다는 것을 주제로 하고 있다. 이런 주제는 설화의 창작과 전승의 주체인 민중들이 그러한 세상을 염원하는 데서 창출되었을 것이다.

셋째, 대가족제도를 유지했던 한국의 전통사회에서는 무엇보다도 효(孝)를 강조하였다. 그래서 많은 효행담들이 만들어졌는데, 이 유형의 설화들은 자식을 희생시키거나 살인을 해서라도 부모에게 효도를 다해야 한다는 것을 주된 내용으로 하고 있다.

넷째, 가정을 유지하는 가장 핵심적인 존재는 안주인이다. 그 때문에 한국의 전통사회에서는 효행담 못지 않게 열절(烈節)을 중시하는 많은 설화들을 만들어냈고, 또 그것을 제도적으로 뒷받침하였다. 그리하여 곳곳에 열녀비(烈女碑)를 세우기도 하였다.

다섯째, 한국의 설화에서 또 하나의 중심주제로 삼았던 것은 지나친 욕심을 경계하는 것이었다. 이처럼 과람(過濫)을 경계하는 내용의 이야기들은 분수에 맞는 생활을 영위하려고 했던 민중들의 소박한 삶의 태도를 그대로 반영한 것이라는 점에서, 한국 민중이 살아온 역정의 한 단면을 읽을 수도 있을 것이다.

3. 민중들은 어떤 세계관을 가졌는가

1) 조소강우(嘲笑强愚)

세계관(世界觀)이란 인간이 자신들을 둘러싸고 있는 사물이나 사회에 대해서 가지는 인식체계를 가리킨다. 어떤 의미에서 보면 이름도 없이 살다간

이 땅의 민중들이 어떻게 그러한 세계관을 가졌을까 하고 의문을 가질지도 모른다.

그러나 인간이란 정도의 차이는 있을지 몰라도 사고하는 철학적 존재이다. 누구나 자기가 살고 있는 사회나 그 구성 요소들에 대해, 그 나름대로 가치판단의 기준을 정하고, 거기에 따라 생활하게 마련이다. 그렇다면 무명의 민중들도 소박한 형태이기는 하지만, 그들 특유의 세계관을 가지고 삶을 영위했다고 보는 것이 타당할 것이다. 민중들의 이러한 세계관이 녹아 있는 곳이 바로 설화이다. 우선 강자(强者)의 어리석음을 비웃는 내용의 이야기들부터 살펴보기로 한다.

[자료 19]

옛날에 어떤 소금장수가 산길을 가다가 날이 저물었다. 주위를 살펴보니 불이 반짝거리는 곳이 있었다. 그 집을 찾아가 하룻밤을 재워달라고 했다. 그는 짐을 풀고 말을 마구간에 넣은 다음, 말 목에 달린 방울을 가지고 방으로 들어갔다.

그 집주인은 사람이 아니었다. 범이 여러 해를 묵어 사람으로 둔갑을 하여, 지나가는 행인(行人)들을 잡아먹으며 지내고 있었다. 미리 눈치를 챈 소금장수는 주인에게 "이 딸랑새는 밤에 자는 동안에 나를 잡아먹으려는 짐승이 오면 그 놈한테 달려들어 창자를 뜯어먹는 이상한 것이오"라고 말했다. 주인은 주인대로 걱정을 해서 잠을 이루지 못했고, 소금장수는 소금장수대로 범에게 잡아먹힐까 걱정이 되어 잠을 이루지 못하고 있었다.

주인이 깜빡 조는 사이를 이용하여, 그는 방울을 주인의 허리에 붙잡아매고 큰 소리로 깨웠다. 범이 놀라 일어나자, 허리의 방울에서 소리가 났다. 범은 이 놈이 자기 창자를 빼어 먹으려고 달라붙은 것이라고 생각하여, 문밖으로 줄행랑을 쳤다. 방울소리가 계속 나자, 범은 이리 뛰고 저리 뛰었다. 그 사이에 방울이 가시덤불에 걸려 떨어졌다. 범은 방울이 따라올까 두려워 계속 도망을 쳤다.

한참 뛰어가는데 토끼가 범에게 그 사연을 물었다. 범이 사실대로 이야기를 하자, 토끼는 그 딸랑새라는 것이 어떤 것인가 하고 호기심이 생겼다. 그래서 범과 함께 그곳으로 가보았다. 그들이 가시덤불을 지나가려고 하는데 거기에 걸렸던 방울이 범의 등에 떨어지면서 '딸랑딸랑' 하고 소리를 냈다.

　범이 깜짝 놀라서 뛰는 바람에 끌려가던 토끼가 엄나무 가시에 걸려 배
가 찢어지고 창자가 나오게 되었다. 범은 한참 뛰다가 뒤를 돌아보았다. 토
끼가 그렇게 된 것을 보고 범은 '결국은 딸랑새란 놈에게 창자를 뽑히고 말
았구나' 하면서 토끼를 불쌍하게 여겼다.

(방울에 놀란 범)[49]

　이 이야기에 등장하는 범은 신앙의 대상이 되는 신성한 존재도 아니고,
동물들 가운데서 먹이사슬의 최정상에 위치하는 위엄 있는 존재도 아니다.
단지 산 속에 살면서 사람으로 둔갑하여 행인들을 해치는, 단순히 힘을 가
진 존재에 불과하다.

　소금장수가 길을 가다가 날이 저물어 그러한 범의 집을 찾아든 것은 호환
(虎患)을 만날지도 모르는 위기에 해당한다. 그러나 집주인이 둔갑을 한 존
재라는 사실을 미리 눈치챈 그는 이 위기에서 벗어나기 위해서 거짓말, 곧
말의 목에 매다는 방울을 가지고 자신을 해치려는 자를 잡아먹는 것이라고
말한다. 범은 그의 하찮은 거짓말에 속아넘어간다. 이것은 힘이 센 존재는
지혜가 모자란다는 것을 형상화한 것으로, 강자(强者)에 대한 전승집단의 인
식을 그대로 드러내고 있다.

　여하간 이 설화에서 소금장수는 호랑이를 속이고 위기에서 벗어난다. 이
에 반해 호랑이는 그에게 기만을 당해서 방울을 정말로 무서운 것으로 알고
도망친다. 또 토끼가 가시덤불에 걸려 배가 터지고 창자가 나온 것을 보고,
소금장수의 말이 사실이라고 믿으면서 불쌍하게 생각하는 우둔함의 극치를
보여 준다.

　다음 이야기는 강자의 어리석음을 이보다 더 직설적으로 표현하고 있어
주목을 끈다.

[자료 20]

　(어느 날) 허기가 진 호랑이가 마침 담배밭에서 일을 하고 있는 농사꾼
을 발견했다. 농사꾼은 윗도리를 벗고 (일을 하고) 있었다. (호랑이는) 맨몸

---

49) 임석재 : 1971, pp.171~176.

뚱이의 농사꾼을 보자, 살이 쪄 있어 대단히 맛이 있을 것 같아서 (저절로) 웃음이 나왔다.

만약 이곳에서 웃으면 농사꾼이 알아차리고 도망을 칠지도 모른다고 생각한 호랑이는 산모퉁이를 돌아가서 실컷 웃었다. (그러고 난) 뒤에 돌아와서 보니, 어느 새 농군은 (집에) 돌아가 버리고 없었다.

(어리석은 호랑이)[50]

이 설화에 등장하는 호랑이는 배가 고파서 먹을 것을 찾아 헤매다가 담배밭에서 일을 하고 있는 농사꾼을 발견한다. 살이 찐 농사꾼은 마침 윗도리를 벗고 있었다. 그런 농사꾼이 대단히 맛있어 보인 데다가, 옷을 벗겨야 하는 수고마저 덜게 되었다고 생각한 호랑이는 굴러 들어온 떡에 저절로 웃음이 나왔다. 그러나 그곳에서 웃으면 농사꾼이 놀라서 도망을 칠 것 같아 산모퉁이에 돌아가서 실컷 웃고 나온다. 그 사이에 농사꾼이 집으로 돌아간 것은 말할 필요도 없다.

이와 같은 내용의 이 자료는, 최인학이 말한 것처럼 "생각이 나면 단번에 뿌리를 뽑아야 한다"[51]는 기회포착의 교훈을 담고 있는 것도 사실이다. 그렇지만 이 설화에 주인공으로 나오는 호랑이는 [자료 19]를 고찰하면서 지적한 것처럼, 위엄을 갖춘 동물세계의 왕자로서가 아니라 우둔한 강자의 전형을 보여 주고 있다.

이렇게 힘이 센 호랑이의 어리석음을 형상화하고 있는 이야기들 가운데에는 아래와 같은 것도 있다.

[자료 21]

어떤 사람이 길을 가다가 함정에 빠진 호랑이를 보았다. 호랑이가 그에게 살려달라고 애걸을 하기에, 그는 호랑이를 함정에서 꺼내주었다. 호랑이는 "함정에 빠져서 며칠을 굶었더니 너를 잡아먹어야 하겠다"고 하였다. 그는 꼼짝없이 죽게 되었다. 그래서 "우리 어디에 가서 재판이나 해보

---

50) 崔仁鶴 : 1976b, p.203.
51) 위의 책, p.203.

자"고 하면서, 그들은 바위를 찾아가서 그 사연을 이야기하고 판결을 구했다. 바위는 나무꾼들이 자기에게 발을 올려놓고 신발도 매고 또 낫으로 자기를 찍기도 하여 괴롭혔던 것을 생각하고, 호랑이가 그를 잡아먹어도 좋다는 판결을 내렸다.

이번에는 토끼를 찾아갔다. 토끼는 이야기를 다 듣더니, 그 함정이 어디에 있느냐고 물었다. 그들은 다 같이 그 함정으로 갔다. 거기에 이르러서 토끼는 호랑이를 보고, 우리가 건져줄 테니 함정에 어떻게 빠져 있었는가를 실제로 보이라고 하였다. 호랑이가 함정으로 들어갔다.

(토끼에게 속아 함정에 빠진 호랑이)[52]

이 자료는 자연과 인간의 관계를 기술하고 있어 관심을 끈다. 즉 호랑이와 그 호랑이를 구해 준 사람이 재판을 받으러 갔을 때, 바위는 사람들이 자기에게 한 것을 생각하고 인간에게 불리한 판결을 내린다. 이런 모티프는 이 유형에 들어가는 다른 자료에서도 발견된다. 강원도 양양군(襄陽郡)에서 조사한 설화에서는 호랑이와 사람, 토끼가 소와 여우에게 판결을 구하러 간 것으로 되어 있다. 이때도 소는 사람들이 자기에게 일을 시키는 것을 생각하고, 또 여우도 인간을 밉게 여겨 잡아먹어도 좋다는 판결들을 내린다.[53]

이와 같은 사실은, 인간들이 이야기를 만들어내면서도 주위의 유정물(有情物)이나 무정물(無情物)들이 자신들을 어떻게 생각하고 있는가를 염두에 두고 있었음을 말해 주는 것이다. 한국 전통사회의 사람들은 자연을 파괴하거나 그것을 이용하여 살아가면서도 항상 입장을 바꾸어 생각하는 배려가 있었다는 점에서 환경 친화적인 심성을 가졌다고 해도 좋을 것 같다.

이렇게 자연 친화적인 성격을 지닌 이 설화에서 힘의 강자인 호랑이는 우둔함의 표본을 보여 준다. 호랑이는 함정에 빠져 있을 때는 자신을 살려달라고 애길을 하였으나, 일단 위기에서 빗어난 다음에는 은혜를 원수로 갚으려고 한다. 화자는 이러한 상황을 양호유환(養虎有患), 곧 호랑이를 키웠더니 걱정거리가 되었다는 말로 표현하고 있다.[54] 이 속담은 흔히 은혜를 베푼

---

52) 지춘상 : 1981, pp.706~708.
53) 김선풍 외 공편 : 1983, p.101.
54) 지춘상 : 1981, p.706.

사람이 화를 당하는 경우에 쓰이는 것으로, 인간에 대한 깊은 불신을 표현한다. 특히 이 설화에서는 강자에 대한 뿌리깊은 불신을 드러내면서도, 그 강자를 희화화(戲畵化)하고 있다.

이처럼 강자들의 어리석음을 비웃는 설화들을 볼 때, 한국의 민중들은 힘이 강하다고 하더라도 그 힘에는 굴복하지 않았음을 알 수 있다. 민중들은 강자의 힘에 승복하기보다는 오히려 그가 지니는 우둔함을 희화화하여 이야기함으로써, 그들에게 당하고 있는 위압적인 현실을 심정적으로나마 벗어나려고 했었던 것이 아닌가 한다.

2) 약승강패(弱勝强敗)

조소강우의 설화들 이외에, 강자에 대한 민중들의 인식을 드러내는 설화들로는 약한 자들이 강한 자들을 퇴치하는 내용의 이야기들이 있다.

[자료 22]
　어느 날 배가 고픈 호랑이가 토끼를 잡아먹으려고 하였다. (그러자) ㉠토끼는 꾀를 내어 조약돌을 떡이라고 속여서 불에 달구어 호랑이에게 먹였다. ㉡다음에는 새를 잡아준다고 속여서 대나무 숲으로 데리고 가서 불을 붙였다. ㉢그러고는 물고기를 잡아준다고 속여서 냇가로 데리고 가서 물 속에 꼬리를 담그고 아침까지 기다리게 하였다.
　아침이 되어 사람들이 나타났다. 호랑이는 도망을 하려고 하였으나, 꼬리가 냇물에 얼어붙어 도망을 치지 못했다. 호랑이는 사람들에게 붙잡혀 마침내 살해되고 말았다.

(호랑이를 괴롭힌 토끼)⁵⁵⁾

이 이야기에 나오는 토끼와 호랑이는 힘으로는 비교가 되지 않는다. 그럼에도 토끼는 지혜를 발휘하여 힘이 센 호랑이를 세 번에 걸쳐 골탕을 먹인다. 곧 ㉠에서는 조약돌을 떡이라고 속여서 불에 달구어 호랑이에게 먹이고,

---

55) 崔仁鶴 : 1976b, pp.183~184.

㉡에서는 새고기를 접대한다고 하면서 호랑이를 대나무 숲으로 데리고 가 숲에다 불을 지른다. 이렇게 골탕을 먹이는데도 호랑이는 끝까지 토끼의 말을 믿고 ㉢에서와 같이 물고기를 잡는 비법을 배우겠다고 하다가 결국은 사람들에게 붙잡혀 죽는다.

이처럼 이 설화에서는 강자로 등장하는 호랑이가 연약하기 그지없는 약한 토끼에게 놀림을 당하다가 드디어 죽고 만다. 이에 비해 토끼는 힘으로는 도저히 대적할 수 없는 호랑이를 꾀를 써서 괴롭히다가 죽음으로 몰아넣는다. 연약한 토끼가 한국 민중들에게 지혜로운 존재로 인식된 반면에, 힘이 센 호랑이는 어리석은 존재로 인식되었음을 말해 준다.

그런데 이 설화를 구성하고 있는 ㉠과 ㉡, ㉢의 모티프는 제각기 별개의 이야기로도 전승되는 것이다. 실제로 최인학은 ㉢의 모티프만으로 이루어진 설화를 별개의 유형으로 설정한 바 있다.[56] 이렇게 몇 개의 모티프들이 결합되어 하나의 이야기를 만들게 된 것은 강한 자들의 우둔함을 두드러지게 부각시키고, 또 약한 자들의 지혜가 능히 그들을 물리칠 수도 있다는 것을 나타내기 위한 것이었을 가능성이 짙다.

이 자료처럼 약승강패를 주제로 하는 설화들 가운데는 토끼가 약한 동물들을 괴롭히는 사자를 물리치는 이야기도 있다.

[자료 23]

사자는 숲 속에 사는 동물들을 앞뒤를 돌보지 않고 잡아먹었다. 동물들은 회의를 하여, 사자에게 지금부터는 시간을 정해서 스스로 나아가는 것을 잡아먹도록 호소하였다. 병이 든 것, 나이가 든 것 등의 순서로 (사자에게) 나아가서 잡아먹혔다.

토끼의 순서가 되었다. 토끼는 일부러 늦게 찾아가서, 오는 도중에 사자보다도 힘이 센 자를 만났는데, (그가) 사자에게 도전을 하면서 사자를 데리고 오라고 하더라고 말했다.

(사자를 데리고 가서) 낭떠러지가 있는 곳에 이르렀을 때에, 토끼는 사자에게 바로 이 앞에 그 놈이 있으니 갑자기 달려드는 것이 좋을 것이라고 하

---

56) 위의 책, p.184 '호랑이가 불을 두려워하는 유래' 참조.

였다. 사자는 그만 낭떠러지에서 떨어져 죽고 말았다.

(토끼가 사자를 속여서 죽이다)[57]

이 이야기에 등장하는 사자는 전후 사정을 전혀 고려하지 않고 숲 속의 동물들을 닥치는 대로 잡아먹는, 포악스러운 존재이다. 이것은 약자에 대한 강자의 횡포를 의미한다.

이러한 횡포에 위협을 느낀 동물들은 회의를 하여 사자에게 잡아먹히는 순서를 결정한다. 그들은 병이 들거나 나이를 먹어서 회생의 가능성이 없는 것들부터 스스로 사자 앞에 나아가 희생이 된다. 토끼의 순서가 되자, 토끼는 사자를 퇴치할 계략을 꾸민다. 곧 토끼는 일부러 늦게 사자를 찾아간다. 그런 다음에 오는 도중에 사자보다 더 강한 것을 만났는데, 그가 사자에게 도전을 하더라는 거짓말을 한다.

토끼의 처지에서 보면 이것은 살아남기 위한 기만이지만, 사자의 관점에서 보면 중대한 도전이 아닐 수 없다. 왜냐하면 사자는 동물사회의 먹이사슬에서 제일 높은 자리를 차지하고 있다. 그런데도 그러한 사자에게 싸움을 걸어오는 존재가 있다는 것은 그 자리를 빼앗길지도 모르는 위협이기 때문이다.

그래서 사자는 그 도전을 받아들여 토끼가 시키는 대로 하다가 결국은 절벽에서 떨어져 죽고 만다. 이렇게 하여 토끼가 힘으로는 대적할 수 없는 사자를 제거함으로써 동물들을 그의 위협에서 벗어나게 한다. 이러한 이 설화는 강자에 대한 약자들의 대응태도를 보여 준다는 점에서 매우 중요한 의의가 있다고 하겠다.

이렇게 약자가 강자를 물리치는 내용의 설화에는 다음과 같은 이야기도 있다.

[자료 24]

한 마리의 커다란 호랑이가 (어떤) 마을에 부단히 출현하여 사람들과 가축들을 잡아먹었다. 유명한 사냥꾼들을 동원하여 그 호랑이를 잡으려고 했

---

57) 위의 책, pp.185~186.

으나 실패했다.

어떤 집의 강아지가 담 밖에서 (놀고) 있는데, 호랑이가 나타났다. 강아지는 (담의) 조그마한 구멍을 통해서 집안으로 도망을 쳤다. 호랑이가 (강아지를 쫓아서) 높은 담을 뛰어넘어 집안으로 들어왔다. 강아지는 (다시) 구멍을 통하여 담 밖으로 나왔다. 호랑이도 또 담을 뛰어넘어 바깥으로 나왔다.

이렇게 몇 번이고 되풀이하는 사이에, 호랑이는 마침내 완전히 녹초가 되어 쓰러지고 말았다.

(호랑이와 강아지)[58]

이 설화는 멋도 모르고 철없이 마구 덤벼드는 경우에 흔히 인용되는 '하룻강아지 범 무서운 줄 모른다'는 속담을 연상시킨다. 실제로 강아지는 호랑이의 상대가 되지 않는, 극히 미미한 존재이다. 그런데도 이 자료에서는 이들을 중심으로 사건이 전개되고 있다.

이 이야기에서 적대자의 역할을 수행하는 호랑이는 언뜻하면 마을에 출현하여 평화롭게 살아가는 사람들과 가축들을 잡아먹는 흉포한 동물로 그려지고 있다. 이런 호랑이는 선량한 민중들을 끊임없이 못살게 하던 존재들을 상징하는 것일 수도 있다는 점에서 시사하는 바 크다고 하겠다.

그러한 호랑이를 하찮은 강아지가 지혜를 짜내어 수도 없이 담을 뛰어넘게 만든다. 그리하여 마침내 호랑이는 지쳐서 쓰러져 죽고 만다. 이렇게 해서 유명한 사냥꾼들도 잡지 못한 호랑이를 퇴치했다는 것은, 힘도 없고 보잘것도 없는 민중들이지만 그들도 자신들을 괴롭히는 존재들을 물리칠 수 있는 힘을 가지고 있음을 은근히 나타내고자 했던 것이 아닌가 한다.

이처럼 보잘것없는 미미한 존재들이지만, 그들이 힘을 합해서 강자를 물리치는 이야기도 전해지고 있어 그러한 설화를 소개하기로 한다.

[자료 25]

웬 늙은이가 밭을 매다니까 산에서 호랑이가 내려왔다. 호랑이는 밭 매

---

58) 위의 책, p.184.

는 내기를 하여 자기가 이기면 할머니를 잡아먹겠다고 했다. 그래서 내기를 하였는데, 할머니가 지고 말았다. 호랑이가 할머니를 잡아먹으려고 하자, 할머니는 "내가 밭을 매어 가꾸느라고 애를 썼으니, 팥죽이나 쑤어 먹거든 잡아먹거라"라고 하였다.

그러고 난 뒤에 팥을 거두니까, 또 호랑이가 나타나서 잡아먹겠다고 했다. 할머니는 "팥을 까불러서 팥죽을 쒀 먹으면 잡아가라"고 하였다. 할머니가 그 이튿날 팥죽을 쑤어 한 동이 퍼놓고 울고 있으니, 계란과 자라, 맷돌, 송곳, 멍석, 지게, 가래 등이 나타나 팥죽을 한 그릇씩 주면 일을 해결해 주겠다고 했다.

할머니는 그들에게 팥죽을 한 그릇씩 나누어주었다. 계란은 부엌 아궁이에 묻혀 있다가 호랑이가 들어와 불을 붙이면 튀어서 호랑이의 눈을 맞히기로 하고, 자라는 호랑이가 눈을 씻으려고 물독에 손을 넣으면 그 손을 물기로 하였다. 맷돌은 천장에서 떨어져 머리를 깨뜨리고, 송곳은 밑구멍을 찔러서 죽이며, 멍석은 호랑이를 말아서 지게가 져다 버리면 가래가 묻기로 하였다.

그들이 팥죽을 먹고 나자 호랑이가 들어왔는데, 그때를 이용하여 불을 껐다. 그러고는 호랑이에게 부엌에 가서 불을 가져와 밝은 데서 잡아먹으라고 하였다. 호랑이가 부엌으로 가서 불을 붙이는 순간에, 그들은 계획대로 움직여 호랑이를 죽여서 묻었다.

(지게가 져다 버린 호랑이)[59]

이 설화는 김열규가 보고한 '해와 달이 된 오누이(日月說話)'의 후반부 내용과 매우 비슷한 형태로 되어 있다.[60] 하지만 후자의 줄거리에는 어딘가 부자연스러운 데가 있는 것 같다. 그 이유는 김열규가 보고를 한 다음에 이와 유사한 줄거리의 이야기가 조사되지 않았고, 또 전반부와 후반부의 연결이 자연스럽지 못하기 때문이다. 따라서 위의 자료는 일단 독립된 유형의 설화로 보아야 할 것이다.[61]

---

59) 조희웅 : 1984, pp.449～451.
60) 김열규 : 1975, pp.40～42.
61) 실제로 최인학은 이 부류의 설화를 독립된 하나의 유형으로 보고 있다. 崔仁鶴 : 1976b, pp.193～194.

이 설화는 [자료 21]과 마찬가지로 인간을 매개로 하여 강자인 호랑이와 약자들의 관계를 설정하고 있다. 그러면서도 미미한 여러 존재들이 힘을 합해서 강자를 퇴치하게 된다. 특히 그 퇴치의 방법이 단계적이고 점층적이라는 점에서 형식담(formula tale)에서 그 형태를 차용한 듯한 인상을 주는 것도 사실이다.

이렇게 형식담의 형태를 빌린 이 설화는 약한 존재들이라고 하더라도 힘을 합하면 능히 강자들을 물리칠 수 있다는 것을 주제로 하고 있다. 이런 측면에서 본다면, 이 설화는 힘을 가진 지배계층에게 억눌리면서 살아온 민중들의 집단의식을 반영한다고 하겠다.

그런데 이 범주에 들어가는 설화들은 전부가 동물담의 형태를 취하고 있다. 이러한 특징은 강한 자가 패배를 당하고 약한 자가 승리를 거두는 설화를 인간사회를 배경으로 하지 않고 동물들의 이야기로 만듦으로써, 민중들이 소망하는 그러한 세상을 비유적으로 표현한 데서 나온 것이 아닌가 한다. 바꾸어 말하면 민중들이 인간사회를 배경으로 하여 이야기를 만들기에는 많은 제약이 있었을 것이다. 그러므로 동물사회를 배경으로 해서 약자가 강자들의 억압에서 벗어나는 설화를 만들어냈을 가능성이 높다는 것이다. 그렇다고 한다면 민중들의 설화 창출에는 고도의 예술적 기교가 작용되었다고 할 수 있다.

4. 민중들은 어떤 타계관을 가졌는가

1) 저승신앙

민중들의 삶이 언제나 만족스러운 것은 아니었을 것이다. 어떻게 보면 그들은 항상 핍박받고 억눌리는 생활을 할 수밖에 없었다. 그 때문에 그들은 그러한 현실과 동떨어진 세상을 형상화하게 되었는지도 모른다. 민중들이 이렇게 현실세계와 구분하여 형상화하였던 세계에 대한 관념을 타계관(他界觀)이라고 한다. 이런 타계에 들어가는 것으로는 저승이나 이상향(理想鄕)

등이 있다.

인류가 이 세상에서 살기 시작한 이래, 그들의 최대 관심사는 사람이 살다가 죽으면 어떻게 되는가 하는 것이었다. 이 문제를 합리적으로 설명하기 위해 여러 형태의 종교가 만들어졌다는 것은 주지의 사실이다.

그러나 한국의 민중들이 지니고 있었던, 이러한 의문은 종교의 수준에까지는 진전되지 못했다. 하지만 그들도 인간의 사후세계, 곧 저승세계에 대해 명확한 관념이 있었다. 이런 저승관이 반영된 이야기로는 다음과 같은 것이 있다.

[자료 26]

장례(葬禮)치르는 놀이를 할 때마다, (어떤) 고아가 상주(喪主) 노릇을 했다. (그는) 처음에는 거짓으로 울었지만, 나중에는 정말로 울게 되었다. 그리고 장난으로 지팡이를 묻은 곳을 진짜로 자기 어머니의 무덤으로 생각하기에 이르렀다.

어느 날 그가 무덤 앞에 앉아 울고 있었더니, 옥황상제(玉皇上帝)가 그를 하늘로 불러들여 진짜로 어머니를 만나게 해주었다.

(아이들의 장례놀이)[62]

이 자료에서는 아이들의 장례놀이에서 부모도 없는 고아가 상주가 되어 처음에는 거짓으로 울다가 나중에는 어머니를 그리워하며 정말로 울게 된다. 이러한 그의 모습을 측은하게 여긴 옥황상제가 그를 하늘로 데리고 가서 어머니를 만나게 해준다.

이와 같은 내용에는 이승의 사람들이 죽어서 가는 저승세계는 하늘에 있고 거기에는 옥황상제가 있어 인간세상의 모든 일을 주관한다는, 민중들의 소박한 저승관이 투영되어 있다.

이와는 달리 저승에는 인간의 생사를 관장하는 옥황상제가 있는데, 그는 죽은 사람을 다시 살려 보내주기도 한다는, 아래와 같은 이야기도 전승되고 있다.

---

62) 위의 책, p.320.

[자료 27]

숫골 양반이라는 사람이 죽어서 저승에 갔다. 거기에는 앞집에 살던 임 장군이라는 이가 사람을 죽이고 살리는 옥황상제가 되어 있었다. 옥황상제는 그에게 아직 때가 되지 않았으니, "다음에 오라고 하거든 오라"고 하면서 강아지를 한 마리 주어서 내보냈다.

그는 강아지를 가지고 나오다가 커다란 냇물을 만났다. 저승사자에게 다리가 없다고 하자, 사자가 다리를 놓아주었다. 그는 그 다리로 건너다가 물에 첨벙 빠졌다. 그래서 깜짝 놀라 깨어나니 강아지는 없고 죽은 지 사흘만에 깨어난 것이었다.

(저승 갔다 온 이야기)[63]

이런 이야기는 상당히 널리 분포되어 있다. 강원도 양양군[64]을 비롯하여 충청북도 청주시,[65] 경상남도 거창군[66] 등에서도 이와 유사한 이야기가 보고된 바 있다. 그렇다고 해서 차이가 전혀 없다는 것은 아니다. 거창군에서 조사된 자료에는 주인공이 저승에 다녀올 때 동행했던 여자의 집을 찾아가 의형제를 맺었다는 내용이 첨가되어 있어, 듣는 사람들의 흥미를 불러일으키기도 한다.

자료에 따라 이런 차이가 있기는 하나, 이 부류의 설화들은 다음과 같은 공통점이 있다. 즉 저승에는 이승에 사는 인간들의 생사를 관장하는 절대자가 있고, 이승과 저승 사이에는 큰 강이 경계를 이루고 있으며, 저승에서 돌아올 때는 반드시 강아지와 같은 동물을 수반한다는 것이다. 이와 같은 공통점은 한국인들의 저승관의 한 단면을 말해 주는 것이다.

이승과 저승 사이에 수역(水域)이 존재한다는 생각은 제주도의 '세경 본풀이'에도 들어 있다. '세경 본풀이'에서는 이승과 천상 사이에 수역이 존재히는 것으로 되어 있다. 이로 보아, 한국의 진통사회에시는 우주 영역들 사이에는 수역이 경계를 이루고 있다는 의식구조가 일반화되어 있었던 것 같

---

63) 김영진 : 1980, pp.295~296.
64) 김선풍 외 공편 : 1983, pp.80~81.
65) 김영진 외 공편 : 1981, pp.585~586.
66) 최정여 외 공편 : 1981, pp.89~93.

다.[67]

그런데 한국인들은 이러한 저승관을 가지면서도 죽음을 극복하려고 하였다.

[자료 28]

저승에는 (이승) 사람들의 수명을 적은 생명록(生命錄)이 있고, 또 수명을 다한 사람들을 데리고 가는 사자(使者)가 있다. 어떤 사람이 60년마다 이름과 주소를 바꾸었다. 그 때문에 저승의 생명록으로는 이 사람의 정체가 파악되지 않았다. 그리하여 그는 언제나 젊게 살 수 있었다.

어느 날 그는 낚시터에서 저승사자를 만나 마법(魔法)을 제거하는 비법을 배웠다. 그래서 부정하게 오래 산 것이 탄로되어, 마침내 그도 저 세상으로 가게 되었다.

(부정한 수법으로 생명을 연장하다)[68]

이 이야기에는 저승에 인간의 수명을 적은 생명록이 있어, 그것에 따라 사람들이 죽는다는 믿음이 투영되어 있다. 이러한 저승관은 인간의 삶과 죽음이 하늘의 뜻에 따라 결정된다는 생사관(生死觀)과 깊은 관계가 있는 것이다.

따라서 그 생명록으로 정체를 파악할 수 없게 만들면 얼마든지 오래 살 수 있으며, 또 젊음을 유지할 수 있을 것이라고 생각했던 것 같다. 이런 생각이 이 설화에 반영되어, 주인공이 60년마다 이름과 주소를 바꿈으로써 오래도록 살 수 있었다는 것이다.

그러나 저승사자를 만나서 마법을 푸는 기술을 배우는 바람에, 부정한 연명책이 탄로나 그도 저승으로 가게 된다. 이는 민중들이 인간이란 죽지 않으면 안 되는, 숙명적인 존재라는 인식을 지니고 있었음을 드러낸다.

이처럼 민중들의 저승관을 엿볼 수 있는 설화들 가운데는 인간이 죽어서 저승에 가면 거기에서 영원히 사는 것이 아니라, 다시 인간세상에 환생한다

---

67) 김화경 : 1982b, pp.70~71.
68) 崔仁鶴 : 1976b, p.272.

는 내용의 이야기도 있다.

[자료 29]

신라 때에 경상도 경주 땅에 남매를 데리고 가난하게 살아가던 한 과부가 있었다. 그녀는 어려운 살림을 살다보니 세상 구경 한번 제대로 하지 못했다. 그렇게 지내다가 남매를 결혼시킨 다음에 죽고 말았다. 그녀가 죽어서 저승에 갔더니, 염라대왕은 그녀를 불쌍하게 생각하여 다시 아들네 집의 개로 환생시켰다.

아들 최씨가 그 개를 잡아먹으려고 하자, 개는 등 넘어 딸네 집으로 도망을 쳐서 눈물을 뚝뚝 흘렸다. 딸은 개를 가엾게 여겨 밥을 주고 어루만져 주었다. 개는 그 집에서 하룻밤을 지내게 되었다.

<u>한편 아들네 집에 어떤 중이 찾아왔다. 그는 아들에게 그 개는 당신의 어머니인데, 당신의 어머니는 당신들 오누이를 키우느라고 고생만 하면서 구경 한번 제대로 다니지 못하였기 때문에 저승에서 마련하기를 "너는 개가 되어 너의 아들집에 가서 도적이나 지켜라"라고 하여 이승에 나왔다고 하였다. 그런데도 당신이 잡아먹으려고 해서 딸네 집으로 피신을 갔으니, 그 개를 잡아먹지 말고 구경이나 잘 시켜주라고 했다.</u>

아들은 이 말을 듣고 누님네 집에 가서 중의 말을 전한 뒤에, 그 개를 업고 다니면서 이름난 산과 큰 절을 다 구경시켰다. 집에 돌아오는 도중에, 개는 어떤 곳에 이르러서 발로 구덩이를 파더니 그 속에 들어가 죽어 버렸다. 아들이 개를 거기에 묻었는데, 그 뒤에 최씨의 집은 아주 큰 부자가 되었고 자손 대대로 부귀가 그치지 아니하였다.

(경주 최부자의 개무덤)[69]

이 이야기에서는 아들이 개를 잡아먹으려고 했을 때 중이 나타나서 그 개는 어머니가 환생한 것이라는 사실을 알려 준다. 이것으로 미루어 보아, 이 설화는 불교의 영향을 적지 않게 받은 듯하다. 또 개가 죽은 곳에 어머니의 무덤을 만들어 집안이 번성하게 되었다 하여, 재래의 풍수지리사상도 결부된 흔적도 보여 주고 있다.

---

69) 최상수 : 1958, pp.227~229.

이와 같은 이 자료에서도 민중들이 지녔던 저승관의 편린을 엿볼 수 있다. 곧 한국의 민중들은 저승의 염라대왕이 인간의 죽음뿐만 아니라 환생도 관장한다는 믿음을 가지고 있었다. 환생은 인간들이 바라는 내세(來世)들 가운데 하나이다. '개똥밭에 굴러도 이승이 좋다'는 속담에 드러나듯이, 민중들은 죽어 저승에 가 좋은 곳에서 지내는 것보다는 인간세상으로의 환생을 갈구해 왔다.

이 설화에서 환생은, 주인공이 이승에서 가난하게 살았기 때문에 명승지(名勝地)들을 구경하지 못한 것을 측은하게 여긴 염라대왕의 배려로 이루어진 것이다. 이것은 가난하게 살더라도 마음을 바르게 쓰고 착한 일을 하면 이승으로 다시 돌아올 수도 있다는 생각이 있었음을 말해 준다.

지금까지 살펴본 것을 요약하면, 한국의 민중들은 죽어서 영혼이 가는 저승은 하늘에 있고, 거기에는 옥황상제나 염라대왕이라고 하는 절대자가 있으며, 그가 이승에 살고 있는 사람들의 생사를 관장한다고 믿었다. 그리고 저승에는 이승 사람들의 수명을 적은 생명록이 있어, 그곳에 정해진 수명에 따라 저승으로 간다고 생각해 왔다. 또 인간이 죽어서 저승에 가면 거기에서 영생(永生)하는 것이 아니라, 인간세상에 다시 태어날 수도 있다는 환생관도 아울러 지니고 있었다는 사실을 확인하였다.

2) 이향동경(異鄕憧憬)

민중들이 가졌던 타계관들 가운데 하나가 이향(異鄕)에 대한 관념이다. 이향이란 그들이 사는 현실세계가 아닌, 또 다른 세상을 가리킨다. 이러한 이향관의 성립에는 하층민으로 살아온 민중들의 염원이 절대적인 역할을 하였을 것이다. 그들은 사회의 하층민으로 생존을 유지했기 때문에 신분에서 오는 제약을 받아야 했고, 또 여기에 뒤따르는 여러 가지의 불이익을 감내해야만 했다. 그래서 그들은 현실세계를 떠난, 다른 세상을 동경하게 되었다는 것이다. 따라서 이향은 현세에서 갈 수 있는 또 다른 세계, 곧 이상향이었다. 이와 같은 이상향에 대한 동경을 서술하고 있는 설화들을 소개하기로 하겠다.

[자료 30]

옛날에 남쪽 지방에 봉첨지(奉僉知)라는 노인이 살았다. 어느 날 그는 길을 가다가 아이들이 모여서 어떤 굴을 가리키며 "저것이 봉첨지의 굴이라고 하는 것이다"라는 소리를 듣고, 매우 비감한 생각이 들었다. 가난하게 사는 것도 진절머리가 나서 차라리 애들이 가리키던 저 굴속에 들어가 죽는 것이 낫지 않을까 하고, 그 굴속으로 들어갔다.

한 사람의 신선이 앉았다가 일어나 그를 맞아들이며 오늘은 당신이 올 줄 알고 있었다고 하였다. 그 신선은 그에게 대추와 과일들을 주면서, "지금 나는 천상(天上)의 세계에 가야 합니다. 당신은 여기에서 공부를 하십시오. 그리고 배가 고프거든 이 대추를 드십시오. 또 지루할 때에는 동문이나 남문을 열고 바깥을 내다보며 기분을 전환하십시오. 그러나 결코 서문과 북문을 열어서는 안 됩니다"라고 말하고는 이내 모습을 감추었다.

어느 날 노인은 너무도 따분하여 동문을 열어 보았다. 바깥은 마침 여름이어서 농부들이 보리타작과 모심기에 바쁜 것 같았다. 며칠 더 있다가 또 따분한 생각이 들어 북문을 열어 보았다. 그런즉 일진강풍이 불어오는가 하더니, 누군가가 그의 상투를 잡아서 굴 바깥으로 끌어내 버렸다. 정신을 차려보니, 노인은 전에 자기가 살던 마을에 와 있었다.

그렇기 때문에 사람의 운명이란 피할 수가 없다고 하는 것이다.

(봉첨지 굴)[70]

이 이야기는 살 만큼 산 노인을 주인공으로 하고 있다. 가난에 찌든 생활을 하던 주인공은 아이들의 놀림에 비감해져서 죽을 결심을 하고, 그들이 가리킨 굴속으로 들어간다. 거기에는 신선이 살고 있었다. 그 신선은 그에게 서쪽이나 북쪽의 문을 열어서는 안 된다는 금기를 부여한다. 그러나 그는 그 금기를 지키지 않았기 때문에 강풍에 의해 다시 본래 집으로 돌아왔다는 것을 주된 내용으로 하고 있다.

여기에서 그가 다녀온 별세계는 동굴 속에 있었다. 말하자면 동굴 속에는 인간세계와 다른, 신선들이 사는 세계가 있다는 것이다. 이와 같은 별세계는 인간들이 동경하는 이상향의 하나였다.

---

70) 孫晉泰 : 1930, pp.156~157.

292

이러한 이상향이 어떠한 곳인지를 알 수 있는 설화를 하나 더 살펴보기로
한다.

　속담에 재미있는 일이나 노는 일에 빠져서 긴요한 것을 잊어버리는 경우
를 가리켜 '신선 놀음에 도끼자루 썩는 줄 모르다'고 하는데, 이 말은 이렇
게 하여 만들어진 것이다.
　옛날에 한 사람의 나무꾼이 산에 나무를 하러 갔다. 그는 아주 깊은 산골
에 갔다가 동굴 하나를 발견하고, 아무런 생각도 없이 그 굴 안에 들어가
보았다. 굴은 들어갈수록 점점 더 깊어졌고 또 밝아졌는데, 거기에는 두 사
람의 백발 노인이 바둑을 두고 있었다.
　나무꾼은 그들의 옆에서 바둑을 두는 것을 보느라고 시간이 가는 것을
잊고 있었다. 그러다가 퍼뜩 정신을 차렸을 때는 빨라야 저녁 무렵쯤 되었
을 것 같았다. 서둘러 집에 돌아가려고 옆에 놓아두었던 도끼를 보았더니,
자루가 썩어 있었다. 이상하게 생각하면서 마을에 돌아와 보았으나, 낯익은
얼굴은 하나도 없었다. 어찌된 일인가 싶어서 자기 집을 찾아가 물은즉, 집
주인은 그 노인이 자기 증조 할아버지였다고 대답했다(옆에서 바둑두는 것
을 보면서 신선들로부터 대추(선약)를 얻어먹었다고도 한다).

(신선 놀음에 도끼 자루 썩는다)[71]

이 이야기에는 민중들이 갈구하던 이상향의 모습이 그대로 그려져 있다.
주인공은 산에 땔나무를 하러 갔다가 이상한 동굴을 발견한다. 그 안에 들
어가 잠깐 동안 두 노인이 바둑을 두고 있는 것을 구경하였다. 그 사이에 그
가 가지고 갔던 도끼자루가 썩어 있었고, 또 집으로 돌아왔을 때는 그의 증
손자가 집을 지키고 있었다.
　여기에서, 한국의 민중들은 그들이 살고 있는 세상의 어떤 굴 안에 그 이
상향이 존재하고, 그곳은 시간의 흐름이 거의 정지된 장소라고 믿어 왔다는
사실이 확인된다. 곧 그곳에서의 잠깐 동안은 인간세상에서는 3대의 세월에
해당한다. 이것은 민중들이 동경하던 이상향이 늙지도 않고 죽지도 않는 장

---

71) 孫晉泰 : 1930, pp.301～302.

생불사(長生不死)가 가능한 곳이었음을 나타내는 것이다.

이와 같은 이상향 설화가 한층 더 구체화된 것이 경상북도 상주(尙州) 지방의 '오복동(五福洞)전설'이다.

[자료 32]

옛날에 어떤 사람이 산에서 나무를 하다가 사슴 한 마리를 쫓아 산중으로 깊이 들어갔다. 사슴이 어떤 굴속으로 들어가는 것을 보고, 그도 따라서 굴속으로 들어갔다. 조금 들어간 곳에서 그는 안전(眼前)에 사람들이 사는 한 마을을 발견하였다. 그 마을 사람의 말에 의하면, 그들은 옛날에 난리를 피하여 산중으로 들어와 마을을 형성하였으며 다시 세상과 교통할 생각도 하지 않고 자자손손이 그곳에서 행복하게 생활을 계속한다고 하였다.

이 세상 사람들이 혹 오복동을 찾아가려고 하더라도 결코 발견할 수 없다고 한다.

(상주 오복동 전설)[72]

이 이야기에 따르면, 민중들이 상정하는 이상향은 이 세상의 어떤 곳에 있는데, 그곳은 깊은 산 속의 동굴을 통해서 들어갈 수 있다는 것이다. 이곳에서 말하는, 깊은 산중이란 곳은 인간세계와 절연된 공간을 의미한다. 하지만 그런 곳에 바로 이상향이 존재한다는 것은 아니다. 다시 거기에서 굴속으로 들어간 곳에 이상향이 있다고 믿었다. 그리고 그 이상향은 이 세상에서 일어나는 난리와 같은 혼란도 없고, 부자와 가난한 자도 없는 곳이다. 이런 사실은 민중들이 추구하는 이상향은 인간세상의 근심과 걱정에서 벗어날 수 있는 곳이었음을 말해 준다.

그러나 민중들은 인간이 이러한 곳에서 사는 신선이 되는 데는 한계가 있다는 것을 자각하고 있었다.

[자료 33]

연산군(燕山君) 시대에 성현(成俔)이라고 하는 학자가 아직 유명해지지

---

72) 손진태 : 1947, pp.55～56.

않았을 때의 이야기이다.

(그가) 어느 날 교외에 나갔다가 나무 그늘 아래서 주변의 경치를 바라보고 있었다. 나그네 차림의 한 노인이 당나귀를 타고 와서 그 옆에서 내렸다. 그러더니 동자에게 아침 준비를 시켰다. 동자가 꾸러미를 풀자, 한 그릇에는 선혈(鮮血)이 낭자한 올챙이가 들어 있었고 다른 그릇에는 어린아이를 삶은 것이 들어 있었다.

노인이 그에게 (좀) 먹어보라고 권했지만, 그는 그것을 먹지 않았다. 노인은 그것을 아주 맛있게 먹었다. 성현이 이상하게 생각하여 시중드는 사람에게 물어보았으나, 그도 노인이 누구인지는 모른다는 것이었다. 그러면 언제부터 시중을 들었느냐고 물었더니, 천보(天寶) 14년(A.D. 755년)부터인데 몇 년 전인지는 기억이 나지 않는다고 하였다.

그릇 안에 있는 것이 무엇이냐고 물은즉, 그것은 선인(仙人)들이 먹는 식물과 인삼이라고 했다. 성현은 노인에게 남은 것이라도 줄 수 없느냐고 물어 보았으나, 노인은 없다고 하면서 거절하였다. 성현은 노인의 뒤를 따라갔다. 노인은 걸어가고 그는 말을 타고 가는데도 결국은 따라잡지 못하고, 노인은 자취를 감춰 버렸다.

집에 돌아온 성현은 천 년이나 묵은 인삼을 먹을 기회를 놓치고, 또 사소한 일로 신선이 될 기회를 잃은 것을 늘 애석하게 생각하였다.

(인삼을 먹지 않아 신선이 될 기회를 잃다)[73]

이것은 유몽인(柳夢寅)의 《어우야담(於于野談)》에 실려 있는 것[74]을 전재한 자료로, 성현이 우연한 기회에 신선을 만났으나 그가 권하는 선식(仙食)을 거절했기 때문에 신선이 될 기회를 놓쳤다는 것을 그 내용으로 하고 있다. 그런데 신선을 따라 다니면서 시중을 드는 사람은 700년에 가까운 세월을 살았다는 것이다.

이 이야기에서 실존성이 의문시되는 후자는 무한한 삶을 살았다. 이에 반해 전자는 실존했던 인물로, 모처럼 얻은 기회를 놓쳐버림으로써 유한(有限)한 생을 산 것으로 되어 있다. 이는 설화가 아무리 허구적인 세계를 서술하는 문학 장르라 하더라도, 민중들이 실재로 존재하는 인물은 장생불사할 수

---

73) 森川淸人 : 1944, pp.24~27.
74) 유몽인 저, 이월영 외 공역 : 1996, pp.282~284.

없는, 숙명적인 존재라는 것을 깨닫고 있었음을 나타낸다. 다시 말해 민중들은 인간이란 불멸의 존재가 아니라는 사실을 인식하고 있었다는 것이다.

이제까지의 고찰에서, 민중들은 이 세상의 어떤 굴 안에 그들이 갈구하는 이상향이 있을 것이라는 기대를 가지고 있었음을 알았다. 그리고 그 이상향은 늙지도 죽지도 않는 곳이지만, 인간이 그러한 곳에서 사는 신선이 되는 데는 한계가 있다는 것을 자각하고 있었음을 확인하였다.

5. 맺음말

이 연구는 설화를 창작하고 전승해 온 주체가 민중들이라는 전제 아래서, 여기에 반영된 그들의 의식구조를 파악하는 것을 그 목적으로 하였다. 그리하여 설화에 반영된 도덕관과 세계관, 타계관 등으로 나누어 고찰한 내용을 요약하면 다음과 같다.

첫째, 민중들의 도덕관이 엿보이는 설화들을 그 주제에 따라 선행필보와 악행필벌, 효행지선, 과람경계 등으로 구분하였다. 그런 다음, 선행필보의 설화들은 착한 일을 하면 반드시 그 보답이 뒤따른다는 민중들의 소박한 믿음이 담겨 있다는 것을 알았다. 그리고 그 행복이란 외롭게 살아가는 사람들에게는 아내를 얻어 가정을 가지는 것이고, 가난한 사람들에게는 부를 획득하는 것이며, 핍박받는 사람들에게는 신분의 상승이었다.

한편 악행필벌의 설화들은 나쁜 짓을 하면 언젠가 거기에 상응하는 벌이 뒤따른다는 것을 나타내고 있었다. 특히 아무도 모르게 저지르는 악행이어도 그것이 어느 때인가는 반드시 밝혀지게 마련이며, 악행에 따르는 대가가 이 세상에서 이루어지지 않는 경우에는 내세에 가서라도 이루어진다는 것을 강조하고 있다.

또 효행지선의 설화들은 부모에 대한 효도가 최고의 덕목이라는 것을 가르침으로써, 가정의 화목을 도모하려고 하였고, 열절지고의 설화들에서 여인네들의 정절을 강조한 것은 대가족제도의 전통사회를 유지하기 위한 한 방법이라는 것을 확인하였다. 그리고 과람을 경계하는 설화들에서는 전부 그런 것은 아니지만, 대개 주인공과 반주인공이 등장한다. 그리고 마음씨가 착한 주인공이 행복을 얻는 데 반해, 욕심이 많은 반주인공은 파멸을 맞이하는 내용으로 되어 있다. 이 같은 특징은 욕심을 내지 않고 주어진 여건에 만족하면서 분수에 맞는 생활을 하고자 했던 민중들의 의식구조를 반영하는 것으로 해석하였다.

둘째, 민중들의 세계관을 파악할 수 있는 설화들을, 강한 자의 우둔함을 비웃는 것과 강한 자가 패배를 당하고 약한 자가 승리를 거두는 것으로 나누어 고찰하였다. 전자에서는, 민중들이 강자가 지니는 우둔함을 희화화하여 이야기함으로써, 그들에게 당하고 있는 위압적인 현실에서 심정적으로나마 벗어나려고 했으며, 또 힘의 우세에는 결코 승복하지 않았던 의식구조를 가지고 있었음을 구명하였다. 그리고 후자의 고찰에서는, 이 범주의 설화에 등장하는 강자를, 민중들을 괴롭히는 존재로 파악하였다. 그리하여 약승강패의 설화는 민중들도 능히 자신들을 못살게 구는 존재들을 물리칠 수 있는 힘이 있음을 나타내는 이야기로 보았다.

그런데 이 범주의 설화들은 전부가 동물담의 형태를 취하고 있었다. 이는 약자가 강자를 이기는 이야기를 인간사회가 아닌 동물사회의 이야기로 만들어서, 민중들이 소망하는 그러한 세상을 비유적으로 표현했기 때문이라는 추정을 하였다.

셋째, 민중들의 타계관은 저승관과 이향관으로 구분하여 살펴보았다. 저승관이 반영된 설화들의 분석에서는, 사람들이 죽어서 가는 저승은 하늘에 있고, 거기에는 옥황상제나 염라대왕이라는 절대자가 있으며, 그가 이승에 살고 있는 사람들의 생사를 관장한다고 믿었고 저승에는 이승 사람들의 수명을 적은 생명록이 있어서, 그곳에 적힌 수명에 따라 저승으로 간다고 생각하였으며 인간이 죽어서 저승에 가면 거기에서 영생하는 것이 아니라, 인간세상에 다시 태어날 수도 있다는 환생관도 지니고 있었다는 사실을 아울러 해명하였다.

한편 이향 동경을 이야기하고 있는 설화들의 고찰에서는, 한국의 민중들은 이 세상의 어떤 굴 안에 그들이 갈구하는 이상향이 있을 것이라고 믿었으며, 그곳은 늙지도 않고 죽지도 않는 곳이지만 인간이 그러한 곳에서 사는 신선이 되는 데는 한계가 있다는 것을 깨닫고 있었음을 확인하였다.

　이상의 고찰을 통해서 설화에 반영된 한국민중들의 의식구조의 일단을 밝혔다. 앞으로 이 같은 연구를 더욱 확장하여 한국의 민중사상을 파악하고, 나아가서는 주변 제 민족들의 설화들과 비교 검토함으로써 한국민족의 특성을 파악하는 작업에 연구자들이 많이 참여하기를 바란다.

제6장 결어와 제언

이제까지 한국의 설화가 지니고 있는 본질의 한 단면을 해명하기 위하여 네 가지 측면, 곧 (1) 한국설화의 에스닉 장르, (2) 구조의 분석, (3) 원류의 재구, (4) 그 속에 투영된 민중의식 등의 고찰을 진행하여 왔다.

우선 (1)의 연구는 현재 한국의 설화학계에 일반화되어 있는 설화의 3분법을 우리의 설화에 적용하는 데는 문제가 있다는 인식에서 비롯된 것이다. 그리하여 3분법이 한국에 수용되는 과정을 살펴본 다음, 다른 민족들의 사례들을 참고로 하여 한국설화의 에스닉 장르를 구명하였다. 이렇게 하여 한국민족이 설화를 몇 개의 하위 장르로 구분하지 않고 '옛날 이야기'라는 하나의 범주로 통괄하여 왔음을 밝혔다.

그러나 현재 신화나 전설, 민담으로 구분하는 3분법이 한국의 학계에 너무나 보편화되어 있다. 하지만 한국설화들 가운데는 이들 범주의 용어를 적용하기 어려운 자료들이 산재하고 있다는 것을 부정할 수는 없을 것이다. 그리고 일본의 학자들이 그들의 설화를 서구의 3분법에 충실하게 맞추었으나, 서구 사람들은 그 적용에 문제가 있음을 인정하였다는 사실을 예로 들었다. 결국 이러한 인식의 차이는 문화의 차이에서 기인한 것이다. 이런 의미에서 서구의 것에 이론화를 시도한다는 것이 얼마나 위험한 일인지를 알았다고 할 수 있다. 따라서 국제적으로 통용되는 안을 어쩔 수 없이 수용한다고 하더라도, 한국의 독자적인 문화가 반영된 분류체계를 마련해야 한다는 점을 지적해 둔다.

(2)에서는 설화의 형태론적인 연구에서 주로 사용되는 구조 분석의 방법론을 이용하여 한국설화의 구조적 모델들을 추출하고, 이를 근거로 필자 나름의 분류시안을 제시하였다. 사실 지금까지 설화를 연구하는 많은 방법론들이 개발되었다. 이들 가운데 비교적 객관적이라고 할 수 있는 것이 설화에 내재된 구조를 찾아내 그것을 분석하는 방법론이다. 물론 이 방법론에 문제가 없는 것은 아니지만, 이것을 원용하여 한국의 설화가 ① 상승류, ② 하강류, ③ 절충류, ④ 회귀류로 구분되며, 지극히 논리적으로 전개된다는 사실을 해명하였다. 여기에서는 이와 같은 구조적 모델들을 만들어내는 데는 민중들의 설화 창출의 동기가 작용했을 것이라는 전제 아래 이것을 규명하려고 하였다. 그렇게 하여 구조와 주제가 결코 무관하지 않다는 것을 밝혔다고 할 수 있다. 이런 의미에서 앞으로 이 연구를 더 진전시킨다면, 설화의 구조와 테마를 통합하는 커다란 틀을 만들 수 있을 것이다. 하지만 이 작업은 한 개인이 수행할 것이 아니라, 많은 사람들이 참가하여 공동연구로 수행해야 할 것이다. 왜냐하면 개인적인 연구는 아무래도 한계와 편견이 작용할 소지가 있기 때문이다.

(3)에서는 역사 민족학에서 널리 이용해 온 설화의 문화사론적인 연구를 거쳐서, 한국설화의 원류를 재구하였다. 특히 이 연구는 일본학자들이 자행해 온, 한국문화에 대한 왜곡된 시각을 수정하는 데 초점을 맞추었다. 그러다 보니 추론에 무리가 있어, 이 연구에 대해 많은 이론(異論)이 제기될 수도 있을 것이다. 그렇지만 한국의 설화학계에서는 이 방면에 그다지 관심을 보이지 않았기 때문에 문제제기 차원에서 이 연구를 시행했음을 밝혀둔다. 그리하여 ①출현신화와 밭곡식을 재배하는 문화를 가졌던 집단이 중국의 화중(華中) 지방에서 만주를 거쳐 한반도로 들어왔고, ②난생신화와 어로·청동기 문화를 지녔던 집단이 동북 시베리아 일대에서 한국의 동해안으로 유입되었으며, ③천강신화와 유목·수렵 문화를 소유했던 집단이 북방아시아에서 한국으로 들어와 나라를 세우거나 왕권을 장악하는 건국신화나 왕권신화를 가지게 되었을 것이라는 추론을 하였다. 그러나 이와 같은 설화의

민족학적인 연구는 한 분야의 지식만으로는 소기의 성과를 거둘 수 없다. 그러므로 앞으로 역사학이나 고고학에 관심이 있는 학자들과 학제간 연구를 통해서 이 연구에서 세운 가설의 타당성 여부를 검증해야 한다는 것을 덧붙인다.

(4)에서는 설화에 투영된 민중들의 의식구조를 도덕관과 세계관, 타계관으로 나누어 살펴보았다. 가장 민중적이면서 한국적인 문학 장르가 설화이다. 따라서 그 속에는 우리 선조들의 세계관과 가치관이 담겨 있다. 그런데도 아직까지 이 방면에 관심을 보이는 학자들은 그렇게 많지 않은 것 같다. 그래서 우선 두드러진, 이들 세 가지를 중심으로 고찰을 진행하였다.

그리하여 ① 도덕관에서는 착한 일에는 그 보답이 뒤따르고, 악한 일에는 그 벌이 뒤따른다는 것, 또 효행을 최고의 덕목으로 하면서 열절을 강조한 것은 한국의 전통사회에서 대가족제도를 유지하기 위한 수단의 하나였으며, 지나친 욕심을 경계한 것은 안분지족(安分知足)을 추구하기 위한 것이었음을 알았다. ② 세계관에서는 민중들이 강자가 지니는 우둔함을 희화화하여 이야기함으로써 그들에게 당하고 있는 위압적인 현실을 심정적으로나마 벗어나려고 했으며, 또 강자의 패배와 약자의 승리를 이야기함으로써 부당한 힘에는 결코 승복하지 않았다는 사실을 밝혔다. ③ 타계관에서는 한국민족의 특유한 저승관이 있고, 또 그들 나름의 이향관이 있다는 것을 확인하였다.

이러한 민중의식의 문제는 한국민족의 삶의 역정을 더듬는 작업이므로, 앞으로 여러 측면에서 조망해야 할 것이다. 이 과제는 우리 선조들이 주변에서 벌어지는 사회현상들을 어떻게 생각하고 대응했으며, 또 일상생활에서 그들은 어떤 의식구조를 가지고 삶을 영위하였는가 하는 문제로 귀착된다. 이런 의미에서 지배계층의 그것까지 아우른다면, 이 연구는 한국인의 철학적 바탕을 해명하는 작업에 크게 기여할 수 있을 것이다.

이상과 같은 네 가지 측면에서 수행한 이 연구는 한국 학계가 설화 연구의 폭을 넓혀야 한다는 필자의 소망에서 비롯된 것이다. 우리 학계는 서구의 무슨 새로운 이론이 나왔다고 하면, 그것을 정확하게 이해하지도 못하면서 흉내를 내는 데만 급급하고 있는 듯하다. 또 그렇지 않으면 외국의 이론을 교묘하게 포장하여 자기의 주장인 양 떠들고 있는 듯한 인상도 받는다.

그리고 구비문학 연구자들이 설화 연구를 전담함으로써, 어느 의미에서는 그 폭을 축소시키고 있는 것도 사실이다. 분명하게 말하지만 한국의 설화는 하나의 문학인 동시에 하나의 문화이기도 하다. 이런 점에서 인류학적인 이론을 접합하고 원용하는 것은 어쩌면 연구자들의 당연한 임무일지도 모른다.

어쨌든 한국의 설화 연구는 폭을 넓혀서, 그 창출과 전승의 주체인 민중들에게 더욱 가깝게 다가가야만 한다. 그렇지 않으면 우리 것을 계속해서 깎아 내리고 있는 현실 속에서 그 존재 의의를 잃어버릴 수도 있음을 명심해야 한다.

강인구, 〈신라왕릉의 재검토〉, 《윤무병박사회갑기념논총》, 대전 : 통천문화사, 1984.

권택무, 《조선민간극》, 서울 : 예니, 1984.

김부식, 《삼국사기》, 서울 : 경인문화사 영인본, 1982.

김석형, 《고대한일관계사》, 서울 : 한마당, 1988.

김선풍 외 공편, 《한국구비문학대계》 2-5(강원), 성남 : 한국정신문화연구원, 1983.

김승찬 편, 《한국구비문학대계》 6-3(전남), 성남 : 한국정신문화연구원, 1984.

김열규, 《한국민속과 문학연구》, 서울 : 일조각, 1975.

―――, 《한국신화와 무속연구》, 서울 : 일조각, 1977.

김영진, 《한국구비문학대계》 3-1(충북), 성남 : 한국정신문화연구원, 1980.

―――, 외 공편, 《한국구비문학대계》 3-2(충북), 성남 : 한국정신문화연구원, 1981.

김재붕, 〈난생신화의 분포권〉, 《문화인류학(4)》, 한국문화인류학회, 1971.

김종대, 《한국의 도깨비연구》, 서울 : 국학자료원, 1994.

김철준, 〈신라 상대사화의 Dual organization(상)〉, 《역사학보(1)》, 서울 : 역사학회, 1952.

―――, 《한국고대사회연구》, 서울 : 지식산업사, 1975.

김화경, 〈야래자설화의 구성구조분석〉, 《한국고전산문의 연구》, 서울 : 동화출판공사, 1981.

―――, 〈세경본풀이의 신화학적 고찰〉, 《한국학보(28)》, 서울 : 일지사, 1982b.

―――, 〈민족문화의 연구와 전통문화 계승방안을 위한 제언〉, 《민족문화(8)》,

304

서울 : 민족문화추진회, 1982a.

———, 〈인주전설의 연구〉, 《전주우석대논문집(4)》, 전주 : 전주우석대출판부, 1982c.

———, 〈온조신화 연구〉, 《인문연구(4)》, 영남대 인문과학연구소, 1983.

———, 〈신라건국설화의 연구〉, 《민족문화논총(6)》, 영남대 민족문화연구소, 1984.

———, 〈한국설화의 토착적 장르에 관한 고찰〉, 《한국·일본설화의 연구》, 인천 : 인하대출판부, 1987a.

———, 《한국설화의 연구》, 경산 : 영남대출판부, 1987b.

———, 〈수로왕신화의 연구〉, 《진단학보(67)》, 진단학회, 1989.

———, 〈차사본풀이의 구조분석〉, 《인문연구(14)》, 영남대 인문과학연구소, 1993.

———, 〈학술답사보고서〉, 《국어국문학연구(23)》, 영남대 국어국문학과, 1995.

———, 〈소설장르의 성립에 관한 고찰〉, 《한국소설의 전개》, 대구 : 문창사, 1998a.

———, 《북한설화의 연구》, 경산 : 영남대출판부, 1998b.

나경수, 〈탈해신화와 서언왕신화의 비교연구〉, 《한국민속학(27)》, 민속학회, 1995.

노태돈, 〈주몽의 출자전승과 계루부의 기원〉, 《한국고대사논총(5)》, 서울 : 가락국사적개발연구원, 1993.

———, 〈고조선의 변천〉, 《단군》, 서울 : 서울대출판부, 1994.

동국대학교 부설 한국문화연구소편, 《한국문헌설화전집(1)》, 서울 : 태학사, 1981a.

———, 《한국문헌설화전집(3)》, 서울 : 태학사, 1981b.

———, 《한국문헌설화전집(4)》, 서울 : 태학사, 1981c.

———, 《한국문헌설화전집(6)》, 서울 : 태학사, 1981d.

동아대학교 고전연구실 편, 《역주 고려사(1)》, 서울 : 태학사, 1987a.

———, 《역주 고려사(5)》, 서울 : 태학사, 1987b.

두정님, 〈동야휘집연구〉, 서울대 대학원 석사논문, 1990.

문일환, 《조선구전문학연구》, 沈陽 : 遼寧民族出版社, 1993.

민속학자료간행회 편, 《고금소총》, 서울 : 오성사 영인본, 1993.

민족문화연구소 편, 《삼국유사연구(상)》, 경산 : 영남대 민족문화연구소, 1983.

박계홍, 《한국구비문학대계》 4-4(충남), 성남 : 한국정신문화연구원, 1983.

———, 《한국구비문학대계》 4-6(충남), 성남 : 한국정신문화연구원, 1984.

박영만, 《조선전래동화집》, 서울 : 학예사, 1940.

박원길, 《북방민족의 샤마니즘과 제사습속》, 서울 : 국립민속박물관, 1998.

성기열, 《한일민담의 비교연구》, 서울 : 일조각, 1979.

――――, 《한국구비문학대계》 1-7(경기), 성남 : 한국정신문화연구원, 1982.

손진태, 《조선민족설화의 연구》, 서울 : 을유문화사, 1947.

신용하, 《조선토지조사사업연구》, 서울 : 지식산업사, 1982.

안승모, 《동아시아 선사시대의 농경과 생업》, 서울 : 학연문화사, 1998.

양주동, 《증보 고가연구》, 서울 : 일조각, 1955.

유증선, 《영남의 전설》, 서울 : 형설출판사, 1971.

육당전집편찬위원회 편, 《육당 최남선전집(5)》, 서울 : 현암사, 1973.

이경우, 〈설화의 분류〉, 《한국문학사의 쟁점》, 서울 : 집문당, 1986.

이광규, 《가족과 친족》, 서울 : 일조각, 1992.

이기동, 《한국사강좌(고대편)》, 서울 : 일조각, 1982.

이병도, 《한국사(고대편)》, 서울 : 을유문화사, 1959.

――――, 《한국고대사연구》, 서울 : 박영사, 1976.

이우성 외 공편 역, 《이조한문단편집(상)》, 서울 : 일조각, 1973.

이청규, 〈삼성신화에 대한 고고학적접근〉, 《탐라문화(14)》, 제주대 탐라문화연
　　　구소, 1994.

이필영, 〈단군 연구사〉, 《단군》, 서울 : 서울대출판부, 1994.

인권환, 《한국민속학사》, 서울 : 열화당, 1978.

――――, 《한국구비문학대계》 4-1(충남), 성남 : 한국정신문화연구원, 1980.

임동권, 〈민속문학론〉, 《현대문학(3월호)》, 서울 : 현대문학사, 1961.

――――, 《한국의 민담》, 서울 : 서문당, 1972.

임석재, 《옛날이야기 선집(1)》, 서울 : 교학사, 1971.

임세권, 〈한국선사시대 암각화의 연구〉, 단국대 대학원 박사논문(未刊行), 1994.

임장혁, 〈대곡리 암벽조각화의 민속학적 고찰〉, 《한국민속학(24)》, 민속학회,
　　　1991.

임형택, 〈18·9세기 이야기꾼과 소설의 발달〉, 《고전문학을 찾아서》, 서울 : 문
　　　학과지성사, 1976.

장덕순, 《한국설화문학연구》, 서울 : 서울대출판부, 1970.

―――― 외 공저, 《구비문학개설》, 서울 : 일조각, 1971.

―――― 편, 《이규보작품집》, 서울 : 형설출판사, 1981.

장명수, 〈한국암각화의 편년〉, 《한국의 암각화》, 서울 : 한길사, 1996.

장주근, 〈삼성신화의 형성과 문헌정착과정〉, 《탐라문화(14)》, 제주대 탐라문화
　　　　연구소, 1994.

조동일, 《서사민요연구》, 대구 : 계명대출판부, 1970.

──── , 《한국소설의 이론》, 서울 : 지식산업사, 1977.

──── , 《인물전설의 의미와 기능》, 경산 : 영남대출판부, 1979.

──── , 《구비문학의 세계》, 서울 : 새문사, 1980.

──── , 《한국문학통사》, 서울 : 지식산업사, 1982.

──── , 《한국설화와 민중의식》, 서울 : 정음사, 1985.

──── 외 공편, 《한국구비문학대계》 7-2(경북), 성남 : 한국정신문화연구원, 1980a.

──── , 《한국구비문학대계》 7-3(경북), 성남 : 한국정신문화연구원, 1980b.

──── , 《한국구비문학대계(한국설화 유형분류집(1)》, 성남 : 한국정신문화연구
　　　　원, 1989.

조선사학회 편, 《신증동국여지승람(2)》, 경성 : 조선사학회, 1930a.

──── , 《신증동국여지승람(4)》, 경성 : 조선사학회, 1930b.

조윤제, 《한국문학사》, 서울 : 탐구당, 1981.

조희웅, 〈설화연구의 제측면〉, 《고전문학을 찾아서》, 서울 : 문학과지성사, 1976,
　　　　pp.335～358.

──── , 《조선후기문헌설화의 연구》, 서울 : 형설출판사, 1980.

──── , 《한국구비문학대계》 1-6(경기), 성남 : 한국정신문화연구원, 1982.

──── , 《한국구비문학대계》 1-9(경기), 성남 : 한국정신문화연구원, 1984.

──── , 《설화학강요》, 서울 : 새문사, 1989.

주세붕, 《죽계지(竹溪誌)》

지춘상, 《한국구비문학대계》 6-2(전남), 성남 : 한국정신문화연구원, 1981.

진성기, 《제주도무가본풀이사전》, 서울 : 민속원, 1991.

천관우, 〈삼한의 국가형성(상)〉, 《한국학보(2)》, 서울 : 일지사, 1976.

최길성, 《한국무속의 연구》, 서울 : 아세아문화사, 1978.

최남선 편, 《삼국유사》, 서울 : 삼중당, 1946.

최덕원, 《한국구비문학대계》 6-12(전남), 성남 : 한국정신문화연구원, 1988.

최래옥, 《한국구비문학대계》 5-2(전북), 성남 : 한국정신문화연구원, 1981.

──── , 《한국구비문학대계》 6-9(전남), 성남 : 한국정신문화연구원, 1987.

최명옥, 〈월성지방의 음운양상〉, 서울대 대학원 박사논문, 1982.

최상수, 《한국민간전설집》, 서울 : 통문관, 1958.

최정여 외 공편, 《한국구비문학대계》 7-5(경북), 성남 : 한국정신문화연구원, 1980.

───, 《한국구비문학대계》 8-5(경남), 성남 : 한국정신문화연구원, 1981.

───, 《한국구비문학대계》 7-8(경북), 성남 : 한국정신문화연구원, 1983.

───, 《한국구비문학대계》 7-13(대구), 성남 : 한국정신문화연구원, 1985.

한국어사전편찬회 편, 《한국어대사전》, 서울 : 현문사, 1976.

한국정신문화연구원 교학부연찬실 편, 《민족문화의 원류》, 성남 : 한국정신문화
         연구원, 1980.

한글학회, 《우리말 큰사전(둘째권)》, 서울 : 어문각, 1992.

현명호, 〈고조선의 성립과 수도 문제〉, 《단군과 고조선 연구》, 평양 : 사회과학
         원출판사, 1994.

현용준, 《제주도신화》, 서울 : 서문당, 1976.

───, 《제주도무속자료사전》, 서울 : 신구문화사, 1986.

───, 《무속신화와 문헌신화》, 서울 : 집문당, 1992.

─── 외 공편, 《한국구비문학대계》 9-1(제주), 성남 : 한국정신문화연구원, 1980.

황용혼, 《동북아시아의 암각화》, 서울 : 민음사, 1987.

황패강, 〈개구리조〉, 《 한국문화상징사전》, 서울 : 동아출판사, 1992.

유몽인 저, 이월영 공역, 《어우야담》, 서울 : 한국문화사, 1996.

홍만종 저, 이민수 역, 《순오지》, 서울 : 을유문화사, 1971.

孫進己 저, 임동석 역, 《동북민족원류》, 서울 : 동문선, 1992.

王充 저, 이주행 역, 《논형》, 서울 : 소나무, 1996.

袁珂 저, 전인초 공역, 《중국신화전설(1)》, 서울 : 민음사, 1992.

Kagan & Havemann 저, 김유진 공역, 《심리학개론》, 서울 : 형설출판사, 1983.

Nioradze G. 저, 이홍직 역, 《시베리아 제종족의 원시종교》, 서울 : 신구문화사,
         1976.

Piaget 외 저, 김태수 역, 《구조주의의 이론》, 서울 : 인간사랑, 1990.

陶陽 編, 《中國神話》, 上海 : 上海人民出版社, 1990.

劉城淮, 《中國上古神話》, 上海 : 上海文藝出版社, 1988.

───, 《中國上古神話通論》, 雲南 : 雲南人民出版社, 1992.

譚其驤, 《中國歷史地圖集(3)》, 北京 : 中國地圖出版社, 1982.

房玄齡 共纂, 《晉書(下)》, 서울 : 景仁文化社 影印本, 1976.

范曄, 《後漢書》, 서울 : 景仁文化社 影印本, 1975.

魏收, 《魏書》, 서울 : 景仁文化社 影印本, 1976.

李文田 注, 《元朝秘史(1)》, 臺北 : 藝文印書館, 1986.

李福淸, 《中國神話故事論集》, 北京 : 中國民間文藝出版社, 1988.

李延壽, 《北史》, 서울 : 景仁文化社 影印本, 1977.

中國少數民族文學學會 編, 《神話新探》, 貴州 : 貴州人民出版社, 1986.

陳壽, 《三國志》, 서울 : 景仁文化社 影印本, 1975.

托克托, 《遼史》, 서울 : 景仁文化社 影印本, 1976.

加藤九祚, 《北東アジア民族學史の研究》, 東京 : 恒文社, 1986.

高橋亨, 《朝鮮の物語 付俚諺》, 서울 : 日韓書房, 1910.

今西龍, 〈新羅時代の土器に刻まれた神話〉, 《人類學雜誌(23)》, 東京 : 日本人類
　　　　學會, 1908.

─────, 〈檀君說話に就いて〉, 《歷史地理(朝鮮編)》, 1910.

─────, 〈朱蒙傳說と老獺稚傳說〉, 《藝文(6-11)》, 京都 : 京都大文學會, 1915.

─────, 《朝鮮古史の研究》, 東京 : 國書刊行會, 1970.

金和經, 《韓國說話の形態論的研究》, 筑波大 博士論文(未刊行), 1988.

大林太良, 《神話學入門》, 東京 : 中央公論社, 1966.

─────, 〈琉球神話周圍諸民族神話との比較〉, 《沖繩の民族學的研究》, 東京 : 民
　　　　族學振興會, 1972.

─────, 〈古代日本·朝鮮三王の構造〉, 《比較神話學の現在》, 東京 : 朝日出版社,
　　　　1975.

─────, 〈水と火, 海と山〉, 《is》, 東京 : ポーラ文化研究所, 1979a.

─────, 〈說話の比較研究の方法〉, 《日本昔話大成(12)》, 東京 : 角川書店, 1979b.

馬淵東一, 《人類の生活》, 東京 : 社會思想社, 1978.

末松保和, 《任那興亡史》, 東京 : 吉川弘文館, 1949.

木村秀雄, 《鯨の生態》, 東京 : 共立出版, 1974.

三品彰英, 《神話と文化史》, 東京 : 平凡社, 1971a.

─────, 《建國神話の諸問題》, 東京 : 平凡社, 1971b.

─────, 《日鮮神話傳說の研究》, 東京 : 平凡社, 1972.

─────, 《古代祭政と穀靈信仰》, 東京 : 平凡社, 1973.

─────, 《三國遺事考證(上)》, 東京 : 塙書房, 1975.

森川淸人, 《朝鮮野談·隨筆·傳說》, 서울 : 京城ローカル社, 1944.

小澤俊夫, 《世界の民話》, 東京：中央公論社, 1979.

──, 《昔ばなしとは何か》, 東京：大和書房, 1983.

──, 《現代に生きるグリム》, 東京：岩波書店, 1985.

孫晉泰, 《朝鮮民譚集》, 東京：鄕土硏究社, 1930.

林泰輔, 〈朝鮮古代諸王卵生の傳說〉, 《人類學雜誌(17)》, 東京：日本人類學會, 1893.

鳥居龍藏, 《鳥居龍藏全集(7)》, 東京：朝日新聞社, 1976.

朝鮮總督府 編, 《朝鮮童話集》, 서울：大阪屋號書店, 1928.

朝鮮總督府中樞院 編, 《朝鮮舊慣制度調査事業槪要》, 서울：近澤書店, 1938.

中村亮平 編, 《朝鮮神話傳說集》, 東京：趣味の敎育普及會, 1935.

出石誠彦, 《支那神話傳說の硏究》, 東京：中央公論社, 1949.

崔仁鶴, 《朝鮮昔話百選》, 東京：日本放送出版協會, 1974.

──, 《朝鮮傳說集》, 東京：日本放送出版協會, 1976a.

──, 《韓國昔話の硏究》, 東京：弘文堂, 1976b.

坪井九馬三, 〈朝鮮の神話〉, 《帝國文學(11-1)》, 京都：京都大, 1905.

Frazer. J. 저, 星野徹 譯, 《洪水傳說》, 東京：國文社, 1973.

Jensen. A. E. 저, 大林太良 外 共譯, 《殺された女神》, 東京：弘文堂, 1977.

Leach. E. 저, 江河徹 譯, 《神話としての創世記》, 東京：紀伊國屋書店, 1980.

Lüthi. M. 저, 野村泫 譯, 《昔話の本質》, 東京：福音館書店, 1974.

Lüthi. M. 저, 小澤俊夫 譯, 《ヨロッパの昔話》, 東京：岩崎美術社, 1969.

Marjorie 저, 田淵實貴男 外 共譯, 《小說とは何か》, 東京：英寶社, 1981.

Mihaly. H. 저, 村井翊 譯, 《シャーマニズムの世界》, 東京：靑土社, 1998.

Propp. V. 저, 齋藤君子 譯, 《魔法昔話の起源》, 東京：せりか書房, 1983.

Boas F., "Mythology and folktale of North American Indians," *JAF*(27), 1914.

Bacon J., *The voyage of Argonauts*, London, 1925.

Bascom W., "The form of folklore ; Prose narratives," *JAF*(78), 1965.

Ben-Amos Dan, "Analytical categories and ethnic genres," *Folklore genres*, Austin & London : University of Texas Press, 1969.

Bremond C., "The morphology of the French fairy tale," *Patterns in oral literature*, The Hague : Mouton Publishers, 1977.

Chang Duksoon, *The folk treasury of Korea*, Seoul : Society of Korean Oral Literature, 1970.

Davenport W., "Marshallese folklore types," *JAF*, 1959.

Dundes A., *Analytic essays in folklore,* The Hague : Mouton Publishers, 1975.

———, *The morphology of North American Indian folktales,* Helsinki : Academica Scientinrun Fennica, 1980.

———, *The flood myth,* Los Angeles : University of California Press, 1986.

Elide M., *Birth and rebirth,* New York : Haper & Brothers Publishers, 1958.

Ember C. & Ember M., *Anthropology,* New Jersey : Prentice-Hall, Inc, 1977.

Frazer J., *Apollodorus,* London, 1921.

Grimal P. edi., *World mythology,* London : Hamlyn, 1973.

Hocart A. M., *Kingship,* London : Oxford University Press, 1927.

Hultkrantz A., "Religions aspects of the Wind River Shoshoni folk literature," *Culture in history,* New York, 1960.

Jacottet E., "Etudes surles langues du Haut-Zambeze," *Bulletin de correspondance africane*(16), Paries, 1901.

Jacobs G. edi., *Dictionary of mythology, folklore and symbols*(1), New York : The Scarecrow Press Inc, 1962.

Jason H., "Content Analysis of oral literature", *Patterns in Oral Literature,* The Hague : Mouton Publishers, 1977.

Kirk G. S., *Myth,* Berkeley and Los Angeles : University of California press, 1971.

Krohn K., *Folklore methodology,* Austin & London : University of Texas Press, 1971.

Levi-Strauss C., "The structual study of myth," *Myth : a symposium,* Bloomington & London : Indiana University Press, 1958.

Long Charles H., *The Myth of Creation,* New York : George Braziller, 1963.

McCelland D., *Human motivation,* London : Scdlt Foresman Company, 1985.

Malinowski B., *Magic, science and religion,* New York : Doubleday & Company Inc., 1954.

Mason O., "The natural history of folklore," *JAF*(4), 1891.

Meletinsky E., "Structural typological study of folktales," *Soviet structural folkloristic* (I), Paris : Mouton Publishers, 1974.

Michael J., *Myths of the World,* London : Kyle Cathie Ltd., 1993.

Olrik A., "Epic laws of folk narrative," *The study of folklore,* New Jersey :

Prentice-Hall Inc., 1965.

Pàume D., "Morphologie du conte africain," *Cahiers d'etudes africaines* (45), 1972.

Propp V., *Morphology of the folktake,* Austin & London : University of Texas Press, 1968.

Radin P., "Literary aspects of Winnebago mythology," *JAF* (39), 1926.

Raglan L., "The Hero of Tradition," *The Study of Folklore,* New Jersey : Prentice-Hall Inc., 1965.

Thompson S., *The folktale,* New York, The Dryden Press, 1946.

————, *The types of folktale,* Helsinki : Academica Scientinrun Fennica, 1961.

찾아보기

ㄱ

《가락국기(駕洛國記)》 228
가해자 251
갈홍(葛洪) 199
감응(정)형신화(感應(精)型神話) 220
감통(感通) 44
강담사(講談師) 67
강독사(講讀師) 67
강창사(講唱師) 67
강희맹(姜希孟) 49, 57
개가 열녀(改嫁烈女) 265
거북과 토끼의 이야기 42, 84
거울형 96, 97
건국신화 117, 182, 186, 220, 237, 238, 240
검무(劍舞) 52
게와 쥐의 교제 147
결핍회귀형(缺乏回歸型) 160, 162, 163, 165, 169, 173, 175
경주 최부자의 개무덤 289
계룡(鷄龍) 194
계백 50
《계서야담(溪西野談)》 55
고구려 건국신화 46
고구려 본기 193, 228
《고금소총(古今笑叢)》 55
《고기(古記)》 222, 224
고담(古談) 24, 59, 63, 65, 68, 70, 72, 85
《고대 조일 관계사(古代朝日關係史)》 181
《고려사(高麗史)》 164
고리 230
고아시아족(Paleo-Asiatics) 209, 231
고양이의 털에서 쌀이 나오다 246

고조선(古朝鮮) 189, 222
고주몽(高朱蒙) 23, 46, 117, 228, 229 ; ～신화 204, 230～234, 237, 240
고층재배민문화(高層栽培民文化) 198, 203
곡모신(穀母神) 192, 193, 197
곡식재배기원신화 78
곰나루(熊津) 유래담 69
공시성(共時性) 64, 85
과람경계(過濫警戒) 270, 295
관창 50～52
광망신앙(光芒信仰) 232
광선신앙(光線信仰) 232
교만하기 그지없는 임금 115
구관제도(舊慣制度) 22
구로시오 난류(黑潮暖流) 219
《구비문학 개설》 27
《구삼국사(舊三國史)》 46, 47, 192, 224
구제궁 53
구토지설(龜兎之說) 43
궁홀산 221
권선징악(勸善懲惡) 58, 157, 256
귀양풀이 140
《그림 동화집》 87
그림 형제 87
근선원악(近善遠惡) 158, 175, 256
근친상간(近親相姦) 122
금미달(今彌達) 221
금방망이와 은방망이 157
금와(金蛙, 金蛙王) 186, 190, 229, 234 ; ～의 탄생담 238
기능(function) 94, 98
기린굴 53, 226

기마족(騎馬族) 228
《기문총화(記聞叢話)》 55, 60
기여자(寄與者) 92, 114
기이(紀異) 44, 205
기층문화(基層文化) 15, 180
길리야크족(Gilyak) 231
길림(吉林) 231
길험편(吉驗篇) 41, 230
김만겸 72
김부식(金富軾) 41, 44, 48, 195
김석형(金錫亨) 181
김알지(金閼智) 44
김열규(金烈圭) 214, 284
김유신(金庾信) 41
김재붕(金在鵬) 182
김제군 74
김철준(金哲埈) 192, 195, 227
김춘추 24, 42
김태열 72
까마귀의 울음소리 136
꿩과 비둘기, 까치 150

ㄴ

나가 유키오(那阿通世) 222
나레구얍(nareguyap) 30, 39
나선형(螺旋型) 96, 129, 134, 171
난생신화(卵生神話) 14, 180, 182, 204, 208,
    213, 220, 231, 240, 300
남매의 결혼 122
남방기원설 208
남방문화설 181
남자(소년)에 대한 이야기[stories
    about a man(boy)] 101
남편의 병을 낫게 한 열녀 268
남해왕 205
내세관(來世觀) 126, 127
노달치(老獺稚) 전설 23
노사신(盧思愼) 49
《논형(論衡)》 41, 230
농경문화 181, 188, 190, 193~196, 198, 203
농경신 193
농안(農安) 189, 231
늠군 200

ㄷ

다카하시 도루(高橋亨) 22, 271
다벤포트(W. Davenport) 37
다원발생설(多元發生說) 257
다파나국 239
단 벤-아모스(Dan Ban-Amos) 32
단군(왕검) 221 ; ~신화 23, 223, 237, 240
던데스(A. Dundes) 13, 26, 88, 89, 95, 98,
    99, 105, 107, 109, 121, 122, 135
도덕관(道德觀) 15, 242, 244, 301
도모신(稻母神, Maize-Mother) 198
도무제(道武帝) 233
도코다족(Dokoda) 30
도호민족(Dohomeans) 31
독경에 세 번 틀리다 143
《동국여지승람(東國輿地勝覽)》 49
《동국이상국집(東國李相國集)》 46, 54
동굴출현신화 201
동기 이론(motivation theory) 175
동명(東明, 東明王) 24, 41, 48, 224, 227 ; ~
    신화(神話) 230, 231 ; ~왕 이야기 48
〈동명왕편(東明王篇)〉 46, 48, 54, 223
동물담(動物譚, 動物報恩譚) 18, 94, 100, 110
동부여(東夫餘) 186, 235
동북시베리아 209
동삼(童參)과 이시미 255
동악신(東岳神) 215
《동야휘집(東野彙輯)》 55, 60~62, 68, 70
되배미논(升畓) 74
되살아난 선녀 131
등고신(高登神) 191

ㄹ

라딘(P. Radin) 33
라이리히(R. Leirich) 28
레비-스트로스(C. Lévi-Strauss) 109
로치족(Lozi) 33
뤼티(M. Lüthi) 242, 260
리만 한류 218, 239
리봐궈(Libwagwo) 36
리치(E. Leach) 109
릴리우(Liliu) 36

ㅁ

마법담(魔法譚, fairy tale, magic tale) 89, 94, 101, 118
마법의 옷 161
마셜(Marshall)군도 37, 38
마우이(Maui) 38
마음씨 착한 젊은이 112
말리노프스키(B. Malinowski) 36
말하는 염소 273
《매일신보》 24, 25
머리가 아홉 개 달린 도적 125
메르헨(Märchen, folktale) 25
명엽지해 58
모노가타리(物語) 23
모래시계형 96, 97, 153, 158
모이(Moi) 199
모티프(motif) 91, 92
모티핌(motifeme) 90, 98, 99
무늬토기 218
무혼의례(撫魂儀禮) 140
문명대 218
문성공 79
문일환 190
문자 향유층(文字享有層) 274
문헌문화 196
문헌신화 186
문화권역설(文化圈域說) 14, 180
문화기원신화 78
미분류담(unclassified tales) 100
미시나 아키히데(三品彰英) 14, 180, 182, 187, 194, 207, 208, 216, 220, 227
미야케(屯家, 屯倉) 181
미첼(J. Michael) 211
미추홀 188
미크로네시아(Micronesia) 37
《민간 문학의 모티프 색인(*Motif-index of folk literature*)》 91
《민담의 형태학(*Morphology of the folktale*)》 89, 103
민속조사사업 21
민족지학(民族誌學) 184, 185
밀로 만든 이상한 술 262

ㅂ

바닷물이 짠 이유 139
박계홍 76, 81, 82
박문수 이야기 76
박성돈 81
박충식 79
박혁거세(朴赫居世) 193, 226, 227
박혁거세신화 204, 237, 240
반구대(盤龜臺) 218
반신반인(半神半人, domigod) 37
반전형(反轉型) 124, 134, 171
반주인공(anti-hero) 96, 153~157, 271, 273
발데마르(J. Waldemar) 210
방울에 놀란 범 277
방이설화(旁㐌說話) 273
방현령(房玄齡) 199
밭곡식 재배문화 186, 192, 240
배동벽 81
백낙천(白樂天) 47
백두대간(白頭大幹, 백두산) 105, 204
백설 공주 257
백악산(白岳山) 221
백주또 196
베이스컴(W. Bascom) 27, 31, 32, 36
베틀 바위의 유래 259
벨구누테이(別古訥台) 232
벽골제(碧骨堤) 73, 74
변체(變體, variable) 91, 97
보돈차르(孛端察兒) 233
보릿고개 151
보아스(F. Boas) 19, 31
복합형(複合型) 96
복희 45
부동산조사회(不動産調査會) 21
부벽루 53, 226
부여(夫餘) 41, 188, 230 ; ~족(族) 231
부여신(夫餘神) 191
부잣집 할아버지와 가난한 소년 155
부정한 방법으로 생명을 연장하다 136, 288
《북아메리카 인디언 민담의 형태학》 89, 103
북위(北魏) 233
분할통치(devide and rule) 180
불교설화 207

불구내(弗矩內) 227
불구누테이(不古訥台) 232
불본행경(佛本行經) 43
브레몽(C. Bremond) 111
브루네(C. Brune) 27
브웨브웨네토 에다오(bwebweneto
  Edao) 37
비류국(沸流國) 188
비언항론(鄙言巷論) 56
빈대와 이, 벼룩 146
빙중득리 전설(氷中得鯉傳說) 257

人
사냥꾼 형제 83
사명당 142
사슴과 토끼, 두꺼비의 나이 자랑 123
사슴의 보은·욕심 많은 아내형 162
사자 유손지혈(死者遺孫之穴) 83
사직(社稷) 191
사천성(四川省) 203
산돼지의 보은 244
산신(山神) 260
삼국분국설(三國分國說) 181
《삼국사(三國史)》 51
《삼국사기(三國史記)》 24, 41, 43, 44, 48,
  52, 54, 84, 186, 193, 195, 204, 205, 209,
  222, 225, 228, 239
《삼국유사(三國遺事)》 44, 54, 132, 204, 205,
  209, 212, 216, 217, 222~225, 228, 239, 261
《삼국지(三國志)》 188, 227
삼성신화(三姓神話) 196, 199
3형제의 원한 140
상승나선유형(上昇螺旋類型) 135, 172
상승류(上昇類) 103, 120, 133, 135, 159, 171,
  300
상승반전유형(上昇反轉類型) 128, 134, 144,
  171
상승순행유형(上昇順行類型) 144, 171
상승중핵유형(上昇中核類型) 105, 124, 134,
  138, 154, 171, 172
상승형(上昇型) 96
상좌제도(上座制度) 123
상주(尙州) 293

색리국왕 230
샤머니즘 181
샤먼(shaman) 211
서산대사 142
서언왕(徐偃王)신화 214
《서역기(西域記)》 237
석탈해신화 14, 204, 205, 207, 208, 209, 211,
  214, 219, 238
선(先)오스트로네시아(Austronesia) 198,
  203, 238
선두리 둑 이야기 76
선두포 75
선승악패(善勝惡敗) 158
선행필보(善行必報) 111, 243, 250, 274, 295
선흥악망(善興惡亡) 274
설명적 모티프(explanatory motif) 107
《설화의 유형(The types of the folktales)》
  93, 100, 102
성기열 76
성리학(性理學) 87, 263
성서(聖書) 109
성취동기 110, 128
성현(成俔) 293
세경 본풀이 287
소로 바뀐 게으름뱅이 113
소문(所聞) 71
소설(小說) 71
소천국 196
소호 45
소화(笑話) 18, 54, 100, 123
《속어면순》 56
손순 매아(孫順埋兒) 261
손진태(孫晉泰) 24, 26, 126, 182, 257, 258
송구봉 76
송근조 74
송세형 55
송양왕 188
송화강(松花江) 189, 231
수도경작(水稻耕作) 188, 194
수렵문화 222
수로왕신화(首露王神話) 204, 228, 237, 240
수신(隧神) 191
수양산의 백세 청풍비(百世淸風碑) 81

수조신화(獸祖神話) 14, 180
숙수사(宿水寺) 78
숙종 대왕과 시골선비 81
《순오지(旬五志)》 213
순행형(順行型) 105, 106, 113, 124, 128, 134, 171
순환형(循環型) 96, 160
슈메르(Sumer) 236
슈비아족(Subiya) 33
시왕맞이 140
시조신화 207
신데렐라(Cinderella) 257
신라 본기 205, 225
신립 장군과 원혼녀(冤魂女) 81
신민(新民) 26, 182
신선 놀음에 도끼 자루 썩는다 292
신성수(神聖獸) 195, 227
신술 겨루기 142
신이담(神異譚) 18
신주(神呪) 44
《신증동국여지승람(新增東國輿地勝覽)》 49, 52, 53, 69, 227
《신찬팔도지리지(新撰八道地理誌)》 49
신털미산(草鞋山, 拂履山) 74
실학(實學) 87

ㅇ
아들 삶아 부모를 봉양한 효자 261
아랑(阿娘)의 전설 253
아르네(A. Aarne) 93
아르네-톰슨(Aarne-Thompson) 12, 91, 100, 101, 102, 243,
아메노히호코 설화(天日槍說話) 132
아보기(阿保機) 234
아사달(阿斯達) 221
아진의선 205
아파나시에프(Afanasiev) 94
《아프리카 민담의 형태학(Morphologie du conte africain)》 95
악자필망(惡者必亡) 255
악행필벌(惡行必罰) 252, 275, 295
안성군(安城郡) 77
알란코아(阿蘭豁阿) 232

알로(alo) 31, 32
알손당 196
알영(閼英) 193, 195 ; ~의 탄생담 238 ; ~정(井) 194
암각화 218
암출신화(岩出神話) 190, 202
애기봉 72
애니미즘(animism) 213, 232
액자설화(額字說話) 65, 70
야담집(野談集) 49, 54
야래자 설화(夜來者說話) 68
야마사치히코(山佐知毗古) 217
야마토(大和) 181
야어고담(野語古談) 59, 69, 84
야장무(冶匠巫) 214
야쿠트족(Yakut) 211, 239
약승강패(弱勝强敗) 280
양귀비전(楊貴妃傳) 47
양성지(梁誠之) 49
양주동(梁柱東) 188
양호유환(養虎有患) 279
어로문화 14, 204, 239
어리석은 호랑이 278
《어면순》 55
어수록 59
어수신화 59
《어우야담(於于野談)》 24, 60, 63, 113, 294
에렌라이히(P. Ehrenreich) 183
에믹(emic) 37
에슈(Eshu)신 31
에스닉 장르(ethnic genre) 12, 19, 20, 39, 74, 86, 242, 299
에픽족(Efik) 30
여등 45
여리쇄어(閭里瑣語) 58, 69, 84
여와신화 202
여용사(黎勇士) 전설 213, 239
여우고개 113
여우 아내 129
여우와 개의 다툼 145
여음(女陰) 숭배 201
여조상 숭배(女祖上崇拜) 201
역사민족학(historical ethnology) 182, 300

역사지리학파(historical-geographical school) 91
연산군(燕山君) 49, 293
연오랑 세오녀(延烏郎細烏女) 132
열녀담 268
열녀의 죽음 264
열절지고(烈節至高) 263
염라 대왕을 만난 노인 127
염신(鹽神) 200
염제 45
영리한 행운의 젊은이 108
영웅담 229
영웅소설 229
영혼관(靈魂觀) 253
예국(穢國) 213, 214, 218, 239
예맥족(濊貊族) 14, 180
옛날 이야기(昔話) 18, 24, 27, 60, 63~65, 70~72, 74, 77, 78, 82, 83, 85, 242
옛날 이야기 선집 140
오물음 66, 67
오바야시 다료(大林太良) 198, 217, 226
오복동(五福洞)전설 293
오야시오 한류(親潮寒流) 218, 239
오자와 도시오(小澤俊夫) 28
오키나와(沖繩) 181
옥황상제(玉皇上帝) 286
올릭(A. Olrik) 13
와이카(Waika) 33
완하국 205
왕권신화(王權神話) 186, 193
왕기(汪錡) 52
왕충(王充) 41
외설담(偎藝潭) 65
요(堯) 45
요루바족(Yoruba) 30, 31, 32
욕심쟁이형과 소금장수 아우 155
용녀(龍女) 166
용선(龍船) 219
용성국 205, 213, 239
용신신앙(龍神信仰) 215
용왕의 딸과 보물상자 164
우물 195
우발수(優渤水) 193

우주수(宇宙樹) 223
우주창생신화 18
운남성(雲南省) 203
움홀 195
웅심산 228
워락(Worak) 33
워터먼(T. Waterman) 107
원귀(冤鬼)의 소원 106
원기회복(refreshment) 195
원색성(原色性) 274
《원시문화(Primitive Culture)》 35
《원조비사》 233
원형(原型) 19, 91, 182~185, 195, 208, 229
《위략》 230
《위서(魏書)》 46, 230
위수(魏收) 231
위작설(僞作說) 222
위증(僞證)의 대가(代價) 254
윈네바고족(Winnebago) 33
윈드 리버 쇼쇼니족(Wind River Shoshoni) 30, 39
유몽인(柳夢寅) 24, 62, 84, 113, 294
유문일사(遺文逸事) 50
유성회(劉城淮) 201
《유양잡저(酉陽雜俎)》 273
유조숙 83
유형(type) 91, 93, 101, 102 ; ~론(typology) 12, 89
유화(柳花) 191, 193, 224
은진 쥐사위 이야기 24
의자왕(義慈王) 43
의해(義解) 44
이경농업(犁耕農業) 192
이규보(李奎報) 46, 48, 223
이논(inon) 38
이담비어(俚談鄙語) 56, 59, 69, 84
이두현 76
이마니시 류(今西龍) 23
이복진 77
이수(夷水) 203
이어고담(俚語古談) 58, 59
이연수(李延壽) 200
이원명(李源命) 55, 60, 62, 65

이율곡 76
이인(異人) 119
이첨 51, 52
이탄(itan) 31, 32
이통하(伊通河) 189
이퇴계(李退溪) 79, 80
이특(李特) 201
이파(Ifa)신 31
이향(異鄕) 164, 290
이향동경(異鄕憧憬) 290
이호승 76, 83
이희준(李羲準) 55
인간과 생물의 창조 104
인권환(印權煥) 74
인도네시아계 208
인류기원신화 77
《인류학잡지(人類學雜誌)》 23
인류학파(anthropological school) 25
인물전설 77
인삼의 유래 137
인주설화(人柱說話) 74, 76
인태적 출산형(人態的出産型) 207
일광감응신화(日光感應神話) 14, 180, 232
일반담(ordinary tale) 18, 28, 94, 100
《일본 민담집(Japanese Märchen)》 28
《일본서기(日本書紀)》 132, 180
일연(一然) 44, 222
일원발생설(一元發生說) 257
일월설화(日月說話) 17, 26, 284
일화(逸話) 54, 100
임금 구해주고 왕비가 된 처녀 249
임동권(任東權) 26
임장혁 219
임진왜란 142
임형택(林熒澤) 67

ㅈ
자기 집 종이 바로 이인 83
자기실현동기(motive for self actualization)
  116
장당경(藏唐京) 221
장덕순(張德順) 17, 27, 50
장명수 219

장춘(長春) 189, 231
장한종 59
재생(rebirth) 195
저승 갔다 온 이야기 287
적대자(敵對者) 114, 118, 245, 251
전설 따라 삼천리 73
전설의 고향 73
전세권 83
절충류(折衷類) 150, 171, 173, 300
절충모래시계유형 159, 173
절충협상유형(折衷鋏狀類型) 173
정명국 205
정사룡 56
《제국문학(帝國文學)》 23
제섭(Jesup) 210
제이슨(H. Jason) 28
조동일(趙東一) 27, 77, 101, 102, 117, 219,
  268
조란형 207
조산 뜰 이야기 75, 76
《조선 전설집(朝鮮傳說集)》 18
《조선읍지(朝鮮邑誌)》 119
조선의 이야기(朝鮮の物語) 22
조소강우(嘲笑强愚) 275
조희웅(曹喜雄) 17, 18, 54, 77, 262, 284
족조신화(族祖神話) 203, 238
주보(呪寶) 245
주세붕(周世鵬) 79, 80
《죽계지(竹溪誌)》 79
중을 접대하고 판서가 되다 248
중핵형(中核型) 103, 134, 135, 171
증여자(贈與者) 128
지게가 져다버린 호랑이 284
지모신(地母神) 192, 194
지하국 대도 퇴치담(地下國大盜退治譚)
  125
《진서(晉書)》 200
진시황(秦始皇) 214
진실담(眞實譚, true story) 12, 34, 46
진한(辰韓) 190
징기스칸(成吉思汗) 233

ㅊ

츠누가아라시토 설화(都怒我阿羅斯等說話) 132

츠보이 구메조(坪井九馬三) 23

치리부쿠로(塵袋) 199

참사관실(參事官室) 22

천강신화(天降神話) 220, 237

천손강림신화(天孫降臨神話) 14

천전리 219

천체신화론(天體神話論) 183

《청구야담(靑邱野談)》 55, 67

촌담(村談) 59, 69, 84

촌담해이(村談解頤) 57

촌야극담(村野劇談) 59

촌야희담(村野戲談) 58, 59, 69, 84

촌화(村話) 59, 69, 84

최길성(崔吉城) 181

최남선(崔南善) 24, 25, 43

최동삼 72

최래옥 77, 261

최명옥 195

최인학(崔仁鶴) 12, 17, 18, 88, 116, 128, 140, 243, 261, 274, 278, 284

최정여 80, 81, 249, 287

출현신화(出現神話, emergence myth) 14, 186, 191, 193, 196, 198, 203, 240, 300

충의담(忠義譚) 52

충족회귀형(充足回歸型) 160, 165, 167, 169, 173

취조국(取調局) 21

칠불사 119

칡과 등나무 105

침강예술(沈降藝術) 241

ㅋ

카멘즈코이(Kamenskoy) 210

카이저(Ch. Keysser) 30

캄차카(Kamchatka) 209, 210, 213, 239

코랴크족(Koryak) 231, 239

쿠크와네부(Kukwanebu) 36

크론(J. Krohn) 91

키니와타네(kiniwatatne) 38

키오와족(Kiowa) 30

ㅌ

타계관(他界觀) 15, 242, 285, 296, 301

탁리국 230

탈해 214

탑상(塔橡) 44

태백산 228

태양신화학파 223

테일러(E. Tylor) 35

토끼가 사자를 속여서 죽이다 282

토끼에게 속아 함정에 빠진 호랑이 279

토끼전 41

토생원 별주부 이야기 24

토함산 215

톰슨(S. Thompson) 93, 100, 102

통시성(通時性) 64, 85

통영 열녀 267

통전(通典) 46

트로브리안드섬(Trobriand island) 36

트릭스터(trickster) 31, 38, 214

ㅍ

파수록(破睡錄) 64

파이크(K. L. Pike) 95

파족(巴族) 203, 238

패공 45

패관야승 60, 61

패설(稗說) 61

편년체(編年體) 41, 222

편두(褊頭) 190

평양 감사의 첩 251

포나핀족(Ponapeans) 30

포무(D. Pàume) 103, 129, 160

《포박자(抱朴子)》 199

표면구조 90

푸에불로 인디언들(Pueblo Indians) 198

폴라쿠다족(Fulakuda) 30

품일 50

프레이저(J. Frazer) 34, 35

프로프(V. Propp) 13, 88, 89, 94, 95, 97~99, 103, 108, 120, 128, 165, 184

피은(避隱) 44

ㅎ

하강나선유형(下降螺旋類型) 148, 172
하강류(下降類) 135, 147, 148, 159, 171, 172, 300
하강반전유형(下降反轉類型) 146, 172
하강순행유형(下降順行類型) 149, 172
하강중핵유형(下降中核類型) 138, 172, 175
하강형(下降型) 96, 207
하백(河伯) 191, 224, 228, 235
하야시 다이스케(林泰輔) 23
하와이안족(Hawaians) 30
한겨울에 잉어를 얻은 효자 257
《한국구비문학대계》 101
《한국 무속의 연구》 181
《한국 옛날 이야기의 유형 색인(type-index)》 243
한족(韓族) 14, 180, 208
함흥(咸興) 126
합니족(哈尼族) 202, 203
항담(巷談) 255
항체(恒體, constant element) 97
해모수(解慕漱)신화 223, 224, 228, 237, 240
해부루 187, 190, 224
해부루신화 189
해양문화 181, 208
햇빛에 임신을 하다 116
향악(鄕樂) 51
허격 58
허구담(虛構譚, false story) 12
허수덕 77
혁거세(赫居世) 195, 227
현대 신화(modern myth) 38
현장(玄裝) 237
현종 본기(玄宗本紀) 47
혈거신(穴居神) 191, 193, 238
협상형(鋏狀型) 150, 153
형식담(形式譚, formula tales) 18, 100, 285

호랑이도 감동한 효부 75
호랑이를 괴롭힌 토끼 280
호랑이와 강아지 283
호랑이의 모성애 151
호랑이의 보은 110
호북성(湖北省) 201, 203
호조설화(狐祖說話) 129
홍만종 213
홍서봉 56
홍수설화(洪水說話) 26, 122
화상(畵像)의 아내·난제(難題) 아내형 168
화생형 207
화순군(和順郡) 77
화안국 205
화전경작(火田耕作) 188
화형(話型, tale type) 96, 153, 158, 165
환웅 221
환인 221
황수영 218
황아 45
황창(黃昌) 51, 52
회귀류(回歸類) 160, 171, 173, 175, 300
회이족(淮夷族) 214
효부담(孝婦譚) 75
효선(孝善) 44
효자와 욕심쟁이 153
효행담 92
효행지선(孝行至善) 256, 295
《후한서》 230
홀트크랑츠(A. Hultkrantz) 30
홍법(興法) 44
홍부와 놀부 이야기 24, 257
희어(戲語) 42
희담(戲談) 57
히코호호데미노미코도(日子穗穗手見命) 217
히타이트(Hittite) 236